应用技术型高等院校物流管理与工程学科统编系列教材

供应链管理

主　编　王桂朵
副主编　于晓胜　齐云英

中国财富出版社

图书在版编目（CIP）数据

供应链管理/王桂朵主编．—北京：中国财富出版社，2016.4（2019.2 重印）
（应用技术型高等院校物流管理与工程学科统编系列教材）
ISBN 978-7-5047-6065-4

Ⅰ．①供…　Ⅱ．①王…　Ⅲ．①供应链管理—高等学校—教材　Ⅳ．①F252

中国版本图书馆 CIP 数据核字（2016）第 045568 号

策划编辑	颜学静	**责任编辑**	颜学静		
责任印制	尚立业	**责任校对**	饶莉莉	**责任发行**	敬　东

出版发行	中国财富出版社		
社　　址	北京市丰台区南四环西路 188 号 5 区 20 楼	**邮政编码**	100070
电　　话	010-52227588 转 2048/2028（发行部）		010-52227588 转 321（总编室）
	010-52227588 转 100（读者服务部）		010-52227588 转 305（质检部）
网　　址	http://www.cfpress.com.cn		
经　　销	新华书店		
印　　刷	北京京都六环印刷厂		
书　　号	ISBN 978-7-5047-6065-4/F·2556		
开　　本	787mm×1092mm　1/16	**版　　次**	2016 年 4 月第 1 版
印　　张	21.5	**印　　次**	2019 年 2 月第 2 次印刷
字　　数	496 千字	**定　　价**	48.00 元

应用技术型高等院校物流管理与工程学科统编系列教材
编 委 会

序 言

从1978年实施改革开放以来，中华大地发生了翻天覆地的变化，中国进入全球大国行列，成为世界第二大经济体，两个百年的宏伟目标振奋着13亿人民为振兴中华而战。但任何事情都得一分为二看待，都得脚踏实地实施。目前，中国社会、经济发展进入新常态，“三期叠加”，其中首要的是改变经济发展方式，开展供给侧结构性改革。中国的人口红利期已过，要转向发展人才红利与人力资源素质红利，所以，以习近平同志为总书记的党中央提出了“教育兴国”与“人才强国”战略。《国家中长期人才发展规划纲要》（2010—2020年）指出，“人才是指具有一定的专业知识或专门技能，进行创造性劳动并对社会做出贡献的人，是人力资源中能力和素质较高的劳动者。人才是我国经济社会发展的第一资源。”中国著名经济学家程思危认为，“经济只能保证我们的今天，科技可以保证我们的明天，只有教育才能确保我们的后天”。教育的发展与改革被提到了战略的高度。为了适应经济社会发展对高等技术应用型人才的迫切需求，教育部提出“引导一批本科高等学校向应用技术类型高等学校转型”，本科高校区分为普通本科与应用本科，这一方向是完全正确的，且已十分迫切。

物流产业作为国民经济基础性、战略性产业，对人才的需求是综合性的，但主要是应用型实战人才。根据教育部的要求和物流业发展的需求，中国财富出版社、河南省物流行业协会及学会、郑州财经学院等高校以及众多物流企业联手，编辑出版“应用技术型高等院校物流管理与工程学科统编系列教材”。这是一个良好的开端，我希望今后所有的物流教材要贯彻启发型、案例型、模块型以及创新性、实用性、系统性原则。本套教材把理论、案例、实习实训三部分教学内容一体化融通，充分体现了应用型教学特色，是应用型教材的积极探索。这要感谢大家的努力！在此希望本套教材在教学实践中进一步完善、提升，为中国高等应用型物流人才培养做出贡献。

丁俊发
2016年1月

序 言

丁金昌

2016年4月

前 言

随着全球经济一体化的推进，企业要为市场提供多样化的产品和优质服务，所面临的竞争压力也越来越大。为了提高竞争力，企业必须将视野从企业内部扩展到企业外部，企业经营模式由纵向一体化转向横向一体化。尤其是近几年，供应链管理已经从最初的短期基于某些业务活动的关系，发展到全球范围内杰出企业间联盟的战略合作伙伴关系。可以说，现代市场的竞争不再是企业间的竞争，而是供应链与供应链的竞争。

供应链的理论与实践在不断发展，如何通过教材体现最新的理论和实践成果，并能够指导学习者进行企业运作是摆在我们面前的一个课题。本书在编写过程中紧紧围绕应用型人才培养对知识、素质和能力的要求，尽可能使教材体现以下几个特点：

（1）内容的系统性、全面性。本书共分十章，包括：供应链管理概述；供应链的设计与优化；供应链关系管理；供应链业务流程分析与再造；供应链信息管理；供应链下物流管理；供应链成本管理；供应链风险管理；供应链绩效管理及供应链管理方法等内容。通过本书的学习，读者可理解并掌握供应链管理的基本知识、基本理论和基本运作。

（2）知识的应用性、实践性。依据应用型本科教育的培养目标和人才培养模式的基本特征，注重对学生综合运用供应链管理知识分析和解决实际问题能力的培养，吸纳行业、企业人士参与教材编写，通过案例强化理论与实际的结合，体现教材的应用性、实践性特色。

（3）理论的前瞻性。本书充分吸收海内外供应链管理最新的科研成果和最新的实践经验、案例，并根据教学的需要精心设计和改编，强化教材的科学性、先进性和适用性。

（4）形式的活泼性。本书脉络清晰、图文并茂，每章设置有案例导入、小链接，还设计有实训项目、练习题、案例分析等，使本书表现形式更加丰富、生动。

本书由王桂朵教授担任主编，于晓胜、齐云英任副主编。河南省物流协会秘书长李霞女士和河南宇鑫物流有限公司常务副总经理王琳女士参与编写并审阅了书稿。具体编写分工为王桂朵（第九章及前言部分），于晓胜（第四章、第五章），齐云英（第三章、第十章），李金峰（第一章、第二章），李彦辉（第六章），苗洁莹（第七章），殷芮（第八章）。

在本书编写的过程中，编者参阅了国内外学者的著作和论述，并尽可能在参考文献中列出，在此向有关作者深表谢意！

由于编者水平有限，书中难免有不足之处，敬请各位专家学者及广大读者批评指正。

编者

2015.6.10

目 录

第一章　供应链管理概述

英国著名物流专家马丁·克里斯托弗曾经说过："市场上只有供应链而没有企业，真正的竞争不是企业与企业之间的竞争，而是供应链与供应链之间的竞争。"为了提升企业的竞争力，必须实施供应链策略，并对供应链进行有效的管理。

第一节　供应链基本概念

导入案例

供应链助推伊利进入全球10强

2014年7月9日，荷兰合作银行发布的《2014年全球乳业20强报告》的全球10强排名中，唯一一家亚洲乳业企业在一批欧美乳业企业中特别抢眼，它就是中国的伊利集团。伊利成功进入全球10强，重要因素之一就是其全球布局的供应链不断发力，使其真正做到了"用全球的资源服务中国的市场"，这也是今后全球乳业发展的一个重要趋势。

随着全球土地资源的日益稀缺和劳动力价格的上涨，把控全球资源供应已经成为世界乳业巨头的必要条件。2013年以来，伊利的"全球织网"战略进一步加速，在新西兰南岛投资奶粉项目，与美国最大的牛奶公司DFA、意大利乳业巨头斯嘉达开展战略合作，并在荷兰设立欧洲研发中心。另一方面，与其他全球乳业巨头相比，伊利的全球供应链还有几个特别之处。

一是分布平衡。伊利的供应链南北半球皆有，实现了亚洲、美洲、欧洲、大洋洲全覆盖。伊利在全球的布局分别位于新西兰、美国、意大利，实际上反映了一种"不把所有鸡蛋放在一个篮子里"的战略思路，可以保证全球供应。

二是策略清晰。伊利采用了"先打桩，后织网"的战略。比如在美国，伊利与全美最大的牛奶公司DFA展开战略合作，靠DFA这个"桩"，织下了获得全美奶源的"网"。这是伊利全球供应链分布稳步推进的原因。

三是强调全球供应链的共赢。伊利在新西兰投资的奶粉项目就是典型一例。在该项目动工后不久，伊利就与新西兰当地的牧场主签订了长期供奶合同，使牧场主更放心地增加牧场投入，伊利的投资给当地经济注射了一针强心剂。

资料来源：http：//biz. xinmin. cn/2014/07/24/24887572. html.

思考：伊利为什么能够成为世界乳业10强?

一、供应链产生的背景

1. 产品生命周期越来越短

为了满足消费者的多样化需求，产品更新换代的速度越来越快，因此，产品的生命周期越来越短，给企业带来很大压力，要求企业必须联合内外部资源，快速研发、生产和销售产品。以苹果手机为例，从2007年6月29日开始销售iPhone一代，到2014年9月19日发布iPhone六代，平均每年都要推出一代新产品。

2. 产品品种数飞速增长

尽管目前产品品种已经非常丰富，但是消费者“喜新厌旧”的欲望是无穷的，是永无止境的，为了满足消费者的这种需要，企业必须不断开发新产品，导致产品品种数成倍增加。如果按照传统思路开发生产新产品，每一种产品都生产一批以备用户选择的话，那么企业都要背上沉重的负担。

3. 交货期要求越来越短

经济活动的节奏越来越快，用户对时间要求越来越高，而且企业之间竞争的主要因素也在发生着变化：成本→质量→时间，而时间主要是指交货期和响应周期。市场留给企业思考和决策的时间越来越短，一旦企业的反应速度跟不上市场的节奏，就会被竞争对手抢占先机。因此，企业应尽最大努力缩短开发和生产周期，满足客户要求。

4. 产品和服务期望越来越高

由于企业生产能力的逐渐提高，用户的产品可选择范围越来越大，对产品和服务的质量要求越来越高，已经不再满足于购买标准化的产品，而是希望得到定制化的产品，这些变化也导致产品生产方式的变革。企业逐渐由传统的“一对多（One to Many)”生产方式转变为“一对一（One to One)”的定制化生产方式，其中“一对多”是指企业开发出一种产品，然后组织规模化大批量生产一种标准产品满足不同消费者的需求；“一对一”是指企业根据每一个顾客的特别要求定制产品或服务。“一对多”生产模式使企业获得的效益越来越少，企业为了能够持续化发展，逐渐从“大量生产(Mass Production)”转变为“定制化大量生产（Mass Customization)”。例如，现在很多银行推出个性化银行卡，客户可以用家庭合影、情侣照、婴儿艺术照、人物风景等照片作为卡面，客户只需登录银行网站，进入照片卡申请页面，填写资料、上传照片，预览个性化卡片效果后提交，即可完成在线申请。

随着经济全球化、市场国际化和电子商务的发展，企业经营环境不断发生变化，企业为了在竞争激烈的市场中生存下来，必须与其他企业建立战略伙伴关系，优势互补，发挥企业核心竞争力，逐渐形成跨企业的供应链。

二、供应链的概念

根据国家标准《物流术语》（GB/T 18354—2006），供应链（Supply Chain，SC）

是指生产及流通过程中，涉及将产品或服务提供给最终用户所形成的网链结构。最典型的供应链是围绕核心企业，通过对物流、商流、信息流、资金流的控制，从采购原材料开始，制成中间产品以及最终产品，最后由销售网络把产品送到消费者手中，将供应商、制造商、分销商、零售商，直到最终用户连成一个整体的功能网链结构模式，如图 1-1 所示。

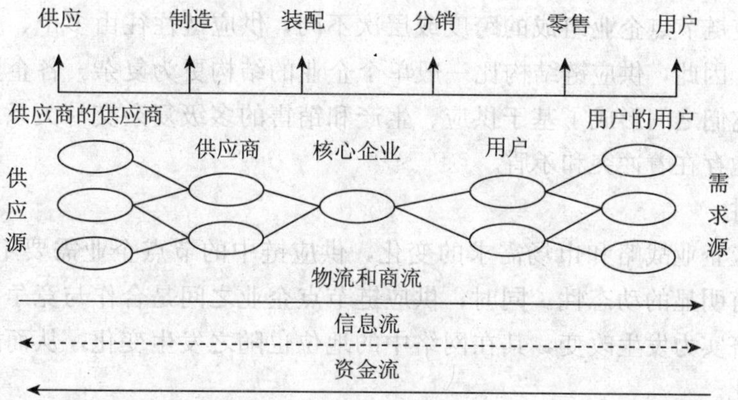

图 1-1　供应链的典型结构

小链接

供应链中的“四流”

①物流：从供应地向接收地实体流动的过程。根据实际需要将运输、储存、装卸搬运、包装、流通加工、配送、信息处理等基本功能实施有机结合。一般来说，供应链中的物流是从上游企业向下游企业单向流动的。②商流：物品在流通中发生形态变化的过程，即由货币形态转化为商品形态，以及由商品形态转化为货币形态，随着买卖关系的发生，商品所有权发生转移的过程。在供应链中，物流和商流是同向进行的。③资金流：供应链中的资金流是由物流所引发的，因为物资是有价值的，供需双方交易的结果就是需求方获得了所需的物资，供给方得到了货币。所以，资金流的方向恰与物流的方向相反，是从下游企业向上游企业单向流动的。④信息流：在整条供应链中，和物流、资金流相关联的各类信息包括订购单、存货记录、确认函、发票等。与物流和资金流不同，信息流是在供需双方之间双向流动的。其中需求信息同物流方向相反，当需求信息（如客户订单）从需方向供方流动时，便引发物流；由需求信息引发的供给信息（如提货单）与物流方向一致，并与物资一起沿供应链从上游向下游流动。

三、供应链的特征

从供应链的典型结构模型可以看出，供应链是一个网链结构，由围绕核心企业的供应商、供应商的供应商和用户、用户的用户组成。一个企业是一个节点，节点企业和节点企业之间是一种需求与供应关系。供应链主要具有以下特征。

1. 复杂性

由于供应链节点企业组成的跨度或层次不同，供应链往往由多个、多类型甚至多国企业构成，因此，供应链结构比一般单个企业的结构更为复杂。各企业在法律上都是独立的，它们之间形成了基于供应、生产和销售的多级复杂交易关系，在经济利益上不可避免地存在着冲突和矛盾。

2. 动态性

为了适应企业战略和市场需求的变化，供应链中的节点企业需要不断进行更新，使供应链具有明显的动态性。同时，供应链节点企业之间是合作与竞争的关系，一旦成员企业经济实力发生改变，其在网络中的地位也随之发生变化，从而造成成员间关系的动态变化。

3. 响应性

供应链存在的最终目的是满足市场需求，快速响应客户的需求是供应链运作的驱动源。因此，供应链也称为需求链。

4. 交叉性

任何一个处于供应链上的节点企业在其市场经营活动中都必须和不同的企业进行交易，而这些相互交易的企业往往又处于不同的供应链上，它们可能是这个供应链的成员，同时又是另一个供应链的成员，多个供应链形成交叉，增加了管理难度。

四、供应链的类型

（一）供应链的基本类型

1. 内部供应链和外部供应链

根据供应链涉及的范围不同，可以划分为内部供应链和外部供应链。其中，内部供应链是指企业内部产品生产和流通过程中所涉及的原材料采购、产品生产、原材料和产品存储、产品销售等环节组成的网络；外部供应链是指企业外部的，与企业相关的产品生产和流通过程中所涉及的供应商、物流商、销售商以及消费者所组成的供需网络。两者共同组成了企业产品从原材料、半成品、成品到消费者的完整供应链，内部供应链是外部供应链的浓缩，它们的区别在于后者比前者的范围更大，涉及的企业更多，企业间的协调也更困难。

2. 稳定的供应链和动态的供应链

根据供应链的稳定性，可以划分为稳定的供应链和动态的供应链。基于相对稳定、市场需求较为单一而组成的供应链稳定性较强，而基于相对频繁变化、复杂的需求而组成的供应链动态性较高。一般来说，粮食供应链属于稳定的供应链，而电子产品的供应链属于动态的供应链。

3. 平衡的供应链和倾斜的供应链

根据供应链容量与用户需求，可以划分为平衡的供应链和倾斜的供应链。一个供应链具有一定的，相对稳定的设备容量和生产能力（包括供应商、制造商、物流商、分销商、零售商等所有节点企业能力的综合），在用户需求处于不断变化的过程中，当供应链的容量能满足用户需求时，供应链处于平衡状态；而当市场变化加剧，导致供应链成本增加、库存增加、浪费增加等现象时，企业不是在最优状态下运作，供应链则处于倾斜状态，如图 1－2 所示。

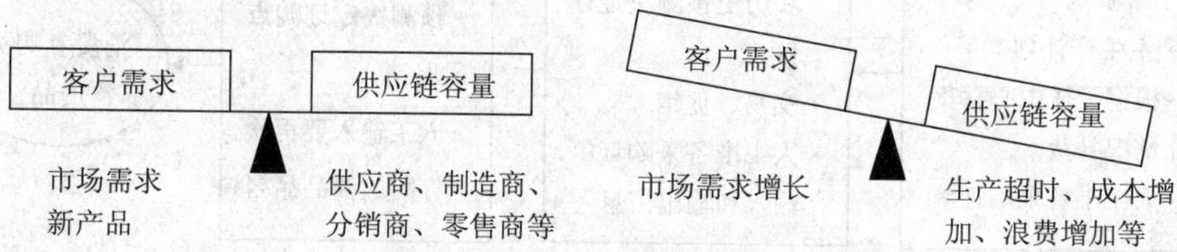

图 1－2　平衡供应链与倾斜供应链示意

4. 有效性供应链和反应性供应链

根据供应链的功能模式，可以划分为有效性供应链（Efficient Supply Chain）和反应性供应链（Responsive Supply Chain）。有效性供应链主要体现供应链的物理功能，即以最低的成本将原材料转化成零部件、半成品、产品，关注的重点是成本；反应性供应链主要体现供应链的市场中介功能，即快速地将产品分配到用户需求的市场，对未知需求做出快速反应，关注的重点是反应速度。两者的比较如表 1－1 所示。

表 1－1　有效性供应链与反应性供应链比较分析

内容	有效性供应链	反应性供应链
产品特征	产品技术和市场需求相对平稳	产品技术和市场需求变化很大
基本目标	以最低成本供应可预测的需求，提高服务水平，减少缺货	对不可预测需求做出快速反应，减少过期库存产品的降价损失
产品设计策略	绩效最大，成本最小	模块化设计，尽量延迟产品差异化
提前期	在不增加成本前提下缩短提前期	大量投资以缩短提前期
制造策略	保持较高的设备利用率	配置缓冲设备，柔性制造
库存策略	保持合理库存	消除大量的零部件和产品缓冲库存
选择供应商	以成本和质量为核心	以速度、柔性和质量为核心

5. 推式供应链和拉式供应链

根据供应链的动力来源，可以划分为推式供应链和拉式供应链。推式供应链指从原材料出发，经由半成品、产成品、市场，直至最终客户的物流主导过程，主要体现为“我能为客户提供哪些服务”，如图 1－3 所示；拉式供应链是指从客户的需求出发，按照客户的需求设计产品或服务，再根据设计组织材料进行生产，这是一种以需求信息流为主导的供应链，主要体现为“客户要我提供哪些服务”，如图 1－4 所示。一般认为，拉式供应链是现在主要的供应链类型。

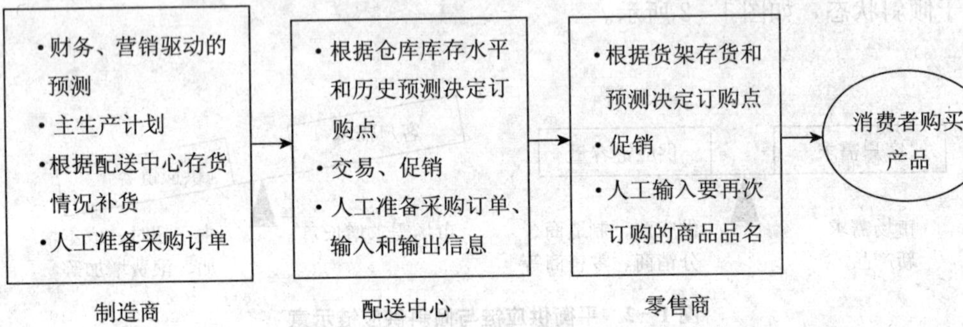

图 1－3　推式供应链

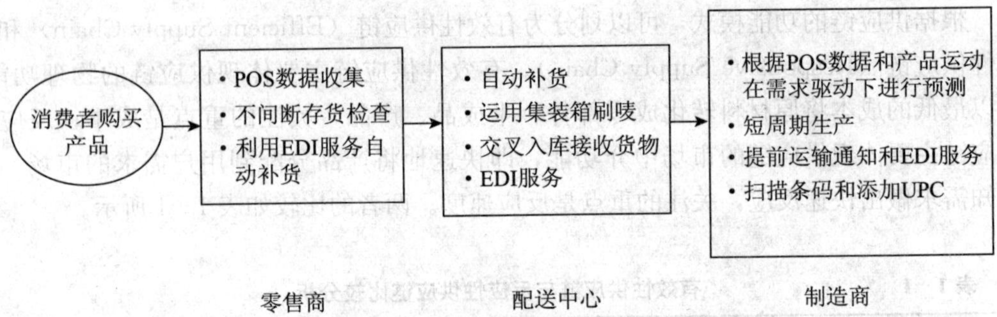

图 1－4　拉式供应链

（二）不同主导主体的供应链

在不同的供应链中，经营主体处于不同的地位，影响着供应链的运作模式。根据供应链核心企业的类型不同，可以划分为以生产商、批发商、零售商和 3PL（第三方物流商）为主导的供应链。

1. 以生产商为主导的供应链

这种模式主要产生于中间商实力比较弱或生产商实力比较强的情况下，生产商为了控制销售渠道或严格控制原有的渠道人员，逐渐形成其主导的供应链，其结构相对较复杂，如图 1－5 所示。奇瑞汽车有限公司就是这种供应链模式的典型案例。

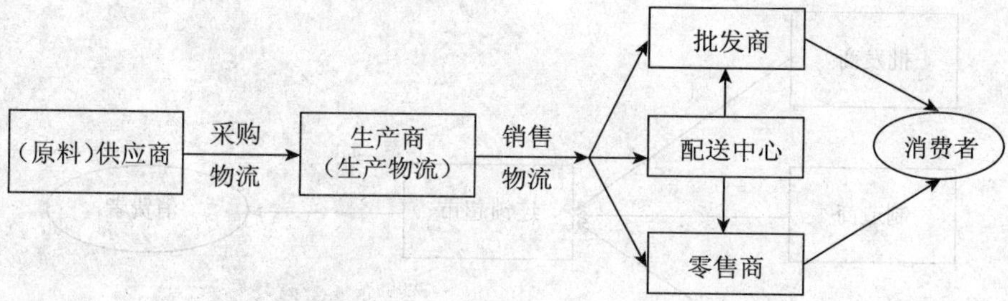

图 1-5　以生产商为主导的供应链

2. 以批发商为主导的供应链

批发商一般在供应链结构中执行配送功能，其供应链结构一般取决于产品的特征、生产商所选择的渠道、消费者的购买渠道，以及批发商的营销策略。消费品批发商的供应链结构形式如图 1-6 所示，绝大多数批量生产的消费品是通过批发商或零售商到达市场的。中国烟草系统就是这种供应链模式的典型代表。

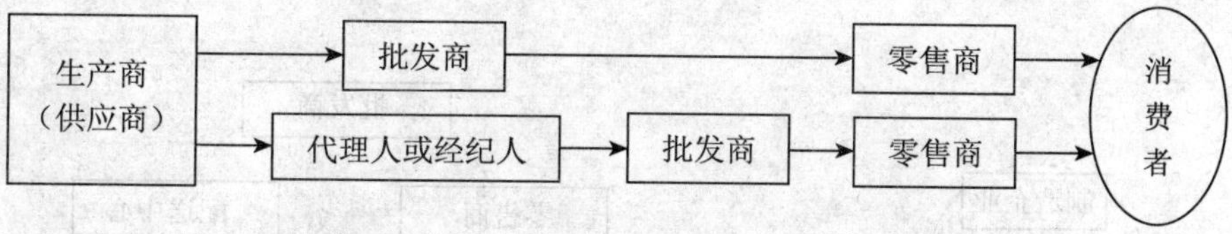

图 1-6　以消费品批发商为主导的供应链

工业品批发商的供应链结构如图 1-7 所示，绝大多数产品是从生产者手中直接转移到消费者手中去的，批发商往往处理供应品、替换零部件及小批量项目的订货。

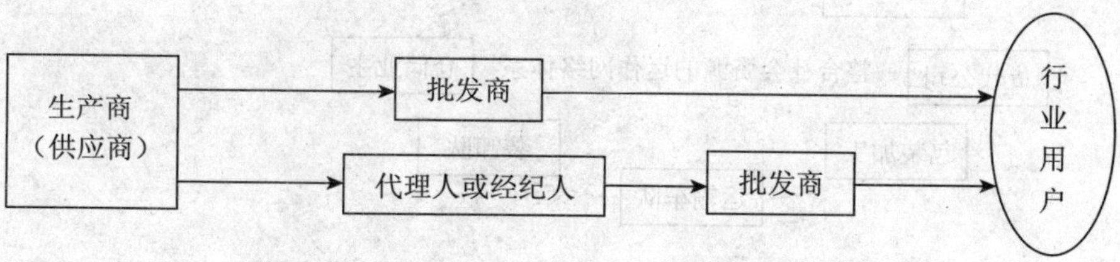

图 1-7　以工业品批发商为核心的供应链

3. 以零售商为主导的供应链

这种模式是在以需求为导向，产品市场由卖方市场向买方市场转变的大背景下产生的。由于消费者的力量日益强大，制造商又远离消费者，无法及时、正确地了解消费者的需求，而零售商特别是具有品牌优势的零售商，由于贴近消费者而且实力强大，可以借助品牌优势构建以自己为核心的供应链。如图 1-8 所示。沃尔玛、家乐福、丹尼斯都是这种供应链的典型代表。

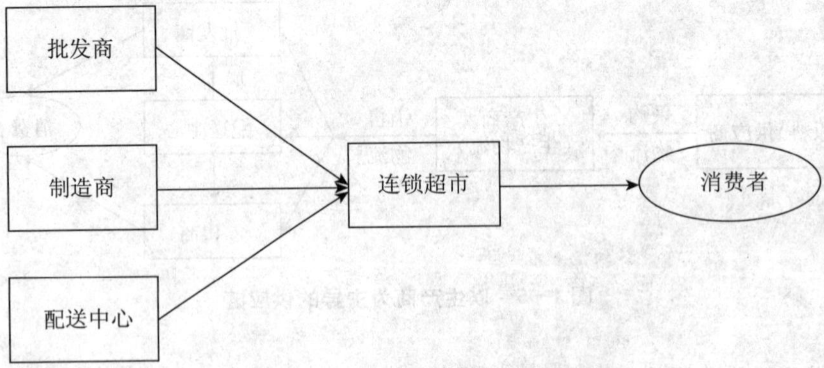

图 1-8　以零售商为主导的供应链

4. 以 3PL（第三方物流）为主导的供应链

第三方物流企业在参与供应链管理过程中，通过不断加深与供应链其他成员之间的合作，将业务延伸出物流领域，并成为对整个供应链运作的真正控制者。这样就形成了以第三方物流企业为主导的供应链模式，如图 1-9 所示。

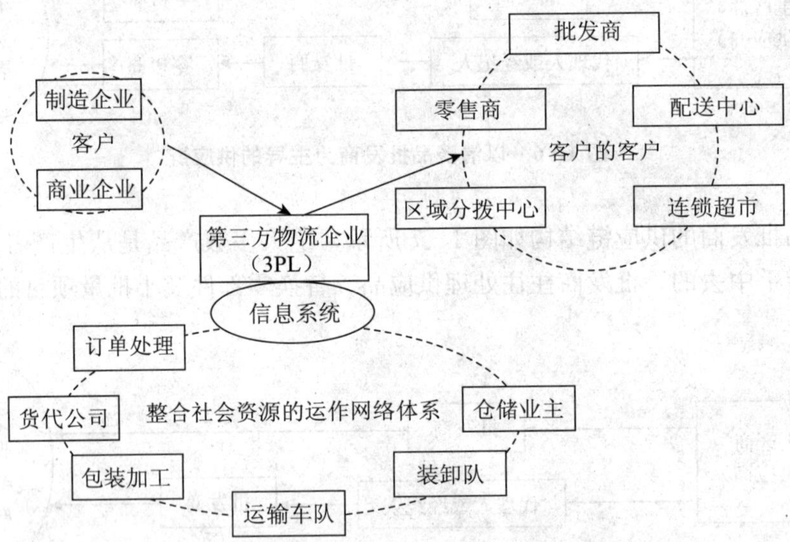

图 1-9　以第三方物流企业为主导的供应链

该模式可以分为 3 个层次：第一层次，主导供应链的 3PL 完全或主要提供物流服务，依靠物流特色服务赢得消费者，这是最低级的模式，也可视为供应链形成的初级阶段；第二层次，主导供应链的 3PL 既提供物流服务，又提供供应链整合方案，它不再处于被动地位，而是借助自己特色服务形成核心地位优势，积极主动地组织和管理整个供应链运作，该阶段可认为是该模式的发展阶段；第三层次，主导供应链运作的 3PL 只提供供应链整合方案，通过运用各种先进的理论和信息技术，最大限度地发挥供应链的整合优势，实现供应链的无缝连接，这是该模式的成熟阶段，它实际上形成了真正的虚拟企业。

第二节　供应链管理基本概念

导入案例

小米的新型供应链管理模式

小米科技公司成立于2010年4月，经过几轮融资，到2014年市值已达450亿美元的规模，小米公司之所以能在短短几年时间取得如此大的成绩，除了成功采用饥饿营销、互联网思维之外，其中很大程度上依靠的是它全新的供应链管理模式。小米的供应链管理模式的实质是“按需定制”（详见图1－10），小米手机用户首先通过网络下单，获得市场需求，然后通过供应链采购零部件，比如向夏普采购屏幕、向高通采购芯片、向索尼采购摄像头，再通过其他厂商采购其他关键零部件。这种模式颠覆了传统的供应链模式，它卖的是市场的需求，需要先付费用才会生产，这不仅彻底改变了库存的概念，也把整个供应链的风险给规避掉了。

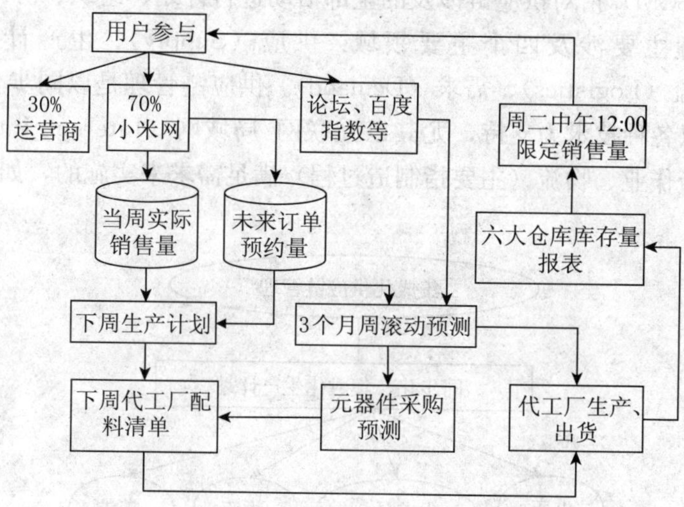

图1－10　小米公司供应链管理基本流程

为了适应规模生产、社会化大生产分工的要求，缩短供应链流程时间，小米零部件未来将由“定制件”向“通用件”发展，提升供应链反应速度，实现供应链标准化。

资料来源：http：//www. leiPhone. com/news/201406/xiaomi—pic. html.

思考：小米公司是怎样进行供应链管理的？

供应链中的节点企业在网络中扮演着不同的角色，它们既相互合作，谋求共同的收益，同时在经济利益上又相互独立，存在一定的冲突。要使一个供应链获得良好的整体绩效，实现各节点企业的双赢或者多赢，使整个供应链的价值最大化，在供应链之间的竞争中获得优势，就必须对供应链中各节点企业进行有效的管理。

一、供应链管理的概念

在传统"纵向一体化"管理模式下，企业产品开发和市场营销能力很弱，无法快速响应用户需求，严重影响了企业的竞争力，促使"横向一体化"的兴起，于是产生了新的经营和运作模式——供应链管理。

小链接

"纵向一体化"是指企业在现有业务基础上，向其上游或下游发展，形成供产、产销或供产销一体化，以扩大现有业务的战略，包括前向一体化和后向一体化，其中前者是指企业进一步深加工本公司产品，或者综合利用资源，或建立自己的销售组织来销售公司的产品或服务，后者是指企业自己供应生产现有产品或服务所需要的全部或部分原材料或半成品；横向一体化是指为了扩大生产规模、降低成本、巩固企业的市场地位、提高企业竞争优势、增强企业实力而与同行业企业进行联合的一种战略。

根据国家标准《物流术语》（GB/T 18354—2006），供应链管理（Supply Chain Management，SCM）指对供应链涉及的全部活动进行计划、组织、协调与控制。

供应链管理主要涉及四个主要领域：供应（Supply）、生产计划（Production Schedule）、物流（Logistics）、需求（Demand）。供应链管理是以同步化、集成化生产计划为指导，以各种技术为支持，尤其以互联网/局域网（Internet/Intranet）为依托，围绕供应、生产作业、物流（主要指制造过程）满足需求来实施的，如图 1－11 所示。

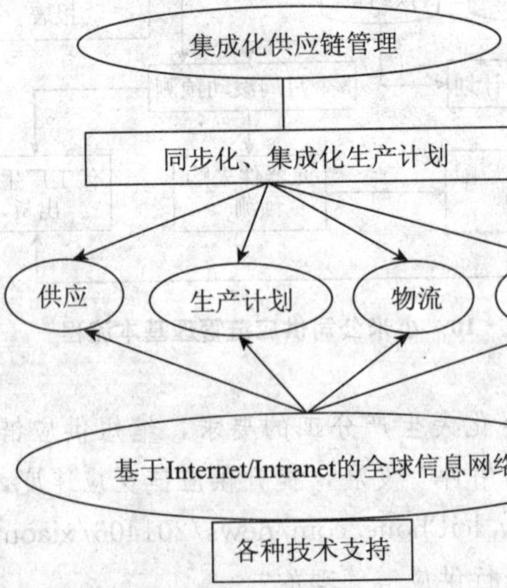

图 1－11　供应链管理涉及的领域

供应链管理的核心本质是基于一定的管理手段和方法使供应链进行有效的协作，

主要体现了五个基本思想：一是把供应链看成一个有机整体；二是以“最终用户的要求”为中心，即把产品或服务的最终消费者对成本、质量、服务等方面的要求，作为供应链中所有参与者共同的绩效目标；三是对在供应链中价值增值及与成本有关的各方面进行积极主动的管理；四是采取新型的企业关系，主动关注整个供应链及其管理，强化供应链中各成员之间的长期战略合作伙伴关系；五是注重开发核心竞争力，借助其他企业的核心竞争力来形成、维持甚至强化自己的核心竞争力。

二、供应链管理的特点

供应链管理与传统管理有着明显的区别，主要有以下几个特点。

1. 集成化

传统管理以“职能部门”为基础，各职能部门经常发生职能矛盾、利益目标冲突等问题，无法实现整体目标最优。而供应链管理以“供应链流程”为基础，将所有节点企业看成一个整体，物流、工作流、资金流、价值流、信息流贯穿于供应链全过程，是一种集成化管理模式。通过业务流程重组，消除各职能部门、节点企业的“自我保护主义”，实现供应链集成与优化。

2. 全程化

供应链各环节是一个环环相扣的有机整体，如果在做供应链决策时，仅基于部分环节的信息，可能会由于信息失真或扭曲，导致决策失误。由于供应链职能目标冲突是不争的事实，只有高层管理者认识到供应链管理的重要性，运用战略管理思维才能实现供应链目标。因此，供应链管理依赖于战略思想，需要基于供应链全过程进行战略决策。

3. 新库存观

传统的库存管理认为，库存是维系生产和销售的必要措施，是一种必要的成本，仅管理与控制企业自身库存的数量，只着眼于自身的库存水平的最低与库存费用的最少，把库存往其上游或下游转移，整个社会库存量并未减少。但是，供应链下的库存管理认为，库存不一定是必需的，它只是平衡产销的最后工具，而且把视野从企业自身扩大到由供应商、制造商、批发商和零售商组成的整个供应链网络上来，它们之间建立战略合作伙伴关系，充分交换库存信息，相互协调共同管理库存，通过快速反应大幅度降低总体库存。

4. 用户化

不论供应链的节点企业和供应链的层次多少，供应链都是由客户需求驱动的，而且，只有客户获得成功，供应链才能持续发展。传统管理基于企业自身情况，如行业、产品、分销渠道等对市场进行划分，然后对同一区域的用户提供相同水平的服务；供应链管理则强调根据用户的状况和需求提供个性化的服务。因此，供应链管理是以最终客户为中心，将客户服务（Customer Service）、客户满意（Customer Satisfaction）、客户成功（Customer Success）与客户价值（Customer Value）这“4Cs”作为管理的出发点，并贯穿于供应链管理的全过程；将改善客户服务质量，实现客户满意，促进客户成功作为创造竞争优势的根本手段。

三、供应链管理的原则

1. 以客户需求为中心

随着市场从卖方市场向买方市场转变，客户成为牵动市场运行的“牛鼻子”。供应链管理的重点由“供应链能够提供什么样的服务或产品”向“客户需要供应链提供什么样的产品或服务”转变，并通过节点企业的有效协作，快速响应客户需求。针对不同的客户，提供不同层次的个性化服务，对重要的关键客户提供高层次服务，而对一般的普通客户提供相对较低层次的服务。

2. 利益共享、风险共担

供应链是一个“一荣俱荣，一损俱损”的有机整体，如果供应链能够高效运营，实现良好的利润，各节点企业也可以获得丰厚的利润；反之，如果供应链节点企业相互指责，不能有效合作，造成的风险和成本也会分摊到每个节点企业。因此，供应链管理的目标就通过物流、商流、信息流和资金流顺畅流动，促使供应链高效运作，提升整体利益，降低经营风险。

3. 信息共享

供应链是一个复杂的系统，包含企业、产品、人员等多种信息，在多次传递过程中容易发生扭曲，最常见的现象就是牛鞭效应。信息的失真影响企业的生产、销售等经营决策，只有通过信息技术，签订信息共享契约，实现供应链标准化，统一设计信息系统，使各种信息在供应链中及时准确地传递，提高供应链运行、反应速度，降低信息传递成本。

小链接

牛鞭效应

牛鞭效应（Bullwhip Effect）是指由于供应链的固有属性（如存在较长的交货提前期、流通环节多、订货成本较高等），链中企业对信息的曲解沿着下游向上游逐级放大的现象。如图 1－12 所示。

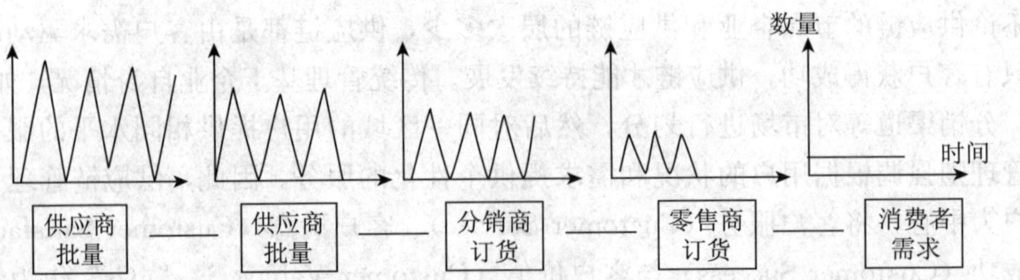

图 1－12　牛鞭效应

四、供应链管理的目标

供应链管理的基本目标是使各成员在分工的基础上密切合作，通过非核心业务外包、资源共享和协调整个供应链，减少库存、降低生产成本、增强企业竞争力，基于信息和组织网络，实现产销有效连接，促使物流、信息流、商流、资金流合理流动，优化配置各类资源。

1. 总成本最小化

采购成本、库存成本、运输成本、制造成本及供应链中其他成本费用是相互联系的。为了实现有效的供应链管理，必须将供应链各成员企业作为一个整体来考虑，并使供应物流、生产物流、销售物流之间达到高度均衡。因此，总成本最小化目标并不是指运输费用或库存成本或其他供应链运作和管理成本最小化，而是供应链总体成本最小化。

2. 客户服务最优化

供应链管理的本质在于为供应链的最终客户提供高水平的服务。而由于成本费用与服务水平之间存在二律背反关系，是一对矛盾体。因此，要建立一个高效率、高绩效的供应链网络系统，就必须在总成本费用与客户服务水平之间寻找切入点。因此，供应链管理要以最小化的总成本实现最优化的客户服务。

3. 总库存最小化

基于供应链的角度，库存只是平衡产销的工具，不是必须的，应该将库存控制到最小化，甚至实现零库存。因此，不能单纯追求某个供应链环节的库存最小化，而是应该使整个供应链总体库存最小化。

4. 总周期最短化

从某种意义上说，供应链之间的竞争实质上是基于时间的竞争。如何对客户的需求做出快速有效的反应，最大限度地缩短从客户发出订单到获取满意交货的整个供应链的总周期时间，已成为决定企业成功的关键因素之一。

5. 物流服务最优化

企业产品或服务质量的好坏直接决定企业的成败。同样，供应链管理下的物流服务质量的好坏直接关系着供应链的存亡。通过优化供应链所有物流环节，包括供应物流、生产物流、销售物流等环节，实现供应链整体物流无缝衔接，从而达到物流服务最优化。

从传统管理思想看，上述目标之间可能呈现出排斥性：为了提高客户服务水平，改善交货质量，缩短总周期时间，必然会增加库存、成本，否则无法达到最优。但是，基于供应链一体化的管理思想，从系统的观点出发，上述目标可以兼得。

第三节 供应链管理下业务外包

导入案例

耐克的供应链生产外包

耐克有一句脍炙人口的话："耐克公司从来不生产一双耐克鞋"。那么全球畅销的耐克鞋是怎样生产出来的呢？答案在于供应链生产外包。

耐克从 20 世纪 70 年代开始，便把制造环节外包给很多亚洲国家。耐克公司不设工厂，不仅外包制造所有的产品，甚至连公司设计的样品都由中国台湾试制。耐克通过整合外部资源，节省了大量的生产设施设备成本、人工成本及管理成本，并利用全球的廉价劳动力资源，降低了企业经营成本，提高了品牌竞争力，为其"开疆掠土"的全球化战略起到积极的作用。耐克自身没有工人和厂房，但为其制造产品的工人和厂房却遍及全世界 45 家厂商。耐克公司的高级职员只需坐飞机往来于世界各地，把公司设计好的样品与图纸送到已经与公司签订合约的厂家，最后验收产品，贴上"耐克"标签即可。

资料来源：http：//data. book. hexun. com/chapter－4638－1－24. shtml.

思考：耐克生产外包为什么能够成功？

供应链管理强调企业根据自身特点，专门从事某一领域或某一业务，形成自己的核心竞争力，这必然要求企业将非核心业务外包给其他企业，即业务外包。

一、业务外包的概念

管理学中的"木桶原理"是指木桶的最大盛水量是由最短的桶板决定的，而不是由组成木桶最长的桶板决定的，因此，要增加木桶的盛水量，必须加长或由长桶板来代替短桶板。企业竞争能力的大小同样是由其生产要素中最薄弱的环节决定的，企业要将每个要素都做到最好，必须抽出企业的"短板"，由外部的"长板"替代，整合企业内外部长板，进而提升企业的竞争力。

所谓业务外包（Outsourcing）也称资源外包。1990 年，美国学者 Gary Hamel 和 Praharad 首次提出"Outsourcing"这一概念。具体而言，业务外包是指企业整合利用其外部相对优秀的企业资源，将一些非核心的、次要的或辅助性的功能或业务外包给企业外部的专业服务机构，利用它们的专长和优势来提高企业整体的效率和竞争力，而自身仅专注于那些核心的、主要的功能或业务。从本质上来讲，业务外包是企业的一种经营战略，是一种新的企业经营管理理念。它所推崇的理念是：如果企业价值链中的某环节不是世界上最好的，也不是企业的核心竞争优势，同时，这种活动不至于把本企业与客户分开，那么就应该把它外包给世界上具有核心竞争优势的企业，促进企业创造更多的价值。

二、业务外包的主要方式

业务外包业已经成为一种重要的生产组织和管理形式，企业生产经营的性质和特征决定了业务外包的方式，不同的外包方式的收益、风险和成本也是不一样的，目前业务外包主要有以下几种形式。

1. 生产外包

随着市场日渐成熟和竞争日益激烈，企业增加收入难度逐渐加大，尽可能降低成本成为企业提高利润的关键。生产外包就是降低成本的一种最重要的方法。生产外包（Production Outsourcing）又称为制造外包，是指将一些传统上由企业内部人员负责的非核心业务或加工方式外包给专业的、高效的服务提供商，以充分利用公司外部最优秀的专业化资源，从而降低成本、提高效率，增强自身的竞争力的一种管理策略。生产外包是业务外包市场比较成熟的一种形式，它的内在驱动力主要来自两方面：专业化分工和规模效应。目前，越来越多拥有名牌产品或商标的企业不再拥有生产厂房和设备，不再在生产过程中扮演过多的角色，将企业资源专注于新产品的开发、设计和销售上，而把生产及生产过程的相关研究“外包”给其他的合同生产企业。

2. 物流外包

对于大部分生产制造企业及零售企业来说，它们在物流方面往往并不具备竞争优势，为了提升核心竞争能力，常常将其物流业务委托于专业的物流公司运作，充分利用其强大的物流配送能力，提高商品周转速度，降低企业库存，从而降低运营成本。物流外包能极大地缓解企业的物流压力，提高企业的运行效率，是外包市场上应用最普遍的一种外包形式。

3. 营销外包

营销外包是指企业将营销业务委托给拥有专业技能和网络的外部机构，企业只在战略上进行全程监控和规定收益回报的下限，其他的营销风险全部由外包机构承担。通过营销外包，借助销售公司专业优势和客户资源，提升营销效果。

4. IT 外包

信息化程度在不断提高，越来越多的企业在电子商务的基础上构建网络系统。传统的做法是公司设计网络、购置硬件和软件，然后由各供货商分别提供服务。由于这项业务专业性强，技术要求高，实施起来难度大，且很难达到先进、合理的要求，而且成本比较高。随着 Internet 的逐步普及，大量的基于 Web 的解决方案不断涌现，使远程的基于主机的应用方案成为可能。因此，许多企业已经普遍将 IT 业务，在规定的服务水平基础上外包给应用服务提供商（ASP），由其管理并提供用户所需要的信息服务。

5. 人力资源管理外包

人力资源管理外包是指将企业招聘、培训和人力资源管理方面的业务外包出去。目前，盛行的“猎头”公司，就是为企业提供人力资源管理外包服务的公司。今后人才竞争将成为企业竞争的关键因素，这种外包方式将越来越普遍。

6. 脑力资源外包

业务外包的一个新领域是“Consulting”，即雇用外界的人力主要是脑力资源，解决本部门解决不了或解决不好的问题。一般要为用户提出一个咨询、诊断、顾问、分析、决策方案，实施管理业务、组织的重组，技术改造，实现改进工作、提高经济效益的目的。脑力资源外包内容主要有：互联网咨询、信息管理、ERP、系统实施应用、管理咨询等。

另外，也有不少公司将自己的研发任务外包出去，交给专业的科研机构或通过合同的方式交由大学院校来完成，节省研发投资。由于研发往往涉及企业的核心业务，而投资又非常巨大、投资回收期很长，面临的不确定性因素也很多，尤其是基础性研发。同时，研发外包也容易造成企业的核心技术的泄露，不利于保持企业的核心业务，因此在进行研发外包时更要慎之又慎。

不同的外包方式所外包的业务对象不同，其针对性也不同，各有其特点，互相之间并无优劣之分，企业应根据自己的实际情况和业务特点，充分考虑收益和风险来选择适合自己的一种或多种外包模式。

三、业务外包的优势

美国著名的管理学大师彼得·德鲁克曾预言：“在 10～15 年之内，任何企业中仅做后台支持而不创造营业额的工作都应该外包出去，任何不提供向高级发展的机会和活动、业务也应该采用外包形式。企业的最终目的不外乎最优化地利用已有的生产、管理和财务资源”。

业务外包并不是将“自己的蛋糕”分一块给别人，而是与别人共享一块“更大的蛋糕”。与传统的管理模式相比，实行业务外包的企业将专注于具有竞争力的核心业务，把非核心业务外包给“专家”企业，并与这些企业保持紧密的合作关系。业务外包之所以盛行，得到越来越多的企业的认可，以至于成为实施供应链管理的核心问题，归纳起来业务外包主要有以下几点优势。

1. 增强企业核心竞争力

随着顾客需求的多样化和个性化，仅依靠企业自身有限的资源难以满足顾客不断变化的需求，也难以在所有业务领域都获得同样的竞争优势。因此，企业需要把有限的资源集中在核心业务上，将非核心业务转移出去，借助外部资源的优势来弥补和改善自己的弱势，从而把主要精力放在企业的核心业务上。根据自身特点，专注于企业核心业务，从而形成自己的核心竞争力。例如，通用汽车公司的 Pontiac Le Mans 已经不能简单定义为美国制造的产品，它在韩国完成组装生产，由日本提供发动机、车轴、电路，德国负责设计工作，其他一些零部件来自中国台湾、新加坡和日本，西班牙提供广告和市场营销服务，爱尔兰和巴贝多完成数据处理，其他一些服务如战略研究、律师、银行、保险等分别由底特律、纽约和华盛顿等地提供。只有大约总成本的 40% 发生在美国本土。

2. 巩固企业合作关系

现代市场的竞争已经演变为是供应链之间的竞争，企业要学会与其他企业进行合作的策略与技巧。在企业与其他企业进行竞争，加入某一供应链联盟的过程中，企业本身只有独特的竞争优势，才能吸引供应链中的其他企业，供应链业务伙伴关系才能持久。因此，企业需要在识别自身核心竞争优势的基础上，与节点企业之间结成动态的战略联盟，巩固供应链企业之间的长期战略合作伙伴关系。

3. 降低经营成本

通过专业化分工，能够提高职能效率，许多外包商的资源和组织更为有效，尤其是具备专业化的知识和经验。通过承揽较多的外包服务，外包商可以实现规模经营，获得比单个企业生产更高的经营效率和效益。基于资源配置日趋全球化的背景，将特定业务外包到资源和服务价格相对较便宜的国家和地区，能够直接降低企业的加工和制造成本。另外，有利于企业节省巨额的固定资产投资，减少由于资产专用性而导致的企业沉没成本。

4. 规避经营风险

由于市场环境的不确定性、企业业务活动的复杂性以及企业能力的有限性等方面的因素，企业在经营过程中不可避免地要承担生产、投资、技术、营销以及财务等方面的风险，而经营风险具有破坏性、复杂性、潜在性等特征。通过资源外向配置和业务外包，与外部合作伙伴共同承担风险，使企业变得更具有柔性，更加能适应外部环境的变化。例如，日本丰田集团总公司就有 160 多家中小企业与之直接发生外包交易，由于彼此之间相互依赖、共享知识与技能，共同开发与生产，所以既降低了丰田公司业务交易的不确定性因素所导致的风险，又降低了生产成本、改进了质量、加速了新产品的开发过程。

四、业务外包注意的问题

1. 注意处理与外包商合作关系

在处理与外包商的关系问题上，企业应注意以下三个方面：一是应严格控制外包商的品质；二是企业应给予外包商独立性和适当的奖励；三是协助和指导外包商管理，积极帮助他们解决业务问题，为外包商提供一个美好的远景展望，提升他们的工作意愿。在合作过程中，既需要合同和商业信誉维持双方的利益，也不能忽视双方之间的充分沟通、理解、协商和建立相互信任，并且以平等的关系合作，结成稳定的、有弹性的伙伴关系，共同成长。

2. 注意避免严重依赖外包商

企业可能产生对外部技术的严重依赖，是业务外包尤其是研究开发外包、信息技术外包的一个最大缺陷。当一个企业将技术开发和管理承包给外包商时，虽然能够获得良好的短期回报，但企业会减少对技术研究开发的投资和控制，进而放松技术关注，这势必影响企业的技术能力，容易受控于技术供应商并导致外包风险。

3. 注意加强对外包商实施的管理

基于信息网络和计算机平台构建一套行之有效的监控和评估体系，随时监控和评估外包业务，及时与外包商交换意见，有效地控制产品质量，甚至可以每年对外包企业进行一次评定和筛选，对不合格的企业进行淘汰，以保障外包业务的有效运营。

4. 注意转变管理人员的思维

管理人员要摆脱“业务外包意味着某项工作不重要，把外包看作是‘问题外包’”的思想，应该意识到外包是一种充分利用资源、招揽人才的重要手段。为了有效实施业务外包，就必须善于利用外部的特殊人才和能力。因此，要从战略的角度看待业务外包，其目标不在于获得最有利的交易，而是获得最佳的战略伙伴。

五、业务外包的实施步骤

1. 确定外包业务

著名的管理学家迈克尔·波特认为，企业创造价值的过程可以分解为一系列互不相同，但又互相联系的增值活动，如设计、生产、销售等，共同构成企业的价值链。实际上，并非每个环节都能创造价值，而是某些特定的活动创造价值，即战略环节。企业的竞争优势实际上就是企业在价值链上某个特定战略环节上的优势。因此，为了保持竞争优势，不可以外包凝聚核心竞争力的战略环节。另外，企业不能把那些对整体业务的顺利开展具有决定性影响的业务外包出去，即使从成本上分析，企业在该领域里没有竞争优势，企业也不能将这些业务外包出去。

小链接

一般来说，下列业务应该外包出去：①在企业内部进行代价太大；②合作者能够以更低的费用完成；③合作者能比本企业完成得更加出色；④需要特殊能力如获取政府基金等；⑤需要在某一遥远的、具有不同文化的国家进行；⑥外包商能在销售方面取得更大成功；⑦需要昂贵资源但可能出现新型资源使其贬值；⑧合作者能以更快的速度完成任务；⑨投资回报率较低。

2. 选择外包方式

在选择外包方式时，应注意以下三点：一是可以选择全部外包或部分外包。有的企业将大众化的产品进行外包，而自己组织生产那些创新性的高端产品；也有的企业把产品中的一般部件外包出去而自己生产核心部件。二是可以选择“临时工”方式或“正式工”方式。既可以把某一批产品的生产外包给合作者，也可以把本企业的产品生产长期固定外包给某一特定外包商。这两种方式各有利弊，前者会增加企业的交易成本，而后者可能会导致企业严重依赖合作者，增加转移成本。三是可以选择“体力”外包形式或“脑力”外包形式。前者主要是指代加工形式，后者主要是指企业管理层面的业务外包，如人力资源管理、对外公关、产品设计、财务管理、技术创新等，将这些环节外包给专家打理。

3. 准确评价外包商

外包商能力的高低、信誉的好坏会直接影响外包战略能否顺利完成，应该慎重选择外包商。一般来说，外包商的评价体系应至少由 3 方面指标构成：①投入指标，指外包商拥有的固定资产、技术资源、人力资源等生产要素；②能力指标，指外包商的生产能力、技术创新能力等综合能力；③兼容指标，指企业与外包商在生产、文化等方面的兼容性。

4. 选择多个外包商

为了避免失去对外包业务的控制，企业应选择多个外包商，使其相互牵制。如宝洁公司外包物流业务时，给其最大的合作伙伴中铁物流的业务也不超过 40%。有些企业在实施业务外包时，对不同的外包商采取不同程度的控制措施，不但使他们获得丰厚的回报，而且企业的技术也得以完整保护。在这方面，美国耐克公司提供了成功的经验。耐克公司把它的外包商分成 3 类：①长期合作伙伴。耐克与这类外包商联合开发新产品，对一些新技术共同投资，由这些外包商生产价值昂贵、产量低的最新产品。②批量生产外包商。耐克不与这些外包商进行合作开发，外包商只为耐克生产批量较大的某一型号产品，而且这些外包商无权选择原材料和二级外包商。③部分拥有型外包商。这些外包商分布在世界各地的发展中国家，由于它们具备劳动力成本低、遍布全国的优势，深受耐克公司青睐。耐克为这些外包商提供资金及技术支持，这些外包商只为耐克生产产品。通过不同的控制策略，耐克既提升了企业的核心竞争力，也不用担心技术丢失或泄露。

5. 签订外包合同引入双赢模式

外包合同的作用在于约束合作双方的行为。在合同中应尽可能较为详细地规定和说明双方的权利、义务、责任等内容，特别是有关知识产权与保密的协议，以保证双方合作愉快，从而形成长期的战略联盟。

值得一提的是合作双方要引入“双赢”模式，这就要从传统竞争的“非赢即输、针锋相对”的关系，改变为更具合作性的关系。外包并不是一方所得以另一方损失为代价的。相反，企业兴旺，双方都会受益，而企业败落谁也都不会得利。因此，企业业务外包时强调合作双方的相互利益非常重要，一方投资者为了谋求自己的利益而损害另一方的做法是极不明智的。双方应该为了共同的利益精诚合作，使外包活动与企业核心业务相辅相成，发挥协同效应，从而获得竞争优势，实现双赢目标。

6. 控制与评估

通过外包控制，督促外包企业按照约定进行生产或提供服务。企业一般应指派专门人员现场监督产品或服务的质量、标准与工期，并有效处理突发事件。

在外包企业交付产品或结束服务后，应客观公正地评价其实施绩效，并把经验教训添加到企业的知识管理系统中，为双方长期合作奠定基础。

第四节 供应链管理的趋势

导入案例

宝洁携手零售商实施移动供应链管理

宝洁公司是全球日化行业的领军企业和世界上最大的日用消费品公司之一，公司始终重视供应链建设，与上下游企业间的协作不断加强。

宝洁公司和华润万家基于联合商务框架的合作理念，在华润万家移动应用平台的基础上探索移动供应链管理，不仅提高了两家公司供应链管理互动的实时性、便利性，而且优化了流程，增加了企业运营效益，提高了整体供应链效率。

宝洁公司相关运营人员主要运用移动供应链的两个功能：一方面，通过移动供应链可以实时浏览相关经营情况。了解其商品在华润万家的库存和销售状况，分析销售和订货趋势，及时做出销售策略调整，进而有效提升库存周转率和销售业绩。另一方面，基于移动供应链可以直接参与门店商品管理。宝洁的业务员在门店巡场时，通过手机摄像头可以快速扫描商品条码，并查询到货架陈列、商品信息和经营数据，协助门店分析商品经营情况，帮助门店优化商品陈列、提高库存水平，减少缺断货，提高门店的单品经营效益。

移动供应链为宝洁和华润万家主要带来三方面的显著效益：首先，降低库存。宝洁业务人员通过移动供应链，能够实时掌握其商品在华润万家各门店的销售、库存等信息，可以更好地管理其库存。以南区目前库存周转来看，预计库存水平可降低0.5～1天。其次，缩短交货期。宝洁对于华润万家门店的订单、退单等业务单据可以实时查收，有助于提升供应链响应速度，缩短交货期，预计平均到货时间可缩短0.5天。最后，促进销售。通过数据分析及整合、定制业务报表等服务，方便宝洁进行业务管理，实现供应链协同。宝洁实时掌握业务报表数据后，可以对重点SKU进行监控，发现异常问题及时解决，有利于业绩的增长。

资料来源：http：//www.chinawuliu.com.cn/xsyj/201404/16/288756.shtml.

思考：宝洁公司是怎么实施移动供应链管理的？通过移动供应链管理给公司带来什么好处？

随着经济全球化进程的不断推进，供应链变得越来越长且越来越复杂，对供应链管理的要求也就随之改变，供应链管理呈现出以下几个发展趋势。

一、绿色供应链管理

近年来，由于生态环境问题，人类提出了可持续发展战略，即经济发展既要满足人类长远生存的需要，又要考虑自然生态环境的长期承载能力，从而形成了一种综合性的发展战略。

在传统供应链管理体系中，经常出现这样一种问题，供应链核心企业制定并实施了环境管理标准，但是其上下游企业没有遵循同样的环境管理标准，导致供应链环境管理缺乏系统性、整体性，不能达到真正的环保目的。为了解决这一问题，人们试图重组供应链各环节，将环保意识植入到整个供应链中，从战略角度考虑整个产品生命周期对环境的影响，以达到资源利用率最大化和环境负面影响最小化为目的。由此，产生了绿色供应链管理思想。通过绿色供应链管理，能够提升企业环境绩效，提高企业的国际竞争力，促进企业可持续发展。

（一）绿色供应链管理的内涵

绿色供应链管理（Green Supply Chain Management，GSCM）或称环境意识供应链管理（Environmental Conscious Supply Chain Management）是“一种在整个供应链内综合考虑环境影响和资源效率的现代管理模式，它以绿色制造理论和供应链管理技术为基础，涉及供应商、生产商、销售商和用户，其目的是使产品从物料获取、加工、包装、仓储、运输、使用到报废处理的整个过程中，对环境的影响（负作用）最小，资源效率最高”。

绿色供应链管理是基于社会和企业的可持续发展的角度，引入“绿色”或“环境意识”理念的设计思想，对产品从原材料购买、生产、消费，直到废料回收再利用的整个供应链进行生态设计，通过链中各个企业内外部之间紧密合作，协调、统一整条供应链的环境管理，使供应链的资源消耗和环境负作用最小，达到系统环境最优化。由此可见，绿色供应链管理是一种跨企业的协作，覆盖了从产品设计到最终回收的全过程，主要包括绿色设计、绿色材料的选取、供应过程的选择、绿色生产、绿色营销以及绿色回收六个环节。

（二）绿色供应链管理的特点

1. 充分考虑了对环境的影响

传统供应链是从核心企业的角度来看待问题，忽略了供应链对社会和环境的负面影响。供应链企业仅仅考虑自身的经济利益，以牺牲外部的利益为代价，将自己所应承担的成本和责任转嫁给社会或其他企业，导致生态环境的恶化，影响经济的可持续发展，而绿色供应链管理则充分考虑了这些内容。

2. 体现了系统、集成思想

绿色供应链管理的各个环节是连成一体，缺一不可的。绿色供应链中的物流是一种“绿色”物流，而绿色供应链中大量流动的信息流则是有关绿色制造的“绿色”信息，不管哪一个环节出了问题，都难以实现“绿色管理”的目的。因而，绿色供应链管理不是各环节的单独管理，而是将整个供应链作为一个系统来进行严格控制。

3. 闭环运作

绿色供应链像生态系统一样，是封闭循环运作，没有终止点。绿色供应链中流动的物流不仅是普通的原材料、中间产品和最终产品，更是一种“绿色”的物流，必须及时回收处理供应链过程中产生的废品、废料、损坏件及被用户淘汰的产品。

4. 强调供应商之间的数据共享

数据共享包含产品设计、绿色材料的选取、供应商的评估和挑选、绿色生产、运输和分销、包装、销售和废物的回收等过程的数据。供应商、制造商和回收商以及执法部门和用户之间的联系都是通过 Internet（互联网）来实现的。因此，绿色供应链管理的信息数据流动是双向互动的，并通过网络来支撑。

二、应急供应链管理

随着经济全球化、产品多样性、技术更新和竞争的加剧，消费者需求和市场价格变得更加具有不确定性，这些不确定性风险因素越来越影响供应链的生存发展，同时，由风险引发的突发事件也在不断地影响着供应链的正常运营和满足客户需求的能力。面对如此复杂的不确定性环境，如何有效地预防供应链风险，如何科学地应对供应链突发事件，如何进行应急供应链管理就成为了非常重要的课题。

供应链内外环境的复杂性，加剧了供应链的不稳定性。在内在和外生不稳定因素的影响下，供应链孕育、爆发风险成为必然。在一些突发事件的冲击下，供应链陷入中断甚至崩溃的境地，给供应链成员带来巨大损失。以食品供应链为例，在疯牛病、口蹄疫、苏丹红二号、禽流感等突发事件的冲击下，食品供应链遭到严重破坏。如何有效地处理供应链风险、应对危机已经成为国内外学者青睐的课题，供应链应急管理也成为国内外学者关注的焦点。

Jens Clausen 等人提出来的应急管理，是一门集应用科学技术和管理科学理论于一体的交叉学科，主要涉及突发事件应急预警、应急决策和应急响应等内容。随着供应链管理理论和实践的发展，应急管理思想逐步渗透到供应链管理体系，并衍生出一个新的方向——应急供应链管理。

应急供应链管理是一个面对紧急、不稳定、不确定环境中突发事件的管理，具有时效性，不稳定性和不确定性，这些特性不仅使应急供应链管理更加复杂而且充满了风险。应急供应链管理主要包含两方面含义：一是要降低突发事件发生的概率，主要采取事前应急预警措施；二是要降低损失程度，主要采取事后的应急控制措施。在应急预警和应急控制过程中，应急决策贯穿于整个过程。因此，形成了如图 1-13 所示的应急供应链管理框架。应急供应链管理重在事前预警和预防，而不是事后的控制。

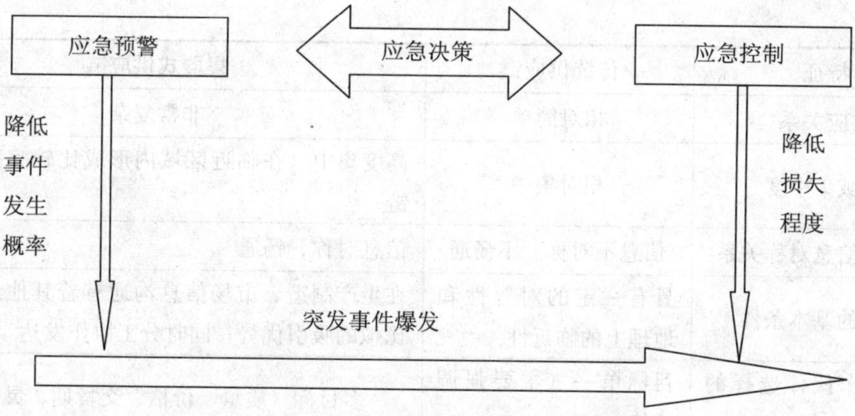

图 1-13　应急供应链管理框架

三、集群式供应链管理

（一）集群式供应链管理的概念

集群式供应链是指围绕某一产业或相关产业的诸多不同规模、等级的企业群和组织机构群，包括供应商、制造商、分销商以及各种中介服务机构等，沿供应链方向，以供应关系（供应商-客户）为纽带，基于本地一体化，在同一产业集群内部形成的完整或相对完整的网络式供应链系统。该供应链系统可以是基于某一核心企业而形成的一条比较复杂的准网络式系统；也可以是基于多个核心企业而形成的纵横交错的复杂网络式系统；亦可以是不存在任何核心企业，多条单链式供应链形成的相对松散，但却相互联系的网络式供应链系统。

（二）集群式供应链管理的特点

通过上述对集群式供应链的概念描述，可以看出集群式供应链是以产业集群为平台的网络式供应链，它有别于传统意义上的供应链，强调的是供应链在集群地域中各个环节的完整性。其主要特点表现在以下几个方面：①基于信任联结方式的根植性；②基于中小企业定位的普遍适应性；③基于相似产业定位的动态竞争性；④基于时间竞争的大规模定制性；⑤基于产业集群本地一体化的完整性。

基于上述分析，可以看出集群式供应链区别于一般传统的供应链，它是一种根植于信任模式，普遍适合中小企业，在动态竞争中保持相对稳定，能够提供更具时间竞争性的大规模定制化服务，基于产业集群本地一体化完整的网络供应链系统。集群式供应链与传统的供应链的区别如表 1-2 所示。

表 1-2　　集群式供应链与传统供应链的比较分析

特征	传统供应链	集群式供应链
链形状	单链	网链

续表

特征	传统供应链	集群式供应链
供应关系	相对简单	非常复杂
区域集中度	相对集中	高度集中（在临近区域内形成比较完整的供应链）
企业间信息对称关系	信息不对称、不畅通	信息对称、畅通
形成的基本条件	具有一定的对等性和地理上的临近性	在生产制造、市场信息沟通有着其他地域无法比拟的吸引优势，同时分工协作发达
战略合作伙伴选择的标准	目标单一（主要强调价格）	多目标（质量、价格、交货期、灵活性）
企业交换主体	物料	物料、技术、服务及品牌
系统稳定性	弱（变动频繁）	众多企业的动态竞争促使系统的稳定性极强

根据产业集群内核心企业的个数的不同，可将集群式供应链分为三类：单一中心型集群式供应链、多中心型集群式供应链和无中心型集群式供应链，如表 1－3 所示。

表 1－3　集群式供应链类型

集群式供应链类型	对应产业集群	具体举例
单一中心型	传统工业基地	温岭摩托、长春汽车等产业集群
多中心型	块状经济、专业镇经济	温柳低压电器、永康五金等产业集群
无中心型	高新技术、经济开发区	大连软件、辽阳管材管件等产业集群

（三）集群式供应链管理的总体组织构架

集群式供应链是供应链与产业集群的耦合体，是在同一产业集群内所形成的完整或相对完整的网络式供应链系统，其外在表现为既具有产业集群的网络组织特点，又具有供应链系统特征的组织构架。在该系统内，横向上具有从供应商到制造商、分销商甚至到最终客户的完整供应链结构体系；纵向上企业之间存在高度发达的相互分工与协作关系。如果没有供应链的特征，集群内企业就会生产同质化、无差异的产品，最终导致企业间恶性竞争；如果没有集群网络的特点，供应链系统组织会因只有合作而无竞争而沦为低效率的组织。集群式供应链的总体构架如图 1－14 所示。

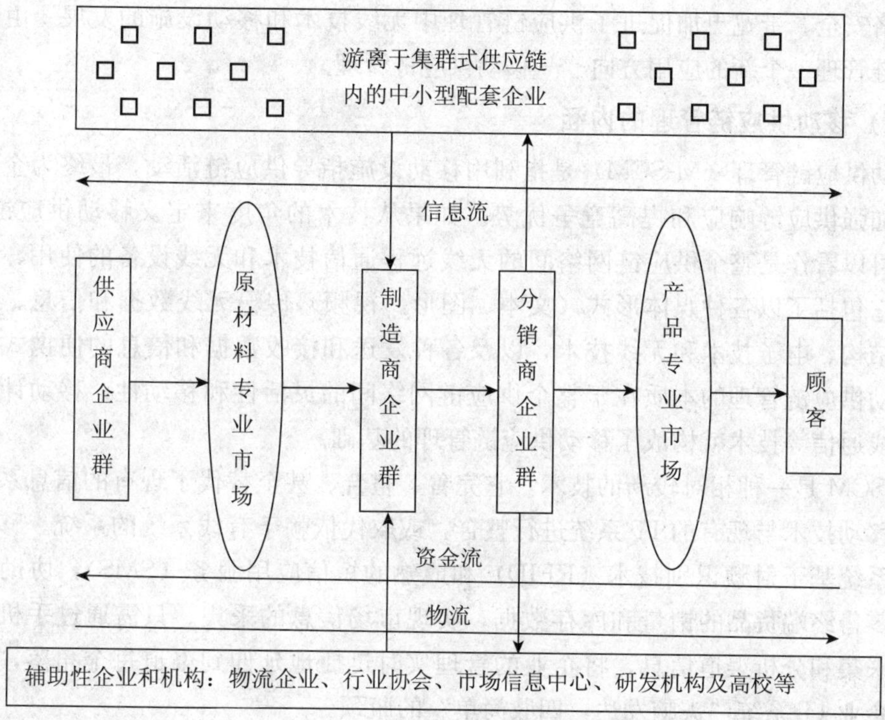

图 1－14　集群式供应链总体组织

从集群式供应链的总体组织构架图上可以看出，整个集群式供应链实际是一个有向（按供应链方向）的投入-产出网链系统，主要由四部分组成：一是位于供应链各环节上的单元集合，包括供应商企业群、制造商企业群以及分销商企业群。二是分别具有推动和拉动作用的原材料专业市场和产品专业市场。三是游离于单链式供应链之外，但处于集群式供应链之中的大量中小型配套企业集合。四是为整个集群式供应链系统提供各种服务的辅助性企业和机构集合，包括第三方物流企业、中介机构、行业协会、市场信息中心、研发机构及高校等。四个部分的作用各不相同，缺少任何一部分都会影响整个供应链系统的效率，四部分的有机结合共同组成了整个集群式供应链的系统。

四、移动供应链管理

移动供应链将传统供应链信息管理扩展到桌面与有线网络范围之外，并且提供了传统供应链管理系统无法实现的一些功能。目前，企业在供应链系统中，移动供应链管理（Mobile Supply Chain Management，M-SCM）作为移动商务的一族，可以超越时间和空间的限制，对围绕供应、需要某种产品或服务的相关企业的关键信息资源进行随时随地的管理，最大限度地让更多企业加入供应链系统。

（一）移动供应链管理的产生

在电子商务背景下的 Internet 的不断发展利用促进了供应链的发展。同时 IT 的发展、网络安全、带宽更加促进了供应链管理中无线技术和移动设施的发展。由此产生了供应链管理一个新的应用方向——移动供应链管理。

（二）移动供应链管理的内涵

移动供应链管理（M-SCM）是指利用移动设施指导供应链活动，最终为企业节约成本、加强供应链响应和提高竞争优势。如果从技术的角度来定义移动供应链管理，那么它可以看作是整个供应链网络间的无线远程通信技术和无线设备的使用、应用和集成，它包括了以各种媒体形式（文本、图形、视频）传输无线数据和信息、所需要的基础结构、电子技术和无线技术，以及各种发送和接收数据和信息的便携式移动设备。移动供应链管理的本质在于整个供应链网络间的灵活性和移动性，移动计算机网络与无线通信等技术就构成了移动供应链管理的基础。

M-SCM是一种相对较新的技术，它完善、整合、甚至替代了现有的信息系统。它可以将移动技术与现有的IT系统进行整合，或取代依赖于有线系统的系统。移动供应链管理系统基于射频识别技术（RFID）和成熟的短信应用服务（SMS），协助企业实时采集零售终端货品的销量和库存数据，实现市场信息的采集。只需通过手机短信方式，即采集和分析渠道信息，将企业的管理实时迅捷地延伸到渠道每个角落，彻底解决现有企业IT系统“头脑发达，四肢简单”的瓶颈。

以上特点使一些企业或应用者可以在任何IT驱动的供应链功能中灵活地应用无线技术来拓展现有的SCM能力。M-SCM整合应用软件和移动设备，如手机、PDA（个人数字助理）、便携式个人电脑，能让使用者可以在无线处理环境下灵活地处理位于任何地方的业务。在SCM中应用无线或移动技术最明显的一个优点是它可以使企业有能力为任何地方的顾客提供他们所需要的服务。这就使所谓基于位置的服务（Location-Based Services），与GPS（全球定位系统）和GIS（地理信息系统）相结合来定位或瞄准在特定区域的顾客。另外，移动供应链的应用可以简化不同企业的业务流程，保证高效率的供应链活动和供应链成员之间的交换活动，包括产品设计、生产、销售、直至客户服务。

移动供应链管理系统（M-SCM）就像一个灵活采集数据和市场信息的大管家，它可以协助企业实时采集零售终端货品的销量和库存数据，优化供应链响应速度，降低库存水平，同时，它还可以实现市场信息的采集、渠道信息发布、销售数据采集、物流配送、售后服务等管理功能。M-SCM除定义常规的业务功能与流程外，还可以根据用户自己设定的条件进行各产品的销量、库存汇总分析对比，并给出柱状数据对比图和曲线趋势图。例如，企业可以按自身情况，设定在每天的固定时间将当天的销量汇总数据通过短信发送到相应的企业决策人、区域主管手机上，便于决策人、渠道主管随时掌握市场状况。系统还提供了其他常规短信收发功能，供企业与其员工、消费者及其经销商等保持沟通。

（三）移动供应链管理的模式

传统的供应链管理模式描述了五个基本流程：计划、采购、生产、发运和退货，而移动供应链管理的模式则不同，它并不是供应链全过程的模式，而是各个利用供应链管理局部过程的抽象模式。

移动供应链管理模式主要分三个层次：第一层为用户层，代表实际使用移动供应链管理的用户，包括直接使用移动终端的用户和使用供应链管理平台的企业；第二层为网络层，是移动供应链信息流动的具体通道，包括移动通信服务商、电信网络、集成运营商和 Internet 网络；第三层为系统平台层，实现移动供应链的具体功能并管理着整个移动供应链管理系统。移动供应链管理的层次模型如图 1-15 所示。

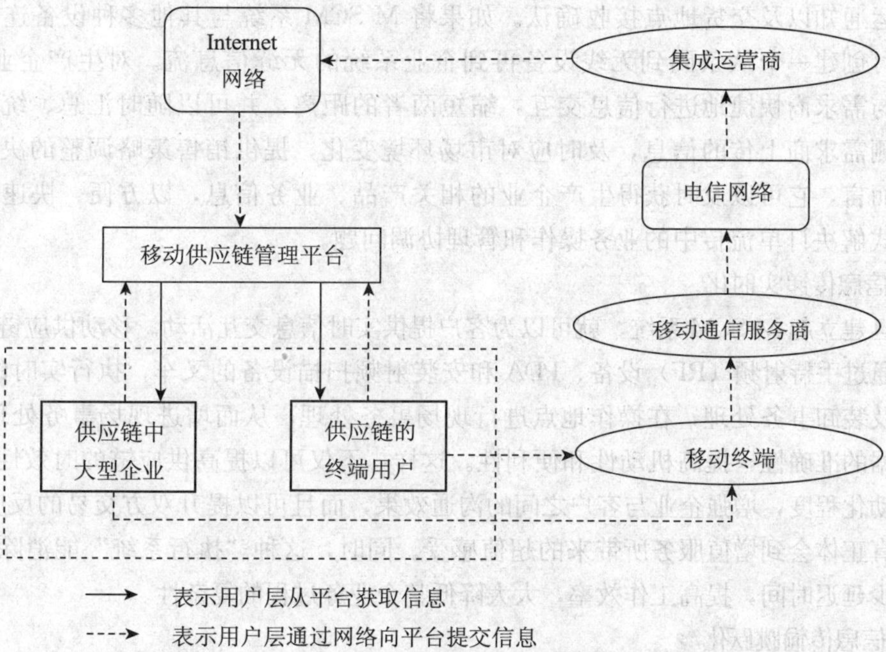

图 1-15　移动供应链管理的层次模型

按照应用领域分类，移动供应链管理可分为移动物流管理、移动供销管理、移动生产制造管理和移动库存管理等。随着供应链管理理论的不断加深和移动技术的不断发展，移动供应链管理从概念的提出到实际的应用发生了较大的变化。在移动供应链管理未来发展的模式中，将主要从两方面取得更大的突破：一方面，将大大提高人们手中使用的移动终端的信息处理能力和便携性；另一方面，移动供应链管理的平台功能不断强大，能够渗透到供应链管理的各个层面。

（四）移动供应链管理的优势

移动供应链管理系统可以随时随地收发、存储、处理供应链上各环节的关键信息，实现跨企业的信息交互和共享。移动供应链是借助完善的信息系统和网络技术，通过发挥专业物流人才的经验和技能来实现的，提供技术和知识密集型的服务，提高生产效率和服务水平，开拓物流增值服务为物流企业创造出新的价值。借助信息技术不仅可以提高企业与客户之间的沟通效率，还可以提高双方交易的反应速度，使客户真正体会到增值服务所带来的超值感受。此外，移动供应链还能够和客户建立交互活动，提供服务信息的实时查询、浏览、在线货物的跟踪、联机实现配送路线的规划、物流资源调度、货物检查等。具体来说，移动供应链管理的优势主要体现在以下三个方面。

1. 信息连接无缝化

在供应链节点企业中，采用 M-SCM 系统可以将原有供应链管理信息扩展到桌面与有线网络范围之外，使决策人无论是在途中、在仓库中或其他位置都可获取信息并采取行动。移动供应链中的无线设备还可用于传输数据，包括收货确认、运出的销售订单、发运通知以及交货地点接收确认。如果将 M-SCM 系统与其他多种设备连接在一起，便可创建一个从条码到无线设备再到企业系统的无缝信息流。对生产企业来说，它可以与需求商快捷地进行信息交互，缩短两者的距离，并可以随时汇总、统计、分析与预测需求商上传的信息，及时应对市场环境变化，提供销售策略调整的决策。对需求商而言，它可以及时获得生产企业的相关产品、业务信息，以方便、快速的移动通信方式解决订单流传中的业务操作和管理协调问题。

2. 信息传递实时化

一旦建立起 M-SCM 系统，就可以为客户提供实时信息交互活动。移动供应链系统用户还可通过手持射频（RF）设备、PDA 和安装射频扫描设备的叉车，执行实时的仓库、运输以及装卸事务处理，在操作地点进行现场事务处理，从而增进现场事务处理效果，改进数据的准确性，提高机动性和便利性。这样，不仅可以提高供应链的时效性、透明度和自动化程度，增强企业与客户之间的沟通效果，而且可以提升双方交易的反应速度，使客户真正体会到增值服务所带来的超值感受。同时，这种“执行系统”能消除误差根源，减少延迟时间，提高工作效率，大大降低整个业务过程的复杂性。

3. 信息传输跳跃化

通过移动供应链管理系统，可以采用跳跃式信息传递模式，打破传统供应链上的信息逐级传递模式。通过整合供应链上的分散信息，极大地降低供应链上信息的使用限制，提高信息传递和处理效率，增加了信息共享机会，降低了信息使用成本，提升供应链上企业与客户之间、企业与企业之间的协调能力，使供应链流程更精确、更流畅。

五、供应链资源管理

为了在市场竞争中获胜，越来越多的企业将关注点转向企业资源的优化配置（即企业资源管理）。由于资源管理的难度较大，具有优良资源管理公司更难以被其他公司模仿，从而使该公司的资源管理能力上升为公司的核心竞争力，具有这些核心竞争力的公司将在激烈的市场竞争中更占优势。供应链管理是在企业间的资源共享和信息集成的基础上，通过对虚拟企业的资源进行统一的调度和管理，以达到企业间资源的优化利用，并最终实现供应链中各企业共同赢利的目的。

供应链将企业的组织边界延伸到供应商、客户，甚至供应商的供应商和客户的客户，建立的是一种跨企业、跨平台的全球性协作，覆盖了从需求预测、产品设计、制造、分销、储运到客户服务的全过程，而基于供应链管理系统的企业资源管理包括以下内容。

1. 企业级的资源需求与分配

企业级的资源需求与分配包括不同企业间项目的资源进度计划与利用率管理，显示所有项目的资源需求，再将这些需求转化为特定的项目资源分配。明确谁分配某个项目以及需要什么样的资源需求。正是在这一层次，实现了资源分配与项目需求在所有项目间的交流。其首要目标在于增加企业间的资源有效利用。

2. 项目级的资源需求与分配

项目级的资源需求与分配包括合作企业和战略伙伴企业建立的项目工作组资源供需计划与利用率管理，包括计划、估计某个项目各工作组的资源，然后再将所分配的资源转化至项目工作组层次。目标在于提高项目层次的产出率，并取得利用率的改进。该层次为项目经理提供了计划与管理项目的原则：占用最少的资源、花费最低的成本，同时又按时完成项目。在这一层次，信息流有两种方向：资源需求计划估计某个工作组的资源需求，资源分配则向各个特定的项目工作组分配资源。项目资源需求优化涉及项目资源预计与资源可供性之间的平衡、项目工作组间的平衡。通过资源需求计划，可以更有效地利用资源，从而直接降低项目成本，公司也可完成更多的项目。由于项目经理的资源需求计划中考虑了资源的可供性，故其提交的资源申请也更为实际。

3. 工作组级的资源需求与分配

工作组级的资源需求与分配包括任务资源供需计划与利用率管理。其首要目标在于提高个体开发人员的产出率。工作组级的资源需求与分配帮助开发人员确定未来数周要完成的工作，并指导其分配时间以更好地完成工作。

目前世界上最为流行的企业管理模型是企业资源计划（Enterprise Resource Planning，ERP），其核心理念是在企业管理长期实践中逐渐发展起来的。它经历了库存管理、物料需求计划（Material Requirement Planning，MRP）、制造资源计划（Manufacturing Resource Planning，MRPⅡ）多个发展阶段。ERP在世界各国的应用范围还在不断扩大，已成为企业信息化的首选应用软件。

实训

供应链调研报告

（一）实训目的

1. 通过实地调研，将供应链及供应链管理基础知识与实践结合起来，培养学生"学以致用"的能力。

2. 通过小组的形式进行调研，培养学生的团队合作精神。

（二）实训内容

以5～6人为一组对某一公司的供应链收集资料、展开调查，最终形成调研报告。

实训题目：某公司的供应链调研报告（或自拟），报告中应包含以下内容：

1. 企业的简介，包括企业的发展历程、核心产品、核心优势、在供应链中的地位等情况。

2. 企业所在供应链的简介，包括其他节点企业的简介、供应链在市场中的竞争力和地位、主要的竞争对手等。

3. 供应链中的伙伴关系描述。

4. 供应链中存在的问题分析及解决措施。

习题

一、单选题

1. 供应链节点企业组成的跨度和层次不同，供应链往往由多个、多类型甚至多国企业构成，这反映了供应链的（ ）特点。

A. 动态性　　B. 响应性　　C. 复杂性　　D. 交叉性

2. 当市场变化加剧，造成供应链成本增加、库存增加、浪费增加等现象时，企业不是在最优状态下运作，供应链则处于（ ）状态。

A. 平衡　　B. 稳定　　C. 倾斜　　D. 有效

3.（ ）是指从客户的需求出发，按照客户的需求设计产品或服务，再根据设计组织材料进行生产。

A. 内部供应链　　B. 外部供应链　　C. 推式供应链　　D. 拉式供应链

4. 供应链管理思想是基于（ ）理念产生的。

A. 横向一体化　　B. 纵向一体化　　C. 前向一体化　　D. 后向一体化

5. 某企业将运输、储存、包装、装卸搬运、流通加工等业务实行外包，这是（ ）。

A. 生产外包　　B. 物流外包　　C. IT 外包　　D. 营销外包

二、判断题

1. 供应链是指生产及流通过程中，仅涉及将产品提供给最终用户所形成的网链结构。（ ）

2. 有效性供应链主要体现供应链的市场中介功能，即快速将产品分配到用户需求的市场，对未知需求作出快速反应。（ ）

3. 供应链管理是一种集成化管理模式。（ ）

4. 通过业务外包，会增大企业经营风险。（ ）

5. 绿色供应链管理是一种闭环运作管理模式。（ ）

三、案例分析题

揭开戴尔供应链的秘密

戴尔公司（DELL）的供应链管理一直被视为全球的典范之一。自公司成立以来，

DELL公司一直致力于为用户提高量身设计的产品及服务，并在全球高技术行业以及个人电脑制造业普遍不景气的大环境下，仍然占据全球个人电脑销售额第一的头牌位置。关于DELL成功的原因，可以分为以下两大方面。

1. DELL公司通过供应链管理平台整合外部资源

DELL公司的高层负责人将DELL公司的成功归功于独特的直接运营模式及其背后支撑的基于现代化的高效供应链，认为这个供应链管理平台使DELL公司在供应商、客户之间构筑一个"虚拟整合的平台"，保证整个供应链的无缝集成。DELL公司前期本希望通过实施ERP来达到这一目的。在投入了2亿美元巨资，经历了2年努力之后，发现ERP项目并不能帮助DELL公司实现外部资源整合的目标，于是毅然决定中止ERP项目，转而投巨资建设了全球著名的供应链管理平台。目前超过50%的客户订单是通过互联网发出的，在客户发出订单50秒内，供应链管理平台控制中心就会收到信息。工作人员借助供应链管理平台，把收到的订单信息迅速传递给各个配件供应商，通知他们DELL公司所需配件的数量、规格、型号、装配和运输，供应商则根据相关信息迅速组织运货到装配厂，从而保证在最短的时间、以最少的开支制造出更好的产品。通过供应链管理平台，DELL公司已经把客户、配件生产厂家、供应商、装配线等连接成一个整体。

2. DELL公司将渠道流程优化作为供应链管理的实现策略

DELL公司的供应链管理为什么成功，根本原因在于其供应链管理始终以渠道流程优化为核心实现策略。具体表现在以下三个方面。

第一，直销原则。直销（Direct Business Model）在DELL公司具体体现为基于最终客户需求的模式，就是由DELL公司建立一套与客户联系的渠道，由客户直接向DELL公司发订单。订单中可以详细列出所需的配置，然后公司"按单生产"。这是DELL公司供应链管理的第一个特点，实质上就是基于客户需求的渠道扁平化。虽然大多数人把DELL公司的直接模式简单地理解成"直销"，但实际上DELL公司的真正成功绝不仅仅是直销，其真正的优势和独特之处在于整个管理上的先进，而这种先进的管理思想和方法就是基于供应链管理平台的渠道流程优化。"虚拟整合"了供应商和顾客，使企业的效率大大高于竞争对手，这才是DELL公司真正的制胜之道 。

第二，以信息代替存货。DELL公司为什么敢提出"零库存"这个大胆的理念呢？主要因为公司基于其强大的渠道流程优化能力，通过处理信息资源创造价值。传统分销代理渠道是存储货物的水渠，厂商的库存是压在分销渠道中的，这样一来很难做到"零库存"。DELL公司通过供应链流程的简化和优化，信息反馈速度的提高，加强库存管理能力及与零件供应商的协作关系，达到了"以信息代替存货"的目标。目前DELL公司与全球170多个国家、5万多家供应商和配件生产厂保持着联系，并掌握它们的库存和生产信息，保证按时、按质送货到位。因此，DELL公司能够在竞争对手的库存周期大都还徘徊在30～40天时，就将自己的库存周期降至4～5天，极大地降低了库存和物料成本。DELL在销售和采购环节的零库存，效益显而易见。DELL公司的运营成本比例不断下降，现在仅为10%，而惠普是21%，盖特威（Gateway）是

25%，思科则高达46%，DELL公司的竞争优势可见一斑。这也是电脑行情跌入低谷时，DELL公司仍然保持着较高收益的真实原因。

第三，价值整体创造。价值整体创造在DELL公司被具体化为“与客户结盟”的战略，DELL公司打破了传统意义上“厂家”与“供应商”之间的供需配给，始终保持与客户的实时互动，及时得到第一手的客户反馈和需求，然后根据客户需求接受订单，再进行以客户需求为导向的产品制造。这样就能保证按照客户需求提供产品。这是一个良性循环的过程。

正是通过基于供应链管理平台的渠道流程优化，DELL公司能够实现在合适的时间把合适的产品以最优的价格送到合适的地点，从而使公司的生产成本大大下降而效益大幅度提高。

资料来源：http：//wenku.baidu.com/view/0769997b7fd5360cba1adbd7.html.

思考：1.DELL公司的供应链管理为什么成功？它做出了怎样的战略、规划和运营决策？

2.DELL供应链如何为公司提高效率？

第二章　供应链的设计与优化

为了提高供应链管理绩效，除了要有一个高效的运行机制，建立一个高效精简的供应链也是其中极为重要的一环。虽然供应链的构成不是一成不变的，但是在实际经营中，也不可能随意改变供应链上的节点企业。因此，作为供应链管理的一个重要环节，无论是理论研究人员还是企业实际管理人员，都非常重视供应链的设计与构建问题。

第一节　供应链体系结构模型

导入案例

亚马逊具有竞争力的供应链结构

亚马逊公司（Amazon）是图书电子商务的鼻祖，它通过 Internet 销售图书、音像制品及其他商品。亚马逊公司的总部设在美国西雅图，最初从分销商处购买图书来满足所有的订单，如图 2-1 所示。

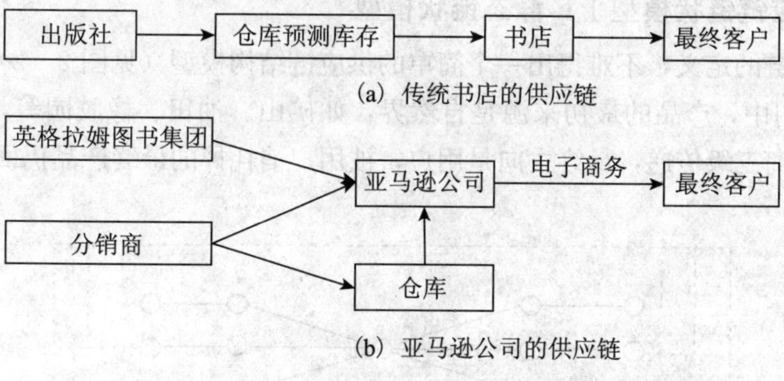

图 2-1　传统书店和亚马逊公司的供应链结构模型对比

通过图 2-1 的供应链模型对比，可以看出亚马逊供应链比传统供应链要短，没有实体书店，简化了流通环节，提高了流通效率。为了实现供应链高效运营，亚马逊公司还采取了以下四点策略。

一是与供应商建立良好的合作关系，实现了对库存的有效控制。亚马逊公司的库存图书很少，只有200种最受欢迎的畅销书。由于保持了低库存，亚马逊公司的库存周转速度很快。

二是实行物流外包战略。委托UPS、FedEx等快递公司将图书配送给顾客，自己则集中精力去发展主管和核心业务，既能减少投资、降低经营风险，又能充分利用专业物流公司的优势，节约物流成本。

三是整合配送中心。配送中心是图书业的一个关键供应链环节。亚马逊公司对配送中心进行了整合，关闭了两个仓库，并且改造了剩余五个仓库的内部布局，以便更容易对顾客的订单进行定位、分类和配送。配运中心按商品类别设立，不同的配送中心配送不同的商品，有利于提高配送中心的专业化作业程度，使作业组织简单化、规范化，既能提高配送中心的作业效率，又能降低配送中心的管理和运转费用。

四是采用了独特的采购战略。它与英格拉姆图书集团（Ingram Book Group）建立了伙伴关系，当亚马逊公司的图书缺货时，英格拉姆图书集团可以直接将该类图书配送给亚马逊公司的顾客。作为回报，亚马逊公司合向英格拉姆图书集团支付订单履行的费用。与玩具反斗城、博德斯书店和塔吉特百货店建立的伙伴关系则不同，亚马逊公司负责库存和运费，作为回报，它按一定比率从销售额中提取报酬。这些合作伙伴则支付库存处理成本并承担库存过剩所带来的风险。

资料来源：http：//www. tjwto. com/qyfz/ShowArticle. asp？ArticleID＝85.

思考：1. 亚马逊公司在进行供应链设计时，解决了哪些主要问题？

2. 亚马逊公司的供应链与传统书店的供应链相比，在哪些方面更具有竞争力？

为了有效指导供应链的设计，了解和掌握供应链结构模型是十分必要的，以下着重从企业与企业之间关系的角度分析几种供应链结构模型。

一、供应链链状结构模型

（一）供应链链状模型Ⅰ：静态链状模型

根据供应链的定义，不难得出一个简单的供应链结构模型（见图2-2），我们称其为模型Ⅰ。在模型Ⅰ中，产品的最初来源是自然界，如矿山、油田、橡胶园等，经过供应商、制造商和分销商三级传递，最终去向是用户，被用户消耗掉的最终产品仍回到自然界。

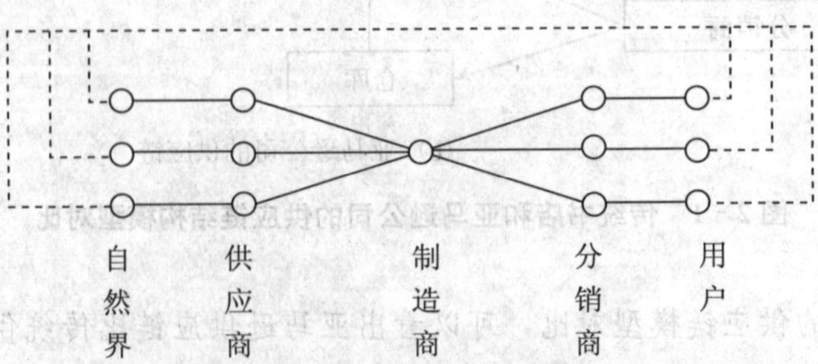

图2-2　供应链链状模型Ⅰ：静态链状模型

（二）供应链链状模型Ⅱ：动态链状模型

完成物质循环的模型Ⅰ是一个简单的静态模型，仅反映了供应链的基本组成和轮廓，若将其进一步简化就成了链状模型Ⅱ，如图 2－3 所示。在模型Ⅱ中，把模型Ⅰ中的厂商都抽象为一个个节点，并用字母或数字来表示。节点以一定的方式和顺序联结成一串，构成一条高度抽象的供应链。在模型Ⅱ中，若假设 C 是制造商，则 B 为供应商，D 为分销商；同样，若假定 B 为制造商，则 A 为供应商，C 为分销商。在模型Ⅱ中，产品的最初来源（自然界）、最终去向（用户）以及产品的物质循环过程都被隐含抽象掉了，只注重供应链中间过程的动态研究，它是一个动态的链状模型。

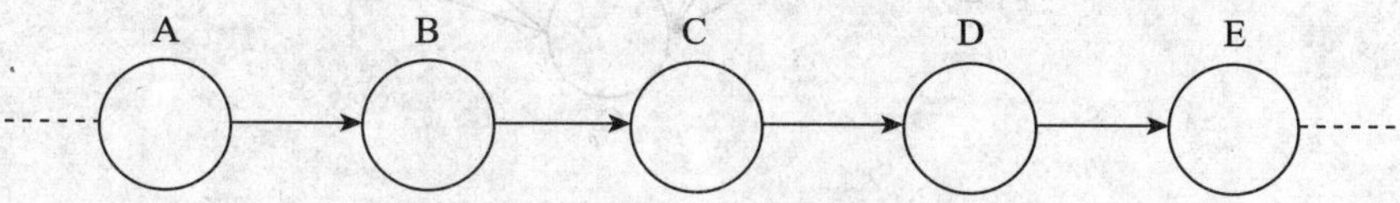

图 2－3　供应链模型Ⅱ：动态链状模型

1. 供应链的方向

在供应链上除了有物流和信息流外，还存在资金流。在正常情况下，物流的方向一般都是从供应商流向制造商，再流向分销商。在供应链研究中，也按照物流的方向来定义供应链的方向，以确定供应商、制造商和分销商之间的顺序关系。模型Ⅱ中的箭头方向即表示供应链的物流方向。

2. 供应链的层级

在模型Ⅱ中，定义 C 为制造商时，可以相应地认为 B 为一级供应商，A 为二级供应商，而且还可依次地定义三级供应商、四级供应商……同样，可以认为 D 为一级分销商，E 为二级分销商，并依次地定义三级分销商、四级分销商……一般来讲，一个企业应尽可能考虑多个供应商或分销商，这有利于从整体上了解供应链的运行状态。

二、供应链网状结构模型

现实中的产品供应关系是十分复杂的，一个厂商一般会与多个厂商相互联系。也就是说，在模型Ⅱ中，C 的供应商可能不止一家，而是有 B_1，B_2，…，B_n 等 n 家，分销商也可能有 D_1，D_2，…，D_k 等 k 家。从动态角度考虑，C 也可能有 C_1，C_2，…，C_p 等 p 家，这样模型Ⅱ转变为一个网状模型，即供应链的网状结构模型，如图 2－4 所示。在理论上，网状模型可以涵盖世界上所有厂商，把所有厂商都看作是其上面的一个节点，并认为这些节点之间存在着联系。网状模型对供应关系的表述性很强，适合于从宏观上把握供应关系。

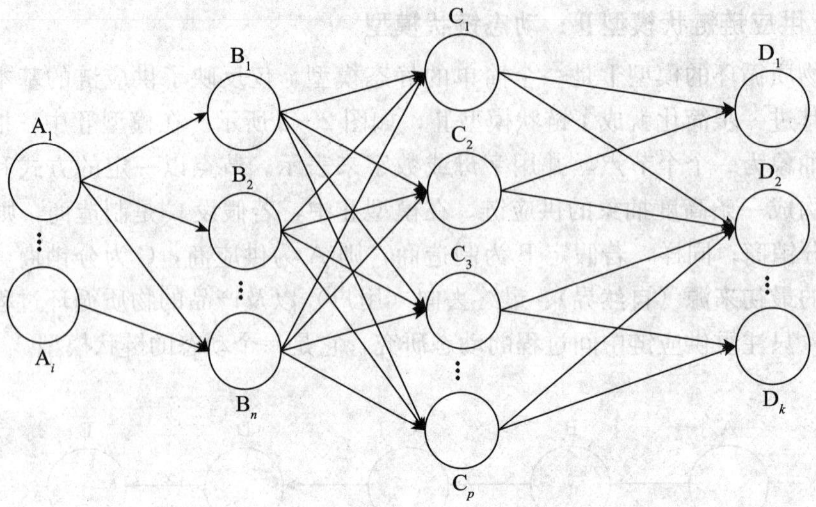

图 2-4 供应链网状结构模型

1. 入点和出点

在网状模型中，物流做有向流动，从一个节点流向另一个节点。这些物流从某些节点补充流入，又从某些节点分流流出，这些物流进入的节点称为入点，物流流出的节点称为出点。入点相当于矿山、油田、橡胶园等原始材料提供商，出点相当于用户。对于有的厂家既为入点又为出点的情况，可以将代表这个厂家的节点一分为二，变成两个节点：一个为入点，一个为出点，并用实线将其框起来。

2. 子网

有些厂商规模非常大，内部结构十分复杂，与其他厂商相联系的只是其中一个部门，而且内部也存在着产品供应关系，用一个节点不能表示这些复杂关系，可以将表示这个厂商节点分解成很多相互联系的小节点，这些小节点构成一个网，称为子网。引入子网概念后，C 与 D 的联系如图 2-5 所示，这时仅需考虑 C_2 与 D 的联系，而不必考虑 C_1、C_3、C_4 与 D 的联系。子网模型适合于描述企业集团的组织结构。

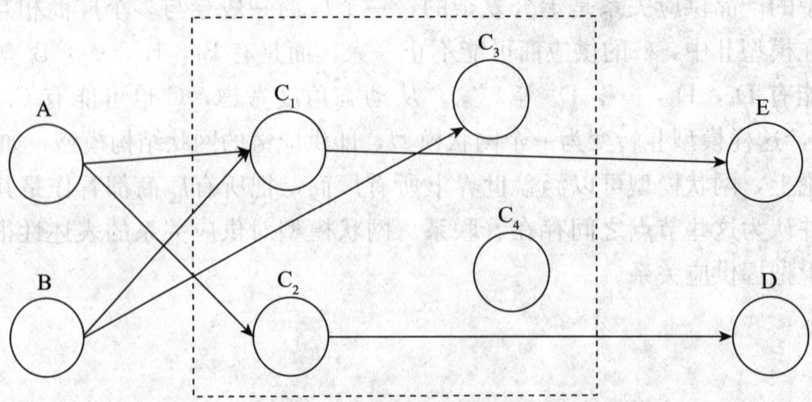

图 2-5 供应链子网图

3. 虚拟企业

基于以上对子网模型过程的描述，我们可以把供应链网上为了完成共同目标、通力合作、并实现各自利益的一些厂家形象地看成是一个厂家，这就是虚拟企业（见图 2-6）。虚拟企业是指在经济交往中，一些独立企业为了共同的利益和目标在一定时间内结成的相互协作的利益共同体。虚拟企业组建和存在的目的就是获取相互协作而产生的效益，一旦这个目的已完成或利益不存在，虚拟企业即不复存在。虚拟企业在增强供应商的柔性、灵活性上起着重要作用。

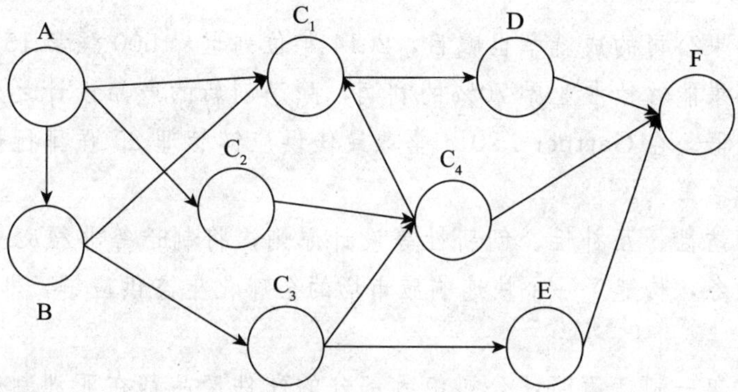

图 2-6　虚拟企业的网状模型

4. 核心企业网状供应链

在核心企业网状供应链中，存在一个核心企业，在供应链的组建及运行过程中起着主导作用。核心企业的价值认同方式、管理理念、组织及信息模式对整个供应链的相应方面有着绝对性的影响，从某种程度上说，这一供应链是围绕核心企业的运作而建立起来的。这种特殊的供应链表现在供应链的组织结构图上时，有一个明显的特点是供应链的核心级只有一个节点，如图 2-7 所示。

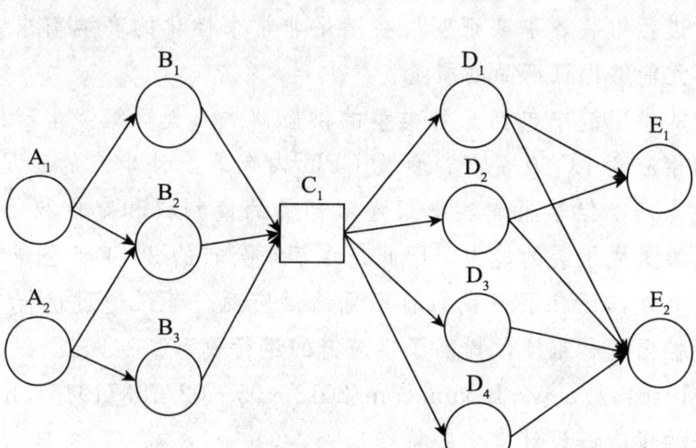

图 2-7　核心企业网状供应链结构模型

第二节 供应链设计原则与策略

导入案例

苹果供应链设计

近年来，苹果公司的成就举世瞩目，2014 年位列世界 500 强第 15 位。在 IT 产业微利环境下，苹果能够独占业界 70%的利润，除了创新的产品设计之外，强大的供应链管理是其大杀器。在 Gartner“2014 全球最佳供应链管理 25 强排行榜”中，苹果依旧力压群雄，排名第一。

苹果按照简洁性、互补性、创新性等设计原则，将制造等非核心业务外包，专注于设计和营销业务，构建了一个快速响应市场的全球化生态供应链，非常符合 IT 产业的现实环境。

首先，实行单一制造策略，公司绝大部分的硬件产品都在亚洲制造。目前，苹果产品的市场重心正是在新兴市场。在接近销售市场的地方，利用当地的廉价劳动力、土地等资源进行产品制造，辅以少数零部件的空运和海运，完全可以满足市场需求。这种策略大幅地降低了成本，而且只需在少数地点协调物流和出货业务。

其次，苹果公司的供应商遍布全球，分布在中国台湾和美国、韩国、德国等地，在中国大陆主要是台资企业的生产基地，最后主要由富士康组装成机。即使在单一地区因缺乏某种关键组件而在全球造成整个系统中断的情况下，苹果这种分布式电子制造也能使其免受冲击。

再次，苹果也不是完全放弃本地制造。对于一些高端的定制产品，苹果通过爱尔兰的自有组装厂进行组装。事实证明，在满足非常个性化的高端需求方面，完全由自己掌控的制造单元能够保证产品的质量。

最后，苹果的供应链中包括三种类型的供应商——负责组装生产的富士康、负责生产 IPS 屏幕的供应商 LG 及夏普、负责 CPU 内存等配件生产的三星电子等。其中，富士康负责组装生产，但苹果其实把很多零部件的谈判权和定价权都交给了富士康，充分发挥了富士康集成组装的能力。因此，在苹果公布的 2014 年全球 590 家官方产品和零部件供应商之外，还有很多我们看不见的供应商。苹果通过这样有层次的供应链结构，减少了管控幅度和难度，提高了供应链的运行效率。

资料来源：http：//news. hexun. com/2013—05—02/153719465. html.

思考：苹果的供应链设计有哪些特点？

供应链的设计是一项复杂而艰巨的工作，也是供应链管理的重要环节，它涉及供应链组织机制、供应链成员的选择、供应链成员之间的相互关系、物流网络、管理流程的设计与规划，以及信息支持系统等多方面的内容。供应链设计必须遵循一定的设计原则，运用科学合理的策略才能完成。

一、供应链设计的要求

1. 客户优先

客户是供应链中唯一真正的收入来源，客户服务由客户开始，也止于客户，而且客户最能感受到供应链中复杂的相互影响的全部效应。因此，供应链的设计要考虑客户优先的原则，必须具有高度柔性和快速响应能力，以便能够满足客户的现实需求和潜在需求。

2. 定位明确

一条具有竞争力的供应链，其成员也必须具有竞争力，而且是专业化的。无论企业在供应链中处于主导地位，还是从属地位，都必须明确其在供应链中的优势。然后企业应根据自身优势确定自己的位置，并据此制定相关的发展战略，适当地调整和取舍自己的业务活动，着重培养企业的业务优势，保证以自己的优势业务参与供应链。只有这样，企业才有可能在供应链中被认同，并与其他企业合作，最终实现共赢。

3. 防范风险

由于受自然和非自然因素的影响，供应链运作实际上存在着不确定性，从而使企业面临着一定的风险。例如，由于不确定性因素的影响，市场需求总是变化的，具有不稳定性，为了达到为客户服务的目标，每个节点企业都必须维持足够的库存（也就是安全库存），这样即使上游过程出现问题，也不至于影响客户服务。因此，在供应链的设计中应度量和说明各种风险因素，了解各种不确定性因素对系统所产生的影响，并制订相应的防范措施。

4. 量力而行

供应链设计与运行是一个十分复杂的工程，要求企业必须具备较强的经济实力、较高的决策水平和供应链运作技巧。因此，企业应根据自己的实际情况，对于供应链设计的类型、自己在供应链中的地位和作用、供应链未来运作的预期状况等问题，做出理性的判断并量力而行，使企业能够掌控未来的供应链。只有这样，企业才有可能达到供应链设计与实施的目的。

二、供应链设计的内容

战略层面的供应链设计的主要内容包括供应链成员及合作伙伴选择、网络结构设计、供应链运行基本规则等。

1. 供应链成员及合作伙伴选择

供应链是非常复杂的，是由多个成员组成的。供应链成员包括为满足客户需求，从原产地到消费地，供应商或客户直接或间接相互作用的所有公司和组织。因此，如何选择供应链成员及合作伙伴是供应链管理的研究重点。

2. 网络结构设计

供应链网络结构主要由供应链成员、网络结构变量和供应链之间工序连接方式三方面组成。为了使非常复杂的网络更易于设计和合理分配资源，有必要从整体出发进行网络结构的设计。

3. 供应链运行基本规则

信任是供应链节点企业间合作的基础，信任关系的建立和维系除了各个节点企业的真诚和行为之外，还必须有一个共同平台，即供应链运行的基本规则。其主要内容包括：协调机制、资金结算方式、生产物流的计划与控制体系、信息开放与交互方式、库存的总体布局、争议解决机制等。

三、供应链设计的原则

1. 自上而下和自下而上相结合的设计原则

在系统模型的设计方法中，存在着自上而下和自下而上两种常用的设计方法。前者是从全局宏观规划到局部实现步骤的设计方法，是系统分解设计的过程；后者是从局部的功能实现到全局的功能集成的设计方法，是一种功能集成的过程。在设计供应链系统时，首先由高层管理者从企业发展战略规划的角度考虑，根据市场环境的需求和企业发展的现实状况，制定宏观的设计目标，然后由下级部门从各个操作环节和流程出发设计供应链流程。在设计过程中，下级设计部门经常就一些问题与高层管理人员进行沟通交流，双方从上、下两个层次对设计目标和设计细节作适当的调整，达成可以继续设计的共识。因此，供应链设计通常采用的是自上而下和自下而上相结合的综合设计方法。

2. 简洁性原则

为了保证供应链的灵活性和快速响应市场的能力，供应链的每一个节点（如作业、资源或节点企业），都应该具有敏捷、简单、活力以及快速实现业务流程组合的特点。所以，在设计或改造供应链时，应遵循简洁性原则，尽可能减少供应链上的无效作业，由自动化设备类处理能自动化处理的作业，选择少而精的供应商，选择合作伙伴时要具有战略性，采购管理要保证能减少采购成本，推动准时生产，推行精益思想。

3. 协调与互补性原则

供应链是一条很长的链条，涉及成员众多，而且供求关系复杂。从竞争的角度来看，供应链是一个有机的整体，它在行动的时候，应当像悦耳的音乐或可读性极强的诗文一样抑扬顿挫、铿锵有力。因此，在设计供应链时，核心企业在选择供应链上节点企业的过程中，应该遵循强强联合的原则，强调供应链的内部协调和优势互补，最大限度地利用外部资源，使每个节点企业都能够集中精力致力于其核心业务的发展，充分发挥各成员的主动性和创造性，形成一个团结、和谐和富有战斗力的竞争集体。这些独立的单元化企业具有自我组织、简单优化、面向目标、动态运行、动态联合、活力充沛的特点，能够快速联合其他单元企业，对客户需求能做出有效反应，从而实现供应链业务的快速运行。另外，协调性还包括供应链系统与周围环境之间的协同。

4. 战略性原则

企业为了适应经济全球化的发展，保持市场竞争优势，逐渐从注重个别企业管理转变为重视供应链管理。而在管理实践中，供应链管理是需要成本的，特别是在供应链管理思想尚未完全深入人心，链上成员间的配合还不够默契的情况下，因此，设计者要保持战略眼光，力求基于全局的角度规划和设计供应链，使供应链的所有环节都围绕着同一个目标运转，显得十分必要。另外，在供应链竞争时代，企业的发展战略是依托供应链战略来实现的，所以，供应链的设计应与企业的战略规划（如市场规划和产品规划）保持一致。

5. 创新性原则

供应链是一个价值链，包括从原材料到成品再到客户手中的全过程，实际上是在迈克尔·波特教授所谓的“价值系统”中运行的，其中包括上游价值、渠道价值等。供应链活动体现了这种价值的提升。通常认为，产品在这个过程中肯定存在一个最低成本的，而目前要达到这个最低成本还存在很大的空间。为此，在供应链设计中应具有创新的思想和眼光，打破传统企业管理中的常规和陈旧的思想，集思广益，大胆开拓和创新，为供应链管理新格局打下基础。进行创新设计要注意几点：一是基于市场需求的角度，综合运用企业的能力和优势；二是在企业总体目标和战略的指导下进行创新，并与战略目标保持一致；三是发挥企业各类人员的创造性，集思广益，并与其他企业共同协作，发挥供应链整体优势；四是构建科学的供应链和项目评价体系、组织管理系统，进行技术经济分析和可行性论证。

6. 系统性原则

供应链设计是一项复杂的系统工程，会牵涉方方面面的关系，尤其是要考虑战略合作伙伴的选择，链上成员如何协同，如何实现共赢的目标，如何进行成本分摊和利益分配等一系列具体问题。另外，在供应链设计中，还要系统地研究市场竞争环境、企业发展现状及发展规划、供应链设计目标等战略性问题。

7. 动态与发展性原则

供应链构建之后不可能一成不变。随着市场环境的变化，链上合作伙伴关系的调整，企业内部组织和其他因素的改变，原有的供应链可能会存在各种各样的问题。例如，对于生命周期较短的产品，随着市场和客户需求的变化，企业的产品计划可能会经常地发生改变，导致供应链结构的巨大调整；随着供应链的运转，某些环节可能变得过于薄弱，成为制约供应链运转效率的瓶颈，甚至会崩溃。另外，企业常常不仅仅参与一个供应链，而且在不同的供应链中担当不同的角色，供应链中某个节点企业角色的变化必然会带来供应链的波动甚至结构上的变化。这些都要求企业在设计供应链时，尽量留有余地，只有这样，才能防患于未然。总体思路是，所设计的供应链不是僵硬、死板的而是充满活力的，应具备一定的自我适应和自我修补能力，能够随着市场环境的变化而自我调整、自我优化。

四、供应链设计的策略

供应链设计不当将会造成供应链运作困难，直接影响到企业和供应链的绩效，并会导致许多人、财、物的浪费。所以，正确设计供应链是实施供应链管理的基础，对于任何一家企业来说，设计一个有效的供应链都是至关重要的。而供应链设计的策略与方法是否合理，将直接关系到供应链设计的有效性。根据企业的不同情况，可以采取不同的供应链设计策略。下面主要介绍三种常用的供应链设计策略。

(一) 基于产品的供应链设计

美国教授 L. 费舍尔（L. Fisher）提出了一种战略框架，能够帮助企业理解其产品的需求本质，并能够帮助企业重整供应链以更好地满足需求。他认为供应链的设计要以产品为中心，首先要明确用户对企业产品的需求，产品寿命周期、产品多样性、需求预测、提前期和服务的市场标准等都是影响供应链设计的重要问题。必须设计出与产品特性一致的供应链，也就是所谓的基于产品的供应链设计策略（Product-Based Supply Chain Design，PBSCD）。

1. 产品类型与功能特征

不同产品类型对供应链设计有不同的要求。一般产品分为两类：一类是低边际利润、有稳定需求的功能性产品（Functional Products）；另一类是高边际利润、不稳定需求的创新性产品（Innovative Products）。其中，功能性产品是指满足用户基本功能需要的产品，其主要特点是市场需求稳定、需求可预测、生命周期较长、边际利润较低，日用品一般属于这种类型；创新性产品是指增加了特殊功能的产品，或在技术和外观上具有创新性的产品，其主要特点是具有较高的边际利润、生命周期短、市场需求无法预测，如时尚产品等。两者需求特征的比较如表 2－1 所示。

表 2－1　　产品需求特征的比较

需求特征	功能性产品	创新性产品
产品寿命周期（年）	＞2	1～3
边际贡献（%）	5～20	20～60
产品多样性	低（每一目录 10～20 个）	高（每一目录上千个）
预测的平均边际错误率（%）	10	40～100
平均缺货率（%）	1～2	10～40
季末降价率（%）	0	10～25
按订单生产的提前期	6 个月～1 年	1 天～2 周

2. 基于产品的供应链设计策略

根据产品和供应链的特性，可以设计出与产品需求一致的供应链设计策略如表 2－2 所示。

表 2－2　　　　　　　　　供应链设计与产品类型策略矩阵

	功能性产品	创新性产品
有效性供应链	匹配	不匹配
反应性供应链	不匹配	匹配

策略矩阵的 4 个元素代表 4 种可能的产品和供应链的组合，从中可以看出产品和供应链的匹配特性，管理者可以根据它判断企业的供应链流程设计是否与产品类型一致，就是基于产品的供应链设计策略：有效性供应链流程适合于功能性产品，反应性供应链流程适合于创新性产品，如果发现有问题则需要及时地修正。

若用有效性供应链来提供功能性产品，可采取如下措施：①削减企业内部成本；②不断加强企业与供应商、分销商之间的协作，从而有效降低整条链中的成本；③降低销售价格，这是建立在有效控制成本的基础之上的，但一般不轻易采用，需要根据市场竞争情况而定。

若用反应性供应链来提供创新性产品，可采用如下策略：①通过不同产品拥有尽可能多的通用件来增强某些模块的可预测性，从而减少需求的不确定性；②通过缩短提前期与增加供应链的柔性，企业按订单生产，及时响应市场需求，在尽可能短的时间内提供顾客所需的个性化的产品；③当需求的不确定性已被尽可能地降低或避免后，可以用安全库存或充足的生产能力来规避其剩余的不确定性。当市场需求旺盛时，企业就能尽快地提供创新性产品，从而减少缺货损失。

尽管理论上很容易得出有效性供应链匹配功能性产品，反应性供应链匹配创新性产品。但在实践中，不匹配的现象时有发生，这并不是源于管理者的判断失误，而是由于市场行情、客户需求、企业经营状况等因素的影响，使匹配和不匹配只能是相对而言的。一方面，原本匹配的产品和供应链可能变成不匹配，如随着时间的推移，创新性产品被模仿变成功能性产品后就会相应变成不匹配；另一方面，原本不匹配的产品和供应链也可能变成匹配的，如企业在市场信息缺乏，不知竞争对手已经推出相同产品的情况下，误认为自己刚刚开发的功能性产品是创新性产品而错误的使用反应性供应链，某些功能性产品对那些谨慎保守的顾客来说具有创新性特征，但企业却使用功能性供应链而表现出的不匹配。

小链接

上海通用汽车公司的 3 条供应链

上海通用汽车公司的业务由三方面构成：①整车业务，这是最大的一块，整车配送的供应链包括将成品车发送给全国各地的经销商；②向经销商及维修中心配汽车零配件；③泛亚汽车设计中心。

对于第一块业务，整车的库存、配送、运输等环节经过多年的发展已经比较成熟，而汽车制造的利润日趋降低。因此，从提高效率、降低成本的角度出发，公司对整车的供应链采用了有效性供应链。而在汽车维修零部件的配送方面，考虑到售后服务的质量不仅直接影响自己的品牌形象，而且也是可持续提高营业收入的新渠道，对于客户的要求一定要做出快速、准确的反应，因而将零部件的供应链采用快速反应性供应链；最后，其设计中心是企业取得市场领先地位的灵魂，如何根据市场变化进行及时灵敏的反应是供应链的关键，因而需要采用创新性供应链。

（二）基于产品生命周期的供应链设计

费舍尔阐述的产品特征是两个极端类型，实际上产品需求是包含这两个极端类型在内的一系列需求组合。此外，产品的需求特点并不是一成不变的，随着产品走过其生命周期，产品需求会发生很大的改变。因此，有必要研究基于产品生命周期的供应链设计，即对于产品生命周期不同阶段的需求特征，选择适当的供应链与之相匹配。产品生命周期需求特征与供应链匹配如图 2-8 所示。

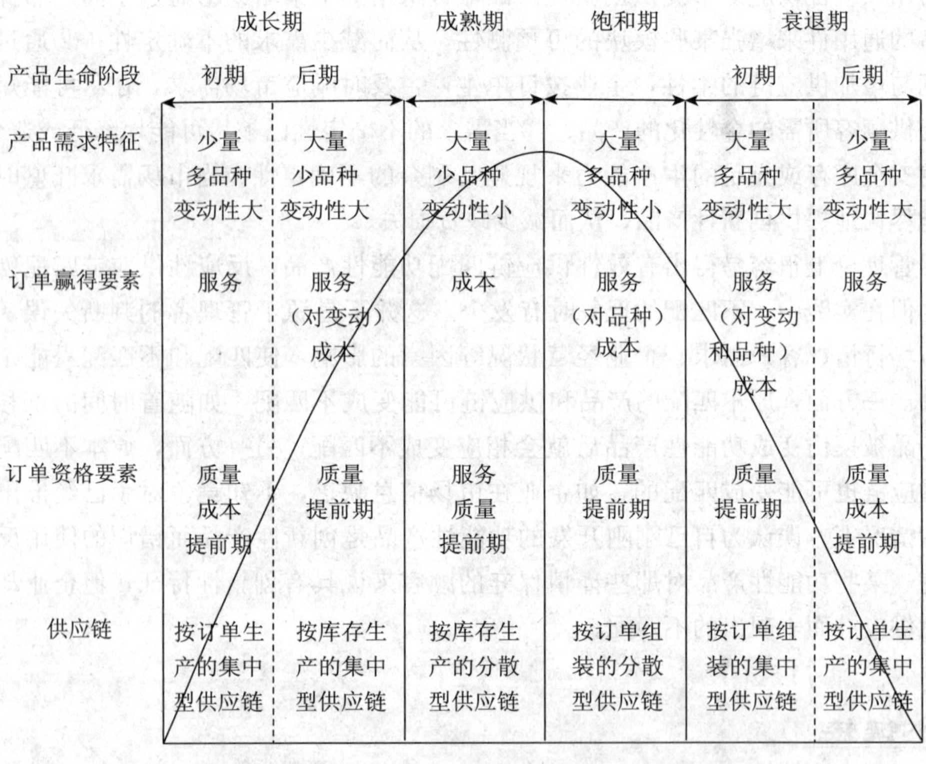

图 2-8　产品生命周期需求特征与供应链匹配

产品生命周期分为 4 个阶段：成长期、成熟期、饱和期和衰退期。在不同的阶段，其需求特征表现为不同的特点。因此，需要不断地评估产品的需求特征，明确产品处于何种生命周期阶段，从而采取相匹配的供应链以保持竞争优势。

1. 成长初期采取按订单生产的集中型供应链

成长初期，顾客对产品不太了解，客户需求量小，产品品种多，采取按订单生产以适应品种的多样性。当需求变动性大时，应采取集中的库存方式，以较少的库存来适应需求的变化。因此，在此阶段，选择按订单生产的集中型供应链可以适应产品的多样性和需求的变化，在获得可接受的交付提前期、成本和质量的前提下提供最大化服务水平。

2. 成长后期采取按库存生产的集中型供应链

随着产品逐渐被市场接受，产品的需求量增加，需求变动性仍较大，由于竞争者的增加，品种的多样性减少。因此，成长期后期阶段与成长期初期相比，相同的需求特征为需求变动性较大，故仍采取集中的库存方式。不同的需求特征为需求量增大，品种的多样性减少，若此时仍采取接订单生产则不能利用生产的规模经济，导致成本很高，故此时需在服务水平（少品种条件下的产品可得性）和成本间进行权衡，以牺牲较小服务水平的代价来获得成本的较大降低，采取按库存生产。因此，在此阶段应选择按库存生产的集中型供应链。

3. 成熟期采取按库存生产的分散型供应链

进入成熟期，产品需求特征为产品需求量较大，产品品种少，需求变动性小，此时的竞争者已较多。与成长期后期相比，小的需求变动性及众多的竞争者使成本完全代替服务水平而单独成为订单赢得要素。与成长期后期相比，不同的需求特征是需求变动性小，这就需要在服务水平（小需求变动性条件下的产品可得性）和成本间进行权衡，以牺牲较小服务水平的代价来获得成本的较大降低，采取分散的库存形式。因此，在该阶段应选择按库存生产的分散型供应链。

4. 饱和期采取按订单组装的分散型供应链

随着市场竞争激烈，顾客需求越来越多样化，需提供多品种产品，进入饱和期。该阶段产品需求量较大，产品品种较多，需求变动性小。与成熟期相比，相同的需求特征是需求变动性小。因此，仍采取分散的库存形式。不同的需求特征是品种的多样性增加，和按库存生产比，按订单组装能以较低的库存满足品种多样性的要求，但在利用规模经济方面较按库存生产弱（因为按订单组装只是在生产组装件的过程中利用规模经济），但两者的服务水平差别却很大，故此时需要在成本与服务水平（多品种条件下的产品可得性）间进行权衡，以牺牲少量成本的代价来获得服务水平的较大提高，采取按订单组装。因此，在此阶段，应选择按订单组装的分散型供应链。

5. 衰退期采取按订单组装（或生产）的集中型供应链

在衰退期初期，需求特征为产品需求量较大，产品品种较多，需求变动性变大，此时竞争仍很激烈。与饱和期相比，相同的需求特征是需求量大，品种较多，故仍采取按订单组装，以适应产品的多样性，并获得规模经济。不同的需求特征是需求变动性变大，采取集中库存的形式，达到以牺牲较少成本获得高服务水平（需求变动性条件下的产品可得性）的平衡。因此，在此阶段应选择按订单组装的集中型供应链。

在衰退期的后期，需求特征与成长期初期相同，表现为产品需求量较低，产品品种较多，需求变动性较大。因此，在此阶段，适用的是按订单生产的集中型供应链。

（三）基于大规模定制的供应链设计策略

大规模定制集成了大规模生产和定制生产两种模式的优势，在不牺牲企业经济效益的前提下，以大规模生产的成本提供定制化的产品，满足客户个性化需求。因此，大规模定制是在高效率的大规模生产的基础上，通过产品结构和制造过程的重组，运用现代信息技术、新材料技术、柔性技术、供应链管理技术等一系列技术，以接近于大规模生产的成本和速度，为单个顾客或小批量、多品种市场定制任意数量的产品的一种生产模式。

1. 基于大规模定制的供应链的特点

（1）供应链结构不稳定，随着客户需求的变化而经常变动，实际上是一种虚拟供应链。由于市场需求呈现个性化、易变性等特点，企业为了抓住市场机遇，会根据自身的核心能力选择与之有着资源和能力互补的供应商结成联盟，共同满足客户的需求；而当市场上客户的需求发生变化、原来的供应商无法满足需求时，企业会寻找新的供应商结成新的联盟。供应链结构的稳定程度与市场需求的稳定程度有着直接的关系，在面向大规模定制的供应链结构中，稳定是暂时的，而不稳定则是长期的。

（2）基于大规模定制的供应链是以客户需求拉动为主的供应链。在大规模定制生产中，最终产品的生产与销售完全是根据最终客户的订单来安排的。因此，大规模定制供应链的下游环节，供应链是市场需求拉动型的，而非生产推动型的，从而减少了供应链中由于需求预测所引起的“牛鞭效应”。

（3）基于大规模定制的供应链以提高客户需求的反应速度为主要目标，是一种敏捷供应链。在大规模定制生产中，供应链以客户订单为依据来安排定制产品的生产，与大规模生产相比存在着时间上的劣势。因此，如何快速而又低成本地向客户提供定制产品，是基于大规模定制的供应链管理需要解决的问题。

（4）基于大规模定制的供应链是一种基于 Internet 的信息技术密集型的供应链。大规模定制生产模式的实施需要依赖于以 Internet 为代表的现代信息技术，也只有当 Internet 等信息技术充分发展、电子商务得到普及时，大规模定制生产模式才会充分发挥其优势。基于大规模定制的供应链是基于 Internet 的供应链，供应链中的各节点（包括各层次的供应商、制造商、第三方物流、销售商等）通过 Internet 技术相互连接，加速信息在各节点之间的相互传递和共事，使从客户订单的获取到定制生产的分配能够在瞬间完成，从而提高供应链的敏捷性。

2. 基于 Internet 的大规模定制供应链模型

基于大规模定制的供应链的拉动性和敏捷性这两个特点是从供应链运作的驱动模式角度来加以分析的，而虚拟性和信息技术密集性这两个特点则是从供应链结构的角度来描述的。图 2－9 是从供应链结构角度构建的基于 Internet 的大规模定制的供应链简化模型。

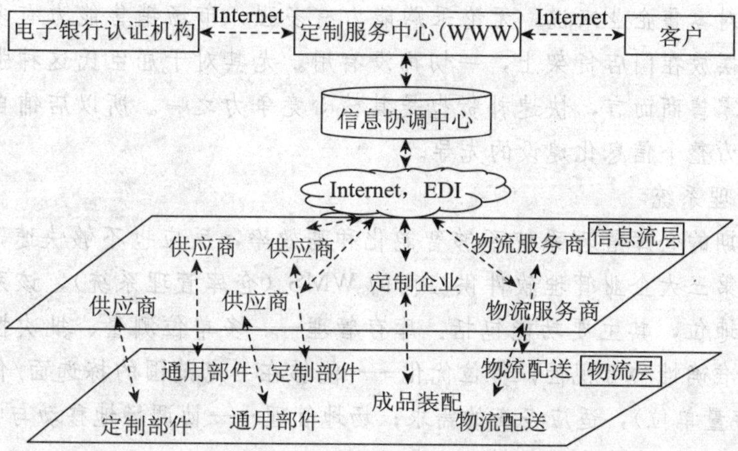

图 2－9　基于 Internet 的大规模定制的供应链简化模型

这种供应链是一种基于信息的虚拟供应链。作为定制企业与客户之间进行对话的窗口的定制服务中心，起着电子商务中介的作用。客户通过登录定制服务中心的网页提出定制需求，定制服务中心在验证客户订单的有效性之后，将客户的定制信息传输到信息协调中心。

信息协调中心是该供应链的神经枢纽，起着指挥、协调整个供应链的作用。Internet 技术、决策支持技术、数据库技术、供应链优化技术、供应商选择技术是信息协调中心的基本技术支持。信息协调中心在接到客户定制信息后，分解定制产品的物料清单（BOM），根据数据库提供的各种信息，并利用供应商选择技术和供应链优化技术，确定通用零部件和定制零部件的供应商和为供应链提供物流服务的物流服务提供商（LSP），以及需要各供应商提供的产品的数量、规格和交货时间窗口等参数。在整个供应链中，Internet 技术把供应链各个环节紧密地联结起来，打破了传统商务在地域上的束缚，使大规模定制供应链实现全球化成为可能。

第三节　供应链设计步骤

导入案例

屈臣氏供应链系统的构建

屈臣氏于 1989 年进入内地市场，但直到近几年才开始快速扩张。当门店数量少时，信息系统的作用似乎并不明显；但当门店猛增到数百上千家时，屈臣氏管理供应链的软硬件能力明显不足。屈臣氏供应链系统的构建步骤如下。

1. 自动补货与订货系统

理顺供应链第一步就要搞清需求，因此，屈臣氏供应链系统建设的前端是店铺自动补货系统。对零售企业来说，无论采购能力有多强，市场销售能力有多厉害，货物如果不能及时摆放在门店货架上，一切都没有用。尤其对于屈臣氏这种强调产品多样性与差异化的零售商而言，快速补货也是其核心竞争力之一。所以店铺自动补货系统极其重要，成为整个信息化建设的先导。

2. 仓库管理系统

屈臣氏早期的仓库管理系统不够智能化和高效率，反应也不够快速，为此，屈臣氏采用了全球第三大企业管理软件供应商的 WMS（仓库管理系统），该系统在同类软件中处于领先地位，其主要功能包括：库存管理——多单位测量、批次控制和弹性重量，改进库存准确性和可视性；货位优化——能够在一定范围的拣选面/位中有利地安排 SKU（库存量单位），适应多变的需求；场地管理——协调场地移动与收货和订单履行，改进可视性、生产力和安全性。

3. 复核系统

供应链系统的末端是门店收货复核系统。为了适应自身物流的特点，屈臣氏信息技术部自主开发了电子收货复核系统和称重复核系统。

4. 配送路径优化系统

屈臣氏将从物流中心到门店的运输基本上都外包给第三方物流操作。为了提高送货效率，屈臣氏还会帮助物流公司优化配送路线，尤其是物流中心之间的商品调拨。

供应链系统上线后，为屈臣氏的物流带来了很多改变和提升。运营上，全部采用系统管理，同时引进了很多新技术，比如电子称重、手持终端等，提高了物流作业的自动化程度，大幅提升了作业效率，并且减少了大量纸张的使用，更加环保低碳。管理上，库存准确率显著提升。总体来看，降低了物流成本，提高了物流效率，增强了员工的处理能力。

资料来源：http：//www.9956.cn/college/61297.html.

思考：通过屈臣氏供应链系统构建分析其全新供应链的特点？

一、供应链设计的一般步骤

当企业考虑引进新产品，或者当现有供应链达不到事先设定的绩效目标时，管理者应该考虑重新设计供应链。供应链的设计过程一般包含以下步骤。

（1）制订供应链的目标。

（2）制订供应链的策略。

（3）确定供应链结构的备选方案。

（4）评价供应链结构的各种备选方案。

（5）选择供应链结构。

（6）确定供应链成员的备选企业。

（7）评价并选择供应链成员企业。

（8）衡量和评价供应链的绩效。

（9）当绩效目标未达到或有新的具有吸引力的选择存在时，改进供应链或评价供应链的备选方案。

根据供应链成员的相对市场影响力和实力，制造商、批发商或零售商都有可能在设计过程中起主导作用。在客户对产品具有强烈的需求欲望的市场中，制造商具有更强的市场影响力。在这种情况下，零售商、批发商愿意销售制造商的产品，因为这些产品会吸引客户，给企业带来利润。随着产品市场竞争的加剧和经销商经销网络的扩展，供应链的影响力有向零售商转移的趋势，因为零售商能够接触大量的客户。

对于缺乏品牌知名度的厂商来说，要通过其提供的产品来吸引供应链成员是很困难的。这种制造商在参与供应链谈判时缺乏市场影响力。此外，财务实力决定了制造商的营销能力，小制造商通常不能够直接与零售商或地理位置上分散的客户进行交易，因此必须依靠批发商。当零售商向多个制造商订购少量产品，或者当制造商的财务实力不够强大时，批发商的市场影响力会相对更强一些。对于某些产品来说，由于价格和利润比较高，制造商可以直接销售给零售商。但对于低价值或低利润的产品，如某些食品，通过批发商销售，通常更加合理。批发商和分销商的财务实力决定了他们所能提供的服务类型。

零售商的存在是因为他在某个特定的市场中提供了购物的便利。零售商在特定区域所获得的客户的偏爱程度（由于客户服务等产生的客户忠诚度）直接影响到零售商协调供应链关系的能力。零售商的财务能力和规模也同样决定了他对其他供应链成员的影响程度。

二、基于产品（或服务）的供应链设计步骤

费舍尔（Fisher）认为，供应链的设计要以产品（或服务）为中心，即应设计出与产品（或服务）特性一致的供应链。基于产品（或服务）的供应链设计步骤可以归纳为九步，如图 2－10 所示。

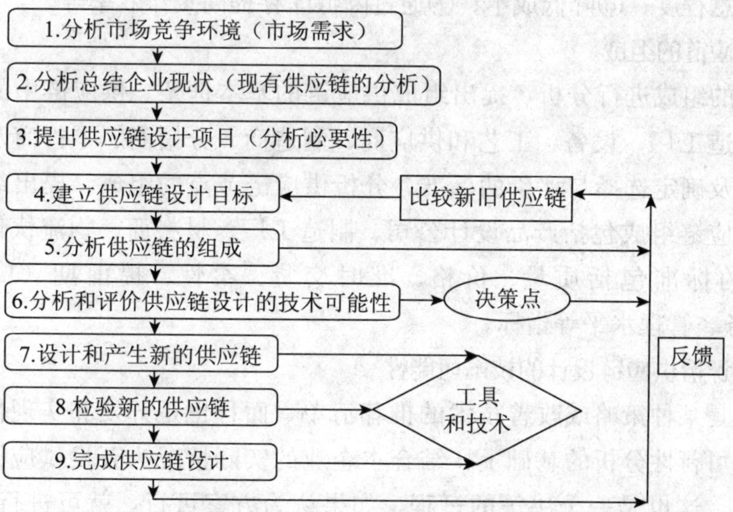

图 2－10　基于产品（或服务）的供应链设计步骤

1. 分析市场竞争环境

竞争环境分析是为了识别企业所面对的市场特征和市场机会，目的在于找到针对哪些产品市场开发供应链才有效，为此，必须知道现在的产品需求是什么，产品的类型和特征是什么。通过调查、访问、分析等手段，对供应商、用户、现有竞争者及潜在竞争者进行深入研究，掌握第一手准确的数据、资料。

这项工作一方面取决于企业经营管理人员的素质和对市场的敏感性；另一方面，企业应该建立一种市场信息采集监控系统，并开发对复杂信息的分析和决策技术。例如，一些企业建立的顾客服务管理系统，就是掌握顾客需要，进一步开拓市场的有力武器。

2. 分析总结企业现状

这主要分析企业供需管理的现状（如果企业已经有供应链管理，则分析供应链的现状），这一个步骤的目的不在于评价供应链设计策略的重要性和合适性，而是着重于研究供应链开发的方向，分析、找到、总结企业存在的问题及影响供应链设计的阻力等因素。

3. 提出供应链设计项目

根据对市场竞争环境和企业现状的分析总结情况，围绕着供应链“可靠性”和“经济性”两大核心要求，提出供应链设计的目标，这些目标首先包括提高服务水平和降低库存投资的目标之间的平衡，以及降低成本、保障质量、提高效率、提高客户满意度等目标。

4. 建立供应链设计目标

基于产品（或服务）的供应链设计的主要目标在于获得高用户服务水平和低库存投资、低单位成本两个目标之间的平衡（这两个目标往往有冲突），同时还应包括以下目标：①进入新市场；②开发新产品；③开发新分销渠道；④改善售后服务水平；⑤提高用户满意程度；⑥降低成本；⑦通过降低库存提高工作效率等。

5. 分析供应链的组成

对供应链的组成进行分析，提出组成供应链的基本框架。供应链中的成员组成分析主要包括制造工厂、设备、工艺和供应商、制造商、分销商、零售商及用户的选择及其定位，以及确定选择与评价的标准。分析供应链节点的组成，提出组成供应链的基本框架；供应链组成包括产品设计公司、制造工厂、材料商、物流伙伴，以及确定选择和评价的标准包括质量、价格、准时交货、柔性、提前期（L/T）和批量（MOQ）、服务、管理水平等指标。

6. 分析和评价供应链设计的技术可能性

这不仅仅是某种策略或改善技术的推荐清单，而且也是开发和实现供应链管理的第一步，它在可行性分析的基础上，结合本企业的实际情况为开发供应链提出技术选择建议和支持。这也是一个决策的过程，如果认为方案可行，就可进行下面的设计；如果不可行，就要重新进行设计。

7. 设计和产生新的供应链

主要解决以下问题：

（1）供应链的成员组成（供应商、设备、工厂、分销中心的选择与定位、计划与控制）。

（2）原材料的来源问题（包括供应商、流量、价格、运输等问题）。

（3）生产设计（需求预测、生产什么产品、生产能力、供应给哪些分销中心、价格、生产计划、生产作业计划和跟踪控制、库存管理等问题）。

（4）分销任务与能力设计（产品服务于那些市场、运输、价格等问题）。

（5）信息管理系统设计。

（6）物流管理系统设计等。

在供应链设计中，要广泛地应用到许多工具和技术，包括：归纳法、集体解决问题、流程图、模拟和设计软件等。

8. 检验新的供应链

供应链设计完成以后，应通过一定的方法、技术进行测试检验或试运行，如不行，返回第四步重新进行设计；如果没有什么问题，就可实施供应链管理了。

9. 完成供应链设计

供应链实施过程中需要核心企业的协调、控制和信息系统的支持，使整个供应链成为一个整体，负责从工业设计到批量生产、物流等全方位的供应链控制和协调。

第四节　供应链网络设计的优化方法

导入案例

和路雪的供应链优化

和路雪是一家总部设在英国的属于联合利华旗下的著名冰激凌企业，1994 年，和路雪（中国）有限公司成立，多年来在中国取得长足的发展。

和路雪具有典型的快消品供应链网络架构，在全国共建设位于江苏太仓、北京、广东河源和湖北仙桃的 4 家工厂，再根据工厂位置在太仓、北京、广州和武汉设立了 4 个区域物流中心，物流中心大体上对应负责华东、华北、华南、中西部的区域物流配送，各个区域物流分拨中心之间也会有少量的产品区域调拨。在区域物流中心的下一级，和路雪设有 12 个城市物流配送中心，负责周边城市的物流配送，最终配送至全国 2 万多个超市、商场、零售店等销售终端。

作为一家典型的快消品企业，为了提高物流效率，和路雪的供应链不断优化。

第一，实行全程带板操作。产品从生产线下线后，无论是在仓储状态，还是在运输状态，一直到经销商都处于带板状态，减少了中间环节，降低了产品损坏率，保障了产品质量，缩短了装卸时间，提高了响应速度。

第二，托盘由自购变租赁。由于乳品冷饮具有明显的淡旺季差异，夏季物流高峰期与冬季低谷期差异巨大，在自购托盘的情况下，存在托盘利用率低、淡季存放闲置托盘占用大量场地、托盘回收成本高、托盘损耗较大等问题。为了解决上述问题，和路雪变自购托盘为租赁，降低了供应链成本，提高了供应链效率。

第三，带板运输的持续优化。尽管带板运输提高了效率与响应速度，但在长距离运输过程中减少了货物运输数量，增加了成本。为减小成本压力，和路雪正在尝试将每托盘货物的高度提升至2米，以此增加长距离运输中的货物数量。

第四，调整物流网络。为了进一步提升响应速度并缩短物流距离，和路雪正在研究取消城市物流配送中心，取而代之地理位置更合理的，数量更少的物流分拨点。目前对于物流分拨点的位置选择，数量设置尚在进一步研究中。

资料来源：http：//www.chinawuliu.com.cn/xsyj/201407/24/292071.shtml.

思考：和路雪公司是怎样优化供应链的？

供应链优化是运用准时制、标杆管理与精益生产的思想，努力消除任何一项不增值的活动，是企业发展的必然要求。为了获得竞争优势，企业一方面要加强内部职能部门的协调与管理，实现企业内部的一体化；另一方面由于经营范围相对集中于核心业务，本企业并不具备企业经营发展所需要的许多资源，必须不断地加强与其他企业的沟通与合作，整合其他企业所拥有并能为本企业所用的资源，实现企业的价值目标。这就决定了企业必须根据环境的变化不断地优化供应链以及各成员企业的关系。

供应链优化是一项系统的工作，涉及供应链优化的目标、模式、策略、方法等内容。鉴于篇幅所限，以及从实用性角度出发，这里只介绍供应链优化的方法。常用的供应链优化方法主要有两种：基于标杆管理的供应链优化方法和基于约束理论的供应链优化方法。

一、基于标杆管理的供应链优化方法

（一）标杆管理的概念

标杆管理（Benchmarking）是指组织为了降低运营成本、缩短流通时间、增加产品稳定性、降低库存或提升顾客满意度，确认与鉴别那些出类拔萃的、可以为组织所直接采用或经过必要的改造，从而能为组织所采用的产品、服务、流程以及经营管理实践的系统化的思维方法。

标杆管理是施乐公司核心激励方法之一。施乐公司首席执行官 David T. Kearns 认为，标杆管理就是“持续不断地将自己的产品、服务以及管理实践活动进行对比分析的过程。”标杆管理实质上是指“一种为促进组织真正绩效的改进和提高而寻找、分析并研究优秀的产品、服务、设计、机械设备、流程以及管理实践的系统方法和过程。”它将那些出类拔萃的企业作为企业目标和测定基准，以它们为学习的对象，迎头赶上，进而超过。一般来说，标杆管理除要求测量相对于最好公司的企业的绩效外，还要发现这些优秀公司是如何取得这些成就的，利用这些信息作为制定企业绩效目标、战略和行动计划的基准。值得指出的是，这里的优秀公司也并非局限于同行业中的佼佼者，也可以是在各种业务流程活动中已取得出色成绩的企业。

通过实施标杆管理，可以取得显著的效益。根据施乐公司、IBM 公司、联邦速递公司以及福特汽车等公司的实践结论，与一个年度获得 10%～20%的改善结果相比，实施标杆管理的结果在短短的 8 个月中将提高 20%；一般的标杆管理流程将使成本、流通与周转时间以及次品率下降 20%～60%。

（二）标杆管理的实施步骤

标杆管理是为数不多的可以从实证的角度加以证明的优化方法之一。通过对实施标杆管理的先进企业的做法的总结，可以将标杆管理的实施步骤归纳如下。

1. 计划

在此步骤中，企业应集中精力解决顾客服务标杆实施的过程和方法问题，而不是过分追求某些数据指标。

2. 分析

本步骤的主要工作是数据和信息的收集与分析。企业需要全面、及时、准确地收集目标企业的相关信息，分析为什么选定的目标企业能做得更好一些，它在哪些方面是真正优秀的，本企业的做法与目标企业的差距到底有多大，怎样把目标企业的成功经验应用于本企业的改进等问题。

3. 整合

整合是将标杆管理实施中的新发现在组织内部进行沟通，使员工了解和接受这些新发现，然后基于新发现建立运作目标和操作规程。

4. 行动

确定项目负责人，具体落实实施标杆管理的计划和目标，建立一套报告系统，对计划和目标进行监督和反馈，以及修改和更新。

5. 正常运作和提高

当企业的标杆成为制订顾客服务计划和顾客服务目标的方法时，企业就进入了正常运作阶段。运作阶段应坚持“在落实中细化，在细化中创新”的精神，并不断完善和提高。

（三）基于标杆管理的供应链优化方法的运用

基于标杆管理的供应链优化方法是一种向标杆企业学习，对本企业供应链流程、功能进行与时俱进的持续改善方法。一般情况下，基于标杆管理的供应链优化方法可以按照如下步骤进行。

1. 确定标杆管理的主题

这个主题可以是企业最关心的问题或最关键的竞争力决定因素，如企业的供应链体系和流程管理模式、成本、可靠性、提前期、反应能力等。一般来说，标杆管理主题是在对自己状况进行比较深入、细致研究的基础上确定的，所选择的主题一定是供应链优化的关键，进行标杆管理需要能够带动或促进竞争力或工作效率的提高。

2. 确定标杆管理的对象和内容

这个对象应当是供应链流程中影响绩效的关键环节，而标杆管理的内容应当是在标杆管理主题范围内决定标杆管理对象主要绩效的管理实践或关键要素，通常还要确定选择哪一家企业作为标杆，确定企业的绩效表现水平，需要什么样的数据和信息来源等。通常标杆管理的内容由相关问题专家和实际操作者在事先召开的预备会议上确定，如将成本控制的标杆管理对象界定在采购环节，而标杆管理的内容可能是库存水平控制和采购批量折扣等与成本相关的内容。

3. 组成工作小组，确定工作计划

工作小组成员由供应链管理部门各相关层次的管理人员和操作者组成，也可能包括其他相关业务部门的人员，如财务部门人员、营销部门人员等。

4. 资料收集和调查

收集相关主体、对象、内容方面已有的研究报告、调查报告或相关资料，基于对这些资料的研究，拟定实地调查提纲和调查问卷。在实地调查之前，在内部要事先对调查问卷和实地调查方法进行检验，确定调查问卷和方法的有效性。在实地调查过程中，需要重点关注形成差异的地方。

5. 分析比较，找出差距，确定最佳做法

在对调查所取得的资料进行分类、整理并进行进一步补充调查的基础上，比较研究调查对象，确定各个调查对象之间存在的差异，明确差距形成的原因和过程，并确定最佳做法。

6. 明确改进方向，制订实施方案

在明确最佳做法的基础上，找出弥补企业现实状况和最佳实践之间差距的具体途径或改进机会，设计具体的实施方案，并进行实施方案的经济效益分析。实施方案要明确实施的重点和难点，预测可能出现的困难和偏差，确定对实施情况的检查和考核标准。

7. 沟通与完善方案

利用多种途径，将拟订的方案、所要达到的目标前景同全体成员反复交流与沟通，征询意见，争取全体成员的理解和支持，并根据成员建议，修正和完善方案，以统一成员思想，促使全体成员在方案实施过程中目标一致、行动一致。

8. 实施与监督

将方案付诸实施，并将实施情况不断地与最佳做法进行比较，监督偏差的出现，并采取有效的矫正措施，以努力达到计划的目标水平，努力赶超标杆对象。

9. 总结经验

在完成了每次标杆管理活动之后，必须对实施效果进行合理的评判，及时总结经验，对新情况、新发现进行进一步的分析。

10. 再标杆

针对环境的新变化或新的管理需求，持续进行标杆管理活动，确保对最佳实践的跟踪。

企业实施基于标杆管理的供应链优化方法的过程，也是一个不断进行创新的过程。每个企业所处的环境、拥有的内部资源都是不相同的，不可能完全靠机械地模仿竞争对手或者行业领先者取得成功。企业实施基于标杆管理的供应链优化的过程也是对自身优势和劣势进行重新认识的过程，在认识自身的基础上调整改进并形成有特色的企业经营理念和供应链管理方法。在实施基于标杆管理的供应链优化方法的过程中，要调动职工的积极性和创造性，改进与供应链合作伙伴的协作关系，进而完善供应链的运作。

二、基于约束理论的供应链优化方法

（一）约束理论的概念

根据物理学的原理，我们可以知道，一条链子的强度等于这条链子最薄弱环节的强度。这意味着最弱的环节往往也是最强的，因为它蕴含着使整个链条脱节的巨大能量。所以，应该全面考虑整个供应链的竞争优势。生产管理中的约束理论（Theory of Constraints，TOC）对供应链管理有很好的借鉴价值。

约束理论是由以色列物理学家 Eliyahu M. Goldratt 博士提出的。美国生产与库存控制协会（APICS）又称其为约束管理（Constraint Management），可以用于生产、分销、供应链和项目管理等领域，而且取得了很好的效果。

约束理论指出，任何一个多阶段的生产系统，如果任一个阶段的产出取决于前一个或几个阶段产出，那么产出能力最低的那个阶段决定整个系统的产出能力。在企业的经营过程中，任何一个阻碍企业有效扩大产出能力、降低库存和运行成本的环节，就是一个“约束”（通常也称作“瓶颈”）。任何系统至少存在着一个约束，否则它就会获得无限的产出能力。因此，要提高一个系统的产出能力，必须打破系统的约束。

（二）约束理论的管理原则

约束理论的基本思想具体体现在它的管理原则上，已经成为实施约束理论的基石。约束理论的管理原则包括以下几个方面。

1. 强调物流平衡

约束理论主张在企业内部平衡物流，认为平衡生产能力实际是做不到的。因为波动是绝对的，市场每时每刻都在变化，生产能力总是相对稳定的，一味追求无法做到的事情将导致企业无法生存。所以，必须接受市场波动及其引起的相关事件这个现实，并在这种前提下追求物流平衡。所谓物流平衡就是使各个工序都与瓶颈设备同步，以求生产周期最短、在制品最少。

2. “瓶颈”环节决定其他环节

系统的约束就是瓶颈。因为系统的产出是由所能经过瓶颈的量决定的，即瓶颈限制了产销量。而非瓶颈资源的充分利用不仅不能提高产销量，而且会使库存和运行成本增加。供应链上“瓶颈”环节作为生产能力的瓶颈，决定了供应链的产出能力，如果不考虑瓶颈，盲目加大其他环节的产出能力，结果一定会在供应链的环节间制造积压、库存。

3. 瓶颈上的损失则是整个系统的损失

一般来说，生产时间包括加工时间和调整准备时间。但在瓶颈资源与非瓶颈资源上的调整准备时间的意义是不同的。因为瓶颈控制了产销率，在瓶颈上中断一个小时，是没有附加的生产能力来补充的。而如果在瓶颈资源上节省一个小时的调整准备时间，则将增加一个小时的加工时间，相应地，整个系统也将增加一个小时的产出。所以，瓶颈必须保持100%的"利用"，尽量增大其产出。为此，对瓶颈还应采取特别的保护措施，不能使其因管理不善而中断或窝工。

4. 非瓶颈获得的优化毫无意义

因为在非瓶颈资源上的生产时间除了加工时间和调整准备时间之外，还有闲置时间，节约一个小时的调整准备时间并不能增加产销率，而只能增加一个小时的闲置时间。当然，如果节约了一个小时的加工时间和调整准备时间，可以进一步减少加工批量，加大批次，以此降低在制品的库存和生产提前期。

5. 瓶颈控制了库存和产销率

产销率指的是单位时间内生产出来并销售出去的量，很明显它受到企业或供应链产能和市场需求量的制约。无论是企业还是供应链，产销率都是由瓶颈控制的。如果瓶颈存在于企业或供应链内部，表明企业或供应链的产能不足，因受到瓶颈能力的限制，产销率也会相应地受到限制。如果企业具有高于市场需求的产能，那么市场需求就成了瓶颈，即使企业能多生产，但由于市场承受能力不足，产销率也不能增加。同时，由于瓶颈控制了产销率，所以企业的非瓶颈应与瓶颈同步，它们的库存水平只要能维持瓶颈上的物流连续稳定即可，过多的库存只是浪费。这样，瓶颈也就相应地控制了库存。约束理论不仅突出了瓶颈的存在和影响，而且进一步强化了全局管理和动态优化的思想。

（三）约束理论在供应链优化中的应用

在共同的愿景和契约约束下，供应商、制造商、分销商、零售商和客户形成了供应链，物流、信息流和资金流的流动过程展现了整条供应链的核心能力。在这条复杂的供应链上，协调衔接的难度非常大，更容易断裂。在供应链的关键企业链上，成为约束的供应链成员不仅应该是供应链关注的焦点，而且该企业应该更加关注企业内部的约束。供应链的优化过程，将会成为供应链成员的优化过程。

约束理论引导供应链管理者寻找关键企业链上的最薄弱环节。假如发现物流企业是最薄弱的一环，那么，即使生产制造企业可以获得充足的订单，并且能够生产制造出充足的产品，但由于无法及时送到客户手中，也同样不能增强整条供应链的核心竞争能力。因此，只有解决供应链的物流约束问题，才能真正改进供应链的绩效，获得竞争优势。

运用约束理论优化供应链的做法可概括如下：①发现供应链运作过程中存在的问

题，即供应链的“约束”；②对供应链进行诊断分析，分析哪些主要原因可能导致这个“约束”，形成了供应链的“瓶颈”；③将这些主要原因进行归类分析，进一步剖析有哪些因素导致这类原因（结果）的出现，目的是将大问题细化，将“大事化小”，为解决问题创造条件，因为大问题往往很难解决，但将大问题细化后往往能够找到解决问题的途径和方法；④抓住主要矛盾或矛盾的主要方面，针对小问题逐个突破，化解“瓶颈”；⑤经过试运作后，如果情况良好，就形成机制，变成规范，对人员进行培训，使他们都能够掌握和应用，作为供应链运作的准则；⑥旧问题解决了，新的问题又会出现，当新问题出现后，依据上述步骤，循环解决出现的问题。

实训

某企业供应链设计与优化

（一）实训目的

通过本次课程设计，加深对供应链管理设计的基本概念、原理认识与理解，熟悉供应链网络设计步骤和掌握设计策略；通过课程设计掌握约束理论、标杆管理理论在供应链管理方案规划设计中的应用，以达到全面系统地学习、巩固理论知识，加深实践体验的学习要求。

（二）实训内容

每组同学确定一个具体的企业作为目标企业，通过对该企业相关数据的收集、分析以及对相关资料的查询，建立相应的信息库和数据资料库，并用物流管理的专业理论知识去解决该企业供应链一体化过程中的相应任务，包括客户关系管理、生产计划与控制、采购管理、物流配送管理、库存管理等模块进行实现，设计一个符合企业发展的完整的供应链管理方案，进行系统分析，绘制相应的系统流程图和模块图。

习题

一、单选题

1. 在供应链链状模型 I 中，产品的最初来源是（　　）。

A. 社会　　B. 制造商　　C. 供应商　　D. 自然界

2. 功能性产品的生命周期一般为（　　）年。

A. ＞2　　B. 1～3　　C. 5　　D. 6

3. 在供应链的研究中，一般按照（　　）的方向来定义供应链的方向。

A. 信息流　　B. 资金流　　C. 物流　　D. 商流

4. 在设计或改造供应链时，要尽可能减少供应链上的无效作业，选择少而精的供应商，这反映了供应链设计的（　　）原则。

A. 战略性　　B. 创新性　　C. 系统性　　D. 简洁性

5. 一般来说，供应链设计的第一个步骤是（　）。

A. 制订供应链策略　　B. 制订供应链目标

C. 选择供应链结构　　D. 衡量和评价供应链绩效

二、判断题

1. 在供应链链状模型Ⅱ中，把链状模型Ⅰ中的厂商都抽象成一个个节点，并用字母或数字表示。（　）

2. 在供应设计时，一般有效性供应链流程适于创新性产品，反应性供应链流程适于功能性产品。（　）

3. 根据约束理论的管理原则，非瓶颈获得的优化具有重要意义。（　）

4. 创新性产品一般用于满足客户的基本需求，变化很少，具有稳定的、可预测的需求和较长的生命周期，但其边际利润较低。（　）

5. 基于标杆管理的供应链优化方法是一种向标杆企业学习，对本企业供应链流程、功能进行与时俱进的持续改善方法。（　）

三、案例分析题

惠普台式打印机供应链的构建

1. 惠普台式打印机改革前的供应链

惠普台式打印机于 1988 年开始进入市场，并成为惠普公司的主要成功产品之一。该公司有 5 个位于不同地点的分支机构负责该种打印机的生产、装配和运输。从原材料到最终产品，生产周期为 6 个月。在以往的生产和管理方式下，成品在温哥华装配好通用打印机之后直接进行客户化包装，分别运送到北美、欧洲和亚太地区惠普公司的三个分销中心，进而分销到全球各地区，如图 2－11 所示。为了保证顾客订单 98% 的即时满足率，各成品配送中心需要保证大量的安全库存（一般需要 7 周的库存量）。

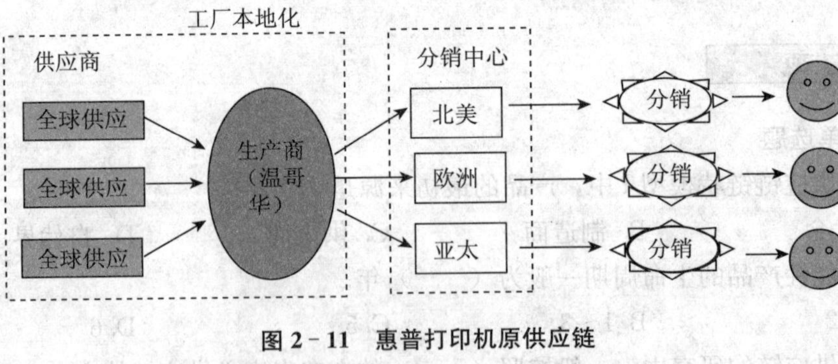

图 2－11　惠普打印机原供应链

2. 存在的问题

惠普打印机的生产、研究开发节点分布在 16 个国家，销售服务部门节点分布在 110 个国家，而其总产品超过 22000 类。欧洲和亚洲地区对于台式打印机电源供应（电压110伏和220伏的区别，以及插件的不同)、语言（操作手册）等有不同的要求。以前这些都由温哥华的公司完成，北美、欧洲和亚太地区是惠普公司的三个分销中心。这样一种生产组织策略，我们称之为工厂本地化（Factory Localization)。惠普的分销商都希望尽可能降低库存，同时尽可能快地满足客户的需求。这样导致惠普公司感到保证供货及时性的压力很大，从而不得不采用备货生产（Make－to－Stock）的模式以保证对分销商供货准时的高可靠性，因而分销中心成为有大量安全库存的库存点。制造中心是一种拉动式的，计划的生成是为了通过JIT模式满足分销中心的目标安全库存，同时它本身也必须拥有一定的零部件、原材料安全库存。

零部件原材料的交货质量（到货时间推迟、错误到货等问题是否存在)、内部业务流程、需求等的不确定性是影响供应链运作的主要因素。这些因素导致不能及时补充分销中心的库存，需求的不确定性导致库存堆积或者分销中心的重复定货。

需要用大约一个月的时间将产品海运到欧洲和亚太分销中心，这么长的提前期导致分销中心没有足够的时间去对快速变化的市场需求做出反应，而且欧洲和亚太地区就只能以大量的安全库存来保证对用户需求的满足。

占用了大量的流动资金，若某一地区产品缺货，为了应急，可能会将原来为其他地区准备的产品拆开重新包装，造成更大浪费。但是提高产品需求预测的准确性也是一个主要难点。

3. 任务

减少库存和同时提供高质量的服务成为温哥华惠普公司管理的重点，并着重于供应商管理以降低供应的不确定性，减少机器闲置时间。企业管理者希望在不牺牲顾客服务水平前提下改善这一状况。

4. 改革后的供应链

供应商、制造点（温哥华，Vancouver)、分销中心、经销商和消费者组成惠普台式打印机供应链的各个节点，供应链是一个由采购原材料、把它们转化为中间产品和最终产品、最后交到用户手中的过程所组成的网络。

在这个新的供应链（见图2－12）中，主要的生产制造过程由在温哥华的惠普公司完成，包括印刷电路板组装与测试（PCAT，Printed Circuit Board Assembly and Test）和总机装配（FAT，Final Assembly and Test)。

PCAT过程中，电子组件（诸如ASICs、ROM和粗印刷电路板）组装成打印头驱动板，并进行相关的测试；FAT过程中，电动机、电缆、塑料底盘和外壳、齿轮、印刷电路板总装成打印机，并进行测试。其中的各种零部件原材料由惠普的子公司或分布在世界各地的供应商供应。在温哥华生产通用打印机，通用打印机运输到欧洲和亚洲后，再由当地分销中心或代理商加上与地区需求一致的变压器、电源插头和用当地语言写成的说明书，完成整机包装后由当地经销商送到消费者手中，通过将定制化工作推迟到分销中心进行（延迟策略)，实现了根据不同用户需求生产不同型号产品的目的。这样一种生产组织策略，称之为分销中心本地化（DC－Localization)。并且在产品设计上做出了一定变化，电源等客户化需求的部件设计成了即插即用的组件，从而改变了以前由温哥华的总机装配厂生产不同型号的产品，保持大量的库存以满足不同需求的情况。

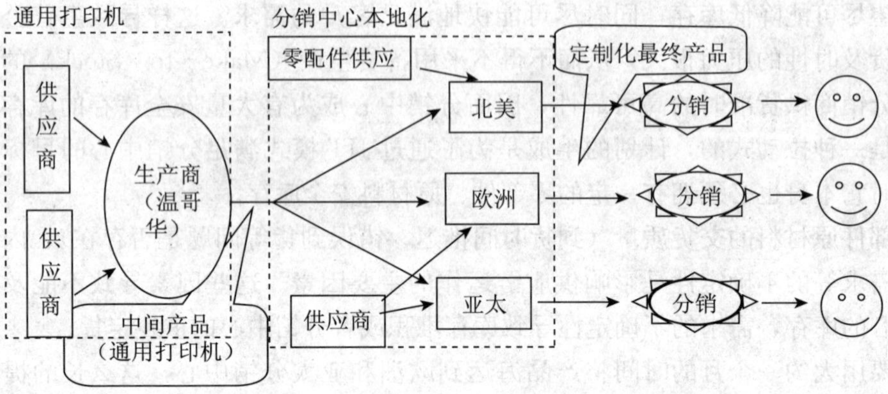

图 2-12 调整后惠普打印机供应链

5. 效果

改变了以前由温哥华的总机装配厂生产不同型号的产品，保持大量的库存以满足不同需求的情况，提高了对需求变化的适应性。为了达到 98%的订货服务目标，原来需要 7 周的成品库存量现在只需要 5 周的库存量，一年大约可以节约 3000 万美元，电路板组装与总装厂之间也基本实现无库存生产。同时，打印机总装厂对分销中心实施 JIT 供应，以使分销中心保持目标库存量（预测销售量+安全库存量）。通过供应链管理，惠普公司实现了降低打印机库存量的目标，服务水平。通过改进供应商管理，减少了因原材料供应而导致的生产不确定性和停工等待时间。由于通用打印机的价格低于同类客户化产品，从而又进一步节省了运输、关税等项费用。

资料来源：http：//www.chinacpx.com/zixun/104216.html.

思考：构建惠普台式打印机供应链时考虑了哪些因素？

第三章　供应链关系管理

第一节　供应链合作伙伴关系

导入案例

供应链管理的根本问题在于关系和连接

供应链领域的问题看上去各种各样，但大都能归结成两类：关系（Relationship）和连接（Linkage）。

关系研究的是如何增进公司与公司、职能与职能、人与人之间的互信，从而促进协作、提高供应链的效率。连接研究的是如何增进公司与公司、职能与职能、人与人之间的连接，让供应链的产品流、信息流和资金流更加高效。不管是客户关系管理（CRM）、供应商关系管理（SRM），还是跨职能协作，其着力点都是关系。关系着力解决的是“愿意不愿意”的问题，或者说，是个管理问题，即供应链伙伴之间、职能之间、员工之间愿不愿意协作。从这个意义上讲，合同与绩效管理也是关系管理，即通过绩效考核与合同管理，来推动供应链上公司与公司、职能与职能、人与人之间的合作。

连接解决的是“能不能”的问题，即在有协作意愿的前提下，合作伙伴之间如何才能更有效地协作。流程再造、ERP（企业资源计划）、JIT（准时制生产方式）、VMI（供应商管理库存）等都属于连接的范畴。比如，通过流程再造让流程变得更有效、通过 ERP 让信息成为黏结剂，使得职能与职能、人与人之间的协作更容易。JIT 和 VMI 其实是对接采购方与供应方的库存系统，让产品流、信息流和资金流更通畅。比如在 VMI 下，供应商可以按照采购方的预测，把生产计划安排得更平滑，产品流就更平稳。实施 VMI 前，物料由订单驱动，围绕众多订单的是众多的信息流和资金流；有了 VMI，订单数量显著减少，相应的信息流和资金流也大为简化。关系和连接的问题在不同行业、地域的侧重点或许会有不同，但要解决的根本问题都一样，即通过改进关系、改善连接来提高供应链的效率，从而把成本做下来、把速度做上去，这都是供应链的根本问题。

资料来源：http：//scm-blog. com/2015/02/scm-fundamental-problems. html.

思考：供应链合作伙伴关系对供应链有何重要性？

一、供应链合作伙伴概念与内涵

供应链合作伙伴关系（Supply Chain Partnership，SCP）即为实现供应链目标而在供应链内部两个或多个成员之间所形成的协调关系。建立供应链合作伙伴关系追求的是供应链成员间高度的信息共享，降低供应链总体库存量和库存成本，同时有效提升供应链运作效率。

供应链合作伙伴关系即卖方-买方（Supplier-Buyer）关系或供应商-制造商（Supplier-Manufacturer）关系。供应链管理的核心就在于供应链成员间的合作，没有合作就谈不上供应链，更谈不上供应链管理。目前从国际上看无论是批发商巨头，还是一流制造商，还是占主导地位的零售商，如像通用汽车、雀巢、沃尔玛、家乐福等都致力于寻找能够涵盖整个物流与服务流的新型合作方式，其战略高度已从单一的内部组织转向复合型的外部企业之间建立合作伙伴关系。供应链合作伙伴关系产生于供应链中有共同目标能共享利益的合作企业之间，致力于降低供应链总成本、降低供应链总库存、增强信息透明度，提升信息共享程度、改善合作企业之间的交流、通过乘数效应产生更大的竞争优势，致力于实现供应链合作伙伴的产品产量、产品质量、服务质量、交货水平、客户满意、客户忠诚、财务状况、公司业绩等指标的优化与提升。

供应链合作关系的内涵即供应链各成员在一定时期内信息透明化、信息传递通畅化、信息共享充分化、风险承担共同化、利润分配合理化的一种长期性、战略性、持久性的合作协议关系。它是集成化供应链管理思想的产物，是供应链合作伙伴为了实现供应链目标和利益而形成的战略合作型合作方式，供应链成员间的合作从以往的以产品、物流业务交往为核心转向现在的以资源集成、战略合作为核心，整合相互需求并进行技术集成从而为终端顾客提供最有效的最终产品。供应链合作伙伴关系非常强调企业之间长期合作和充分信任。其目的是保持战略伙伴之间操作的一贯性、优化供应链整体运作、降低供应链运营成本与运营风险、提升供应链整体竞争力，最终实现供应链各成员的优化与利益最大化。供应链合作关系要求合作各方的充分信任，充分信息共享、共同承担风险，这就要求从整个供应链上相关产品的更新换代、技术研发的共同投资共同进行，到相关数据和信息的及时传递与交换、供应链市场机会充分共享、供应链所有风险共担、供应链整体利益合理分配等。在供应链合作关系建立之后，供应链成员间合作时追求服务优化，更注重合作伙伴的长期价值，优先选择服务质量好，技术革新能力强、产品设计合理的合作对象，而价格将不再是优先考虑的对象。供应链成员之间的交换既包括物质上的交换，更包括一系列可见与不可见的服务的整合，如研发、流程设计、信息共享、物流服务等。

供应链合作伙伴关系的投资收益期较长，一般为三年甚至更久。因此，供应链成员在合作时应以战略眼光追求供应链整体优化所带来的整体竞争优势，从而实现自身及合作伙伴的长期利益的增加。

二、建立供应链合作伙伴关系的驱动力

在目前买方市场的情况下，市场波动明显，客户需求千差万别，同类产品竞争激烈，如何在这样的环境下持续稳健地发展并壮大，这是目前任一企业都在思考并力争实现的关键目标。顺应市场潮流、扬长避短、内外部资源整合，保持自身最具独特优势的核心竞争力是竞争的诀窍所在。供应链合作伙伴关系的形成由多种影响因素决定，如顾客等待周期变短、产品需求多样化、产品生命周期的变短等，但起主要作用的是核心竞争力、不断变化的顾客期望和外包战略这三大最基本的驱动力。核心竞争力是企业保持自身优势并充分发展的内在驱动力；不断变化的顾客期望的是供应链合作伙伴关系得以产生的外部压力，在以上内力和外力的驱动下合作伙伴关系可看作外包含义的延伸和深化。

（一）核心竞争力

所谓的核心竞争力是“企业借以在市场竞争中取得并扩大优势的决定性力量”。企业核心能力表现为一种与竞争者相区别的长期竞争优势，这种竞争优势最终能够为企业获得市场、赢得顾客并最终为企业带来巨大的长期利润。核心竞争力是建立在企业核心资源的基础上，从企业所拥有的先进技术、顾客所需要的产品、优良的管理、独特的企业文化、长期稳定和忠实的顾客群等在市场上的反映。例如，星巴克（Starbucks）擅长创新，能快速把握市场机会，从“用心为顾客挑选咖啡豆”，到推出星巴克“第三空间理论”，到结合中国中秋特色推出“星巴克的月饼”，其在中国市场上的地位不断攀升。

企业核心竞争力的特点如下。

1. 价值优越性

核心竞争力是企业独特的竞争能力，能为企业带来价值并创造利润，它可以借助独特的产品或服务、或者是超越竞争对手的成本优势。而且，核心竞争力所带来的价值恰好是顾客所需要的，同时能被顾客所感知。

2. 难以模仿性

核心竞争力是企业具有的一种长期优势，需具有难以模仿的特点，只有这样企业所提供的产品和服务在市场上才不会轻易被其他产品所替代，企业才能够长期在市场上保持竞争力。

3. 差异性

企业所谓的核心竞争力必须在同行业中与众不同。核心竞争力是企业在长期生产经营过程中积累并提炼而成，它可能是企业所独有的，更可能是优于同类竞争者，而且其他企业难以模仿。就如同样是零售企业，沃尔玛的口号是“天天平价”，7－11的特色是“新鲜”，家乐福的特色是“一站式购物”。

4. 可延伸性

企业的核心竞争力必须是企业长期具有的对手难以模仿或超越的一种能力。它不

仅保证在当前为顾客提供优势的、特色的产品或服务，更强调带领企业开拓新的市场、研发新的产品。

从长远角度来看，企业核心竞争力取决于能否比竞争对手以更低的成本、更短的时间、更快的速度提供顾客所需要的独具特色的产品或服务。然而任何企业都不能拥有无限的资源，更不可能在任何方面都优于竞争对手，这就要求企业整合资源，集中优势于几种核心业务和产品上，而在非核心业务上则通过与外部合作伙伴的合作来弥补不足。

供应链最大的特点是信息共享、资源共享、风险共担、利益共享，通过资源整合、优势互补不仅保持供应链各成员的核心竞争力，更重要的是通过整合提升供应链的整体竞争优势。供应链上各节点都有自己的核心优势、核心竞争力并通过供应链合作在非优势领域取得优势，帮助自己在核心领域更专注更有特色，从而取得更大的竞争优势。所以供应链伙伴关系不但是维持和优化自身核心竞争力的要求，更是企业在非核心领域获取优势地位的重要手段和方法。

（二）不断变化的顾客期望

供应链终端顾客的需求是整个供应链发展的根本驱动力，整个供应链上各节点只有围绕终端顾客的需求提供他们真正需要并愿意购买的产品才能真正实现产品的供应链的价值。众所周知，目前顾客的需要趋向于多元化、个性化、定制化，且顾客的需求预期也在不断变化，其特点如下。

1. 产品趋向个性化、定制化

个性化、定制化的产品既要求供应者能够准确把握终端顾客的真正需求，提出专业化、特色化的设计理念、有效引导顾客的需求合理实现，并能根据顾客的要求不断修正完善产品设计，在此基础上提供高品质的产品、同时结合顾客需求以顾客能够接受的价格供应给顾客。随着市场竞争的加剧、买方市场越来越占主导地位，个性化、差异化、量身定制的产品越来越有竞争力，受到消费者尤其是年轻消费者的追捧和青睐，企业为了在竞争中取胜，无论是行业主导企业还是新生企业都在追求按照客户的需求推出定制化产品，并将此作为企业致胜的法宝。为保证个性化，定制化产品的提供企业改变了传统的与客户接触的方式，不只是由销售人员与顾客接触，而是改为销售人员和设计人员共同与客户接触，让顾客直接参与产品设计，这对企业生产的柔性、弹性化要求更高。

2. 产品选择范围变广

买方市场的前提下，顾客越来越成为市场的主导。为了更好地满足不同顾客的需求，市场上各类供应商、生产厂家不断改良产品、不断推出新品种，导致了一轮又一轮的产品研发竞争，最终导致产品的品项成倍增长。同时厂家为了吸引顾客往往绞尽脑汁不断增加花色品种。另外，IT 技术的普及与应用和电子商务的发展为终端顾客的选择提供了便利，产品的价格、质量、服务水平日益透明化，这对企业施加了不断完善产品的压力。

3. 产品质量和服务要求更高

产品质量过硬和产品使用可靠、产品服务到位这是客户对产品的最基本要求，产品质量过硬就要求产品原料的选用严格、产品设计合理、产品加工精密达标同时要求产品具有优美的外观等，要做到以上几点，企业必须从产品设计到产品制造的所有环节严把质量关。

4. 顾客等待周期更短

虽然并不是所有的市场都要求即时反应，但在同等条件下，更快速、更及时的反应更能让顾客印象深刻，提升顾客的满意度，从而将该产品和其他同类产品区别开来，最终提高顾客的忠诚度。从客户订单下达到产品送达顾客的整个过程中，有许多环节亟待提速，尤其是各环节衔接的过程亟待提速。这就导致时间浪费和速度过慢许多时间被浪费掉了。消除这种不良现象会带来三方面的好处：提升客户的满意度和忠诚度、降低企业投资风险、增大同类竞争者的压力。综合来看，提供力所能及的快速响应是企业明智的选择。在该目标中，速度是非常重要的因素。有了更快、更有效的速度，技术革新就能更快地与实际应用相结合，从而保持技术领先、服务领先和产品领先。

5. 客户对服务水平要求更高

目前形势下，对于所购买的商品，尤其是高价值的贵重商品，顾客购买的往往不只是单个商品，更是连同服务在内的“混合商品”。多数情况下，顾客都会要求良好的售后服务和持久的产品维护。为客户提供让客户满意的优质服务是赢得客户，提高客户满意度和忠诚度，并使其成为终身客户的重要营销手段。

（三）外包策略

外包即把自己非核心竞争力的业务交给外部企业去完成，自己专注于核心业务，提升核心竞争力的做法。这是一种新的经营理念，因为任何企业的资源都是有限的，把企业有限的资源集中在能使企业取得核心优势、能为客户提供不可取代的价值的核心能力上。同时，外包出去的非核心业务借助合作伙伴的核心能力往往能带来低成本、高质量、高柔性、专业性等优势，这又有可能形成新的商机。

总体而言，供应链合作伙伴关系就是围绕供应链最终产品所形成的特定形式的外包战略。供应链上各节点之间存在某种形式的外包，比如说，分销商为制造商寻求销售渠道、为零售商管理库存，就是较常见的销售、库存方面的两种外包形式。

三、供应链合作伙伴关系与传统企业间关系的区别

在供应链的竞争环境下，合作伙伴关系研究强调长期的、直接的深度合作，强调共同合作实现共有的计划、解决共同问题，强调合作伙伴间的充分信任与长期合作。这与传统的关系模式有着很大的区别。以供应商关系为例，其主要区别体现在以下几个方面（见表 3-1）。

表 3-1　　供应链合作伙伴关系与传统供应商关系的比较

比较项目	传统供应商关系	供应链合作伙伴关系
相互交换的主体	物料、原材料	物流、服务、产品设计理念
供应商选择标准	低成本	多个标准并行考虑（交货期、稳定性、质量、可靠性、服务）
稳定性	不稳定	稳定
合作期限	短期	长期
合同性质	单一、短期	长期战略合同
供应批量	小	大
供应商数量	多	少而精
供应商规模	小	大
供应商定位	当地	全国或全球范围
信息交流	信息共享不充分	信息共享充分
技术支持	无或被动提供	主动提供甚至介入产品开发
质量控制	入库验收、检查控制	质量保证（供应商对产品负全部责任）
选择范围	每年一次投标评估	广泛评估可增值的供应商

除此之外，供应链企业在战略上是相互合作关系，因此必须重视各个企业的利益。供应链获得总的利润需要在供应链中各个企业间进行合理的分配，这样才能体现出合作的价值和对合作者的激励作用。

第二节　供应链合作关系的价值

导入案例

支付宝与新蛋商城的战略合作伙伴关系的价值

新蛋商城与支付宝的合作已近十年之久，双方早在 2010 年就建立了战略合作协议，建成战略合作伙伴关系。依据战略合作协议，双方充分利用各自平台和相互资源实现强强联合、优势互补、充分信任、资源共享，并展开全方位的深度市场合作。目前，支付宝为新蛋商城提供定制的包括快捷登录与快捷支付等相关在线支付解决方案。未来，双方的合作还将扩展至无线支付产品，并探索线下支付产品以及企业内部清算、结算等项目的服务与合作。

支付宝首席执行官彭蕾表示，支付宝已经在2011年成立专门的事业部为商户提供更有针对性和更专业的服务，“与新蛋建立的战略合作伙伴关系将有助于提升消费者的网购体验，帮助商家获得更大的价值。”彭蕾还强调，“与新蛋的合作还只是一个开始。”新蛋商城首席运营官池勇信介绍，从普通合作伙伴升级为战略合作伙伴后，新蛋将与支付宝加强市场运营合作，不仅包括快捷登陆、快捷支付的市场推广，还有基于支付宝大量商户资源来进行的跨平台联动合作。支付宝曾联合新蛋商城与大众点评网进行了此类尝试，收获不错的效果与口碑。

据悉，目前，通过支付宝完成的交易额占新蛋在线交易总量的相当部分。新蛋商城是首批接入支付宝快捷登录并实现快捷支付的商家。新蛋商城的用户可使用支付宝账号登录新蛋商城进行快捷购物、不用重新填写物流配送地址，这极大程度上减化了购物环节，很大程度上避免了用户流失；支付宝则解决了网银限额问题，满足了大额商品支付需求。两者被认为是新蛋商城深拓中国市场，进一步提升用户网购体验所最需要的服务。易观国际分析师张萌认为，电商企业选择与支付宝结盟是大势，与支付宝的合作升级亦可看出新蛋商城力拓中国市场的决心。

资料来源：http：//news. ifeng. com/gundong/detail _ 2011 _ 09/22/9376068 _ 0. shtml.

思考：战略合作对支付宝与新蛋商城的价值何在？

一、利于形成企业集成模式

建立供应链合作伙伴关系的首要价值在于企业集成模式的形成，如图3－1所示。

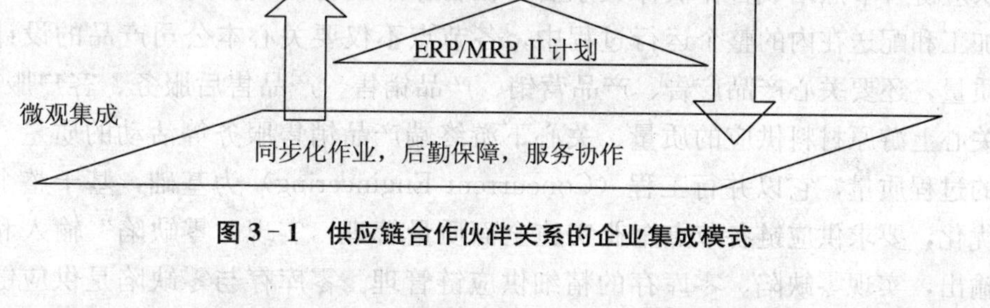

图3－1　供应链合作伙伴关系的企业集成模式

供应链各环节形成供应链合作伙伴关系之后，企业无论在宏观、还是中观，甚至微观上都更容易实现深度集成。从宏观层面讲，企业之间的资源优化配置、企业合作以及委托得以实现；从中观层面上讲，能够借助一定的信息技术联合开发实现合作伙伴间信息的充分共享；从微观层面上讲，可以有效实现同步化、集成化的生产计划与控制，进而实现物流保障和服务协同等业务职能。

供应链合作伙伴关系的构建实现了供应链合作伙伴间资源的高度集成与优化利用，同时围绕供应链终端产品的各环节各关键点进一步优化，从最初的产品的研发到最终产品投放市场的周期大大缩短，而且借助于模块化、简单化、标准化的组件，能够更好地满足顾客多样化、个性化需求，增强企业在弹性市场中的弹性和敏捷性。合作伙伴间虚拟制造与动态联盟应用加强了外包策略的利用，企业的集成模式从原有的中低层次的强调内部业务流程重构模式上升到强调企业间的充分信任、深度协作的集成模式。紧密的合作关系所带来的价值增值如图 3－2 所示。

图 3－2　供应链合作伙伴关系带来的价值增值

二、利于建立有效的质量保证体系

供应链各节点结成合作伙伴关系后，在合作中要将终端客户的需求贯穿于包含设计、加工和配送在内的整个运行过程中，各节点不仅要关心本公司产品的设计效果与生产质量，还要关心产品广告、产品营销、产品销售、产品售后服务、客户服务过程，更要关心上游原材料供应的质量、关心下游终端产品销售服务等活动的质量。这就是所谓的过程质量，它以并行工程（Concurrent Engineering）为基础，基于整个供应链流程优化，要求供应链各节点企业实施全面质量管理，实现“零缺陷”输入和“零缺陷”输出，实现零缺陷、零库存的精细供应链管理。零库存与零缺陷是供应链管理追求的理想目标，是企业持续努力、不断改进的奋斗目标和方向。企业过程质量模型如图 3－3 所示。

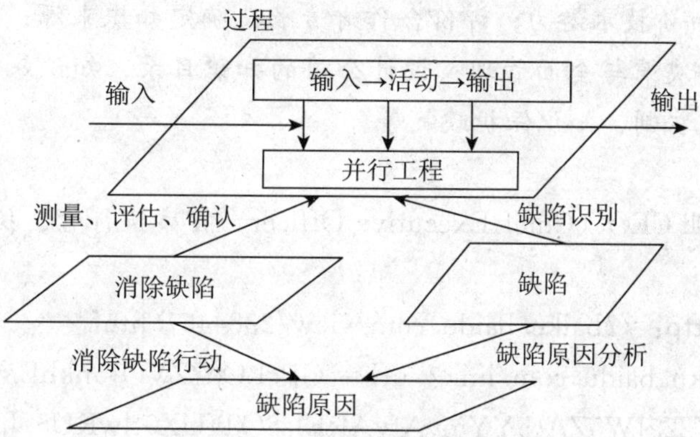

图 3－3　企业过程质量模型

为达到顾客满意，并实现顾客忠诚，必须要有过硬的在产品质量，甚至是供应链质量保证，而这较多地依赖于质量功能开发（Quality Function Development，QFD）思想。质量功能开发强调全面质量管理，能将顾客实际需求反映在企业甚至是供应链制造全过程中，通过不断调整产品质量功能的配置满足不同时期不同阶段用户的需求，从而达到用户最终满意。在质量功能开发实施的过程中，质量控制的标准直接由用户确定，故而能够消除产品不必要的功能质量，可以尽可能避免浪费，满足精细化生产的目的，形成从用户质量要求、工程质量要求、工艺操作质量要求到零件特性质量要求的整体牵引作用。

三、利于供应链中的技术扩散与服务协作

在供应链管理下，信息技术的作用的作用性日益明显。供应链管理过程中的相关知识或信息技术的扩散，与传统的信息流不同。企业的竞争力不是单单因为拥有了先进的软件系统和充分共享的信息量就能使其竞争力明显增强，相反更是要合理利用技术链和知识链，以确定各项具体技术在知识链中的每一环节中所起的作用，注重那些能显著提升企业创新能力的知识与信息技术的合理运用及扩散效果。为此，知识主管（Chief Knowledge Officer，CKO）和信息主管（Chief Information Officer，CIO）在企业中的重要性越发明显。

小链接

CIO 与 CKO 比较

一、职责

CIO 职责：信息系统的维护、升级；提供查询报表和数据分析；适当时机引进先进技术；对设备和硬件的管理；对下属员工的管理和培训；系统安全性保证；门店信息部的管理；对信息的分析和挖掘；其他信息工作的拓展。

CKO职责：评价技术潜力；评价合作者专长；确定知识来源；处理学习过程；对所有知识进行综合决策与全面管理；设计公司的知识目录、知识基础设施、密集型知识业务、知识交流机制、知识保护政策等。

二、地位

CKO介于企业CEO（Chief Executive Officer，首席执行管、执行总裁或总经理）和CIO之间。

资料来源：http：//baike. baidu. com/view/2384457. htm.

http：//wenku. baidu. com/link？ url = GPcLOoZZVOJ6nkbEmKL8yITn4VeGOmPL07StbH91MFY225JW5ZAc5YYmvAfyAREIs8OTfUX0tlwRU57lpJCF-iGsQbSxiw-6J-YyxCkC2K.

在Internet和IT技术快速发展并应用、“地球村”已经形成的今天，知识和技术的扩散途径必须从原有的基于传统市场模式下的研究模式转变为对网络化知识的研究、技术传播扩散机制研究、网络知识的采用研究、网络知识产权研究等。供应链管理更多地从供应链企业之间知识与技术的扩散、协作、支持、问题等方面去研究，并最终形成以供应链管理为基础的外部企业间技术扩散。

四、利于提升供应链整体响应速度

当今买方市场下消费者需求千差万别、市场机会稍纵即逝，供应链上各环节都必须对这些差别及时识别，并顾客需求变化做出及时快速反应，这样才能长久拥有市场，获取持久的竞争优势。传统模式下企业与企业之间的竞争已转向供应链条件下供应链之间的竞争，而供应链的核心竞争力来自供应链各节点企业的强强联合、优势互补，以及对整个市场的快速反应。举例来看，供应链中制造商要求上游节点加快生产运作速度，通过缩短料供应周期，而供应链中的零售商则要求上游制造商缩短生产周期、压缩供应成本达到降低成本和提高质量的目的。而供应链总周期时间决定于采购周期时间、设计制造周期时间、输入物流（Inbound）周期时间、输出物流（Outbound）周期时间。具体如图3-4所示。

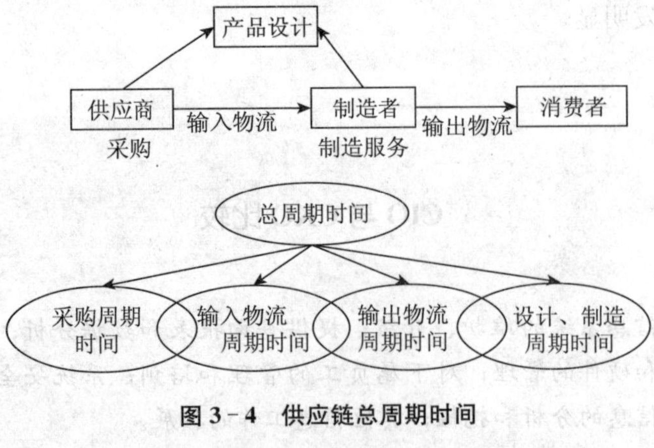

图3-4 供应链总周期时间

由图 3－4 可以看出要缩短供应链总周期，必须要缩短采购、输入、输出和设计制造等各环节的周期时间，而这往往需要制造商与供应商共同参与来实现。供应链各环节一旦建立了良好的供应链合作伙伴关系就能保证信息透明性、信息传递的及时性、终端客户需求的真实性、就能缩短各环节的等待时间和前置期；就能保证供应链各环节各活动的针对性、有效性和及时性；就能充分发挥供应链上各节点的核心竞争力；就能切实降低整个供应链的运行风险，最终保障整个供应链运行的顺畅性，提升其响应速度。举例来看在某供应链运营过程中，当供应链终端销售的某种商品突然畅销并脱销时，依据有效的信息传递系统，配送中心可以及时根据其销售情况向零售终端发起订单意向通知，由零售终端确认后即可快速补货，而上游的制造商同样可以借助配送中心和销售终端的信息反馈及时调整自己的生产计划和生产安排从而进行有效地有针对性的生产，这样就保证整个供应链是优化动态发展的，保证整个供应链上库存总体最低，保证整个供应链运营风险最低、保证顾客的需求及时得到满足，保证供应链的有效性与柔性。

五、利于加强供应链核心竞争力

供应链合作伙伴关系的建立基础即是供应链上每个节点都有自己的核心优势，而将非核心的部分交由合作伙伴去做。通过相互的整合不仅使供应链上每个节点都能将有限的资源整合运用在自己的核心业务方面，更好地提升自己的核心竞争力，同时可以利用合作伙伴的核心竞争优势来提升自己的非核心业务，从而提升整个供应链的核心竞争力。目前随着产业全球化、经济全球化发展的趋势日益明显，许多发达国家为了降低成本、保持利润或提升利润，不再追求“大而全”地统占整个产业，而是根据自己的核心能力来抢占某个产业中的技术领先和高增值的运营环节，而将其余业务留给其他企业，甚至是发展中国家的相关企业。

供应链是以核心企业为主导，由上游企业、核心企业、下游企业、终端客户等所构成的所有前向关系和后向关系。供应链的概念与传统的供求关系有着很大的差别，它把供需双方以及供应链中各节点作为一个整体，从供应链整体优化的角度考虑企业及产品的竞争力和优势。这就要求供应链上各环节必然是强强联合，实现双赢和多赢。沃尔玛供应链可以说是零售供应链中最成功的典范，沃尔玛作为该供应链中的主导企业，可以说不仅充分展现了自己的核心竞争力，而且与经销商的紧密合作为人称道。沃尔玛借助于全球使用最早、规模最大的由沃尔玛自己购买并控制经销系统的卫星定位与交流系统，借助于全球最先进的条码与信息采集系统实现了自动化的分销系统。沃尔玛的所有连锁店里都安装有最先进的条码扫描系统和销售终端系统，可以适时地将商品需求发送至分销库房，并由库房立即备货、补货、送货。同时，沃尔玛的计算机系统直接同销售商的系统相连接，并紧密合作，大大提升了经销商销售送货的速度。沃尔玛的货架补充速度可达一周两次甚至更多，而社会上同行业的平均补货水平为两周一次。这样做的结果是沃尔玛成本大幅下降、顾客需求有效满足、利润率持续增长。

六、利于增加用户满意度

供应链合作伙伴关系对于用户满意度的增加原因如下。

（一）产品设计

供应链合作伙伴关系存在于供应商与制造商之间，制造商与分销商之间以及分销商与终端顾客之间。分销商更贴近终端顾客，更易于掌握终端顾客的真正喜好与需求的特点，从而能在产品的改良、新产品的需求定义方面提出更为正确的建议，使产品的设计理念与用户需求相结合或者能从很好的切入点来激发用户的潜在需求，从而能做到以用户需求来拉动销售，而不是以高成本、高风险简单地将产品推向用户。供应商的合作同样能使制造商在产品设计伊始就充分考虑用户的需求，保证最终生产出更符合用户习惯的适销产品。

（二）产品制造过程

产品供应质量的提升使得制造商可以在正确的时间、正确的地点得到正确数量的符合质量要求的零配件，从而使供应链最终产品质量也大幅提高，同时极大限度地缩短生产周期。

（三）售后服务

产品的质量总是有一定缺陷的，同时，用户的产品偏好也不尽相同，因此说任何产品的设计都不可能完全符合所有消费者的要求。因此，用户的不满意总是不可避免。既然如此，售后服务不是要避免客户不满、杜绝客户投诉，而关键在于当用户不满意时，如何有效地消除顾客的疑虑与不满，这就要求供应链上从分销商到制造商到供应商都能团结一致、齐心协力来解决问题。

供应链合作伙伴关系建立后，下游企业往往会向上游企业进行投资、技术支持或专业人员配备，从而提高其供应质量，同时会对上游企业提出质量改进、价格压缩或配送及时等更高要求。这种要求短期来看给上游企业带来了巨大压力，但是下游企业的技术支持与奖金支持以及业务量的增加都使上游企业能够改进技术，实现规模经济效益。另外，一旦确立了长期合作的关系，供应链各环节也愿意投入更多精力在供应链的整个优化上，也会更多地强调战略合作与战略发展。

不过，虽然有以上利益存在，但供应链合作伙伴关系的建立仍有许多潜在的未知的风险会影响供应链上各参与者。而且过分深度依赖某一个合作伙伴或某一个市场会导致在对方不能满足期望要求时损失惨重。同时，企业也可能因为对战略合作关系的控制不力、盲目自信、合作伙伴专业化程度过高等原因而使自身的核心竞争力受到影响。另外，企业可能过于乐观估计供应链战略合作关系的收益而忽视了潜在的缺陷与可能的风险。

第三节 供应链合作伙伴选择

导入案例

苹果的供应商选择

苹果对供应商的风险防范一直比较在意。例如iPhone使用的“透明玻璃投射式电容技术”，最先由中国台湾厂商宸鸿研发而成，但是苹果要求宸鸿将这一技术教会其竞争对手胜华科技，由两家厂商共同为苹果供货，以避免出现风险。

苹果主抓供应链的COO库克曾说过，苹果历来重视由不同供应商供货，以确保供应充足和其他益处。可是，这并不代表苹果会倾向于将关键零件同时下单给一大批不同的厂商。事实上，苹果通常会坚持关键零件只由两家左右的工厂供货。苹果挑选供应商时一直十分封闭。这主要是由苹果严格的保密措施决定的。

“苹果对产品质量的控制是非常高的。供应商如果能够通过它的考验，苹果会保持和供应商的长期合作，而不会轻易更换供应商。”谈到苹果挑选供应商的习惯，IDC台湾资深分析师江芳韵表示，苹果希望通过控制供应商的数量来保证对其产品信息的高度保密。

苹果通常会要求现有供应商迅速扩充产能，而并不会轻易增加新的供应商。这对苹果供应商来说，也是一个极大的挑战。供应商需要在短期内募得大量资金，购买土地，建新厂房，添置机器，并招募足够的工人，还需要保证新工厂的质量和良品率提升上来。生产iPhone和iPad2摄像头的台湾厂商大立光在2011年至少投入15亿元新台币扩充生产线，包括在台湾精密机械园区新建工厂，以及新增生产设备。另一家台湾手机镜头龙头玉晶光的董事会也将增资20亿元新台币扩大手机镜头产能。扩产范围包括计划将原有台湾厂房加盖，并扩增厦门厂生产设备等。苹果的石英元器件供应商晶技正在重庆建设一座新工厂。晶技为台湾最大的石英元器件制造商，工厂设在宁波。iPad2的电池供应商新普科技则在重庆建设一家新工厂。作为苹果多年的连接器供应商，正崴在成都、武汉、郑州等地建设新厂。而同样生产连接器的连展则是首次为苹果供货，该公司为了成本考量，配合客户就近生产，将内移设厂，在江西投资设厂。苹果的视窗玻璃供应商蓝思科技，在长沙建设了一座大型工厂，并多次扩建产能。苹果的触摸屏生产商胜华科技，工厂设在东莞和苏州。另一大触摸屏生产商宸鸿的主要工厂位于厦门，已投入了1亿美元扩建生产线。

由以上信息可以看出，作为苹果的供应商，除了需要在质量控制上有一套严密的系统外，还需要跟随苹果快速扩充产能，敢于投入巨资随苹果一起发展。

资料来源：http：//www. foods1. com/content/1316060.

思考：分析苹果的合作伙伴选择成功的原因。

供应链合作伙伴关系的建立是企业外部之间的合作，好的供应链合作伙伴关系能够提升供应链的整体竞争力，增强供应链合作伙伴间的核心能力，但如果供应链合作伙伴选择不当所带来的破坏也是非常巨大的。因此，供应链合作伙伴关系的选择必须遵循一定的规则，对不同合作伙伴进行类别重要性区分，合理构建合作伙伴评价指标与评价体系，确定合作伙伴评价程序和方法。

一、供应链管理环境下合作伙伴选择原则

供应链合作伙伴的选择是企业进行外部合作首要步骤也是关键步骤。选择良好的、适合的合作伙伴，是确保建立良好供应链合作关系的先决条件，同时也是供应链合作伙伴关系运行的基础。所选企业能否与整个供应链的步调保持一致、能否保持并增强整个供应链的核心竞争力，是供应链上每个节点普遍关注的问题。在目前供应链竞争条件下，合作伙伴的业绩与稳定性对企业和供应链的影响越来越大，供应链上各环节自身的业绩提升要依靠所有合作伙伴的配合与合作才能提高。因此，供应链合作伙伴的选择是企业和供应链提升竞争力的首要的关键问题。

从供应商选择来看，一般供应商选择包括共同价值观原则、核心竞争力原则、供应商数量控制原则、总成本最优原则、风险最小化原则等一般原则；包括有效交流与信息共享、工艺连贯线性原则、企业经营状况优化原则等具体原则。

（一）核心竞争力原则

供应链追求强强联合，强调优势互补，这就要求供应链上每个合作伙伴都需要有被供应链需要的核心竞争力。只有合作企业拥有独特的核心竞争力，并把各自的核心竞争力整合于整个供应链中，这样才能提高整个供应链的运作效率，并为企业带来可观的收益。如果只是单个企业具备核心竞争力或者合作企业具备的核心竞争力不能整合，都不能提高供应链的整体运作效率。

（二）共同价值观原则

共同价值观原则要求供应链合作伙伴间有相同的价值观和共同的战略思想。企业价值观的差异通常表现为是否存在官僚主义作风；是否强调投资的快速回收；是否采取长期合作共同发展的观点等。战略思想的差异往往表现在市场策略是否一致，注重质量还是注重价格等。总之，若双方价值观及战略思想差异明显，长期合作往往难以维持，合作效果不理想，甚至以失败告终。

（三）总成本最优原则

供应链管理追求的基本目标之一即是供应链总成本最优。总成本最优原则同样适用于供应链合作伙伴关系选择。总成本最优原则实现供应链总成本最小化，实现多赢目标，这要求供应链合作伙伴间充分信任，长期合作，通过充分信息共享降低合作伙伴间的连接成本。

（四）风险最小化原则

供应链是由不同企业之间相互合作而构成，因此供应链运营具有一定的风险性。这就要求在选择供应链合作伙伴时应慎重考虑相互间的核心竞争力、组织结构、技术标准、企业文化、管理理念、企业战略等相关因素，从而尽可能地降低供应链整体运营风险。

（五）供应商数量控制原则

合作伙伴的数量决策同样是供应链合作伙伴的选择的主要考虑问题。在供应商数量控制原则中主要是单一供应商原则和多供应商原则，两种不同的选择原则有不同的特点。供应链上的合作伙伴必须根据具体情况做出决策。

1. 单一供应商原则的特点

选择单一供应商可以节省协调管理的难度、缩短管理周期，提高合作决策效率有助于与供应商发展伙伴关系；双方在产品开发、质量控制、计划交货、降低成本等方面共同改进；供应商早期参与对供应链价值改进的贡献机会较大。不过单一供应商选择也有一定风险，例如，供应商的严重失误往往导致整个供应链的失败；企业更换供应商周期过长和更换成本过多；单一供应商在有了一定合作基础之后会失去其竞争的源动力及应变、革新的主动性，以致不能完全掌握市场的真正需求等。在企业实际工作中，包括丰田公司在内的很多企业选择了单一供应商合作模式。虽然与丰田公司合作的供应商也确实出现过由于火灾烧毁了工厂而导致供货中断，给丰田公司带来了巨大的损失，但是综合各项因素考虑，丰田公司一直坚持单一供应商原则。公司认为，单一供应商原则给丰田公司带来的收益远远大于损失。关于单一供应商的风险问题，另有一个企业的负责人曾说，选择单一供应商原则当然有风险，但是“我们把所有的鸡蛋都放在一个篮子里，并且会非常小心地照看这个篮子”，从而减少风险带来的损失。所以，在有的大公司里通常设置有供应关系管理经理岗位，负责维护与供应商的良好关系。

2. 多供应商原则的特点

选择多个供应商供货可以有效避免供应环节中断的风险；可以有效激励供应商持续保持独特的竞争力（成本、交货期、服务）；可以促使供应商不断创新，因为一旦他们跟不上时代步伐就会被淘汰。但因为供应商都知道很可能被其他供应商取代，往往缺乏长期合作的信心，一定程度上降低了供应商长期合作的意愿和忠诚度；由于多供应商之间过度价格竞争容易导致供应链出现偷工减料带来的潜在风险等。实际上，多供应商原则虽然能够避免单一供应商供货中断而导致整个供应链中断的风险，但也是有条件的。如果一个区域发生了突发状况，整个地区的供应商实际上也都无法保证供货，另外，一个供应商供货中断，其他供应商不一定有足够的产能保证需要。因为现在的市场是全球性的，一个供应商的突发事件会给整个行业的客户带来采购上的问题。因此，多供应商原则未必能够降低供应链供货中断的风险。

（六）工艺连贯性原则

工艺连贯性原则要求供应链合作伙伴合作时在技术上保持统一的标准，包括产品设计与制造工艺连贯性上的差异过大，或者供应商制造能力的局限性过大，都会在很大程度上限制供应商在成为供应链合作伙伴后，接受以及引进先进生产技术的主动性，影响整个供应链的运营效果。

（七）企业经营状况优化原则

企业上一年度的经营状况通常会成为合作伙伴选择时的重要参考指标。在与某合作伙伴的合作过程中，对方的产品价格、产品质量、产品交货及时与准确度都决定其在供应商市场的声誉和地位。业绩好的企业常被优先考虑，也很容易进入合作角色。但对于新成立的企业则需要在上一年度业绩考察的基础上更多去关注其创新性、市场发展潜力。

企业经营状况在供应链合作伙伴关系选择中尤其重要。供应商内部组织机构的合理程度与简化程度影响合作时采购的效率与采购质量。一个组织机构设置混乱的供应商，采购效率与采购质量势必不会很高，更可能因为供应商各部门之间相互推诿而延迟供应、影响供应质量和效果。另外，供应商的高层对合作伙伴关系的重视程度同样会影响合作，如果合作不被供应商列为重要客户，在遭遇突发问题时很难集中精力优先处理。

供应商财务状况的优劣直接影响合作时交货质量和履约能力，一旦供应商的财务出现问题，资金链有断层，甚至资金链断裂，不但导致供应商倒闭破产，更会对合作伙伴造成供应不足，甚至停工待料的严重危机。而选择财务状况稳定的大型供应商可以在未来降低合作风险，给合作双方带来更多的信息和安全感。

（八）有效交流与信息共享原则

充分全面了解备选合作伙伴的各方面信息，对于确定高效的供应商起着决定性的影响。而这依靠所有备选对象的积极参与以及充分有效的信息交流和信息共享。已有业务来往的供应商在相关信息交流方面比全新的企业有更多的优势。在选择供应商时，只有加强全面交流，才能提供全面的战略信息，使供应商选择评价过程和选择结果更具可信性和参考价值。

二、供应链合作伙伴的类型

为满足双方长期、充分合作的需要，为保证选择出最恰当的合作伙伴，供应链合作伙伴选择前必须首先对供应链合作伙伴的类型进行明确划分。常见划分方式如下。

首先，按重要性将合作伙伴分成重要合作伙伴和一般的合作伙伴两个层次。重要合作伙伴必须少而精、双方联系紧密；而一般合作伙伴则数量较多、双方关系不很密切。供应链合作伙伴关系的变化对重要合作伙伴影响很大，对一般合作伙伴影响相对较小。

其次，按增值程度和竞争实力将合作伙伴分成战略性合作伙伴、有影响力的合作伙伴、竞争性合作伙伴及普通合作伙伴四类，具体分类矩阵如图 3－5 所示。

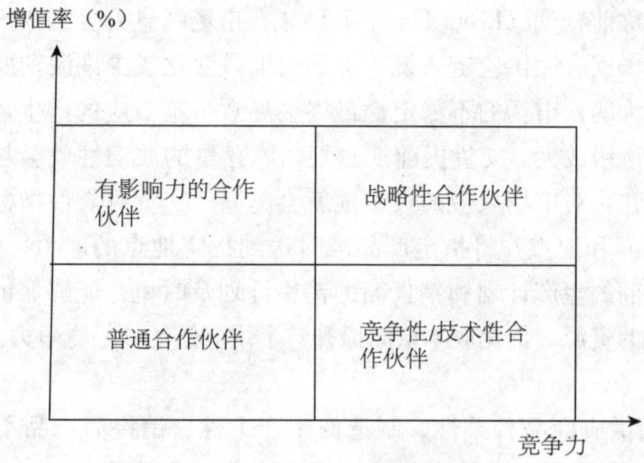

图 3－5 供应链合作伙伴分类矩阵

图 3－5 中纵轴代表的是合作伙伴在供应链中增值的程度，对于一个合作伙伴来说，对供应链的增值贡献越大对供应链的其他企业吸引力就越强。横轴代表不合作伙伴间的区别，主要体现在产品设计能力、特殊工艺能力、产品柔性、项目经营管理能力等方面。

在具体选择过程中，企业应依据不同的目标选择不同类型的合作伙伴。对于长期合作而言，首选保持较高的竞争力和增值率的对象，最好保持双方的战略性合作伙伴关系；对于短期合作或暂时合作而言，首要目标是成本最优；对于中期合作而言，则根据竞争力和增值程度对供应链的重要程度的差异，选择有影响力的或竞争性或技术性的合作伙伴。

三、供应链合作伙伴选择评价指标及体系

（一）供应链合作伙伴选择评价指标

供应链合作伙伴选择的主要指标包括价格指标、质量指标、交货指标、柔性指标等。

1. 价格指标

价格指标即包括供应链合作伙伴所供应的原材料、初级产品、消费品、服务等所构成的综合价格，此价格决定了供应链终端消费品的价格和整个供应链的投入产出比，对供应链中下游环节（生产商、销售商）的利润率与收益率产生较大的影响。

2. 质量指标

质量指标即供应链合作伙伴所供应的产品和服务的质量。供应链各环节所涉及的原材料、零部件、半成品的质量决定了最终产品的质量，这是供应链之根基。任何产品的使用价值都是以产品质量为基础的。从长远来看，产品质量低劣，服务水平不足，就无法取得真正的核心竞争力，终将被其他产品所取代，而供应链上游所供产品的质量是保证供应链终端消费品质量的根基，故而，质量指标是一个重要指标。

3. 交货指标

交货指标主要包括交货周期指标、交货可靠性指标。交货周期指标主要依赖于供应商的交货提前期或称前置期（Lead Time，LT）。在市场瞬息万变的今天，尤其对于敏捷性供应链或者说市场反应性供应链来说，市场的细微变化或少许波动所带来的供应链的变化或波动都是巨大的，市场的不稳定性最终会导致牛鞭效应的产生，供应商由下至上各级库存的波动会逐级放大。交货提前期越短，库存量的波动性就会越小，企业对市场的反应速度就会越快，对市场反应的灵敏度就会越高。交货可靠性指标是指供应商按照订货方所要求的时间和地点，将指定产品准时送到指定地点的能力。交货可靠性越高，越能很好配合生产商的生产计划和销售商的销售计划及时机，能够保证整个供应链的快速反应，节约大量的资源、优化成本从而提升整个供应链的核心竞争力。

4. 柔性指标

柔性指标包括供应商品种柔性、制造商生产柔性、销售商产品柔性。在全球化竞争日益加剧、产品需求千差万别的大环境下，终端客户的需求日益小批量、多样化、个性化、定制化，这就迫使供应链为适应消费者的需求必须能够提供多元化、差异化的产品，才能快速抢占市场、长期保有市场份额、持续获取利润。制造商只有充分发展柔性生产能力才能提高企业产品的市场竞争力，而这种柔性生产能力是以上游供应商的品种柔性为基础的。

5. 设计能力指标

供应链的集成化发展是未来企业管理发展的必然之路。企业产品和服务的更新是市场发展的必然要求。原产品的升级和新产品的研发、设计不再只是生产商自己分内之事，集成化供应链要求上游供应商、下游经销商也应承担部分研发和设计工作。因此，选择时对于供应商的设计能力也要做一定的考量。

6. 特殊工艺能力指标

要保证产品的核心竞争力，就必须保证产品的独特性，产品的独特性往往要借助于特殊的生产工艺来实现，因此，选择时对于供应商的特殊工艺能力也要做一定的考量。

7. 其他指标

其他指标通常包括供应链合作伙伴的项目管理能力指标、财务状况指标、企业形象指标、技术能力指标等。不同的供应链应根据其实际情况选择相应的指标，保证既对供应合作伙伴能够做出客观、具体、全面的评价，又能保证以最快的时间和较少的成本选择出最合适的供应链合作伙伴，保证供应链运营的整体有效性。

（二）供应链合作伙伴评价指标体系

1. 典型的评价指标体系

要形成一个全面的综合评价指标体系，对合作伙伴的选择标准就不能只集中在产品质量、产品价格、产品柔性、交货准时性、提前期和批量等方面，在此我们借鉴美国 Dickson 在对美国的数百家企业的经理调查后所建立的包含 21 个评价准则的供应商选择指标体系（见表 3-2），以及在此基础上修改完善而形成的包含权重，体现各指标重要性的分层次的评价指标体系（见表3－3）。

表3－2　　Dickson的供应商评价指标体系

排序	评价指标	排序	评价指标	排序	评价指标
1	质量	8	财务状况	15	维修服务
2	交货	9	遵循报价程序	16	态度
3	历史效益	10	沟通系统	17	形象
4	保证	11	美誉度	18	包装能力
5	生产设施/能力	12	业务预期	19	劳工关系
6	价格	13	管理与组织	20	地理位置
7	技术能力	14	操作控制	21	以往业务量

表3－3　　分层次、有权重的供应商评价指标体系

序号	评价指标		评价子指标	
	评价指标	权重	评价指标	权重
1	质量水平	0.25	顾客拒收度	0.6
			工厂检验	0.4
2	响应性	0.03	紧急交货	0.7
			质量水平	0.3
3	纪律性	0.04	诚实	0.75
			程序遵循度	0.25
4	交货	0.35	—	—
5	财务状况	0.06	—	—
6	管理水平	0.05	企业制度执行情况	0.75
			业务水平	0.25
7	技术能力	0.08	解决技术问题的能力	0.8
			产品线宽度	0.2
8	设备设施	0.14	机器设备完好率	0.6
			基础设施水平	0.2
			布局合理性	0.2

2．综合评价准则（指标体系）的一般结构

依据企业调查研究，影响合作伙伴选择的主要因素有企业业绩、业务结构与生产能力、质量系统和企业环境这四个方面。为更有效地评价、选择合作伙伴，我们建议

框架性地构建三个层级的综合评价指标体系（见图 3-6）：第一层级是目标层，包含企业业绩、业务结构与生产能力、质量系统和企业环境这四个主要因素，第二层级是影响合作伙伴选择的具体因素，第三层级则是与第二层级相对应的细分因素。

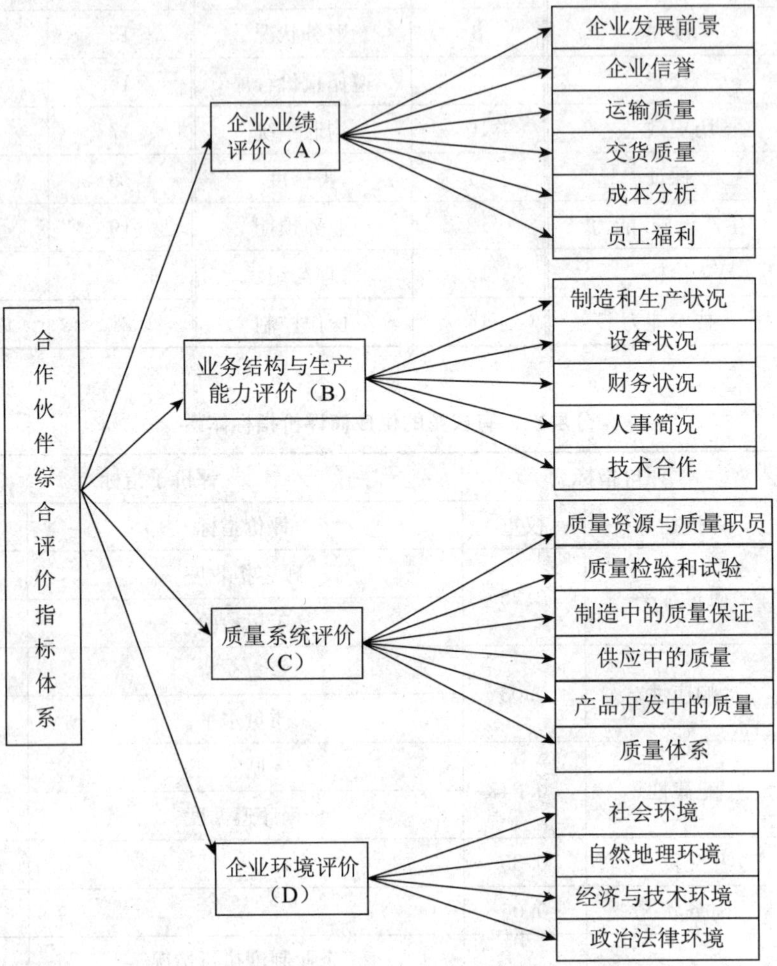

图 3-6　供应链合作伙伴综合评价指标体系结构

四、供应链合作伙伴选择程序与方法

（一）供应链合作伙伴选择程序

合作伙伴的综合评价选择程序包括分析市场竞争环境、建立合作伙伴选择目标、建立合作伙伴评价标准、成立评价小组、合作伙伴参与、评价合作伙伴、实施供应链合作关作七个步骤（见图 3-7）。企业在选择之前必须确定每个步骤的开始时间与必须满足的条件。各个步骤对企业来说都是动态化的是企业改善业务的大好机会。

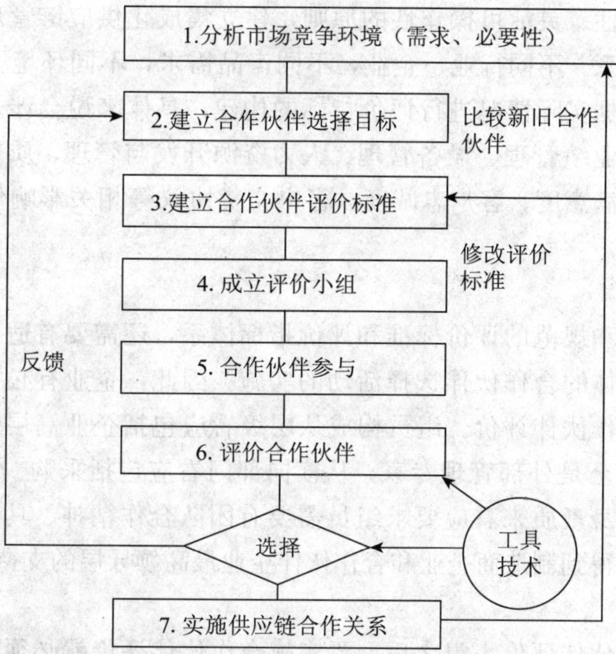

图 3－7　供应链合作伙伴选择程序

1. 分析市场竞争环境（需求、必要性）

市场的真正需求是企业所有活动的驱动源。要建立基于充分信任、深度合作、开放性交流的供应链长期合作关系，务必先分析市场竞争环境。分析明确有效的供应链合作关系应针对的具体产品市场的类型、明确现有的真正的顾客需求（应包括产品类型、产品特征、需求数量等）、确认建立供应链合作关系的必要性。对于已建立供应链合作关系的，则根据需求的变化明确供应链合作关系的现状与问题，明确供应链合作关系变化的必要性，明确合作伙伴评价选择的必要性。

2. 建立合作伙伴选择目标

目标是行动的指引，明确的行动目标能够保证活动的有效性，避免盲目性和高成本。企业在合作伙伴选择过程中必须明确该流动的总体目标和具体目标，只有建立了实际目标，才能有效确定合作伙伴评价程序实施过程和实施重点，信息流程如何优化，确定如何在保证质量的情况下节约时间、节约成本、提高效率。另外，供应链合作伙伴评价与选择不只是简单的对外部伙伴的评价与选择过程，更是企业对自己内部关系和外部关系的一次业务流程重构的过程。合作伙伴选择过程实施得好，更可实现企业内部和外部的优化和调整，为企业自己带来一系列的利益。

3. 建立合作伙伴评价标准

明确并确定统一的合作伙伴的评价标准，可以保证评价过程规范化、合作伙伴选择的有效性。供应链合作伙伴综合评价指标体系是企业对供应链合作伙伴进行综合评价的基本依据和根本标准，它必须能够反映企业本身和外部环境所构成的复杂系统的不同方面属性的指标，需按隶属关系、层次结构有序构成。还应根据系统全面性、简明科学性、稳定可比性、灵活可操作性的原则，建立集成化供应链管理环境下合作伙伴的综合评价指标体系。不同行业、企业，不同产品需求，不同环境下的合作伙伴评价不完全一样，应根据实际情况进行评价指标的构建，具体来说会涉及合作伙伴的资产状况、经营状况、业绩管理、设备管理、人力资源开发与管理、质量管理、成本管理、技术研发、客户满意度、客户忠诚度、客户交货协议等相关影响供应链合作关系等方面的指标。

4. 成立评价小组

有了明确的目标和规范的评价标准和评价指标体系，还需要有适当的层级的、专业人员梯队来进行具体的合作伙伴选择活动的实施。因此，企业有必要建立专项评价小组来控制并实施合作伙伴评价。组员构成从层级看应包括企业高层管理者、中层管理人员、一线员工甚至是外部管理专家，从横向部门看应包括采购、质量、生产、工程等部门，从成员自身素质来看应要求组员需要有团队合作精神、具备专业技能。最后评价小组必须同时得到制造商企业和合作伙伴企业最高领导层的支持与认可。

5. 合作伙伴参与

在构建好了合作伙伴评价小组之后，要实施合作伙伴评价就必须要有合作伙伴备选企业的参与。评价小组首先联系初步选定的合作伙伴，确认其与企业建立供应链合作关系的意愿，确认其获得更高业绩水平的愿望和能力。企业应让合作伙伴尽可能早地参与到合作伙伴选择与评价的设计过程中来。然而限于企业的力量和资源的局限性，同时为了保证对所有参选对象的公平性，企业只能最终选择少数的、关键的几个合作伙伴保持紧密合作，所以必须事先控制好参与的合作伙伴数量，有效降低工作量、缩短选择时间、提升选择效率。

6. 评价合作伙伴

评价供应链合作伙伴的主要工作之一即是通过充分调查、收集到参选企业的生产、运作、管理等全面信息。并在此基础上，利用适当的工具和有效的技术方法对合作伙伴进行评价。

在评价的过程最后有一个决策点，对所有的参选对象依据相同的技术方法和统一标准进行评价、并选择适当的合作伙伴。如果符合选择标准与要求则选择成功，就可以开始实施供应链合作关系，而如果没有符合标准与要求的适当的合作伙伴可选的话，则必须返回步骤 2，重新建立评价标准并重新开始评价选择。

7. 实施供应链合作关系

在供应链合作关系实施的过程中，必须及时把握实际情况、按照市场需求的变化，及时修改对合作伙伴的评价标准，或对合作伙伴重新进行评价选择。在重新选择合作伙伴的时候，应优先考虑原有合作中的优质合作伙伴，应给予原合作伙伴足够的时间使其适应变化。

（二）供应链合作伙伴选择方法

选择供应链合作伙伴，需对合作伙伴的企业文化、经营理念、战略思想、所供应物资的价格、品质、服务质量等进行总体选择与评价。合作伙伴选择的方法很多，一般应根据供应单位的数量、对供应单位信息掌握的程度，以及对物资需要的紧迫程度等条件来确定。目前常用的方法有直观判断法、招标法、协商选择法、采购成本比较法、层次分析法、神经网络算法等。具体内容如下。

1. 直观判断法

直观判断法偏向于感性判断。需要评判者有较高的专业水平与直观判断能力。该方法是按照企业所取得的资料并结合专业人士的分析与判断，对供应链合作伙伴进行分析、评价并选择的一种方法。该方法主要是听取并采纳有经验的采购人员或采购管理者的意见，或由采购人员凭经验直接做出判断，常用于企业非主要原材料的合作伙伴的选择。

2. 招标法

当物料订购数量大、合作伙伴间竞争激烈时，企业往往采用招标法来选择合适的合作伙伴。该方法主要是由需求企业提出招标条件，符合招标条件且愿意投票的企业进行投标、竞标，最后由企业决标，并与提出最优惠条件的合作伙伴签订合作协议或合同。招标法包括公开招标和指定竞标两种形式。公开招标对投标者的资格不设任何限制；指定竞标则由企业预先选定若干个备选合作伙伴，然后在此范围内再进行竞标与决标。招标方法的优点是参选企业间竞争性大，企业能在更大范围内选择合适的合作伙伴，往往能够以更有利的条件获得更适用的物料。但招标法存在一定缺点，例如，手续繁杂、采购决策周期较长，不能满足紧急订购的需要；订购机动性较差，有时会因采购方对投标者了解不够充分，双方协商不充分，造成供需差异，导致采购对象错误甚至供应服务不及时等恶果。

3. 协商选择法

协商选择法是在供货方较多、企业难以取舍时常用的选择方法。协商选择法首先由企业选出供应条件较为有利的多个备选合作对象，与他们分别进行协商，在此基础上最终确定出最适当的合作伙伴。和招标法相比，协商选择法因为决策之前供需双方能够充分协商，因而在提供产品和服务的质量（如产品质量、交货期和产品售后服务）等方面有更多保证。因此，对于多数紧急采购（采购周期短、备选企业少、竞争程度小、订购物资规格和技术条件复杂）时，更适合采用协商选择法。

4. 采购成本比较法

参选企业在产品和服务供应水平相当的情况下，企业需要通过计算总体采购成本，来择优选取合作伙伴。总体采购成本包括供方产品与服务的价格、采购费用、运输费用、机会成本、财务成本等各项支出。采购成本比较法通过计算并明确与各个潜在合作伙伴合作的总体采购成本，选择总体采购成本最低的作为最终合作伙伴。

5. 层次分析法

层次分析法是定性和定量相结合的评价方法，其基本原理是根据具有递阶结构的总体目标、子目标（准则）、相关约束条件、涉及部门等各方面来综合评价各个方案，采用两两比较的方法确定判断矩阵，然后把判断矩阵的最大特征相对应的特征向量的分量作为相应的系数，最后综合给出各方案的权重（优先程度），并确定最优方案。

6. 神经网络算法

神经网络算法同样是一种定性和定量相结合的方法。该方法是在对给定样本模式学习和总结的基础之上，获取评价专家的知识、经验、主观判断及对目标重要性的倾向，可重现评价专家的知识、经验和直觉思维方式，从而能够较好地保证评价结果的客观性。

第四节　供应链合作关系的激励机制

导入案例

丰田公司对供应商的激励

丰田公司的 JIT 生产模式零库存的经营理念全球闻名，同样在供应商激励方面也有自己的独到之处。

首先，在丰田的 14 条管理原则中其中第 11 条原则就是强调对供应商的合作与激励。原则 11：重视事业伙伴与供货商网络，激励并助其改进。重视你的事业伙伴与供货商，把它们视为你事业的延伸。激励你的外部事业伙伴，要求它们成长与发展。这种态度显示你重视它们。对它们制定具挑战性的目标，并帮助它们实现这些目标。

其次，作为丰田的供应商，他们的感受和言论同样反映出丰田对供应商的激励。丰田的一家汽车零部件供应商说，“丰田公司比其他公司更熟悉也更乐于改善它本身的制度，并向我们展示这些改进如何使我们身为供货商也获得改进。”“丰田会做一些事使我们的运营作业更加顺利，例如，丰田使其生产系统更均衡、更稳定以减轻供应商的压力，减少造成我们生产波动的因素，训练我们的员工。在商业方面，丰田也经常亲自动手做，他们对我们进行评估，设法降低我们的成本。和丰田做生意，更有赚钱的机会。”“当我们的运营绩效改善时报酬也随之提高了，相较于我们往来的其他汽车制造公司，丰田是最好的。”

最后，丰田从成立之初，就一直秉承“寻找坚实伙伴，以长期互惠方式共同成长”的原则去发展。和丰田合作的供应商都像丰田公司的内部同人一样和丰田一起成长并学习丰田模式。即使丰田已经在汽车行业居重要地位，但它仍然维持早期的伙伴关系原则。它对新供应商采取谨慎观察评估的态度，但一旦证明新供应商真诚守信于丰田对品质、成本及服务的高标准要求，丰田就会加大订单数量，并教导它们丰田模式，并把它们纳入丰田公司家庭。之后除非出现最糟糕的行为，丰田公司一般不会踢它们出“家门”。丰田公司对供应商的激励包括一系列相当高的目标，并激励它们实现这些目标。丰田公司认为，对供应商持高期望，并公平对待它们、教导它们，就是对供应商的尊重；相反以宽松标准对待，或是未教导它们而苛责它们，就是不尊重它们。丰田公司绝不会只为了价格稍稍便宜就更换别的供应商。

资料来源：http：//www. doc88. com/p-094919614578. html.

思考：丰田如何对供应商进行激励？

供应链合作伙伴关系中，关系承诺是决定合作双方关系质量的关键评价要素。它直接决定着供应链合作双方互相信任的程度、信息透明的程度、信息共享的程度、风险共担的程度、利益分配合理程度等，更是影响双方关系长久与否的关键所在。因而，核心企业要想致力于建立长期的合作伙伴关系，就务必做到及时发现合作伙伴的关系承诺状况的变化，并给予相应的激励以保证合作伙伴能够履行最初的承诺，从而进一步增进双方的合作关系，并在未来的合作过程中做出更高的承诺。

一、供应链关系激励方式

按照不同的划分标准，目前常见的供应链激励机制包括以下几种。

（一）“显性”激励与“隐性”激励

Hart（1987）指出供应链激励机制包括两个方面：①“显性”激励，利用书面形式明确规定各方责任、义务、利益分配方式、投资规模的“显性”契约，即以合同的方式进行激励；②“隐性”激励，通过对对方进行声誉宣传激励对方做出更多努力。

（二）正激励与负激励

美国心理学家和行为科学家 Skinner 的强化理论将激励分为正、负两方面的激励。周三多指出从管理学角度看，对于组织员工应实行正、负激励结合的方式，其中，正激励就是当员工遵循组织规章制度，为组织目标的实现表现积极的行为进行奖励，目的在于鼓励员工采取某种行为；负激励就是指员工的行为不是组织所期望的，与组织目的相违背，对这种行为进行惩罚，以达到阻止员工采取某种行为的效果。这种激励思想在供应链管理领域也同样具有适用性，不论哪一种激励对于供应链中的合作双方来说，激励的目的都是加强双方的合作关系，提高合作的质量，增强双方的相互信任程度，从而激励合作双方做出更高的关系承诺水平。

另外，马士华在探讨供应链企业激励机制时提出主要从价格、信任、商誉、组织、订单、参与、信息、淘汰、共同开发新产品与技术等方面激励。郑绸提出生产商为了与销售商建立良好的合作关系提高集成供应链的绩效，生产商可以以合同激励的方式通过构建回购合同和弹性数量合同给予销售商激励。

总体而言，供应链合作关系中应采用正激励与负激励相结合的混合策略来鼓励积极行为和惩罚不良行为、投机行为。在供应链合作关系中正激励应涵盖价格激励、信任激励、订单激励、信息激励、增加利润分配、专用性资产投资激励等；负激励则应包括淘汰激励、惩罚激励、减少订单、取消订单等。

二、供应链关系激励机制

任何激励方式，最终都将归结到收益激励上，只不过有的收益是有形的，有的收益是无形的，有的收益是短期就能实现的，有的收益则是潜在的。因为无论采用何种激励都是要耗费成本的，因此核心企业对合作伙伴激励时需要考虑自身收益和成本是否匹配，在对不同承诺水平的合作伙伴采取激励措施时，核心企业对激励力度的控制程度应该不一样，这样才能充分保证激励能够增强合作伙伴对合作的充分信任感，保证合作伙伴愿意履行其承诺。具体激励机制包括基于益分享的正向激励机制和基于违约惩罚的负向激励机制。

（一）基于收益分享的正向激励机制

所谓的收益分享理论最早是在 20 世纪 70 年代由美国 M. L. 威茨曼提出的劳资共享收益的分享经济理论，它强调工人的工资应当与企业的经济指数（如利润）相挂钩，工人收入不仅包括工资还要包括工人与雇主在企业收入中各有多大的分享比例。同样的在供应链中基于收益分享的正向激励机制，强调供应链中各合作伙伴根据其对供应链贡献的大小来对供应链收益进行分配。目前供应链基于收益分享的正向激励机制已从定量角度进行了诸多研究。例如，通过分析帕累托最优实现的原因，确定最佳订货量以及最佳收益分享的方法；基于静态线性转移效用激励机制的设计思路；从委托代理理论的角度构建模型分析研究合作双方的收益分配方法；将 Shapley 值法应用于供应链合作伙伴间的收益分配问题等。

（二）基于违约惩罚的负向激励机制

在供应链中基于违约惩罚的负向激励机制，强调对供应链中各成员在其未能很好履行合作义务时对其进行处罚惩戒，避免供应链合作过程中机会主义的出现，从而保证合作双方关系的稳定，确保供应链正常运营。目前对此典型的研究主要有通过演化博弈分析得出使对方维系关系的最优价格支付；通过分析供应链合作双方在失信与守约的情况下按照其获取的收益分别可能采取的行为，从而确定双方的行为演化规律，并列举出从根本上杜绝失信动机的惩罚区间；建立企业间合作的违约惩罚机制模型，仿真得出当违约金额足够大时能很好地避免合作过程中机会主义的出现。

总之，要与合作伙伴建立长期合作、共同发展、稳定互利的合作关系，应该要“两手抓”，一手抓正向激励，促进对方为长期合作付出更多努力，一手抓负向激励，建立一定的惩罚措施，杜绝合作伙伴不履行承诺的行为发生。

三、供应链合作伙伴关系激励措施

因为企业资源的局限性，在对供应链合作伙伴关系承诺水平进行激励时，如何有效提高激励效果就显得尤为重要。根据供应链合作伙伴关系的重要性不同，通常将供应链合作伙伴分为高度水平关系（很重要、重要）、中度水平关系（一般关系）和低度水平关系（不重要和根本不重要）三种情况，不同水平的合作伙伴采用不同的激励措施。

（一）低度水平关系承诺激励措施

通常供应链合作伙伴做出低水平关系承诺的原因有三点。第一，合作伙伴自身实力不足以向核心企业做出较高水平的承诺；第二，合作伙伴认为与核心企业的合作带来的收益不足以让自己做出更高水平的关系承诺；第三，合作伙伴间存在投机主义思想。但核心企业往往可以将第三种原因排除。因为如果合作企业为了追求机会主义而做出低水平关系承诺的话，就会使合作企业冒着很大程度的被核心企业怀疑其合作诚信的风险，就会降低核心企业对合作企业的信任程度，并因此在很大程度上导致核心企业降低合作程度，减少合作订单，这对于合作伙伴来说是得不偿失的。

在基于供应链合作伙伴可能是由于自身实力不足或对未来收益过于悲观估计而导致不满意的情况下，核心企业的激励内容应侧重在经济方面的收益激励。具体激励措施包括：第一，收益激励，获取收益，追求利润是任何企业进行生产经营的最根本的动力和最终目的，核心企业可以按照固定收益＋超额奖励形式分配，对合作伙伴的超额努力所带来的效果给予肯定并享收益，从而更增强双方在未来合作中的关系承诺水平。第二，订单激励，该激励是收益激励的另外一种常见表现形式，根据合作伙伴在履行承诺过程中努力程度不同，高效率、高质量的合作者因为其为核心企业节约了更多成本或赢得了更多收益，因而核心企业就加大合作力度考虑追加订单，这种方式不但可以提高合作伙伴的收益，也促使合作伙伴在产品性能、产品服务等方面努力改进；第三，人力资助技术支持，在合作伙伴自身能力不足以做出很高的承诺的情况下，核心企业可以从人力资源、技术指导等方面给予一定的支持，这样不但能够加深合作伙伴的信任程度，加强合作伙伴间的合作紧密程度而且能够通过人力支持、技术支持的形式，指派与企业所订购产品相关的技术人员来技术指导增加相关产品性能的优化与改进，使合作更有效。

（二）中度水平关系承诺激励措施

中度关系承诺的主要原因是对与核心企业合作收益有一定的期望，但同时市场机会主义对其又有较大诱惑。做出这种承诺的合作伙伴往往对核心企业存在一定程度的信任，愿意与核心企业合作，但另一方面又因为双方合作关系存在一定的脆弱性或缺口，即合作内容的广度与深度、专用性资产投资程度等没有达到较好水平，合作缺乏绝对的吸引力和充分的信任感，导致合作伙伴只愿做出中度承诺。这样，合作伙伴既给了自己和核心企业合作共同获取收益的机会，同时也为自己保留着采取机会主义行为的机会。

针对以上情况，核心企业一方面需要制定相应的约束机制抑制供应链合作伙伴的机会主义投机行为，也需要对供应链合作伙伴进行信任激励，提高其对核心企业的信任程度，从而提高以后合作过程中的承诺关系水平。具体激励方式如下。

1. 专用性投资激励

专用性投资激励方式一方面是仅从经济上对合作伙伴产生强烈吸引力，另一方面从企业情感方面也增强了供应链合作伙伴对核心企业的信任感。由于专用性资产投资的专用性强，一旦投入再转做其他领域的可能很小，核心企业能够做出这种投资，很容易让合作伙伴感受到核心企业对双方长期合作的强烈意愿，从而加深合作伙伴对核心企业的信任程度，促使其在履行承诺过程中投入更多精力、付出更多努力。

2. 声誉激励

声誉激励方式对于任何想要长期在竞争市场中存在并良好发展的企业来说，都将是一种有效的激励方式，良好的企业声誉会在公众心目中形成一种积极向上的形象，会在行业中增强其影响力，无论是对于合作伙伴还是对于终端客户，都会受到尊重并取得更大的消费偏好。

3. 长期合作激励

长期合作激励方式通常会以合同的方式出现，在合作伙伴能够给核心企业带来更多的额外收益的条件下，核心企业通常会考虑加强与其合作的程度，从而从心理预期上提高合作伙伴对合作关系的满意度，增强合作伙伴长期合作的意愿，从而提升当前的合作效果。

（三）高度水平关系承诺激励措施

合作伙伴做出高水平的关系承诺的原因主要有：第一，因为与核心企业存在相同或相似的人文价值观、企业目标，故而对核心企业形成一定的情感共鸣与情感依赖。第二，合作伙伴对核心企业充分信任。基于同核心企业的历史合作的经验以及核心企业在行业领域中所拥有的良好的声誉，合作伙伴坚信核心企业不会利用其地位和影响力做出损害自己利益的行为，并且坚信在合作过程中核心企业会与其共享收益同时也共同解决困难，共同承担风险。深度的供应链合作伙伴会做出高度水平关系承诺是为了获取核心企业的充分信任，建立与核心企业间长久的、深度的合作关系，在这种情况下，核心企业应以正向激励为基础，但同时也应防范可能存在的机会主义行为，因为一旦高度承诺下违约，将对核心企业带来严重的后果，甚至是毁灭性的打击。因此，对高度承诺的合作伙伴应该防范与激励并行。

对于高度承诺的合作伙伴应深入双方的合作，增强相互间的依赖性，从以下几方面进行激励。

1. 通过共同研发来降低资金、技术风险

因为企业产品的研发领域往往涉及多门交叉学科，需要多专业、多层次、多方面的综合知识，并且研发周期长、研发成本较高，并且在研发过程中需投入的人力、物力较多，且同时研发失败的风险较大。因此，合作伙伴间的共同研发可有效降低单个企业的研发风险，降低甚至避免了因合作伙伴需要承担较大风险而走机会主义路线的可能。

2. 通过风险共担来降低财务风险

供应链合作下企业风险始终存在，核心企业通过与合作伙伴风险共担，能够帮助彼此缓解因资金周转不及时、资金能力不足而引起的破坏性的财务风险，同时使双方处于互相扶持的立场，加深双方互信与合作程度。

3. 通过股权交换来降低投机风险

通过股权互换一方面能够提高双方长期合作的信任感，起到正向激励作用，另一方面也能够借助交叉持股加强双方在财务方面的关联性，从而在很大程度上防范合作伙伴机会主义行为的出现。

四、供应链合作伙伴关系承诺激励注意事项

在对供应链合作伙伴关系承诺进行激励时，注意事项如下。

（一）重点激励对象的确定

在供应链合作关系中，核心企业通常都会有多个合作伙伴，但因为核心企业资源局限性以及不同合作伙伴对核心企业的重要程度也不同，故而，在对供应链合作伙伴进行激励时，应确定重点激励对象并进行有效激励才能提高激励效率。

（二）双向合作，双向共赢

供应链合作伙伴间应充分做到双向承诺，让合作方感受到彼此合作能够为自身带来适当的甚至是超越预期的收益，这种收益既可以是有形收益，又可以是无形收益，例如，企业信誉度的提高，企业行业地位的增强都能为自身带来更多的其他合作机会，从而获取更大的长远收益。

（三）承诺程度要适度

核心企业为促进合作企业履行做出更高承诺或为了提升未来合作中的关系承诺水平，通常也会通过对合作伙伴做出相应的承诺来激励合作伙伴，然而这种承诺的适当与否应以起到激励作用的程度为标准。对合作伙伴过高的关系承诺将会在很大程度上增加双方在合作过程中的权力优势，导致核心企业在合作中处于被动，而低的关系承诺又无法充分获取对方的充分信任，同时过高的关系承诺也会限制核心企业对合作企业的后续激励能力，增加后期的激励成本。持续有效的激励应该是循序渐进的，在合作的持续过程中，不断加强双方的合作承诺程度，才能有效持续提升双方的相互信任感，增强双方持续长期合作的决心；过高的关系承诺的履行必定会导致过高的履约成本，一旦不能履行承诺将要支付高额的违约金，这同样加大了核心企业的合作风险。

第五节 供应链合作伙伴管理

导入案例

料号优化或供应商优化

目前国内大多公司都有料号、项目层次的优化政策，基本上每个公司都要求一个料号多家询价。结果是每个料号得到了最好的报价，达到了料号层面的优化。但是，在供应商层面则否。比如针对一类产品，本来三四个供应商就足够了，实际上却有二三十个供应商，公司不是任何一个供应商的大客户，为后续的绩效管理和年度降本带来重重困难。这都是典型的在料号、项目层次优化了，却是以供应商层面的优化为代

价，获小利而失大利。

例 1，某公司，每年 100 亿左右的销售额，明文规定最低价中标。这样虽然保证了最低价，但基本上每个项目都是一堆新供应商，或者劣质供应商——供应商很难赢利，无利或亏本合作过一次以后，优质供应商一般不会二次回头。每次都是新供应商，磨合过程长，质量问题多，隐形成本高。优质供应商保有率低成了公司的大问题。公司意识到了这点，成立了一个六西格玛黑带项目，来专门研究这个问题。项目的数据收集、分析都很到位，问题的根源找了几十个，但就是不能触动最低价中标的政策，因为那是 CEO 制定的。结果想必你能猜到：分析做了不少，问题没解决多少。另一方面，其竞争对手是行业标杆企业，他们的政策是针对具体的采购类别，选定几家供应商作为长期的合作伙伴。每次有新项目，就在这几家里招标选取。他们知道，如果漫天撒网，找更多的供应商来竞标的话，肯定能找到更低的价格。但是，跟有限的供应商合作的好处是长期合作，互相熟悉，配合度高，隐形成本低。更重要的是采购额集中，公司是供应商的重点客户，能够得到供应商的重点照顾。有些行业周期性强，一旦行业处于上升期，供应商普遍产能紧张时，非重点客户的劣势就暴露无遗，供应商绩效就成了新产品、新项目导入过程中的瓶颈。

例 2，在北美，从料号、项目层面的小优化，上升到供应商层面的大优化是个长期过程，而且还远没有完成。在北美，传统的做法是料号层面的优化，多家竞标，择优录用——料号层面的小优化是以供应商层面的大优化为代价，供应商数量膨胀是北美企业的普遍问题。到了 20 世纪 80 年代，日本企业大举进入北美市场，在成本、质量和服务上让北美竞争对手吃尽苦头。北美企业开始全面研究日本企业，发现与北美企业显著不同的是，日本企业主要跟数量有限的供应商做生意，而且是长期关系——爷爷一辈一起做生意，父亲一辈也是，孙子一辈还是在一起做生意，客户与供应商之间长期合作，供应链的效率挺高。于是北美企业开始系统地学习日本企业，大幅整合供应商，供应商整合与精益生产、供应商早期介入等一起导入美国。在过去三十余年里，北美的主要行业都经过了一轮又一轮的供应商整合，大公司的采购额越来越集中，供应商的数量越来越少，这都是追求供应商层面大优化的努力。

资料来源：http：//scm-blog. com/2015/01/pn-vs － suplier-optimization. html ＃ more.

思考：1. 供应商优化中哪个层面优化更重要？

2. 国外的供应商关系管理对国内企业有何借鉴意义？

供应商关系管理和客户关系管理是供应链管理中两大重点，被称作供应链管理中的“开源节流”管理。供应商关系管理用来改善企业与与其上游合作者的关系，被称作节流管理；客户关系管理用来改善企业与下游合作者的关系，被称作开源管理。

一、供应商关系管理（SRM）

（一）供应商关系管理的概念

2006 年颁布的《物流术语》国家标准中将供应商关系管理（Supplier Relationship

Management，SRM）定义为一种致力于实现与供应商建立和维持长久、紧密伙伴关系，旨在改善企业与供应商之间关系的新型管理。

（二）供应商关系管理思想的提出

“买”和“卖”是企业业务对外的两个最重要的出口。“卖”的重要性早在20世纪末就被企业所认识到，“客户是上帝”等思想被提出。软件供应商纷纷推出了CRM（客户关系管理）产品，企业也开始利用这种管理思想和工具来开拓市场、开发新客户、提高客户的忠诚度，争取新客户和维护老客户。

然而，“买”的重要性却一直未能引起企业的高度重视，在买方市场的条件下，买家认为只要我有购买需求，尤其是大量购买，就会有大量卖家找上门来，企业无须下太多的功夫去关心并改善与供应商之间的关系。

然而，在21世纪的今天，在经济全球化、资源全球范围内调配的情况下，越来越多企业发现和供应商的有效合作可以融合成一种新能力并产生综合效益时，这就极大地促进了企业与供应商之间充分的合作及利益共享。对这一现象的研究形成了供应链管理中的一个重要问题，即供应商关系管理。

在20世纪80年代末的西方国家，首次在服装与食品配销业的供应链运作模式上共同合作，运用快速反应和有效客户反应技术改造了产品输送质量和响应速度。今天，借助供应商关系管理，转变了企业间彼此合作的方式。例如，微软与英特尔共同研发微电脑芯片与操作系统改写了个人电脑行业的版图；沃尔玛与许多零售商和分销商，以及制造商高效率地运用高科技的伙伴关系，使物品实现“连续装卸”能够快速送达顾客终端，减少了大部分业务过程的步骤和时间。

企业的巨额采购预算通常由首席采购官（Chief Procurement Officer，CPO）负责管理。如何有效选择供应商、控制库存量，在保障生产的同时降低库存成本；如何激发供应商产品研发的激情，积极参与和加入到产品的设计过程中，为工程更改提供快速的响应支持、加快产品创新的节奏、缩短产品从研发到投放市场的时间；如何在动态环境中面对组织结构、业务流程创新的情况下，实现快速适应和动态调整；如何在财务压力较大时有效采用外包方式，以便将主要精力集中在核心技能上，从而保持资产精练并能对市场状况反应敏捷。以上是当今CPO的首要目标。

要实现这些目标的基础即要有效地改善并利用供应商关系。相关机构对《财富》前1000家公司的大量研究表明，在新产品投放过程中，越早让供应商参与其中，整个项目所节省的资金也就越多。因此，大型公司越来越积极寻求机会，与其供应商建立合作关系，彼此间共享计划、产品设计和规范信息，以及运作方式上的改进；只要有利，就采取业务外包的方式。这样做的结果是公司取得了明显的竞争优势。随着产品生命周期的缩短，从一开始就做好设计、货源组织、计划制订和产品生产，已变得尤为重要。通过优化供应商关系，使得合作更广泛、更灵活，响应更积极，关系更持久，使公司获得新的经济增长点，建立起能够增加赢利的新商业模式。全世界居于主导地位的公司无一例外地将优秀的采购管理能力视为持续性竞争优势的一种原动力。

公司采取了一系列广泛的货源组织策略，确定最优采购批量、评估最优采购价格、全球货源组织、联合制订产品规格、改进经营流程，以及关系重组。最终为企业争得了切实的利益、可以量化的丰厚的回报。

（三）供应商关系管理基本内容

供应商关系管理的最基本内容包括需求分析、供应商分类与选择、与供应商建立合作关系、与供应商谈判和采购和供应商绩效评价。

1. 需求分析

准确、及时的需求分析是保证企业正确决策的一个先决条件，在采购方面也是如此。供应商关系管理能够有效整合内部和外部资源，建立起高效的采购组织，尤其是对自身业务需要的关键性材料及服务进行战略部署，可以减少甚至避免日常生产运作中出现意想不到的问题。

2. 供应商分类与选择

明确需求之后，应该确定符合公司战略的供应商特征，对相关供应商进行评估，一般可以将供应商分成交易型、战略型和大额型。交易型即为数众多，但交易金额相对较小的供应商；战略型供应商是指公司战略发展所必不可少的少数几家关键供应商；大额型供应商指交易金额巨大，但战略意义一般的供应商。供应商分类的目的是为了针对不同类型的供应商，确定不同的管理方法，实现有效管理。这种管理方式的转变，首先应该与各利益相关方进行充分沟通，获得支持。

3. 与供应商建立合作关系

与供应商建立有效合作伙伴关系的步骤如下：第一，与战略供应商和大额增长型供应商在总体合作目标、采购类别目标、阶段性评估方案与标准、信息共享和重要举措等各方面达成共识，并记录在案。第二，与各相关部门开展共同流程改进与优化会议，发现有潜力、有必要改进的领域。第三，对每位供应商进行职责定位，明确其合作中地位与作用。第四，双方达成建立供应商关系框架协议，明确关系目标。在这一部分可以做的工作包括：建立重要的供应商管理制度，进行供应商绩效管理和供应商的合同关系管理，设计采购流程并实施。供应商关系管理可以使采购流程透明化，采购工作规范化，并能提高效率和反应能力，降低周转时间，提高买卖双方的满意度。

4. 与供应商谈判和采购

在前面各项目的的基础上，与供应商通过谈判达成协议。供应商关系管理有利于企业跟踪重要的供应商表现的相关数据，如供应商资金的变化等，以备谈判参考。供应商关系管理在采购过程中还可以实现公司内部与公司外部的一些功能。公司内部的功能包括：采购信息管理；采购人员的培训管理和采购绩效管理；供应商资料实时查询；内部申请及在线审批。公司外部的功能包括（与供应商之间的）：询价、比价、在线订购；电子付款；在线招标等。

5. 供应商绩效评估

供应商绩效评估是整个供应商关系管理的关键环节。它既是对前一阶段供需双方合作实施效果的综合评价，又是对双方未来供应商关系调整的基础。供应商关系管理能够帮助企业制定适当的供应商评估流程，定期向供应商进行反馈。供应商的绩效评估可以从相关技术、产品质量、响应速度、交货效率、采购成本和合同条款履行这几个关键方面进行评估。对于重点的战略供应商还应在评估时根据需要邀请相关专家团进行特定的绩效评估。评估流程的目的在于给合作双方提供开放的、充分的沟通的渠道，以提升优化彼此的关系。同时，供应商也可以向企业做出反馈，站在客户的角度给出他们对企业的看法。这些评估信息有助于改善优化彼此的业务关系，从而促进企业双方各自的业务运作。

（四）供应商关系管理的重点

对多数企业而言，与其他供应商之间的合作伙伴关系已成为物品与服务传送的主要模式。供应商为制造商提供满足其生产和经营供应各种生产要素（包括原材料、能源、机器设备、零部件、工具、技术和劳务服务等）。供应商所提供的相关要素的数量、价格直接影响到制造企业生产成本和产品质量。因此，制造商与供应商的合作伙伴关系应从以下几个方面进行：第一，让供应商了解企业的生产过程和生产能力，使供应商能够清楚地知道企业需要产品或原材料的期限、质量和数量。第二，向供应商提供本企业的经营计划和经营策略的必要信息，使供应商明确企业自身的希望和要求。第三，企业与供应商要明确双方的责任，并各自向对方负责，使双方明确共同的利益所在，并为此而团结一致，最终达到双赢的目的。

研究表明，支持这种模式的至少有两个重要的理由：第一，效率与规模经济。供应商通过与客户建立起来合作伙伴关系，能够借助科技的力量合力削减成本并改善效率，这在零售业中尤其盛行，例如 J. C. Penny 把其存货控制和产品补充系统与其他供应商整合在一起，这样供应链上的相关企业可以利用各自的能力与资源，减少重叠的成本。第二，新市场价值。在某些产业中，供应链上的合作伙伴关系进入了一个更高的层次——结合彼此力量创造更多的市场价值。企业之间结合彼此的核心能力，共同研发新的产品或推出新的方案，在最高的层次中，这种核心能力的结合甚至产生扭转整合产业方向的巨大力量。例如，苹果电脑、IBM（国际商业机器有限公司）与摩托罗拉之间合作共同创造 Power PC 以及其他产品。

（五）供应商关系管理模式

企业所需物资在生产过程中的重要程度不同，对企业所产生的影响也不同。在企业物资采购网络中，企业应该为不同重要程度的物资选择并确定不同的供应商关系管理模式。在此，我们首先对采购物资进行分类，然后对不同类型的物资所对应的供应商采用不同的管理策略。

1. 供应商供应物资分类

按照采购物资本身的重要程度和供应市场复杂度、市场竞争的激烈程度可以将各种物资分成战略物资、重要物资、瓶颈物资和一般物资四类。物资分类矩阵如图 3 - 8 所示。

战略物资：需求批量大，物料价格高，价值昂贵，属于生产经营的关键物资，核心类物资的质量、价格和供应的可持续性严重影响企业生产经营。

重要物资：对企业生产经营很重要，价值昂贵，库存占有资金大，市场供应充足，企业选择余地大。

瓶颈物资：企业对该类物资需求量不大，但因企业需求的特殊性，导致可替代品较少，供应的及时性与质量的好坏对企业的生产影响很大，而且因为需求批量小，企业对该类物资没有多少讨价还价余地。

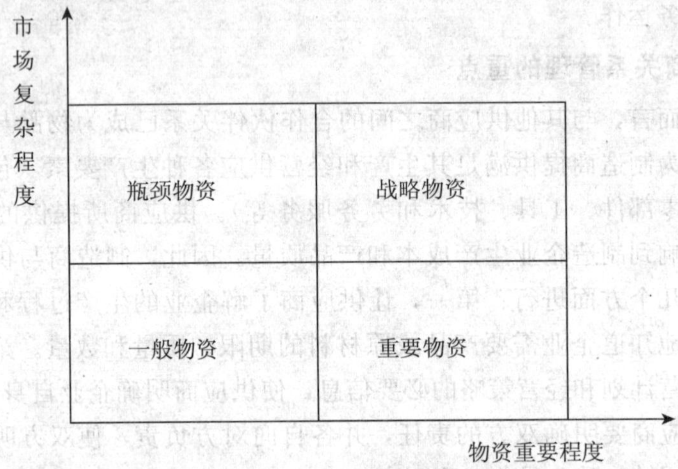

图 3-8 物资分类矩阵

一般物资：物资本身价格较低，种类繁多，可替代品较多，供应市场上也容易获得。

2. 供应商关系管理策略

根据供应物资的重要程度，与供应商的关系可以分为战略合作伙伴关系，双赢博弈关系，零和博弈关系，不同的关系适合不同的策略。

(1) 一般物资的供应商管理策略。

对于一般性物资，一方面因为产品本身价格不高，种类繁多，供应市场上获得较容易，另一方面因为供应商很多，所以供应商和采购者之间往往会形成一种零和博弈的关系。

$$零和博弈=\frac{物资使用价值\times服务质量}{成本价格}$$

对于一般物资的供应商管理策略，即在保持与供应商之间零和博弈关系前提下，充分引入竞争，借助供应商之间的激烈竞争，使一般物资采购价格保持较低的水平。同时应利用信息技术等手段简化物料采购管理程序，致力于管理成本总体最小化，不能在此类物资的供应商竞争管理上花费过多的人力和时间。这种供应商关系策略要避免过度竞争所带来的物资质量风险，要保持相对稳定的供应商名单，保持有效竞争氛围，持续保有采购优势地位，降低采购供应成本。

选择此类供应商时价格将作为第一位的考虑因素，在供应商声誉、生产能力相当的情况下适当压低采购价格。可以充分利用现代网络技术、电子商务等寻找供应商。

（2）瓶颈类物资供应商的管理策略。

企业对瓶颈类物资需求量不大，但是其质量的好坏对企业的生产影响很大，而且企业对该类物资没有多少讨价还价余地，这样企业就会处于被动的地位。虽然这类物资价格不一定很高，但是关键时候往往会因为这价值不高的物资稀缺而导致巨大的损失。

解决这一瓶颈问题的方法如下。第一，企业要不断地开发新的供应商，寻找多个供应渠道。对于产品价格可以放到考虑因素的后面，应优先保证及时供应。第二，企业要不断地修正自己，从而摆脱这类物资对自己的限制，将瓶颈类产品转换为一般物资，将瓶颈类物资供应商的关系转换为一般物资的供应商关系。

（3）重要物资的供应商管理策略。

重要物资的供应商管理策略，最重要的原则即实现采购总成本最低，努力构建双赢博弈关系（合作竞争关系），使采购合作关系保持相对稳定，降低总体采购成本和供应风险。

$$双赢博弈=\frac{物资使用价值\times服务质量}{总成本\times风险}$$

建立双赢博弈供应商关系的首要目的，是稳定资源、控制风险并降低采购供应成本，双方既是竞争关系又是有相对稳定合作倾向的关系。双赢关系的评价重点在于在零和博弈关系评价内容的基础上，重点增加对供应商价格水平高低、产品制造成本、持续供应能力等多项指标的综合考核评估，确保既降低供应风险又降低采购成本。

企业对于此类供应商的服务水平应放在首位，要求供应商能够送货、退货、换货等，保证产品质量，将产品的价格放在次位。在构建双赢伙伴关系的同时，首先要考虑设置较高的安全库存，同时还应不断进行市场供需状况及变动趋势数据信息，特别是供应商能力变化等情况的分析研究，考虑寻找替代方案，努力控制供应风险。

（4）战略性物资的供应商管理策略。

基于战略性物资的特点，与供应商应该建立战略性物资的供应商关系。

$$战略伙伴关系=\frac{物资使用价值\times服务质量\times合作时间}{长期总成本\times风险}$$

战略伙伴供应商关系是企业生产经营过程中的合作伙伴，更是企业谋求发展的战略协作伙伴。由上面的公式可以看出，与供应商建立战略关系，既要考虑所需物资的质量，价格，交货时间，售后服务，供应商的持续供应能力，更要对供应商的经营状况，资金状况，产品技术创新状况，可持续发展能力等情况并进行综合评估。

建立战略伙伴关系就意味着厂商与供应商不只是“买”和“卖”的关系，更是一种伙伴，甚至是朋友关系，双方在买卖之外还应有更多其他方面的合作。应摒弃“自扫门前雪”的思想，合作双方要“利益共享、风险共担”，实现双赢，借助长期合作，使采购方获得货源上的保证和成本上的优势，使供应商拥有长期稳定的大客户，以保证其生产规模的稳定性。战略伙伴关系的确立同时也能给合作双方带来长期而有效的成本控制利益。

但要注意因为物资需求量大，价值昂贵，属于生产经营关键物资，其质量、价格和供应的可持续性对企业生产经营影响重大，采购方要进行详细的市场调查和需求预测，设置一定量的安全库存并严格进行库存控制和物流监控，不能完全依靠伙伴供应商，以防供应商垄断而造成难以挽回的供应风险。

要建立并维护好战略合作伙伴关系，企业内部应建立适应战略合作伙伴关系要求的经营理念和信息沟通协调机制，把供应商提升为企业经营发展的重要合作伙伴，把采购部门的功能提升为外部资源管理和企业间合作管理功能的高度，并通过长期合作使供应商也从中取得应有的甚至是超过预期的收益，使战略伙伴关系得以长期、稳定保持。

二、客户关系管理（CRM）

（一）客户关系管理的概念

2006 年颁布的《物流术语》国家标准中将客户关系管理（Customer Relationship Management）定义为一种致力于实现与客户建立和维持长久、紧密合作伙伴关系，旨在改善企业与客户之间关系的管理模式。

（二）客户关系管理思想的提出

“接触管理”（Contact Management）是客户关系管理起源，它产生于 20 世纪 80 年代初专门收集并整理客户与公司相关联系的所有信息。到 90 年代初期客户关系管理演变成为包括电话服务中心和支援资料分析的客户服务（Customer Care）。经历了近 20 年的持续发展，客户关系管理不断演变发展并趋向成熟，最终形成了一套完整的客户关系管理理论体系。

从最初的农业经济时代到工业经济时代再到新经济时代；市场由开始的“卖方”市场转变为当前的“买方”市场；产品供应由原来的“供不应求”到目前的“产品过剩”；产品生产由原来的“标准化”“批量化”生产到目前的“定制化”“个性化”生产；企业管理由原来的“产品”导向转化为目前的“客户”导向；企业管理目标指标由原来的“成本控制”和“利润最大化”到目前所追求的“客户满意”“客户忠诚”。为了提高“客户满意度”，企业必须要完整掌握客户消费偏好、消费能力和消费水平等客户信息，准确把握客户真正需求，快速响应其个性化需求，为其提供及时更新的产品信息、便捷的购买渠道、良好的售后服务与经常性的客户关怀等。在这种时代背景下，客户关系管理理论不断完善，并随着 IT 和网络技术的广泛应用而推出专项的客户关系管理软件。

（三）客户关系管理本质

根据权威机构统计，企业开发一个新顾客是维护一位老顾客费用的 8 倍，顾客满意度提升 5%，企业利润可提高 1 倍，而减少客户 5%流失，企业利润可提高 25%～85%。因此，客户关系管理的本质是培养顾客忠诚度，提升客户价值，留住老客户。

客户关系管理是一种客户至上的商业哲学、商业战略和独特的企业文化。它要求公司正确并有效管理最有价值的客户，使客户关系处于最佳状态，注重以最佳方式优化提升公司与客户之间的关系，追求企业和客户在整个生命周期价值最大化。

从不同的角度对客户关系管理的理解也不尽相同。第一，是从商业哲学的角度，认为客户关系管理是把客户置于决策出发点的一种商业理念，它使企业与客户的关系更紧密；第二，从企业战略发展的角度来理解，认为客户关系管理是通过企业对客户的正确引导，实现企业最大赢利的企业战略；第三，从系统开发、软件开发的角度，认为客户关系管理是帮助企业以一定的、有效的组织方式来管理客户的一整套完整的软件系统。

（四）客户关系管理的核心管理思想

客户关系管理的核心管理思想强调以下几方面。

1. 客户是企业发展最重要的资源之一

企业要发展就必须对自己的资源进行有效地组织计划与管理。随着人类社会的发展，企业资源的范围与内涵也在不断扩展，早期的企业资源主要是指土地、设备、厂房、原材料、资金等在内的有形资产。随后企业资源概念扩展品牌、商标、专利、知识产权等在内的无形资产。再后来，人力资源成为继有形资产和无形资产之后的企业发展的又一项重要资源。时至工业经济时代后期，信息又成为企业发展的一项重要资源，乃至人们将工业经济时代后期称为“信息时代”。时至目前，由于信息的有效性问题，只有经过加工处理变为“知识”才能促进企业发展，为此，“知识”成为当前企业发展的另一项重要资源，知识主管（CKO）应运而生并取代了信息主管（CIO），这在知识型企业中尤显重要。

在经历了从“卖方市场”向“买方市场”的转变，经营理念也从“产品”导向时代转变为“客户”导向，关键客户的选择决定着一个企业的命运，因此，客户已转变成当今企业最重要的资源之一。客户关系管理系统中对客户信息的收集整合集中管理体现出企业将客户作为企业资源之一的管理思想。在大部分行业中，完整的客户档案或数据库就是一个企业最具价值的资产。通过对客户资料的深入分析并应用销售理论中的 20/80 法则进行管理优化将会显著改善提升企业营销业绩。

2. 对企业与客户发生的各种关系进行全面管理

企业与客户之间的关系，既包括销售实现前的产品介绍、客户服务及在企业市场活动、市场推广过程中与潜在客户发生的关系，在与目标客户接触过程中，内部销售人员的行为、各项活动及其与客户接触全过程所发生的多对多的关系；又包括销售过程中的业务关系，如合同签订、订单处理、发货、收款等，更包括在企业营销及售后服务过程中发生的各种关系。还包括售后服务过程中，企业服务人员对客户提供关怀活动、各种服务活动、服务内容、服务效果的记录等，这也是企业与客户的售后服务关系。

对企业与客户间可能发生的各种关系进行全面有效管理，将能够显著提升企业营销能力、降低企业营销成本、控制营销过程、降低偏差、降低可能导致客户抱怨的各种行为，这是客户关系管理系统的另一重要管理思想。

3. 进一步延伸企业供应链管理

早在 20 世纪 90 年代提出的 ERP 系统，原本目标是为了满足企业的供应链管理需求，但在实际应用中并没有达到预期的企业供应链管理的目标。最终 ERP 系统又成为帮助企业实现内部资金流、物流与信息流一体化管理的系统。

客户关系管理系统作为 ERP 系统中销售管理的延伸，借助 IT，突破了供应链上企业间的实际和地域边界和外部企业之间信息交流的虚拟的组织边界，建立起企业自己的 B2B 网络营销模式。客户关系管理与 ERP 系统的集成运行真正解决了企业供应链中的下游链管理，将企业销售、经销商、客户部全部整合到一起，实现企业对客户个性化需求的快速响应。同时，也帮助企业剔除了营销体系中冗余的、无效的中间环节，通过新的扁平化营销体系，缩短客户订单的响应时间，降低企业整体的销售成本。

（五）客户关系管理流程及其四大功能

客户关系管理即通过对企业与客户间发生的各种关系进行全方位管理，达到赢得新客户，巩固保留既有客户，并增进客户利润贡献度的目的。

客户关系管理的主要功能分为四大部分，概述如下。

1. 客户信息管理

整合记录企业各部门、各员工所接触的客户资料并进行统一管理，这包括划分客户类型的、确定客户基本信息、客户联系人信息、登记企业销售人员的跟踪记录、记录客户状态、合同信息等。

2. 市场营销管理

制订企业市场推广计划，并对包括传统营销、电话营销、网络营销在内的各种渠道所接触的客户进行记录、分类并辨识，管理各潜在客户，并评价各种市场活动的成效。客户关系市场营销管理最重要的是实现“1 对 1 营销”，实现从“宏营销”到“微营销”的转变。

3. 销售管理

销售管理包括对销售人员现场销售、电话销售、销售佣金等进行管理，支持现场销售人员的移动通信设备或掌上电脑设备接入。还包括帮助企业网店建设、网上结算管理及与物流软件系统的接口等进一步的扩展功能。

4. 服务管理与客户关怀

功能包括产品安装档案、服务内容、服务请求、服务网点、服务收费标准等管理，详细记录服务全程进行情况。支持现场服务与自助服务，辅助支持实现客户关怀。

客户关系管理可以集成呼叫中心（Call Center）技术，实现对客户需求的快速响应。客户关系管理系统中还将应用数据挖掘技术和数据仓库进行数据收集、分类和数据分析，以实现营销智能。

（六）客户关系管理应用的四大要点

随着对客户重视程度的加剧，企业应用客户关系管理系统进行客户关系管理势在必行。但客户关系管理系统的应用必须要注意以下几点。

1. 转变管理思想

客户关系管理不仅仅是客户关系管理系统的应用，而是要在应用客户关系管理系统之前，接受客户关系管理系统中的管理思想，建立以“客户”为导向的管理理念，强调顾客维持与新用户开发并进，不断提升企业的客户满意度、客户忠诚度。因此，客户关系管理系统的应用不仅需要企业最高管理层的全力支持；更需要员工观念和素质的转变，每个员工在观念和行为上都需以客户为中心。

2. 重组营销体系

业务流程重构（BPR）是ERP系统应用成功的前提，而BPR又可以有两种方式：一是渐进式改良，二是彻底重新再设计。客户关系管理应用成功的前提同样也取决于BPR过程，不同的是，在应用客户关系管理过程中的BPR必须对企业原有的营销体系进行一次彻底的重新再设计，因为客户关系管理应用的重要目的是帮助企业建立一套崭新的B2B扁平化营销体系，它通常会涉及企业原有分公司/办事处相关岗位及职能的重新定位，销售体系与物流体系的分离，第三方物流的引入与银行结算体系设计、供应链上分布库存控制策略调整以及企业营销组织架构的重新再设计等。客户关系管理应用能否取得显著成效在很大程度上取决于BPR工作的推进程度与效果，这是客户关系管理应用成功的难点所在。

客户关系管理应用成功意味着企业已成功实现营销电子化，这将为企业未来进入网上电子市场（E－Marketplace）和电子商务业务的接轨工作做好充分的准备。

3. 用好企业内部ERP（企业资源计划）系统

客户关系管理系统应用的主要目的是提升企业营销能力，客户服务能力，改善销售绩效，降低服务成本。因此，客户关系管理应用会给企业带来直接的经济效益。客户关系管理系统作为ERP系统销售管理功能的延伸，通常要求企业应在ERP全面合作并初见成效之后再应用客户关系管理系统。但由于ERP在国内企业尤其是中小型企业的应用普及率不是太高，这会导致很多企业会先上客户关系管理再考虑ERP，这将导致一定程度的混乱，尤其是企业从网上接收众多订单，单靠手工方式难以实现高效处理时将增加企业的经营风险，甚至会造成业务的混乱。

4. 确定实施边界，注重隐私保护

任何企业都有实际问题和资源限制，企业在客户关系管理实施规划即要明确实施范围、规模、层次等，避免贪大求全导致项目失败。同时由于客户关系管理的基础是理解客户，在客户信息的搜集、使用等方面务必有一整套严格并可执行的规章制度和原则，确保客户隐私不被侵犯和泄露。

实训

一、供应商评价与选择实训

（一）实训目的

能够熟练运用互联网及所学供应商选择与评价相关知识进行供应商评价体系构建，

并确定各供应商的类型。

（二）实训内容

由教师指定某类型的公司（如方便面制造公司），由学生根据网络资料来确定供应商的种类，各类供应商的数量，各类供应商与该公司的关系，并对重要供应商设定评价指标体系。

二、客户关系管理实训

（一）实训目的

能够熟练运用互联网及所学客户关系管理知识进行客户分类与客户价值增值。

（二）实训内容

安排学生对某公司（超市、餐厅、快餐店、书店等）进行考察，结合客户关系管理知识对其客户进行分类，并说明各客户管理重点。并结合网络资料确定各类客户进一步提升客户价值的渠道与方式。

习题

一、选择题

1. 建立供应链合作伙伴关系的驱动力（　　）。

A. 核心竞争力　　B. 全球经济
C. 变化的顾客期望　　D. 外包

2. 供应链总周期时间包括（　　）。

A. 采购时间　　B. 输入物流运输时间
C. 输出物流运输时间　　D. 设计制造时间

3. 供应隐性激励包括（　　）。

A. 商誉激励　　B. 订单激励　　C. 淘汰激励　　D. 惩罚激励

4. SRM 是（　　）。

A. 客户激励　　B. 客户关系管理
C. 供应商关系管理　　D. 供应商合作

5. 一般关系供应商管理策略（　　）。

A. 零和博弈　　B. 双赢博弈　　C. 低价策略　　D. 长期合作策略

二、判断题

1. 供应链合作伙伴关系指的是与供应商关系管理。（　　）

2. 供应链合作伙伴间信息共享越充分，供应链价值增值程度越高。（　　）

3. 供应商关系管理是开源管理，客户关系管理是节流管理。（　　）

4. 客户关系管理的本质是开发新客户。（　　）

5. 供应商数量控制原则要求供应商数量尽可能少。（　　）

三、案例分析题

供应商分类：区别对待，重点管理

供应商分类在不同的行业、公司的分法可能不同。这不重要。重要的是分类标准要客观、统一、简单易懂，并且要取得跨职能的认可，比如设计、质量和采购。好的分类方法可以很清楚地告诉每个人公司对供应商的战略，以及在合作中要注意什么，更重要的是新生意给哪些供应商，就如下面基于绩效的供应商分类体系所表明的。

在基于绩效的供应商分类体系中，供应商可分为战略供应商、优选供应商、资格未定供应商、消极淘汰供应商、积极淘汰供应商。

战略供应商指那些对公司有战略意义的供应商。例如，他们提供技术复杂、生产周期长的产品，他们可能是唯一供应商，也可能有替代，但替换成本高、风险大。战略供应商对公司的生存和发展至关重要，就如唐僧团队里的孙悟空：孙悟空离了唐僧虽说没了追求，但浑浑噩噩的日子也能过；唐僧离了孙悟空则会成为妖怪的盘中餐。对这类供应商应该着眼长远，培养长期关系，合则双赢，分则双输。

优选供应商提供的产品或服务可在别的供应商处得到，但由于这些供应商的绩效好，公司愿意优先跟他们做生意。这是与战略供应商的根本区别。优选供应商是基于供应商的总体绩效，例如，价格、质量、交货、技术、服务、资产管理、流程管理和人员管理等。优选供应商的待遇是挣来的。例如，机械加工件，有很多供应商都能做，但公司优先选择供应商 A，把新生意给这个供应商，就是基于 A 的总体表现。

资格未定供应商一般是第一次提供产品或服务，公司对其表现还不够理解，于是给一定期限（例如一年）来考察。考察完毕后，要么升级为优选供应商，要么降为淘汰供应商。当然，对于优选或战略供应商，如果绩效在某段时间下降，也可调为资格未定，“留校察看”，给他们机会提高，然后要么升级，要么降级。

消极淘汰供应商不应该再得到新生意，但公司也不主动把现有生意移走。随着老产品下市，这样的供应商就自然而然淘汰出局。对这种供应商要理智对待。如果绩效还可以的话，不要破坏平衡。从供应商角度来说，产品已在生产，额外的投入不多，也乐得继续支持你；从采购方来说，重新选择供应商可能成本太高。这样，双方都认识到维持现状最好。

积极淘汰供应商不但得不到新生意，而且连现有生意都得移走。这是供应商管理中最极端的情况。对这类供应商要防止“鱼死网破”的情况。因为一旦供应商知道自己现有的生意要被移走，有可能采取极端措施，比如抬价、中止供货，或者绩效变得很差。所以，在扣动扳机之前，一定要确保另一个供货渠道已经开通。

基于绩效的供应商分类体系清晰地沟通了公司战略。例如，新生意先给战略或优选供应商——他们是公司的增长型伙伴，然后再考虑资格未定供应商，绝不能给淘汰供应商。这些都应成为书面政策，沟通给公司内各个部门。例如，一个美国公司明文规定，如果要把新业务给消极淘汰供应商，需要副总裁级别的签字批准才行；要给资格未定的供应商新生意，需要总监层次的签字批准。有个欧洲公司规定，只有最高级别的供应商审核师才有资格纳入新的供应商，而在中国的分公司，只有总经理和供应链总监才有最高级别的审核师资质，也意味着只有他们才能决定与资格未定的供应商做生意。

这些大公司为什么要这么强调跟什么样的供应商做生意呢？因为对于采购方来说，公司最大的议价权，或者说对供应商的制约权是新生意。一流的公司在新生意上做文章，以选择为核心，通过新生意激励供应商为公司增加更大的价值。这些公司慎始如终，确保新生意授予给最合适的供应商，避免供应商选择不当带来的诸多后续问题，比如质量、交期、服务问题，或者采购额太分散导致的议价权分散等。二流的公司在现有生意上做文章，从供应商 A 移到供应商 B，以淘汰为主调，花掉太多的精力，导致在新产品寻源上工作不到位，注定后续绩效问题忙不完。

那么，对于采购方来说，哪些供应商是我们的管理重点？答案很清楚：战略供应商和资格未定供应商是我们的管理重点，因为这两种供应商代表更多的机会，投资回报最高。

战略供应商要么拥有关键技术，要么拥有战略资源，要么规模很大，市场竞争有限，议价能力强，注定在合作上不会一帆风顺。而且这类供应商提供的产品往往技术难度高，质量问题多，本身就有很多问题。很多公司对此类供应商要么听之任之，没有实质的管理；要么不加区别地对待，跟管理一般供应商一样来对待战略供应商。这都注定采购方会苦苦挣扎。

对于资格未定供应商来说，新供应商刚进来时都属此类，这就像刚招的新员工，要多花时间培训、帮助，开个好头，早日走上正轨。由于暂时绩效问题，有些优选或战略供应商被降级为资格未定（“留校察看”），属于拉一把就上、推一把就下的时候。这些供应商熟悉公司的流程、系统、政策，对公司有很多价值，能挽救的话，往往比寻找新供应商要好，因为新供应商的磨合成本挺高。资源花在资格未定供应商身上，投资回报率也挺高。

区别对待也体现在新生意上。比如对于战略供应商，一个高科技公司有一条规定，叫“新产品开发优先拒绝权”，即在新产品开发阶段，如果是战略供应商的主要业务范畴，一定要让战略供应商有机会参与，他们不愿参与，或者综合竞争力不强是另一回事。一方面，这是约束公司内部人员，避免设计、采购擅自把战略供应商排除在外；另一方面，这也是以实质行动向供应商表明，供应商关系意味着很多，公司在采取实际行动。这需要勇气、判断和决心，战略供应商的价格往往不是最低——这世上总能找到价格更低的供应商。要避免在最低价的驱动下，增加一个又一个的供应商，导致在料号层次局部优化、在供应商层面不优化，比如供应商数量失控。供应商层面的优化，往往是以牺牲料号层面的一些利益为代价的。

资料来源：http：//scm-blog. com/2014/08/fenlei. html.

思考：1. 供应商如何分类才合理？除了案例中的分类还有哪些其他分类方式？

2. 供应商管理怎样做到有效管理？

第四章　供应链业务流程分析与再造

第一节　业务流程重组的基本理论

导入案例

宏基集团的关键流程再造

宏基集团是一家从事关于电脑零配件的开发、生产和组装业务的电脑高科技企业，1976 年创立于中国台湾。目前是全球第七大个人电脑公司，同时是中国台湾最大的电脑自创品牌厂商。公司的核心业务之一是自有品牌电脑的销售。其相关流程历经三次再造。

一开始，宏基公司在中国台湾本土生产整机电脑，然后采用 FOB（离岸价）贸易条件，把电脑出口到海外，由海外经销商销售。宏基公司的利润来源于制造利润，销售利润则归海外经销商。流程如图 4－1 所示。

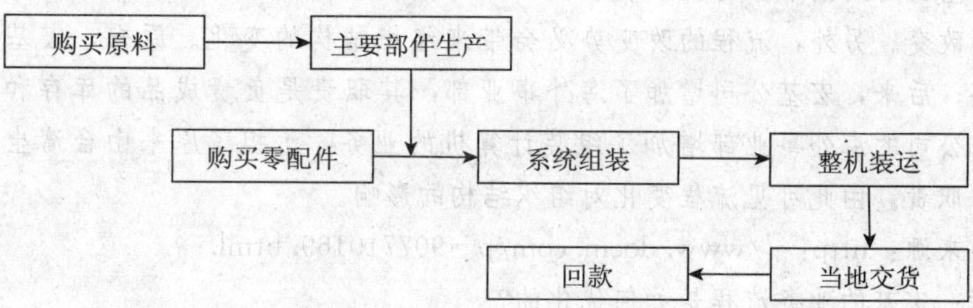

图 4－1　采用 FOB 的运作流程

为了增加公司的利润，1988 年以后，宏基公司采用国际化营销方式，将生产和海外销售一体化运作，随着业务的变化，流程也相应改变。利润有了很大增长，但是资金周转时间上升。原来用 FOB 交货方式，回款周期为 45～60 天。现在，库存时间为 2～3 个月，销售的回款时间为 2 个月，使资金周转实际天数是原来的 3～4 倍。库存占用大量资金，增加了经营风险。第二次改进后的流程如图 4－2 所示。

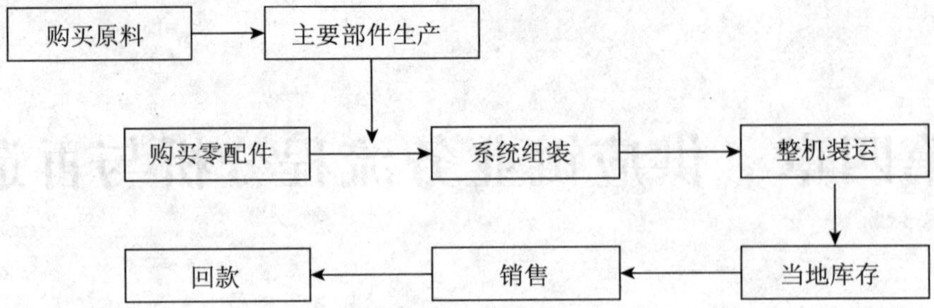

图 4－2　采用国际营销的运作流程

宏基公司改变了经营策略，把组装厂从台湾移到海外，各地根据当地顾客需求情况进行组装，台湾本土转而提供主板、外壳、监视器等主件。这样一来，库存时间从 100 天降到 50 天，资金周转速度提高了一倍，新产品上市期提前了一个月。第三次改进后的流程如图 4－3 所示。

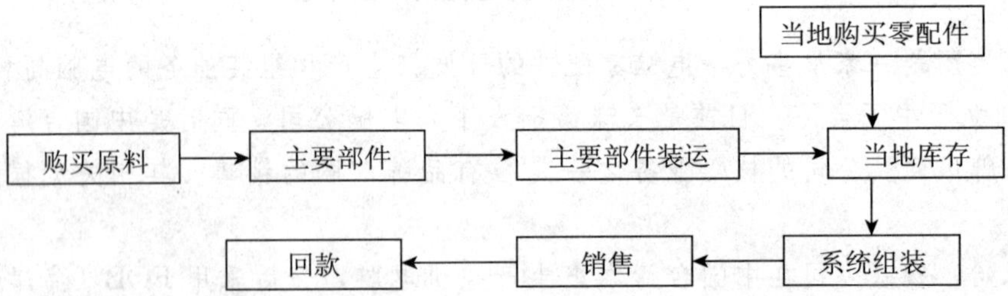

图 4－3　采用“速食店模式”的运作流程

从宏基公司的例子中可见，流程是一个不断优化的过程，它随着组织在不同阶段的发展而改变。另外，流程的改变势必会带来组织结构的变化。原来，宏基公司无海外事业部；后来，宏基公司增加了海外事业部，其职责是负责成品的库存和销售；现在，宏基公司的海外事业部增加了组装计算机的业务，承担了原来由台湾生产厂商负责的部分职责。由此可见流程变化对组织结构的影响。

资料来源：http：//www. docin. com/p—907710169. html.

思考：宏基的业务流程是如何优化的？

一、BPR 概念与内涵

20 世纪 90 年代以来，在经济全球化的推动下，以 Hammer 和 Davenport 提出的业务流程再造理论为基础，美国企业进行了一系列重大的管理变革。企业对业务流程再造越来越重视，以“业务流程再造”为核心的管理革命浪潮在欧美等国企业悄然兴起。

1990 年，美国麻省理工学院 M. 哈默（Micheal Hammer）教授在《哈佛商业评论》上首次提出业务流程再造（Business Process Reengineering）的概念，并将它引入西方企业管理领域。他认为：“业务流程再造就是从根本上考虑和重新设计企业的流程，使成本、质量、服务、速度等关键指标取得显著的提高。”后期，又有不少学者对BPR做出了诸如企业流程创新（Business Process Innovation，BPI）、企业流程再设计（Business Process Redesign，BPR）、核心流程再设计（Core Process Redesign，CPR）、组织再造（Organization Reengineering，OR）、企业流程变化管理（Business Proces Change Management，BPCM）等定义。综合不同定义，我们可以从以下两方面来理解BPR的基本内涵。

（一）BPR的核心是再造面向顾客满意的作业流程

作业流程是指通过一项或多项投入，创造出顾客认同的、有价值的一系列产出活动。在传统层级结构中，受分工的影响，流程被分割成各种简单的任务，经理们长期从事某一智能管理活动，精力集中于特定任务效率的提高上，而非最终目标——满足顾客的需求。实施BPR后，需要从整体上考虑企业的作业流程，追求整体利益，而不是个别最优。一般地，企业的作业流程如下。

1. 核心流程

核心流程通常包括：物流作业活动、管理活动及信息系统。物流作业活动包括顾客需求识别、需求满足、接受订单、信用评估、产品设计、物料采购、制造、包装发运、结账和产品维修等。管理活动包括计划、组织、用人、协调、监控、预算和汇报，以确保作业流程以最小的成本及时准确运行。信息系统则通过信息技术将作业活动和管理活动有机地串联到一起，提高运行的效率。

2. 支持流程

支持流程包括企业基础设施、人员、培训、技术开发、资金等，以支持和保证核心流程。

（二）BPR的实质是面向顾客的信息技术

1. 面向顾客

20世纪90年代以前，美国企业发展主要是以技术来推动生产，忽视了顾客的核心地位。而日本自第二次世界大战重建开始，非常重视顾客需求的满足，从20世纪80年代起，日本的竞争力大大加强，尤其是在机械、钢铁、汽车、化工等行业显示出明显的优势。提出BPR后，美国企业纷纷转变思想，一切以市场、顾客为核心。随着市场竞争的加剧，顾客的期望值提高、产品选择范围扩大、个性化需求增多、交货期缩短，如何满足客户需求已成为企业发展中亟待解决的问题。实施BPR打破了传统做法，一切重新开始，最初由顾客提出自己的需求，包括产品的价格、品种、款式、质量、交货期、办事程序、售后服务等，然后企业围绕顾客的意愿，开展流程重组工作。

2. 运用信息技术

BPR与信息技术紧密相关而又不同。BPR是一种思想，而信息技术是一种技术，实施BPR不是单纯的技术问题，更是一种思维方式的转变；BPR可以独立于信息技术而存在，但这种独立是相对的，在BPR的落地实施中，信息技术起到一种良好的催化剂的作用。合理运用信息技术成为BPR的难点和要点所在。

总体而言，BPR的基本内涵是以作业为中心，突破了传统的劳动分工理论的思想体系，以“流程导向”替代原有的“职能导向”，提倡组织变通、顾客导向、员工授权和正确地运用信息技术，以适应快速变化的市场竞争环境。“过程”观点是指集成从订单到交货或提供服务的一连串作业活动，使其建立在“超职能”的基础上；“再造”观点是指打破旧有管理规范，从头开始，再造新的管理程序，从而获取管理理论和管理方式的重大突破。

二、BPR 实施技术及方法

国外学者对流程重组的方法、技术和工具做了大量研究工作。William Kettinger、James T. C. Teng、Subashish Guha 的研究归集出流程重组的 6 个阶段，即构思设想、项目启动、分析诊断、流程设计、流程重建和监测评估，并在此基础上将阶段分为多个活动，把各个阶段和活动所能使用的技术和工具进行分类归整。其主要应用到的工具有：愿景（共同愿望的景象、理想和目标）、头脑风暴法、层次化着色 Petri 网、快速全员参与变化法、10X 技术、基于活动的成本分析、联姻图、前提假设暴露法、审计、标杆瞄准、行为建模训练法、预算、竞争分析、文化评估分析、计算机辅助软件工程、成本/效益/风险分析、关键事件技术、因果图、转变技术、核心流程分析、关键成功因子法、项目计划技术、鱼骨分析、作用因子分析、突破性思考、品质功能部署、数据流图、过程流图、统计过程控制、岗位分析、流程优先选择矩阵、Delphi 技术、价值链分析、岗位设计等数十种技术。

（一）头脑风暴法

哈默认为头脑风暴法是实施 BPR 时最有效的方法之一，帮助 BPR 团队产生一些新的想法，进而找到流程分析与优化重组的新步骤与新方法。

1. 准备工作

此阶段由一个经验丰富的主持人组织参与者积极发言，而又不偏离主题。会前准备工作包括：

（1）讨论的议题。每次会议的议题限制在一个特定的范围内，比如讨论开发流程的一个阶段，而不是整个流程。这样便于将参与者对问题的思考集中于某一个方面。

（2）会议前将议题通知参与者，便于参与者准备或做预先的思考。

（3）确定书记员，负责将会议上参与者提出的观点记录下来。文档工作对整个流程分析与优化重组过程都是非常重要的，一是可以做好记录，为后面的工作准备材料；二是可以整理思想；三是让大家看到讨论的结果。

2. 组织小组讨论

在讨论会上，主持人需要注意的事项：

（1）引导参与者只提自己认为存在的问题，不讨论其合理性、原因和解决方法等。

（2）互相尊重，对事不对人，不打断别人的话，不攻击别人的观点。

（3）做好记录，整理问题。会后，将问题分类，将记录下来的问题进行文字整理，去除重复，形成一个清晰的问题列表。

3. 再次开会讨论

将整理好的问题（不记名）发给大家，重新进行讨论，采用矩阵法将问题按重要性、解决难易程度分类。接着讨论决定解决的首要问题及其对策方法。大家集思广益，提出尽可能多的、解决问题的方案。主要方法有：

（1）鱼骨图法。采用类似于鱼骨的图形，展示问题，先画出大原因，再画出大原因之下的小原因。在此基础上，分析得出主要原因，并以它为新问题，重复上述步骤，直至原因非常明确。这样就可以非常容易地形成解决问题的方案。

（2）六问法。主要从六个方面（5M1E）来分析问题产生的原因，即：Management（管理）、Man（人）、Method（方法）、Material（物料）、Machine（机器）、Environment（环境）。

（3）5W2H 法。5W 分别是：Why（为什么要做这件工作）？What（内容是什么）？Where（在哪儿做）？When（什么时候来做）？Who（由谁来做）？2H 分别是：How（怎么做）？How much（要花多少时间或其他资源）？

4. 选择最优解决方案，落实到位

参照 5W2H 制订详细的解决方案并落实到人。这一步的关键点在于详细的步骤及记录文档。成功实施流程分析与优化重组的重要保证之一就是齐全的文档。

5. 评估实施结果，修正方案，重新实施

对实施结果进行评估，对方案中的不足进行修正。

6. 进行新问题的解决，进行新一轮的流程分析

“头脑风暴法”完全依靠参与人的主观判断，没有更为贴近实际的量化细则。涉及对大型的、复杂的组织进行流程再造时，我们还需要借助其他的方法，特别是对重组的经营过程能够进行仿真、定量分析与计算，能对重组后的结果进行科学预测的方法，将 BPR 的实施过程中的突变因素、危险因素造成的影响降至最低。

（二）标杆管理

标杆管理通常包括标准标杆管理（Standards Benchmarking）、流程标杆管理（Process Benchmarking）、结果标杆管理（Results Benchmarking）。标杆管理就是确立标杆企业，找到其各个先进指标，对照、发现并解决企业自身的问题，最终实现赶超的持续渐进的学习、变革和创新过程。其本质是不断寻找最佳实践，以此为基准不断地“测量分析与持续改进”。BPR 中应用标杆管理的基本步骤如下。

1. 确定“标杆企业”

与其他同类企业相比，在产品品种、质量、服务等方面特色明显的先进企业称为标杆企业。一般选取处于同行业、同规模、相同发展阶段情况下的企业作为标杆。

2. 确定“标杆值”

标杆值是“标杆企业”优于其他企业的关键参数值。例如，物流企业的标杆值可以选为：空车率、资金周转率、货损率等。确定“标杆值”需要到标杆企业实地考察，搜集标杆数据是一项细致烦琐的工作；然后将标杆数据与企业自身同组数据进行比较

分析；如要取得更为全面科学的对比，还可以借助外脑咨询和外部专门数据库。

3. 流程再造

对照“标杆值”，找出企业自身需要改进的参数。调整旧流程，设计出新流程，向标杆企业流程看齐。

4. 构造团队

标杆管理引发企业文化、组织结构、业务流程等方面的变革，这就需要建立标杆管理团队。团队成员要熟悉标杆管理实施的理念，企业要组织成员进行持续不断的系统化学习，熟悉标杆管理和变革的详细步骤，达到自身成功改变和组织再造成功的双赢。

5. 持续改进

在实施过程中，要坚持系统优化的思想，着眼于总体最优而不是局部优化。同时，制定严格、有效、可行的实施准则，不断摸索，循序渐进，形成符合自身实际的最佳实践和实现方法，以赶超标杆企业。

6. 评价与提高

标杆管理完成时，企业需要评估标杆目标的完成情况，认真总结企业自身绩效改进的效果、流程再造的稳定性，以不断提升实施效果。

三、流程优化技术

为了提高企业的经营业绩，创新企业经营策略，企业可以采用次序改变、合并、消除、自动化等方式来再造流程。其基本原则就是 ESIA：E（Eliminate），清除；S（Simplify），简化；I（Integrate），整合；A（Automate），自动化。下面举几个案例进行说明。

（一）次序改变

次序改变是指改变作业流程的先后次序（作业活动的逻辑关系）以消除不必要的工作时间，提高对顾客的响应速度。次序改变可以在信息技术平台不做大幅度调整的情况下，消除浪费，提高效率，有效地提升企业的经营绩效。

比如汽车保养重组前的流程如图 4-4 所示。

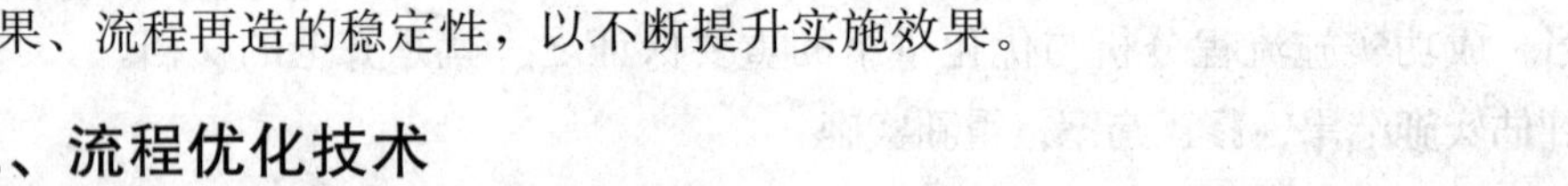

图 4-4　重组前的流程

但是这种做法的周期长，对于一些有急事的顾客而言很不方便。于是，公司调整了旧流程的串行工作方式为并行工作，这样就缩短了顾客等待时间。如图 4-5 所示。

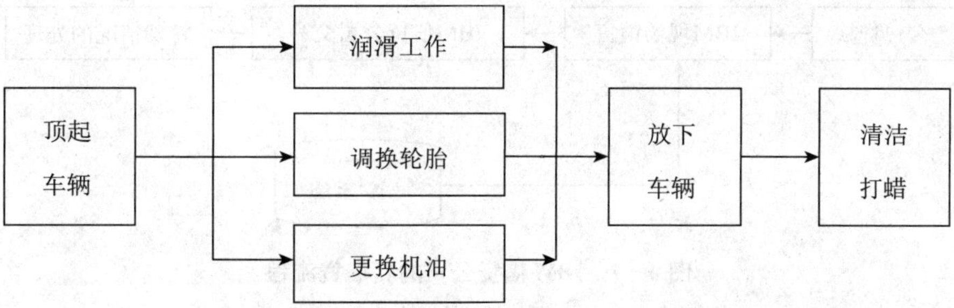

图 4-5　重组后的流程

（二）消除

时间久了，员工往往习惯于旧有工作方式，不注重该工作方式是否高效合理。消除技术可以把不必要的、增值不大的甚至是错误的流程或者节点加以废除，倡导人们进行“彻底性”“根本性”的再思考，以价值链为指导，分析和定位传统流程或节点的价值，彻底清除低价值、无价值的环节。

小链接

IBM 信贷公司流程重组

IBM 信贷公司负责为 IBM 公司的计算机硬件、软件和其他服务提供资金融通，是 IBM 公司的全资子公司。按照信贷额计算，可以排在《财富》杂志 100 家最大服务公司之列。它的信贷流程如图 4-6 所示，按照这种流程办理一笔信贷一般需要 6～14 天的时间。导致许多顾客另找贷款渠道，或者另觅条件更优惠的供应商。

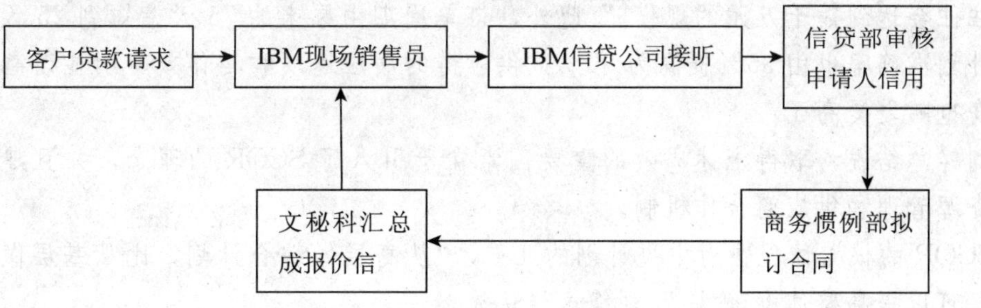

图 4-6　IBM 信贷公司的原信贷流程

IBM 信贷公司重新再造流程，取消了信用审核、拟订合同、汇总等步骤，改设了一个交易员，他借助专家系统里面的资料，可以直接对贷款请求作出响应，整个工作周期缩减为 4 个小时，业务量由此而增加了 100 倍。新流程如图 4-7 所示。

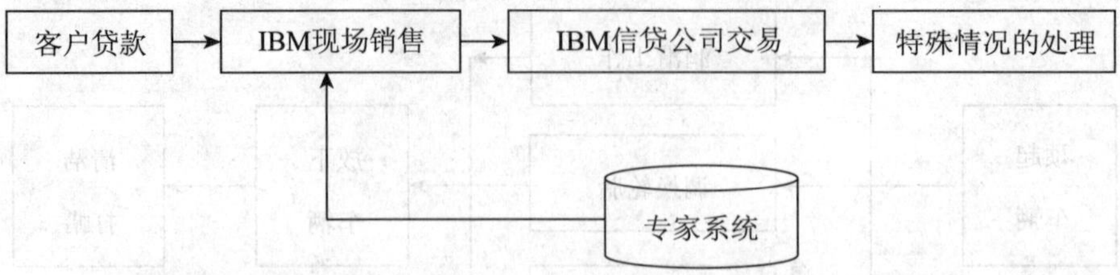

图 4－7　IBM 信贷公司的新信贷流程

（三）自动化

通过引入信息技术，流程中的部分工作可以实现自动读取、传递、处理信息，最终形成固定的工作程序，极大地提高了工作效率，这就是流程自动化。

第二节　业务流程重组的建模方法

导入案例

西门子：SCOR 的最佳实践

西门子的供应链管理被认为是业内基于供应链运营参考模型（SCOR）的最佳实践之一。西门子移动通信有限公司亚太区供应链总监刘锋说："有效的供应链管理就像赛龙舟，要和上下游的伙伴密切配合，在正确的时间发出正确的力量，朝共同的目标前进。"2001 年，刘锋开始接手相关工作，两年后，西门子的库存量降低了 90%。"库存量的减少，除了直接带来利润以外，还能大大降低由于产品更新换代引起的报废损失，这些往往会达到数千万元的规模。"此外，订单周期由原来的 75 天缩短到 25 天，总体销售计划准确率也由 35%提高为 90%，供应链的反应速度和运作效率明显改善，客户满意度也随之提高了。

刘锋总结说，取得上述成效的重要因素在于引入了 SCOR 的理念，并且建立了有效的资源管理和供应商合作机制。

SCOR 的核心体现在对中央计划的注重，"从高层做综合计划，比从基层做计划更有效，可以提高整体准确性。"刘锋这样认为。

"决策应该基于客户端的需求，而绝不是只盯着下游环节的订单——订单和最终的需求往往差别巨大。"石代伦教授详细解释了这一点。从下游往上游，出于"安全库存"的考虑，需求信息在各个环节都会被扭曲放大，和实际需求的方差也逐级递增，从而形成了明显的"牛鞭效应"，造成大量冗余库存而引起经济损失。

对许多产品的市场需求研究往往显示，客户终端的零售数量波动并不大，而分销中心根据销售商订货需求量汇总提交订单时，变动程度却大得多。原因在于，零售商根据历史和实际销售情况做出预测订货量之后，为了应对客户需求增加的变化，一般会在此基础上做一定放大（比如20%）后，向批发商订货；出于同样的考虑，批发商也会加量传递给上一级批发商……直至生产商为了保证供货也要加量生产。如此一来，层层加量，就将实际需求逐级放大了。

大多数企业习惯采用的计划过程是：销售部门首先制订销售计划，以此为依据，生产部门进行内部核算，再生成采购计划。整个计划过程被不同的职能分割开来，信息难免发生滞后和扭曲，“牛鞭效应”在所难免。

刘锋采用SCOR的理念，首先对公司的组织架构进行调整，将供应链管理简单划分为四块：计划、采购、生产和发运，其中起主导作用的是计划部门。

这就要求计划部门尽力收集完备的一线数据，并对信息进行实时分析，从而提高计划的准确率。初期的大量精力被用来拜访客户、深入生产和销售的第一线，充分了解真正的需求状况，并且延伸了信息系统，全国各地的销售终端随时把信息输入系统，中央计划部门就能迅速获取这些信息，根据市场变化不断对计划进行修正。

目前西门子的订单部门就被设置在集约中心，而并非销售部门，这是有别于许多企业的独特之处。

对计划的准确性要求已经跨越计划部门的边界而涵盖了其他相关部门，也在人力资源管理层面上给予了支持——在西门子，计划的准确性已成为销售和计划部门年终业绩考评的一个重要项目。

“要对各个环节的计划作出有效评估，提供计划的准确性和供货优先等级相联系，计划性不好的加以改善，不能只是多要多给，‘会叫的孩子能多得’。”刘锋笑着说。

“SCOR模式会令供应链流程更透明和迅速。”在运行过程中，它采用整体的需求、生产和采购供应计划，所有的采购原料都设定成不同的供应等级，制订相应的补货方式。补货取决于集约中心和制造中心的拉动信号，工厂以拉动式操作并受集约中心拉动信号指挥，集约中心和订单服务中心则负责订单履行和供货安排。所有客户订单的需求都有对应的产品交付等级和对应承诺的交货时间。

西门子还建立了供应商战略联盟，采用VMI（供应商管理库存）的方式，以日消耗量和库存实际数值为依据，每天补货。供应商要在一定时期内为西门子保持部分安全库存，以应对产量突然提高的状况。与此同时，西门子也承诺，会在一段时期内接受供应商多余的库存，而且如果由于市场变化的原因，某些产品遭遇出局，也会评估供应商的损失并做出相应补偿。

实施SCOR后，供应商的库存也已经降低了40%～50%，而西门子接下来的目标之一是继续降低供应商管理的库存，这就对进一步的信息整合提出了更高要求。

“一定要注重关联企业的战略联盟，尽力做到供应链总体利益的最大化。”刘锋再次强调，在他看来，这是日后长久增长的牢固基石。

资料来源：http：//info.10000link.com/newsdetail.aspx？doc=2009060800017.

思考：西门子如何建立的SCOR？

一、BPR 软件法

流程的再造离不开信息技术和软件的支持。流程再造软件为流程的规划、建模等提供了支持平台。

（一）软件的主要模块

常用的流程再造软件包括以下 7 个主要模块。

1. BPR 规划（Planning）工具

用于规划在整个组织机构内实施和执行 BPR 流程的整体战略的工具。它包含许多与常见的项目管理软件工具相同的属性。

2. 组织机构实体分析工具

用于当整个业务流程变化要求改变组织机构时，进行组织机构修改的工具。它应该能够显示当去掉或增加某个组织结构实体时会发生什么样的变化。

3. 建模（Modelling）工具

用于建立当前业务流程的模型（"AS—IS" 模型）并显示流程间的联系的工具。用户应当能够在以后将整个流程分解为实体或子流程。模型一旦建立，用户应能够识别和映射出没有价值的步骤、费用和流程（瓶颈分析），以便进行流程重组。建模分析工具还可以引导用户进行假设分析和建立未来业务的模型（"TO—BE" 模型）。

4. 基于活动的成市（ABC）工具

用于显示每一个流程活动在资源和时间意义上的成本的工具。它应当能够显示 "AS—IS" 和 "TO—BE" 模型的成本，并能够将所有的成本汇总到企业级以显示所有流程的整体成本。一旦将资源信息输入到系统中就应当在建模工具和成本分析工具上反映变化。

5. 图形仿真（Simulation）模型工具

用于显示 "TO—BE" 模型并提供假设分析的工具。这个工具在高级管理层审查整个流程时非常有用，可以使他们看到在新模型中将会发生什么。

6. 业务绩效度量（Metrics）工具

用于跟踪测量诸如生产效率、质量、销售、市场占有率、产品开发流程、满足客户需求和处理库存等的能力状况的工具。

7. 评效（Benchmarking）分析工具

用于评估新组织机构流程效果的工具。它应当能够引导客户对比分析不同类型的流程。

（二）流程再造软件的功能

这些专门针对流程再造而开发的软件可以大大提高流程管理的效率，具体体现如下。

1. 自动化处理

自动化技术可以有效减少人力劳动、提高工作效率，是 IT 中最为广泛应用的一种功能，能够在企业的各个业务领域应用。比如，IBM 信用公司通过开发数据库软件将信用卡的开户工作时间从平均 6 天减到平均 90 分钟。

2. 信息处理

流程软件的主要功能是从业务流程中提取、传递和存储可供分析的信息。财务软件、MIS 软件和数据挖掘技术、数据仓库等都属于此类范畴的应用。

3. 顺序控制

顺序控制主要应用于产品的设计与制造领域，通过将原有的串行业务并行处理减少业务循环的周期。在与富士通公司的竞争中，柯达公司通过采用网络 CAD/CAM 软件将原有的照相机设计并行化，使得产品设计周期减半，大大提高了运营效率，避免了市场份额的萎缩。

4. 远程交互

网络与数据库技术的发展使得信息的获取越来越轻松，企业不必为采取集中还是分散的组织结构而困惑。福特汽车销售公司采用基于 Internet 的企业内网 Intranet，借助远程网络数据库系统进行销售信息处理，使销售部门的人员从 500 人锐减至 125 人，大大降低了企业的运行成本。

5. 监控与跟踪

用于企业对关键业务信息的监控与跟踪处理。例如，在自动化控制生产领域，IT 可以用于实时监控并跟踪生产状态，防止事故的发生。

6. 决策处理

目前，企业的组织结构趋向扁平化发展、生产车间趋向团队工作组（Team Group）转变，这些变化都要求员工们参与业务的决策。专家系统及决策支持系统（DSS）帮助员工根据人工智能知识库进行决策。

7. 电子商务处理

多媒体技术和全球互联网的发展使企业信息化共享程度加大，及时、便捷的服务越来越普遍。客户通过主页（Homepage）浏览企业产品信息及服务，通过电子数据交换（EDI）进行信息传输、订货、索取发票等，而企业借助网络开展交互式的售后服务。

小链接

福特公司财务部门流程重组

福特汽车公司的北美公司财务会计部有 500 多名职工，后来运用办公自动化把人数缩减为 400 人。而美国马自达公司的财务会计部只有 5 人。虽然福特北美公司的规模是马自达公司的 16 倍，但是财务会计人数却是马自达公司的 80 倍。

福特公司传统流程为：①采购部门向供货商发出订单，并将订单的复印件送往应付款部门；②供货商发货，验收部门收检，并将验收报告送到应付款部门；③供货商将产品发票送至应付款部门，“订单”“验收报告”以及“发票”三者一致时，应付款部门才能付款，实际上该部门的大部分时间往往都花费在处理这三者的不吻合上，从而造成人员、资金和时间的浪费。如图 4－8 所示。

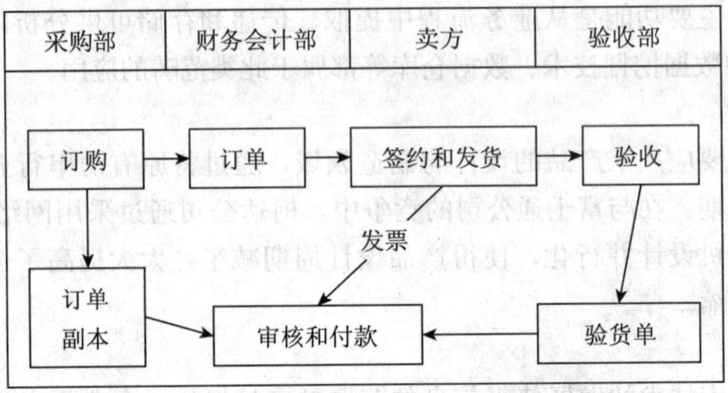

图 4－8　福特北美公司财务部的原流程

福特公司重组后的新流程（见图 4－9）为：①采购部门发出订单，同时将订单内容输入联机数据库；②供货商发货，验收部门核查来货是否与数据库中的内容相吻合，如果吻合就收货，并在终端上按键通知数据库，计算机会自动按时付款。福特公司应付款流程重组，不但带来了公司 ISO 9000 质量管理体系的持续改进和规范有效运作，而且给公司带来了其他效果：

（1）以往应付账款部门需在订单、验收报告和发票中核查 14 项内容，而如今只需 3 项——零件名称、数量和供货商代码；

（2）现应付账款部门部只有 125 人，节省了 75％的人力资源；

（3）福特公司大胆挑战应付款旧原则“当收到发票时，就付款”，而其应付款新原则是“当收到货物时，就付款”，采用的是“无发票”制度，简化了物料管理工作环节，大大提高了应付款流程工作效率，并使财务信息更加准确。

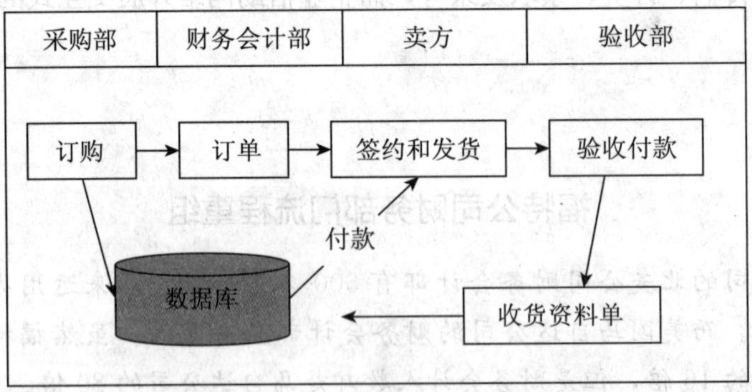

图 4－9　福特北美公司财务部的新流程

资料来源：http：//3y. uu456. com/bp-e3a7dq6qs8fafab06qdc02cs－1. html.

二、业务流程分析工具

流程参考模型库是根据一定行业、一定经营方式，利用相关的建模方法来构造的，描述有关企业或供应链业务流程共有特征的模板，这种模板可以非常有效地分析新的业务流程。常见的流程分析工具有：MIT 流程手册（MIT，美国麻省理工学院）、DEM 参考手册（DEM，Dynamic Enterprise Modeling，动态企业建模）和供应链运作参考模型（SCOR）。

（一）供应链运作参考模型（SCOR，Supply-Chain Operations Reference-model）

SCOR 是由供应链协会（Supply-Chain Council）开发支持，适合于不同工业领域的供应链运作参考模型，主要用以衡量供应链的绩效与供应链再造的有效性；测试与规划未来的流程改善。

SCOR 模式的核心是一个四层的金字塔，它指导供应链成员，沿着整合式流程改善的道路迈进。第一层包含对四个关键的供应链流程型态（即规划、采购、生产与配送）之定义，同时供应链的竞争目标亦在此设立。第二层针对 Supply Chain Council 所建立的 26 个核心的供应链流程类别加以定义，使供应链伙伴能共同建立他们理想的或真实的作业结构。第三层提供信息给伙伴们，这些信息有利于供应链流程改善的规划与目标设定。第四层将焦点摆在供应链流程改善的导入上。

SCOR 业务流程参考模型把业务流程重组，将“标杆管理”（Benchmarking）和流程评测等著名的理念集成到一个跨功能的框架之中。

业务流程参考模型能够：

（1）把握业务流程的现状（“AS－IS”），进而求得未来的期望状态（“TO－BE”）；

（2）量化同类企业的运作性能，进而建立基于最佳性能（Best－in－Class）的内部目标；

（3）描述获得最佳性能的管理措施和软件解决方案。

业务流程参考模型包含：

（1）标准业务流程的标准描述；

（2）标准业务流程之间的关系框架；

（3）评测业务流程性能的标准尺度；

（4）产生最佳性能的管理措施；

（5）软件特性和功能的界定标准。

一旦从标准的业务流程参考模型格式中得到复杂的管理流程之后就能够：

（1）如愿以偿地获得竞争优势；

（2）明确无误地描述和沟通；

（3）评测、管理和控制；

（4）反复调校到特定的效果。

SCOR 是第一个标准的供应链流程参考模型，是供应链的诊断工具，涵盖所有行业。SCOR使企业间能够准确地交流供应链问题，客观地评测其性能，确定性能改进的目标，并影响今后供应链管理软件的开发。流程参考模型通常包括一整套流程定义，测量指标和比较基准以帮助企业开发流程改进的策略。SCOR不是第一个流程参考模型，但却是第一个标准的供应链参考模型。SCOR模型主要由四个部分组成：供应链管理流程的一般定义，对应于这些流程的性能指标基准，供应链"最佳实施"(Best Practices)的描述以及选择供应链软件产品的信息。

SCOR模型按流程定义可分为三个层次，每一层都可用于分析企业供应链的运作。如图4-10所示。

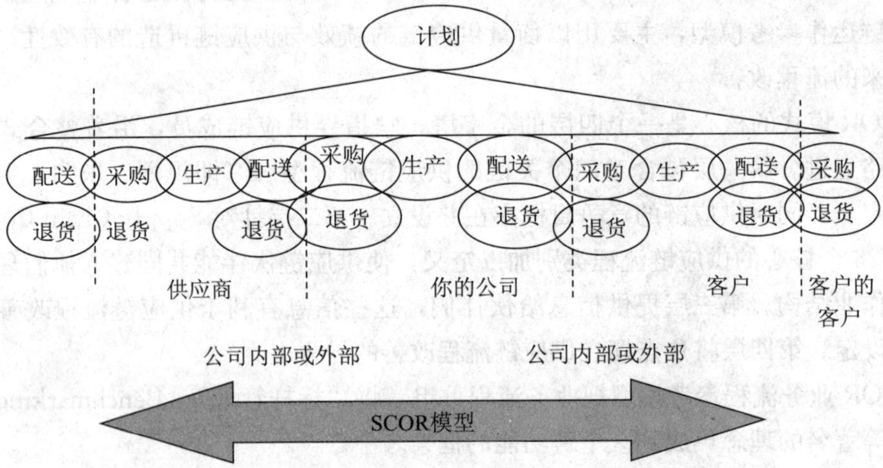

图4-10　SCOR模型层次

SCOR模型的第一层描述了五个基本流程（见图4-11）：计划（Plan）、采购（Source）、生产（Make）、发运（Deliver）和退货（Return）。它定义了供应链运作参考模型的范围和内容，并确定了企业竞争性能目标的基础，是企业建立竞争目标的关键。企业通过对第一层SCOR模型的分析，可根据下列供应链运作性能指标作出基本的战略决策：

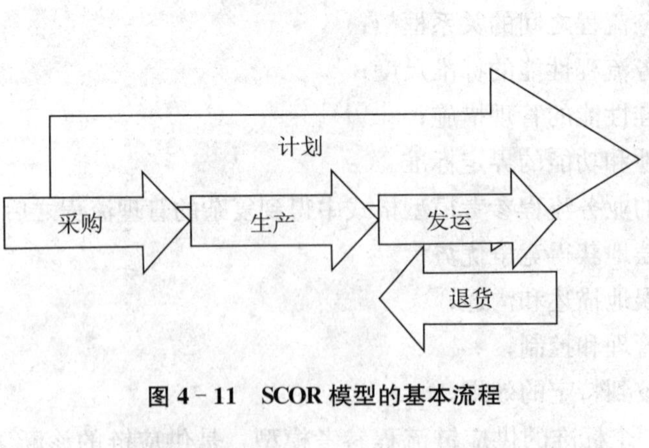

图4-11　SCOR模型的基本流程

表 4-1　**SCOR 第一层流程定义**

交付性能：按时或提前完成订单/计划的比率		发运速度：成品库接到订单 24 小时内发运的比率	
完成订单性能	订单完成提前期	全部订单完成率	供应链响应时间
生产的柔性	供应链管理总成本	增值生产率	保修返修成本
资金周转时间	存货供应天数	资金周转次数	

企业不可能在上述所有供应链性能指标上（见表 4-1）达到最优，因此，合理地选择那些对企业的成功最为重要的指标来评测其供应链性能极为重要。

SCOR 模型的第二层是配置层，由 26 种核心流程类型组成。企业可选用该层中定义的标准流程单元构建它们的供应链。每一种产品或产品型号都可以有它自己的供应链。图 4-12 描述了 SCOR 模型中第二层的 19 个标准流程元素。

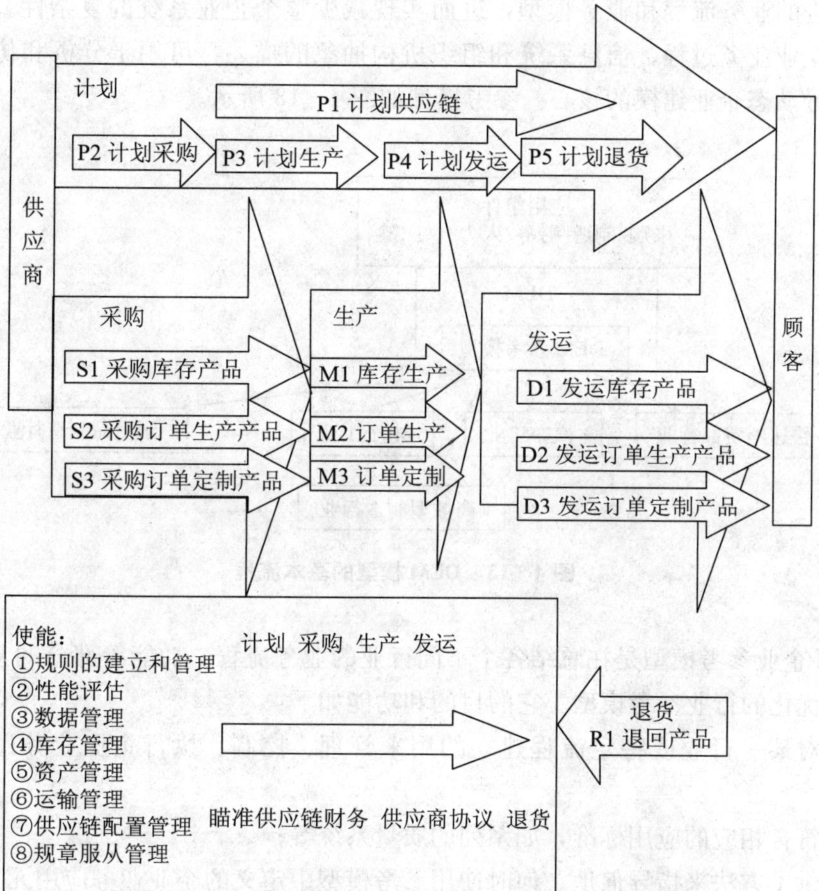

图 4-12　SCOR 第二层流程元素

模型的第三层是流程元素层，每一个流程种类进一步细分为流程元素，并提供了这些流程元素的细节，包括输入输出、绩效指标、最佳实践等。

在第三层以下还可以有第四、五、六等更详细的属于各企业所特有的流程描述层次，这些层次中的流程定义不包括在 SCOR 模型中。

SCOR 模型的基本思路是将业务流程解析、标杆及最佳实践分析集成为多功能一体化的模型结构，这可以看作是供应链的诊断工具，它涵盖了所有行业。

SCOR 使企业间能够准确地交流供应链问题，客观地评测其性能，确定性能改进的目标，并影响今后供应链管理软件的开发。

值得注意的是，SCOR 模型描述的是供应链的业务流程，而不是功能。换句话说，SCOR 模型把注意力集中在有关的供应链业务活动上，而不是从事这些活动的人或组织机构。

（二）动态企业建模参考手册（Dynamic Enterprise Modeling，DEM）

DEM 参考模型就是为企业提供一个框架结构，来确保企业的应用系统紧密匹配企业经常改进的业务流程和业务模型，进而实现减少整个企业系统的复杂性。这里企业模型是对企业业务过程、信息系统和组织机构抽象的描述，可用于分析和仿真企业行为，是指导动态企业建模的核心。参考模型如图 4－13 所示。

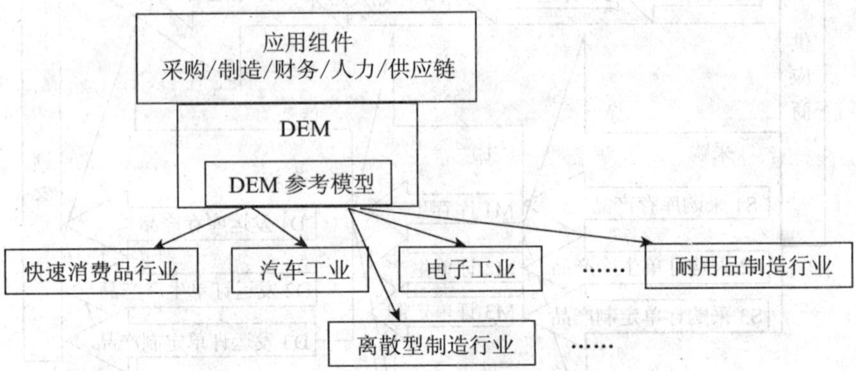

图 4－13　DEM 模型的基本流程

DEM 企业参考模型是在总结各个不同行业的业务流程、功能等部分的基础上，提出的较为优化的行业参考模型。它的目的和功能如下：

①针对某一行业或特定流程建立的用来管理、控制、执行企业业务过程的通用模型；

②应符合相应的应用标准，如系列的质量系统等；

③提供了方法来指导何地、何时使用参考模型中定义的企业业务应用元素；

④可以用来支持建立企业业务的基本结构，并建立企业的项目模型等；

⑤建立企业动态重组的基础和工具，可以更好地为实施先进制造战略提供服务。

DEM 的各个模型和企业参考模型可以为企业提供良好的实施柔性信息系统和经营

过程重组的基础和支持，包括支持业务过程分析和改进，支持企业需求识别，提供将企业经营策略转化为管理活动的功能，提供对实施方案的验证方法，提供对业务过程的建模与分析功能，包括确定业务需求以及适应和平衡跨行业的业务实践。实现对信息技术的需求确认和信息技术解决方案到实际应用系统的映射。实现对企业业务执行时间和执行过程的管理。提供信息技术解决方案的实施技术路线和手段，实现对企业的动态过程管理即工作流管理。

（三）MIT 流程手册（MIT，美国麻省理工学院）

MIT 流程手册是由美国麻省理工学院协调中心在 1993 年提出的一个关于企业知识组织和流程设计的完整体系。主要包括通用业务活动模型分四类：业务活动模型、企业模型原型、其他机构开发的业务流程模型和基本流程模型。

1. MIT 业务活动模型

业务活动模型包含大量可以重新组合的流程和约束条件，如图 4－14 所示。

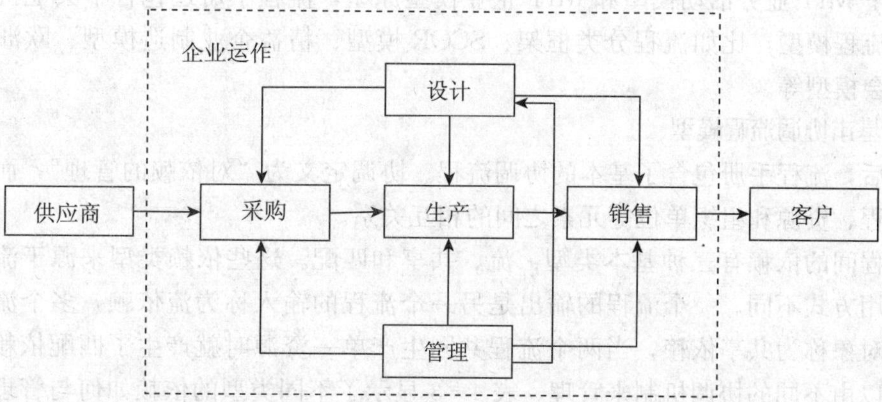

图 4－14　供应链业务模型的主流程

这一模型的最高层描述了具有通用性的企业顶层流程，图 4－14 中所示的业务活动模型称为“企业运作”，它包含五个基本活动：采购、生产、销售、设计和管理。这些活动几乎存在于所有企业之中。每一个顶层活动又可以分解为子活动，比如采购活动可以进一步分为识别自身需求、识别潜在来源及选择供应商等。但这种分法并不绝对，不同的行业肯定是拥有不同类型的生产活动，因此必须可以具有不同的子活动分解方法。

2. MIT 企业模型原型

企业模型原型主要内容：假设不同的企业模型都能归类为表 4－2 所示的六种基本模型之一或其中几种的组合。这六种模型被叫作 MIT 企业模型原型。从两个维度来定义企业模型：企业销售什么？企业输入输出的转化率。表 4－2 所示为基于这两个维度划分的六种企业模型原型。

表 4－2　　六种企业模型原型

<table>
<tr><td rowspan="2">企业销售什么</td><td colspan="3">企业输入输出的转化率</td></tr>
<tr><td>大</td><td>小</td><td>无</td></tr>
<tr><td>资产所有权</td><td>原创者</td><td>分销商</td><td rowspan="4">代理商</td></tr>
<tr><td>资产使用权</td><td colspan="2">地主</td></tr>
<tr><td>人力资源</td><td colspan="2">承包商</td></tr>
<tr><td>注意力</td><td colspan="2">吸引者</td></tr>
</table>

通用汽车生产和销售汽车，通过成本与售价之间的差价来赚钱，这种企业模型称为原创者模型。沃尔玛分销并不是由它们自己生产的产品，通过采购价与销售价之间的差价来赚钱，这种企业模型称为分销商模型。

3. 其他机构开发的业务流程模型

除了 MIT 业务活动模型和 MIT 企业模型原型，流程手册还包含了其他机构开发的业务流程模型，比如流程分类框架、SCOR 模型、精益企业制造模型、欧洲质量管理基金会模型等。

4. 基本协调流程模型

最后，流程手册包含了基本的协调流程。协调定义为“对依赖的管理”，而依赖则是指流程、资源和组织单位等元素之间的相互关系。

流程间的依赖有三种基本类型：流、共享和匹配。这些依赖类型来源于流程对对象的使用方式不同。一个流程的输出是另一个流程的输入称为流依赖，多个流程使用同样的对象称为共享依赖，当两个流程共同生产单一资源时就产生了匹配依赖。一个依赖可以由不同的协调机制来管理。表 4－3 显示了不同类型的依赖如何与管理这种依赖的可选的协调机制相关联。由此可见，针对一个给定的依赖，选择不同的协调机制可以设计出新的流程方案。

表 4－3　　依赖与协调机制

依赖	管理依赖的协调机制示例
流	
先决性（“恰当的时间”）	按订单生产（“拉式”），按库存生产（“推式”）使用“经济指模型”，JIT（看板系统），详细的高级规划
可得性（“恰当的地点”）	通过不同的运输方式运输，在使用地生产
可用性（“恰当的产品”）	使用标准件，询问客户个体（例如根据客户采购许可或使客户参与设计）
共享	先到先服务，优先顺序，预算管理，管理决策，市场化招标
匹配	波音公司的整体模拟，微软公司的每日构建

三、BPR 建模工具

有很多专家在相关领域进行了总结，如 2005 年发布的报告分析了企业架构、流程建模工具和仿真工具三个领域的流程软件市场。在业务流程再造领域，Kettinger 等人建立了"流程再造阶段—活动框架"理论，这一理论不但为企业的业务流程解析提供了参考模型，同时也揭示了业务流程解析的方法体系。

目前适用于供应链业务流程的体系框架和流程建模方法可以归类如下。

（一）业务流程建模方法

这些方法专注于描述流程的商务逻辑，适用于捕获、分析、监视和控制业务流程。代表方法有本体建模，Flowchart，IDEF，GRAI/GIM，事件驱动的过程链，工作流技术，UML2.0 的活动图，业务流程建模语言等。

（二）面向信息系统建模方法

这些主要都是为了更好的描述和构造企业信息系统。如普度参考体系、计算机集成制造（CIMS）、GERAM 方法、Zachman 框架、IEM 方法等。

1. 计算机集成制造开发系统框架方法（CIM，Computer Integrated Manufacturing）

CIMOSA 是由欧共体的 22 家公司、研究所和大学组成的 AMICE 集团经过六年的努力而开发出来的一个计算机集成制造（Computer Integrated Manufacturing，CIM）开放体系结构。

它是面向企业 CIMS 生命周期、开放式的 CIM 参考体系结构。从多个层次和视角反映了企业 CIM 建模、设计、实施、运行和维护等各个阶段，提供了系统描述、实施方法和支持工具，并形成了一整套的形式化体系。结构上包括两部分，一是模型框架，二是集成基础结构。

CIMOSA 模型框架为企业描述和集成提供了结构化的语言，它贯穿企业建模生命周期中的各个阶段（需求分析、详细设计及实施阶段），以四个视图（功能视图、信息视图、资源视图和组织视图）表述企业的各个方面，并根据其通用性将模型分为三个层次（通用、部分通用和专用），从而对企业的设计、建立和运行提供指导与支持的模型框架，如图 4-15 所示。

CIMOSA 集成基础结构为企业提供了一整套公共服务，包括信息、功能、控制行为、资源和通信服务等，对企业模型的建立、企业的设计、实施、运行和维护提供支持。集成基础结构如图 4-16 所示。

2. 集成信息系统架构（Archiecture of Integrated Information System，ARIS）

集成的信息系统体系结构（Archiecture of Integrated Information System，ARIS）是德国 Saarland 大学的 A. W. Scheer 教授提出的一种面向流程的模型结构，并在其创立的 IDS 公司进行实践，开发了一套完整的建模分析软件工具，将各个视图的信息进行了有效的关联，并提供了基本的仿真分析手段，因此在商业上取得很大的成功。

ARIS 提出了一个集成化的信息系统模型框架，它将企业模型划分为五个视图：功能视图、数据视图、组织视图、控制视图和资源视图。

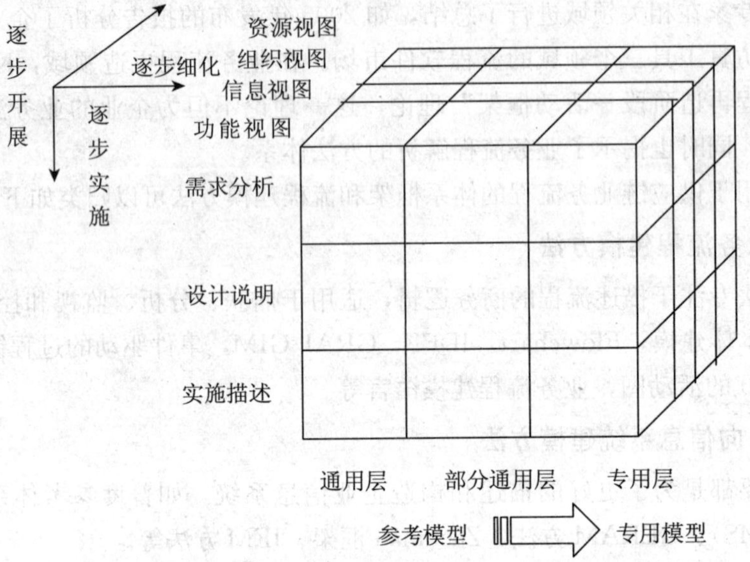

图 4－15　CIM-OSA 的模型结构

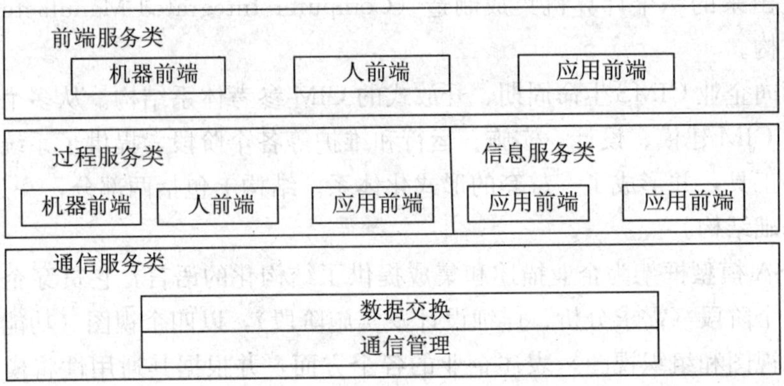

图 4－16　CIMOSA 的集成基础功能

（1）功能视图：主要元素是描述对象功能的图形及相关连接线。ARIS 功能视图主要以功能树的形式描述企业功能分解的层次关系和配置信息，与 IDEFO 方法所描述的功能视图不同，ARIS 不描述各功能模块的输入、输出、控制和支撑关系。

（2）数据视图：描述事件和环境条件，它们表征了信息对象。ARIS 数据视图包括多种建模方法，其中最主要的是实体关系模型，数据视图中的实体与组织、资源、功能实体有着紧密的联系。

（3）组织视图：是使用组织结构图的方式描述组织单元、分解方式、层次结构、隶属关系等，可以辅助组织结构的设计与描述。在 ARIS 中基本元素除了组织单元外，还包括人员、职位、场所等元素，可以全面描述企业组织结构的各种信息。该视图的元素也经常出现在其他视图中，尤其在控制视图的相关流程建模方法中十分重要。

（4）控制视图：是体现 ARIS 特色的一个视图，它在整个体系结构中起到“黏合剂”的作用，将功能、数据、资源和组织视图联系在一起。控制视图由一系列建模方法组成，其中最重要的建模方法是扩展的事件驱动过程链图，它可以将其他四个视图的元素关联起来。

（5）资源视图：定义了资源之间的逻辑关系和资源的具体属性，它通过定义资源实体及其相互间的关系来描述企业的资源结构和资源构成。

除此之外，还定义了生命周期模型将每一个视图分为三个层次来逐步配置系统：需求定义、设计说明和实施描述。

需求定义用正式的语言定义了信息技术要支持的商业应用。设计说明将需求定义中的概念化环境转化为数据处理形式，也就是将需求描述转换为一般的信息技术接口。实施描述将设计说明转化为具体的硬件和软件组成，由此建立与信息技术的物理连接。这样构成的系统结构，称为 ARIS 屋，如图 4－17 所示。

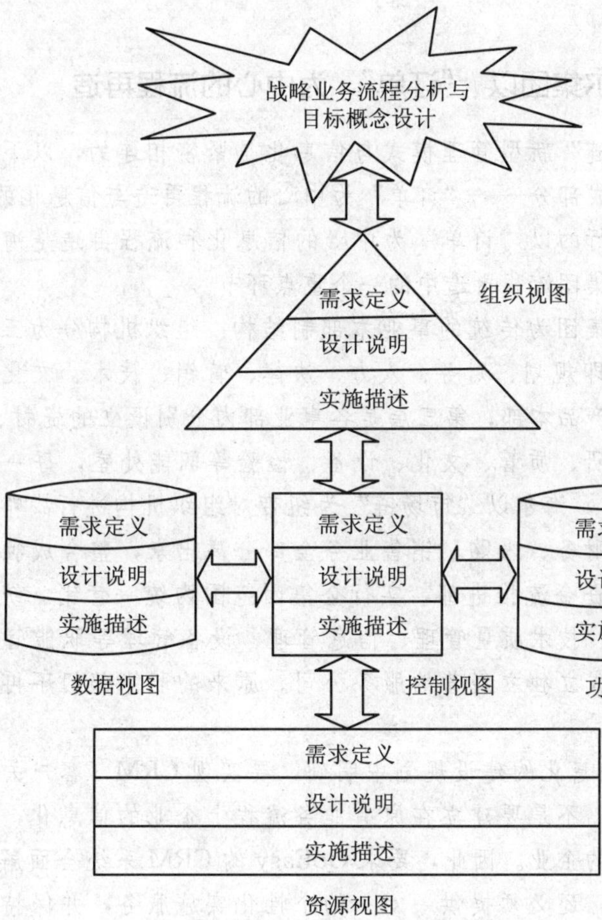

图 4－17　ARIS 的系统结构

（三）软件密集型系统的流程建模方法

这些关注流程的软件实现细节，适用于理解、建造和发布软件密集型流程管理系统，并支持开发流程的可视化与控制。代表方法有数据流图、状态转换图、UML 中的交互图和状态图等。

（四）数学建模方法

用数学符号和公式表达业务流程中各项活动和各个变量之间的联系及其变化规律，从而能对业务流程进行定量分析和优化。代表方法有线性规划法、混合整数规划法、统一最优化方法论等。

第三节 业务流程重组的策略选择

导入案例

海尔集团以“订单”为中心的流程再造

海尔创建的“市场链”新型管理模式与信息化是紧密相连的，以下我们来分析其中“市场链”的主要组成部分——“订单”为中心的流程再造与信息化的相互融合。

海尔商流推进部推行的以“订单”为中心的信息化和流程再造是海尔集团流程再造的一个部分，是整个集团流程再造中的一个重点环节。

流程再造前，海尔集团为传统的事业本部制结构：组织机构分为三层：第一层是集团的八个职能中心，即规划、财务、人力、法律、营销、技术、文化、保卫八大职能中心；第二层是六个产品本部；第三层是各事业部内分别设立的资材、规划、财务、劳保、销售、法律、科研、质管、文化、设备、检验等职能处室，每一层都是行政隶属关系。在 1998 年 8 月，海尔以“市场链”为纽带对组织机构进行战略性调整：把原来分属于每个事业部的财务、采购、销售业务全部分离出来，整合成独立经营的商流推进部、物流推进部、资金流推进部，实行全集团范围内统一营销、统一采购、统一结算；把人力资源开发、技术质量管理、信息管理、设备管理等职能管理部门全部从各事业本部分离出来，成立独立经营的服务公司。原来的职能部门不再具有职能的功能，而变成了支持流程。

集团 IT 部在商流信息化的建设规划中明确，要实现 CRM（客户关系管理）的目标，要实施管理信息化，不是要建立在原有业务流程上企业的信息化，而是要在流程再造基础上建立信息化的企业。因此，要求 GoEasy 的 CRM 系统全面解决方案中不仅要提供完整的软件产品，还必须提供一对一的个性化实施服务，并保持与海尔的流程再造同步进行。

资料来源：http：//qygl.zjwchc.com/jpkc/kao/admin/jiex.asp？id＝123.

思考： 海尔集团 BPR 采取了什么策略？

一、基于时间的 BPR 策略

从规模经济向速度经济的转移，企业的竞争力增强，终端消费者对于产品的需求越来越苛刻，既要求产品质量高、价格低廉、顾客服务好，又要求各个节点企业能迅速地将产品送达顾客。如果企业产品送达时效无法保证，非忠诚顾客就可能转向竞争者来购买替代产品。

（一）活动的增值率分析

时间是衡量企业运营效率的重要指标，也是当代经济发展过程中着重追求的一种重要理念。企业在实施供应链 BPR 过程中，首要问题是分析供应链中各种流程分配时间的方式，找出增值的时间因素和非增值的时间耗费，从而设定 BPR 的目标，剔除没有价值增值能力的环节，因此，BPR 的重要工作之一就是要调整当前时间分配的方式，确定应达到的状况。

基于时间的业务流程分析就是将企业耗时多、增值能力低的活动分析出来，在能力和时间消耗方面寻求平衡，进一步削除或简化这些流程。基于时间的业务流程分析可以描述活动的增值率，并根据增值率确定各项活动时间分配的优先级，集中时间消耗在具有较高增值率的活动上。

企业业务流程中的时间价值可以通过活动的增值率分析获得，如果企业单纯追求时间价值，就需要处理时间约束条件下的资源平衡问题，应用更多的资源来满足时间要求。这个资源和活动的延伸可能来自企业内部，也可能来自供应链其他企业。增加资源带来了产品成本的增加，如果缩短的时间价值大于增加的资源价值，相应的活动就会降低成本。反之，如果缩短的时间价值小于增加的资源价值，相应的活动就会增加成本。

（二）供应链的时间压缩策略

为了降低“牛鞭效应”的影响，供应链可以采用时间压缩策略。该策略可以使供应链获得更好的订货控制、更短的提前期、更低的库存水平，充分满足消费者对产品的多样性需求。具体的压缩策略可以从需求信息传播和物流配送两个采购提前期构成要素中去考虑。

1. 信息流的时间压缩

信息流不仅包括订货数量等的定量信息，还包括反映客户需求的定性信息。在信息流中压缩时间有更大的操作空间，更大的风险。与生产工序不同，信息流没有提前期的限制。实际上，借助信息技术，信息可以实时地从供应链一端流向另一端。但是，由于非技术上的原因，可能会产生信息滞后，出现信息提前期。信息流压缩时间的风险主要来自缓慢出现的信息提前期可能给企业带来巨大的损失。

传统上，供应链成员得到的需求信息均来源于其下游企业，由于需求信息可能产生滞后，这个需求信息往往不是最终消费者的真实需求，可能是下游企业加工后的放大需求，是根据市场预测调整的需求，或者是加上了安全库存。此外，买卖者双方的对立关系使得下游避免让上游获得真实的需求信息。因此，只有最接近最终客户的供应链成员才能获得真实的需求。这样就导致市场信息在供应链上传递时不断延迟和扭曲，越是上游企业，所了解到的需求信息越不真实。供应链管理中的真实信息是供应链成员至关重要的战略资产。供应链中的每个成员都是为了满足最终客户的需求而工作的，每个成员都有权利获得快速真实的客户需求。

为了能在信息中有效地压缩时间，就要将市场销售数据实时提供给供应链的成员。这样，每个成员可以根据其下游企业订货信息和最终消费者信息，准确、快捷地进行生产决策和存货决策，有利于企业实现 JIT 生产和零库存，进而减少库存、降低成本。提高信息流运作绩效的主要技术是 EDI 系统和电子商务，这可以在供应链上各成员间实现信息共享。但是，信息流的传统还不理想，订货信息扭曲、放大的过程依然存在，许多决策过程中依然存在着阻碍信息传递的障碍。

值得注意的是：尽管两个企业在同一时间获取了相同的市场信息，但是由于理解信息的能力上的差别，导致企业的快速反应能力和最终结果大相径庭。另一方面，如果具有相同快速反应能力的两个企业在获取信息的优势上存在差异，也将导致企业产生各不相同的竞争力。因此，在时间压缩战略中，信息流的价值主要体现在信息价值的时间性和提取有用信息的能力上。信息共享不等于信息理解，及时有效地理解信息才能获取竞争力。

2. 物流的时间压缩

压缩物流渠道主要表现在时间上的压缩，供应链管理中的时间压缩主要集中在企业物流、产品物流和供应链合作伙伴关系中的时间压缩。

（1）企业物流中的时间压缩。物流时间压缩战略的起点是产品的设计阶段，即产品在最初设计时就考虑多种产品在物流管理、生产、分销、实际使用中的优化问题。产品的优化设计能有效地推动供应链中的时间压缩战略。如较大比例的产品标准化设计，可以大量减少生产过程中的发动，从而压缩时间。同时，生产循环时间的压缩也是至关重要的。可以对物流提前期进行压缩。生产循环时间压缩的基本策略和方法主要有：消除物流中没有增值的工序、压缩工序中冗余的时间、在连续的流程中重组工序的连接过程、并行工程方法的应用。

值得注意的是，许多企业只关注内部生产时间的压缩，而忽略物流中其他提前期的压缩，如分销时间的压缩，结果使内部生产中节约出来的时间，被分销过程浪费掉了。供应链管理强调整体绩效，主张通过供应链中各成员的积极合作来完成时间压缩战略，每个企业都应积极帮助上、下游企业减少物流流动时间，才能使整个供应链中的物流时间达到优化和平衡。

（2）产品物流中的时间压缩。供应链中各成员实施 JIT 的原则，是成功压缩物流时间的保证。时间工序规划图是一种重要的时间压缩工具，它可以应用图形清晰地表达产品在整个供应链中的时间分布情况，以便发现问题，提高时间压缩效率。

（3）供应链合作伙伴关系中的时间压缩。主要反映企业间合作时运输、库存等各种基于时间的优化问题，以及供应链契约问题。可以应用物流控制的五项原则：只生产能够快速运送给客户并快速收回货款的产品、在本阶段只生产下阶段组装所需的组件、最小化原料生产时间、使用最短的计划周期、从供应商处小批量购买流程、组装所需的组件，即外包策略。

物流和信息流的压缩并不是独立的，只有两者密切合作才能使整个供应链的循环时间最小。物流的时间压缩通常伴随着开放的信息，而信息流中的时间压缩将直接影响物流的流动。

供应链管理的战略目标是建立一个无缝供应链，无缝供应链要求整个供应链像一个独立实体一样运作，从而能有效满足最终消费者的需求。时间压缩策略对实现这一目标是非常重要的。

小链接

沃尔玛快速补货体系的流程再造

我们知道，常规的零售商与供货商的业务流程一般如下：零售商进行销售—发现商品库存快到最低点—向供货商要货—供货商发货—零售商入库—进行销售，这是最常见的方式。但沃尔玛却采取了另一种方式，是在计算机及网络技术的基础上进行的。沃尔玛对于某供货商每天的销售数据，不仅要发到自己的总部，同时通过“RETAIL LINK”软件包，利用互联网，发送到供货商的计算机系统内。这样，供货商对其商品销售的数据不再是1～2个月后才能知道，而是可以做到“实时监控”，马上可以掌握该地区的商品销售组合、流行、顾客类型、销售时段，可据此按照自己的资源，进行生产和分销，而不是做一种想当然的“预测”。在与有些供货商的合作中，沃尔玛可以做到不用准备商品库存（货架除外），因为供货商对其货架情况了如指掌，一旦发现沃尔玛某类商品货架的数量接近最低点，供货商则立即组织主动送货，零售商与供货厂家形成了真正的合作伙伴。由于库存费用、运输费用都非常低，沃尔玛的市场竞争力自然远大于竞争对手。

这就是改进补货流程的BPR的典型案例。

在美国，与沃尔玛建立此类合作关系的供货商有宝洁、VF、BOSE等。宝洁公司与沃尔玛合并了它们的分销系统和仓储系统。宝洁公司可以随时根据掌握的各地区销售情况安排生产，在组织生产时，不再引用出库批发数据，而是零售数据，生产目的更加明确，自动为零售商补货。沃尔玛则免除了为保持库存量而花的费用。

资料来源：http：//www. 3edu. net/lw/ERP/lw_ 47424. html.

二、基于成本的BPR策略

降低成本也是供应链管理的重要目标，是提高供应链竞争优势的重要途径。下面根据乔恩·休斯，马克·拉尔夫和比尔·米切尔斯等人的研究成果，对基于成本的供应链管理业务流程重组进行分析。

（一）成本管理与竞争优势

有效降低成本是企业生产经营的目标，也是企业构筑供应链和优化供应链业务流程的目标。但是，在重组供应链业务流程过程中，不能一味地追求成本的降低，避免在降低成本时，损失企业的经济效益增长点和赢利基础。因此，要有计划地协调成本和核心竞争力之间的关系，平衡成本管理和市场联盟之间的关系。

在供应链业务流程重组过程中，成本和市场成为两个基本目标，决策的焦点问题也各不相同。以成本为中心的流程重组中，问题的焦点在于控制成本的目标是什么？如何降低供应链综合成本？怎么才能不损害企业核心竞争力？解决的主要供应链问题是什么？以市场为中心的流程重组中，问题的焦点在于市场效益的目标是什么？创造显著市场效益的因素有哪些？企业发展的机遇在哪里？供应链市场价值的积极作用如何？

（二）策略性和战略性成本管理的内容

在成本管理中，主要包括策略性的成本管理和战略的成本管理两种方法。策略性的成本管理通过价格浮动和降价来实现，而战略性的成本管理可以借助降低成本和成本清除达到目的。尽管在大范围内主动进行降价、成本降低、成本清除都可以达到降低成本的目的，但是重组的力度是不同的。

在价格浮动阶段，几乎没有价格控制，高层管理者还没有注重掌握供应链，与供应商依然保持着有冲突的竞争关系。

降价是真正进入成本管理阶段的标志，已经成为有效检验供应商优势和劣势的直接方法。并且降价还需要采用一些策略性的方法，如减少供应商、谈判和成本分析，这将实现供应商价格的部分减少。

成本降低和成本清除明显不同，它们意味着企业要采用更多的战略性成本管理方法，如应用越来越复杂的利润分析方法、供应链业务流程重组和计划流程等方法。成本管理的目标是制订完全透明的、共同控制的供应商联合发展计划，从而降低整个供应链成本。

价格和成本都是调控供应链增值能力和竞争优势的重要杠杆，而且全球货摊节约成本抵消了价格的压力，促使成本在供应链体系过程中发挥着巨大作用。

（三）策略性和战略性成本管理的作用

以价格为基础的策略性成本管理和以成本为基础的战略性成本管理的作用是不同的。战略性的成本管理依赖战略性的伙伴供应商关系和供应链管理来实现，与企业的发展融为一体。

战略性的成本管理能够有效降低整个供应链体系的成本，在实施过程中，主要采取目标成本管理方法。目标成本管理作为业务流程重组的过程，已经超出了企业内部流程的范围，面向最终客户的需求，有效集成供应商的业务流程，最大限度地满足变化的市场需求。

目标成本管理是由客户需求驱动的、价值传递的核心，客户可以以低于价值的价格购买商品。企业则可以成功地以很低的价格传递更多的价值给足够多的客户，创造更大的利润。目标成本需要对企业所有的功能进行整合，最大化企业和供应商的价值，可盈利地传递客户价值。

在成本压力的驱动下，企业会采取压缩资源的方式，但是资源的压缩会带来时间的延长。因此，需要在时间和成本之间进行平衡。

三、基于绩效的 BPR 策略

以绩效为目标的业务流程重组，就是依据分析、比较获得重组前后的绩效变化来决定进一步的行为方式。在绩效分析比较过程中，重点考虑标杆的作用和影响。因此，可以从横向和纵向两个不同的角度来分析。绩效分析是建立在绩效评估基础上的，绩效评估的好坏直接影响着绩效分析的能力。

（一）绩效评估策略

绩效评估是绩效分析的基础。在绩效评估过程中，会产生估算过低和估算过高的现象，使估算绩效偏离实际绩效。如果估算过低，将会使重组成本转移到绩效评估更高的流程上，从而产生无效的计划和错误，引发更高的成本；如果估算过高，根据规律，绩效增加时，消费随之增加，会抬高业务流程重组成本。

无论绩效评估的结果是过低还是过高，都会导致业务流程重组成本的增加，因此，应采取有效的策略寻找实际绩效和估算绩效的交汇点，提高绩效评估的准确性。

（二）绩效分析

在绩效评估的基础上，可以应用横向分析和纵向分析策略，综合评判业务流程重组绩效的高低，从而制定相应的重组策略。

1. 横向分析

在重组流程中，绩效评估和绩效分析可以建立在横向分析的基础上。如图 4－18 所示。

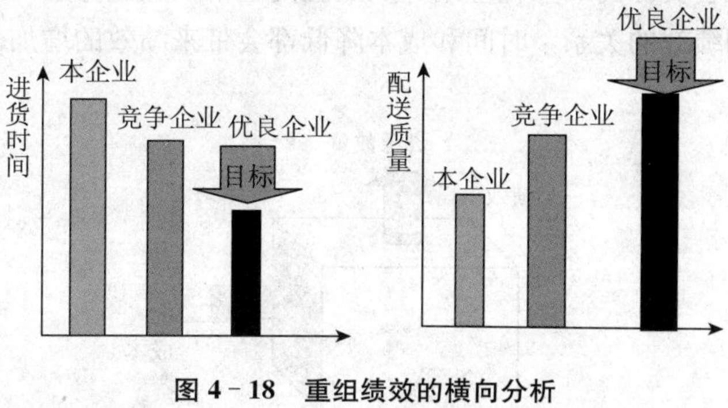

图 4－18　重组绩效的横向分析

在图 4－18 中，分析比较了本企业与竞争企业和优良企业在进货时间和配送质量两个流程上的绩效，特别突出了优良企业作为标杆的作用。

2. 纵向分析

在重组流程中，绩效评估和绩效可以建立在纵向分析的基础上。

在图 4－19 中，分析比较了企业目前与历史记录和优良记录在采购周期和服务质量两个流程上的绩效，特别突出了企业内部优良的历史记录作为标杆的作用。

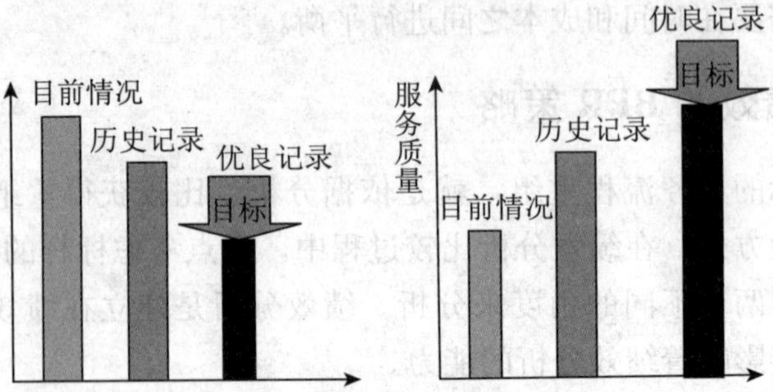

图 4－19　重组绩效的纵向分析

3. 基于绩效的重组流程

以绩效为轴心的业务流程重组策略，需要对重组流程的绩效进行评估，并比较绩效评估的准确性。通过绩效分析，可以进一步判断对流程结果是否满意，从而做出确定流程的决策（见图 4－20）。

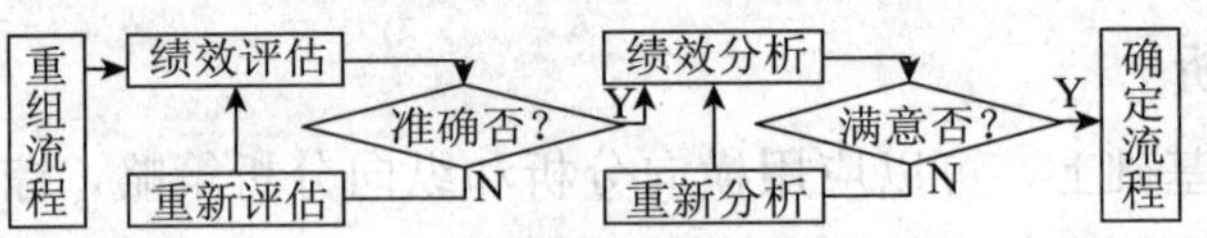

图 4－20　基于绩效的重组流程

以时间、成本和绩效为基础的供应链管理业务流程重组，更多地表现为三项标准的综合，从而创造供应链管理业务流程重组的综合效益，在时间约束和成本约束的条件下，将会带来社会资源的最大化应用，从而提高整个供应链体系的绩效。图 4－21 描述了时间、成本和绩效的关系，时间和成本降低都会带来绩效的增加。

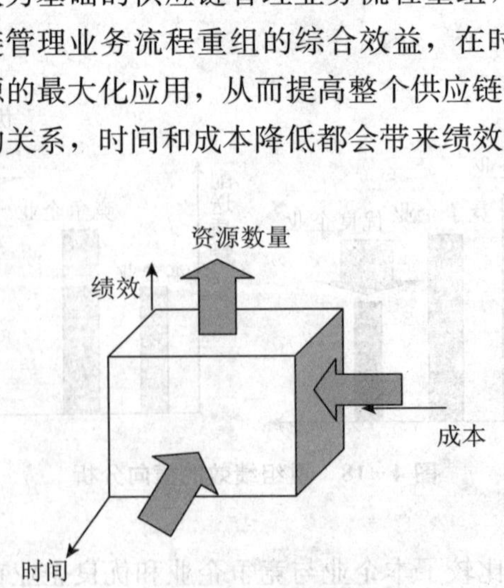

图 4－21　时间、成本和绩效的约束关系

第四节 供应链环境下的业务流程重组

导入案例

供应链管理环境下的 BPR 的成功案例

在 BPR 理论和供应链管理的思想结合在一起运用到企业的改革至今，国内外已经出现了相当成功的案例。在我国，供应链管理的思想和 BPR 理论都引入后，尝试使用供应链环境下的 BPR 改进企业管理。海尔集团就是其中的一个成功案例。海尔集团自创业开始在相继成功地实现了名牌战略和多元化战略之后，在 20 世纪末，适时地提出了国际化经营战略，其目标是海尔成为一个国际化企业，进入世界 500 强。为寻求公司的业务流程、企业的组织结构、员工素质及运营模式与国际化公司全面接轨，突破大企业的瓶颈，解决公司国际化经营过程中的诸多发展问题，海尔集团在全集团范围内，为面向全球的市场，对原有业务流程进行重新设计，进行了以供应链为纽带、以实现供应链管理为目标的 BPR，在业务流程、组织结构等方面与国际化大公司全面接轨，实现国际化海尔的效率和效益，全面提升了海尔的国际竞争力和发展潜力。

国外许多著名企业在进行供应链的改造的同时实施企业的 BPR。在美国，世界上最大的零售商沃尔玛公司就是一个最典型的案例，通过在供应链环境下的 BPR 的实施，沃尔玛公司确保了其在供应链中的核心企业的地位。沃尔玛公司与众多的供应商企业合作，共享信息和资源，建立了快速补货的管理信息和运作的体系。与传统零售商企业提供供货数量、质量、时间等需求信息给供应商企业，再由供应商企业配合备货、运送的方式不同，沃尔玛公司将每天的销售信息由信息平台瞬间发送到总部，同时通过软件包的分析和计算，再利用网络直接发送到供货商企业的信息平台中。与原来的 1 日模式相比，供货商企业对其商品销售的信息可以做到实时监控，可以快速地掌握沃尔玛公司中任何地区的商品销售情况，根据销售情况及时地调整生产，一旦发现某类商品货架的数量接近临界值，供货商企业则立即安排，主动送货。这样，对于沃尔玛公司而言不仅减少业务流程、保证了货源的及时配送，而且极大地降低了库存，减少了成本。对于与沃尔玛公司合作的供货商企业而言，能及时、准确地了解产品的销售情况，有利于供货商企业调整生产、减少库存、更好地了解顾客、调整企业战略、减少成本等。通过在供应链环境下的 BPR 的实施，沃尔玛公司和与沃尔玛公司合作的供货商企业创造了双赢的局面。

资料来源：http：//articles. e—works. net. cn/BPM/Article76964. htm.

思考：供应链环境下 BPR 成功的原因是什么？

一、供应链管理环境下的 BPR 主要特征

（一）供应链管理环境下的企业业务流程的主要特征

供应链管理环境下的业务流程有哪些特征，目前还是一个有待于进一步研究的问题。本书从企业内部业务的变化、制造商与供应商之间的业务关系的变化，以及信息处理技术平台三个方面，讨论给企业业务流程带来的变化。

1. 制造商与供应商之间业务流程的变化

在供应链管理环境下，制造商与供应商、或者制造商与分销商、供应商与供应商之间一般要借助于互联网或 EDI 进行业务联系，由于实施了电子化商务交易，许多过去必须通过人工处理的业务环节，在信息技术的支持下变得更加简捷了，有的环节甚至不要了，从而引起业务流程的变化。例如，过去供应商企业总是在接到制造商的订货要求后，再进行生产准备等工作，等到零部件生产出来，已消耗很多的时间。这样一环一环地传递下去，导致产品生产周期很长。而在供应链管理环境下，合作企业间可以通过互联网方便地获得需求方生产进度的实时信息，从而可以主动地做好供应或出货工作。例如，供应商企业可以通过互联网了解提供给制造商配件的消耗情况，在库存量即将到达订货点时，就可以在没有接到制造商要货订单前主动做好准备工作，从而大大缩短供货周期。由于这种合作方式的出现，原来那些为处理订单而设置的部门、岗位和流程就可以考虑重新设计。

2. 企业内部业务流程的变化

供应链管理的应用，提高了企业管理信息计算机化的程度。从国外成功经验看，实施供应链管理的企业一般都有良好的计算机辅助管理基础，不管其规模是大还是小。借助于先进的信息技术和供应链管理思想，企业内部的业务流程也发生了很大的变化。以生产部门和采购部门的业务流程关系为例，过去在人工处理条件下，生产管理人员制订出生产计划后，再由物资供应部门编制采购计划，还要经过层层审核，才能向供应商发出订货。这是一种顺序工作方式的典型代表。由于流程较长，流经的部门较多，因而不免出现脱节、停顿、反复等现象，导致一项业务要花费较多的时间才能完成。在供应链管理环境下，由一定的信息技术作为支持平台，数据可以实现共享，并且可以实现并发处理，因而使原有的顺序工作的方式有可能发生变化。举例来说，生产部门制订生产计划后，采购供应部门就可以通过数据库读取计划内容，计算需要消耗的原材料、配套件的数量，迅速制订出采购计划。通过查询数据库的供应商档案，获得最佳的供应商信息，就可以迅速向有关厂家发出要货单。更进一步地，可以通过互联网或 EDI 直接将采购信息发布出去，直接由供应商接受处理。

3. 支持业务流程的技术手段的变化

供应链管理环境下企业内部业务流程和外部业务流程的变化也不是偶然出现的。我们认为至少有两方面的原因。一是“横向一体化”管理思想改变了管理人员的思维方式，把企业的资源概念扩展了，更倾向于与企业外部的资源建立配置联系，因此加

强了对企业间业务流程的紧密性；二是供应链管理促进了信息技术在企业管理中的应用，使并行工作成为可能。在信息技术比较落后的情况下，企业之间、或企业内部各部门之间的信息传递都要借助于纸质媒介，制约了并行处理的工作方式。即使能够复制多份文件发给不同部门，但一旦文件内容发生了变化则很难做到同步更新，难以保证信息的一致性。在这种落后的信息处理情况下，顺序处理就成了最可靠的工作方式。现在情况不同了，为了更好地发挥出供应链管理的潜力，人们开发了很多管理软件，借助于强大的数据库和网络系统，供应链企业可以快速交换各类信息。

共享支持企业不同业务及其并行处理的相关数据库信息，为实现同步运作提供了可能。因此，实施了供应链管理的企业，其对内和对外的信息处理技术都发生了巨大变化，这一变化直接促使企业业务流程也不同程度地产生了变化。

二、供应链管理环境下企业 BPR 的几个问题

一般而言，BPR 就是抛开现状，在打破原来职能分工的基础上，按业务流程重新考虑管理模式。它不是对原来的不足加以修修补补，而是从“零”开始重新设计，因此，原有的结构与职能分工在 BPR 的过程中已没有意义。为此，在企业着手实施变革之前，首先要以企业的流程为中心，重组管理部门；然后再以现代计算机技术作为 BPR 的技术手段和物质基础。这样，就可以使先进的信息技术与先进的管理流程相匹配，最大限度地发挥出企业的竞争潜力。要使企业组织变革能达到这样的效果，就要在 BPR 指导下实施如下的企业业务流程重新设计的战略。

（一）从整体上把握工作流程的重新设计

过去企业在进行组织变革的过程中，往往把注意力放在提高某个瓶颈环节的效率上，很少从整体上考虑整个流程是否合理。BPR 则不同，它一切从“零”开始，从企业整体来考虑流程的再设计。因此，以 BPR 为指导的企业组织变革设计策略强调首先在人们头脑中树立起对整体流程重新设计的概念。供应链管理理念的核心是将资源配置从一个企业扩展到多个企业，因此，在这种环境下的工作流程设计不仅要考虑企业内部的部门重组，而且要把流程的工作特征考虑到相关企业中去。

（二）确定首要的企业流程重构的项目

企业中有各种各样的作业流程，结构十分复杂。全面铺开势必分散力量，难以取得成功。应该首先选择一些关键性的作业流程作为实施 BPR 的项目，以关键流程带动一般流程的重构。福特汽车公司北美财会部就是一个例子。它抓住付款流程的重构，带动采购和接收部门的工作流程的变化。实施供应链管理后，某企业与合作企业的信息沟通与共享方式发生了变化，因此，原来需要多个人、多个部门处理的业务，现在只由一个人就能胜任。在部门的选择上，可以考虑以销售部门（接受订单）或供应采购部门（发出要货订单）为核心展开 BPR。

（三）分析和评价现行作业流程

分析现行作业流程是为了找出存在的问题，以免在将来的流程中重新出现；评价

现行作业流程是为了对将来的改进找到一个“比较”的基准。例如，如果目标是缩短生产周期和降低成本，就要测出现行作业流程下生产周期和成本的准确值，作为将来评价供应链管理模式实施后在这两个目标上取得绩效的基准。

（四）选择合适的信息技术手段

现行的作业流程都是在传统管理模式下设计出来的，因而企业在工作流程上并没有与供应链管理及其信息支持体系有多大的关系。现在，在引入信息技术时，首先要明确定义企业职能部门和作业流程的实体，明确企业在供应链管理模式下运作的要求，然后再选择计算机系统和管理软件的开发环境。BPR 强调在作业流程设计的初始阶段就考虑信息技术的作用，根据信息技术的能力确定新的作业流程。因此，信息技术不仅是供应链管理的支持系统，而且还影响着新流程的构成。当前许多人都认为电子商务是 21 世纪企业经营的一个理想信息平台，因此，在对供应链管理企业流程的重新设计时也要考虑这一问题。

（五）设计和建立作业流程的原型系统

在对作业流程进行分析的基础上，用现代计算机辅助软件工具建立原型系统。这里所说的原型系统既包括软件系统，也包括组织系统。软件原型系统是指为支持新作业流程而开发的软件；组织原型系统是指为了使新作业流程正常运作而重新组织起来的人员和岗位。经过一段时间的运作，会发现新流程中存在的问题，会获得对新流程应有的认识和技术。企业便可以此为基础，建立更好、更完善的作业流程，为实施供应链管理模式打下基础。

（六）取得合作伙伴的支持和配合

供应链管理下的企业业务重构不同于单个企业内部的流程重构。企业除了要对其内部流程改造外，还必须改造与合作伙伴共同进行的业务，如与供应商企业的业务联系、与分销商企业的业务联系等。因此，在理想的情况下，供应链管理业务流程重构应该从整个系统出发，所有节点企业同步进行重构。退一步说，由于各个企业的情况千差万别，允许有先后顺序，但是应该着重做好有接口关系企业的协调工作，首先得到它们的配合，否则供应链的整体协调性就难以保证。

小链接

D 商场的供应链合作伙伴变革

D 商场是一家面积过万平方米的大型购物中心，由于意识到承包制带来的种种问题，一开始即建立了 10 人左右的采购中心，进货权、结算权全部集中在这 10 人手中，对 10 人的控制要比对近百人的控制简单得多。为了避免与卖场的矛盾，这 10 人同时兼任各卖场的副经理，采购部、卖场的利益绑在一起，供货商的“赠品”“回扣”“返点”采取三三制分配（商场、卖场、个人），将一些灰色收入公开化，对部门、人员的考核也建立了一整套核算、奖励机制，大家的积极性均被调动起来，商品信息反馈灵敏，进货层次减少，成本低，成为了当地零售业佼佼者。D商场将购、销分离获得成功，在于将采购人员、卖场人员组成了一个利益共同体，而不是对立方。

资料来源：http：//www. 3edu. net/lw/ERP/lw_ 47424. html.

三、供应链环境下业务流程重组的原则

为了有效地控制项目的实施并降低项目在实施过程中的风险，在实施过程中必须遵守以下原则。

（一）从职能管理转变为业务流程管理

业务流程重组强调管理要面向业务过程，对业务流程的管理以产品或服务和客户为中心，将决策点定位于业务流程执行的地方，在业务流程中建立控制程序。从而可以大大消除原有各部门间的摩擦、降低管理费用和管理成本，减少无效劳动和提高对顾客的反应速度、强化整体流程最优的系统思想。

在传统劳动分工的影响下，在企业内部，作业流程被分割成各种简单的任务，并根据任务组成各个管理职能部门，部门主管通常将精力集中于本部门个别任务效率的提高上，而忽视了企业的整体目标，即以最快的速度满足顾客不断变化的需求。同时在企业之间缺乏必要的沟通。

对企业进行业务流程重组实际上是系统思想在重组企业业务流程过程中的具体实施，它强调整体最优而不是单个环节或作业任务的最优。

（二）贯彻以流程为导向的思想

重组不仅是机构调整、还是减员增效，甚至也不是单纯的重新设计建造企业流程，所有这些改革都不足以涵盖企业重组的最终目标——将企业由过去的“职能导向型”转变为“流程导向型”业务流程重组以适应客户、竞争和变化为原则重新设计企业业务流程，然后根据业务流程管理与协调的要求设置部门，通过在流程中建立控制程序来尽量压缩管理层次，建立扁平化组织，提高管理效率。

（三）以人为本的团队式管理

重组后的企业业务流程，要求在每个流程业务处理过程中能够最大限度地发挥每个人的工作潜能与责任感，流程与流程之间则强调人与人之间的合作精神。可以说在知识经济时代，个人已转变为社会人，个人的成功与自我实现，取决于这个人所处的流程及整个流程能否成功，这样，绝对权威制度已经无法适应这种观念的转变。因此，必然要求建立以人为本的流程化、有机组织。通过这种组织来充分发挥每个人的主观能动性和潜能。

（四）以客户和供应商为导向

在知识经济时代仅靠企业自身的资源不能有效地参与市场竞争，还必须把经营过程中的各个方面，如供应商、分销商、客户等纳入一个密切相关的供应链中，才能够

有效地安排企业的运作，满足企业利用全社会资源快速高效地进行生产经营的需求，以便进一步提高效率并在市场上获得竞争优势。因此，重组时不仅要考虑企业内部的业务流程，还要考虑整个供应链的业务流程。

（五）信息资源的获取和共享

在传统的业务流程中，相同的信息往往在不同的部门都要进行存储、加工和管理，这其中存在很多重复性劳动甚至无效劳动，很多企业甚至建立专门的部门收集和处理其他部门的信息。随着信息技术的发展及其在企业中的应用，信息处理完全可以由在不同业务流程中的人员完成。通过业务流程重组确定每个流程应该采取的信息，并通过信息系统的应用，实现信息在整个流程上的共享。

实训

供应链环境下某企业业务流程重组

（一）实训目的

1. 通过实地调研，熟悉企业业务流程分析的具体操作步骤，理论联系实践。
2. 培养学生的方案规划、设计能力。

（二）实训内容

调查某企业，在分析企业某一方面流程存在问题的基础上，基于供应链的视角，重组形成新的企业业务流程。课业设计应包含如下内容：

1. 企业业务流程分析，例如办理托运的流程、订单处理流程等。
2. 企业业务流程存在的问题分析。
3. 新的企业业务流程方案设计。

习题

一、单选题

1. 下列关于业务流程重组说法错误的是（　　）。

A. 最早是由美国哈默博士首先提出的　　B. 核心是面向顾客满意度的作业流程

C. 实施 BPR 是单纯的技术问题　　D. BPR 是一种思维方式的转变

2. BRP 的核心思想是（　　）。

A. 以职能部门为中心，重新设计企业管理过程

B. 以业务流程为中心，重新设计企业管理过程

C. 以供应商为中心，重新设计企业管理过程

D. 以经销商为中心，重新设计企业管理过程

3. BRP 的核心思想是打破（　　）的管理方式。

A. 以职能设置部门　　B. 以业务流程为中心

C. 以产品设置部门　　D. 以地区设置部门

二、问答题

SCOR 操作模型主要有几个组成部分？有几个层次？简述企业如何运用 SCOR 来进行供应链的管理？

三、案例分析题

西北某电信公司的业务流程重组案例

西北某电信公司成立于 2004 年，是隶属于中国电信集团公司的分支机构。主要经营固定电话、移动通信、卫星通信、互联网接入及应用等综合信息服务。公司成立的时间不长，凭借着“技术为导向”的先端优势，该电信公司赢得了许多地方性市场先机，但是随着电信行业竞争压力的加大，电信行业仅仅以“技术”获得先机的时代已经过去了。以用户为中心的、对市场需求敏感的运营理念已经成为电信行业发展、壮大的核心要素，该电信公司过去的管理模式已经明显不适应这样的变化，急需改革管理模式。

该电信公司仍然沿用着“以技术为先导”的管理运营模式，对于新的综合服务的市场需求缺乏感受力。在企业战略转型的关键时期，管理运营能力不适应行业新的发展需要和挑战，该公司的管理问题不断的暴露出来。集中在领导层管控缺失的问题大致有如下几点：

（1）坚固的部门墙。该电信公司以业务为划分依据，形成了各个业务部门。而旗下的业务部门各自为战，就造成了该电信公司在销售方面，移动、宽带和商业服务无法形成一个全套的服务能力，对不同用户的需求无法迅速做出反应，没有形成一个融合式的服务。这样不仅会带来部门之间沟通与协调成本的居高不下，也将无法适应消费者日益复合式的服务需求。

（2）领导者一旦缺失，管理体系“瘫痪”严重。该电信公司的各个部门领导人经常会外出和开会，而领导人掌握着整个部门的资源和审批的权利，这样就会造成整个部门因为领导人的缺失而工作停滞的现象发生。

在与该电信公司内部管理层进行大量沟通与访谈后，并认真剖析该公司出现的以上管理问题，我们认为问题出现的深层次原因在于：

（1）在观念与文化方面，该电信各个业务部门领导人依然习惯于传统的行政职能式管理，企业内部尚未形成职能化管理向流程化管理转变的文化氛围和工作环境。

（2）在体系与方法方面，流程与管理规范的制定与实施缺乏系统思考——部门之间存在本位主义。

（3）在实施与应用方面，人力资源管理仍处在“事后管理”阶段，没有建立管理缺失和断层后的人才备份体系。

解决方案：

电信行业已经进入了“消费者帝国”的时代，今后的电信行业在企业发展战略规划方面也是沿着“用户为导向”的管理运营理念。该电信公司出现以上两种问题的原因在于各个业务部门仍然以部门的业绩为导向，忽视了公司总体战略目标——提高顾客满意度的重要性。解决的原则就是以“顾客满意”的出发点，建立各个部门协同的复合式服务体系，不断满足顾客对于成本、效率和服务质量的要求。

1. 建立为客户创造价值的流程管理机制，实现职能化管理向流程化管理转变

（1）建立规范的业务流程体系。针对该公司各个部门从部门领导到员工仅仅以部门业绩为导向的现象，要改变过去职能化的管理模式，建立起一套规范的以服务顾客为导向的整个公司的业务流程体系。这样不仅破除了过去不同业务部门“各自为政”的割据局面，有利于整个公司所有业务部门的融合化运营，为顾客建立起一套全面的复合式服务体系，满足顾客多元化的服务需求。

（2）定期评估流程的运作绩效。该公司过去的绩效评估体系是以部门为划分依据的，现在改变成以整个公司业务流程的运作绩效的考核，将极大地促进各个部门参与到公司整体的运营中来。过去以岗位职能为基础的绩效考核体系不仅加剧了公司内各个部门之间的恶性竞争，还不利于公司整体业绩的提升。通过改变人力资源管理中的绩效评估体系，将会使规范化的业务流程体系得以落地和有效运行。

（3）建立流程持续化的机制。流程建立后如何让其在公司内部得到有效的运行，还需要建立一系列的持续化的机制。包括办公管理体系、人力资源管理体系、财务管理体系、计划建设管理体系、审计管理体系、监察管理体系、安全保卫管理体系、工会体系和应急流程一系列体制机制的建立和完善。

2. 关键干部引入多级代理人体系，客观上保障部门内运作效率的提高

该公司各个业务部门都存在着这样的现象——关键岗位人员外出或开会期间部门工作进入一种瘫痪的状态。主要原因在于在各个业务部门有许多的事情经常需要部门领导批准和同意后才能进行，而部门领导经常会因为工作需要外出或开会，而部门流程就因此中断，使部门的工作完全的停滞。这样不仅造成整个部门的工作效率大大降低，甚至影响公司整体业务流程的进行，最终导致公司对外形象大打折扣，顾客的满意度大大降低。

面对企业内外部环境变化的需要，对人力资源管理进行前瞻性规划和准备是十分必要的。而人才储备是人力资源管理的“事前准备”的关键，更应受到重视。在本案例中，该电信公司面临着行业竞争环境的变化，公司的管理模式需要从过去的“以技术为导向”向“以市场和客户为中心”进行转变。在该电信公司的公司战略需要变革时，将代理人机制引入企业内部，不仅有利于解决企业关键岗位缺位的问题，也是类似于企业内部轮岗，通过内部培养复合型人才的方式储备人才的一种有效途径。对于引入分级代理人的解决方案，可参考如下三点：

（1）组织实现快速协调的关键往往在于部门领导，引入分级代理人机制，能够减少部门主管此方面的负担，提高企业效率。

（2）分级代理人的引入，有利于企业内部连带责任体制的建设。在该安排下，一项工作发生错误，分级的连带责任人也要承担相应责任。

（3）在组织管理方面，需要配套的流程来完善分级代理人机制，确保分级管理体系有效实施。一方面，不仅要在部门内部贯彻分级管理体系，还要让其他部门或相关单位也了解该分级代理人安排；另一方面，要将分级代理人固化在部门的管理流程中，以确保组织运行的效率。

资料来源：http：//club. ebusinessreview. cn/blogArticle-218781. html.

思考：该电信公司是如何一步步进行业务流程重组的？是否还可以进一步优化业务流程？

第五章　供应链信息管理

第一节　概论

导入案例

信息系统助力戴尔供应链管理

戴尔公司的供应链包括有两个有效环节：顾客订购和生产环节，原材料与零部件的获得环节。戴尔公司的销售模式为直销，不通过中间商或分销商来销售产品，而是直接面对顾客，它是通过生产而不是通过成品库来满足顾客的需求。因此，其生产环节便成为顾客订购环节中顾客订单完成过程中的重要组成部分。戴尔公司的生产哲学是“每单定制”，这种生产成功主要取决于终极仓库概念和先进的软件平台基础上的物流系统。戴尔公司每年的在制品周转次数大约为 264 次，而戴尔公司本身只保持不超过 6 天的库存。来自全球范围内的 50～60 家部件供应商为戴尔公司在得克萨斯州奥斯汀市和田纳西州纳什维尔市的两个生产工厂提供部件，戴尔公司要求供应商在两个小时内对其订单做出反应，供应商要达到这个目标的唯一方法就是利用物流公司提供的先进物流管理，位于佛罗里达州迈阿密的 Ryder Integrated Logistics 公司承担了这项物流服务，Ryder 公司的主要任务是管理供应商为戴尔公司提供的库存直至将它运至戴尔的工厂，通过 Kanbans 的信息管理系统进行补货，为戴尔公司生产工厂管理运作库存，使戴尔公司在销售运作中的产品预测和旺季预测等工作上取得了巨大的成绩。从供应商将部件运至 Ryder 公司开始，Ryder 公司的集成化运作流程和物流管理就贯穿于整个物流运作中，从而为戴尔公司带来了巨大的增值。

资料来源：http：//wenku. baidu. com/view/faff70ef941ea76e58fa0418. html.

思考：信息对于戴尔供应链的作用是什么？

在供应链管理中，信息管理是其中的一个重要部分。伴随在业务功能中的信息管理的目标总是与该业务功能的目标相一致并提供支持。供应链管理的目标是将整个供应链上的所有环节的市场、分销、制造和采购活动联系起来，以实现物流与客户服务的高水平和低成本，以赢得竞争优势。因此，供应链中信息管理的目标是通过有效管理和控制供应链中信息流及信息流程的各个环节，为供应链各环节业务的开展提供信息支持，及深入开发供应链信息资源的价值，以保证供应链目标的实现和获得额外的信息资源效益。

一、供应链中的信息构成

（一）从供应链环节的角度划分

1. 原材料采购信息

原材料采购信息主要包括供应商基本情况，供应商供货及产品类型、价格情况，物料需求计划，物料订购与订单信息等。

2. 生产信息

生产信息包括生产的产品类型、数量，在哪里生产，怎样生产，生产进度的安排，生产工艺技术，生产成本，物料需求清单等信息。

3. 分销和配送信息

分销和配送信息包括分销商的销售计划、库存状况，物流运送的途径、成本，配送的网络规划等信息。

4. 顾客需求与订购信息

顾客的需求信息可以从顾客的主动表达如顾客直接当面表述、顾客打电话到营销中心、顾客通过网络递交等来获得，企业也可以通过主动搜集如市场调查、购买等获取。现实的销售通过顾客的订购来体现，哪些顾客购买什么货物，在哪里购买，数量多少，价格高低等是这方面的主要信息。

小链接

Bay公司的供应链信息管理

Maynard Webb，这家网络设备制造商的CIO说道："很多年以来，我们一直希望每天都能得到我们分销商当天的情况。"有了这些信息后，公司就可以更好地按需生产。

Bay网络公司的外部网叫Partner Net，通过这个网，Bay网络公司可以及时地向它的分销商们发布他们需要的销售情况信息。他们还要调整各分销商反馈销售信息的时间间隔，因为对于某些分销商，只要了解他们每周的销售点情况就可以了，不必每天都了解。以前每天一次提供销售报告，现在则是每周提供一次，这要求分销商们对他们的订单系统作一些改进。开始分销商们并不乐意做这种额外的工作，但Webb指出，Partner Net可以给分销商们提供许多关键性信息，如Bay公司的产品性能、库存情况等，为了获得这些信息，分销商们对自己的系统作一些改动是值得的。

Webb说，如果你允许外界访问你的一些敏感数据，如产品规划等，那么安全性是主要考虑的问题。为了解决这个问题，Bay公司给每个分销商和原材料供应商都分配了唯一的帐号和口令，使他们只能获得与自己业务有关的信息。例如，一个分销商可以了解自己未交付订单的情况，但是不能了解别人的。

为了获得Bay公司的ERP数据，大多数原材料供应商都利用他们的浏览器，从Partner Net上把Bay的产品规划信息下载到一个电子表格程序中，然后把这些数据导入到自己的数据库系统中。

资料来源：http：//www.docin.com/p-719968082.html.

(二）从供应链流程执行顺序角度划分

依据对顾客需求的执行顺序的不同，供应链上的所有流程可以分为两类，即推动流程和拉动流程。在拉动流程中，需求是已知的、确定的，也就是说它是对顾客实际需求的反应；而在推动流程执行过程中，需求是未知的，因此必须进行预测，也就是说，它是依据预测进行的，而不是对顾客实际需求的反应。例如，在戴尔公司，PC组装线的起点就代表推/拉边界，在组装过程中和此后的所有流程中，也就是生产和销售环节是由顾客的需求来启动的。然而，公司并不依据顾客订单来确定原料采购，而是预测顾客需求，并据此补充库存。

(三）从供应链层次结构的角度划分

从供应链层次结构的角度划分包括四个层次：供应链信息、企业信息、工作组信息和个人信息。

二、供应链中信息的特征

1. 信息必须真实准确

只有真实准确地描述供应链状况的信息，才能作为决策的依据。由于供应链中的信息来源多样，信息量大且覆盖范围广，有时很难保证所有信息都百分之百的正确，但要求所得到的信息描述的事实至少没有方向性的错误。

2. 信息必须能及时获取和利用

有时，虽然信息本身是真实正确的，但没有及时地收集、加工、利用，而信息描述的事物已经发生了变化，从而降低甚至失去了信息的价值。

3. 信息的完整性

供应链中的信息应该是所有与供应链管理和决策有关的信息，同时又舍去了那些无关或无用的信息的集合。

4. 信息的不完全性

客观事实的信息总是不可能全部得到，一方面是由于人的认识程度，另一方面是考虑信息获取成本，因此我们不可能也没必要追求得到供应链的所有信息。

5. 信息量大面广

供应链组成复杂，活动和环节多；同时供应链中的信息覆盖了供应商、制造商、销售等所有环节以及客户，造成信息量大面广。

6. 信息应该共享

通过共享能有效减少牛鞭效应，实现供应链无缝连接，使其有效性最高。但各个企业出于自身利益和风险防范等因素考虑，可能不愿将自己的信息完全共享，这使整个供应链的成本增加和效率降低。

7. 信息处理难度大

供应链信息处理的难度不仅因为信息来源不同和信息量大面广，而且由于供应链中各节点企业只是协议合作关系，他们所关注的重点和追求的目标不同，并且这些目标可能存在矛盾和冲突，因而所传递的信息对于整个供应链管理的价值差异很大。

三、供应链中的信息管理模式

（一）企业级分散式信息管理模式

在供应链的节点企业内部，信息可以采用分散管理的方式，也就是各个部门根据自己的业务和职能进行相应的信息管理，信息在部门之间传递，由部门决定信息传递的方向和内容。这种模式的特点是：每个部门对自己业务范围内的信息进行收集、传递、存储、加工和使用，对信息的流向和内容都有决定权，能灵活掌握信息需求及信息的传播时间、地点和方式；但是，企业不能从整体上把握信息的流向和内容，缺乏宏观调控能力，从而导致信息管理的混乱无序，信息管理和利用效率都下降，严重的还可能导致管理失控。所以，这种模式主要应用在工作组信息和个人信息的管理。

（二）企业级集中式信息管理模式

为了提高企业的整体信息管理和利用效率，实现信息的集中统一管理，进一步开发信息资源，企业通常会建立一个中心数据库和成立信息管理中心。企业实行信息化管理，建立各种应用信息系统（如管理信息系统、决策支持系统），在技术层面上，都要建立一个中心数据库，对组织的数据进行集中统一的存储和管理，这有利于实现数据共享，减少数据冗余，维护数据完整性和一致性。同时，成立一个专门信息管理机构来负责信息和信息系统的管理。此时，信息的存储、加工、传递都由这一部门来负责，并且控制信息流的流向和内容。这种方式使信息的流动缺乏灵活性。通常企业数据是集中在数据库中管理的，对信息管理都不会单纯采用分散式管理或集中式管理，而是两种方式的结合。一般作业级信息和部分战术级信息采用分散管理，还有部分战术级信息和战略级信息会采用由信息中心集中管理方式。

（三）供应链级分散式信息管理模式

信息在供应链中的各企业的各部门之间传递，由部门决定信息的内容和流向，信息的管理处于一种自发的分散的状态。在这种方式下，企业难以控制内部信息，容易泄露机密信息而造成风险，同时，整个供应链的信息一致性也差，难以形成有效一致的供应链信息流，从而供应链效率低下。这一方式主要存在于供应链的初始形成阶段和随机性的不稳定供应链系统中。

（四）两级综合协调信息管理模式

由于各企业一般采用信息集中管理方式，各部门都是与该企业信息中心进行信息传递。企业与供应链中其他企业的信息传递主要由信息中心负责控制，部门也可以直接访问其他企业信息中心，比如查询产品信息，同时为保证整个供应链中信息的一致性和完整性，通常由核心企业的信息中心负责整个供应链信息流管理，即充当供应链信息交换中心角色，由它控制上下游的信息传递。该信息管理模式特点有：

（1）具有一定的分散管理的灵活性，信息能够比较及时地沟通，同时又具有集中管理的宏观协调能力，信息集中统一管理，提高了信息的一致性和共享性，形成完整协调的供应链信息流，使供应链管理效率得以显著提高。

（2）供应链管理实际上是一种群体决策机制，物流、信息流应同步处理并且能够顺畅、快捷的流动。这一信息管理方式，能使人在正确的时间和地点以正确的方式获得信息和物质，从而保证了供应链的效率。

（3）核心企业承担了较多的信息管理工作，付出了更多的成本，而且，核心企业可能出于自私利益的考虑和信息管理技术和能力的不足，使供应链信息风险增加。

（五）供应链级集成式信息管理模式

在供应链之外建立一个独立信息集成中心，该中心能够进行信息收集、存储、加工、传递和维护。供应链中各节点以及物流公司的主要信息包括需求、预测、计划、供应、销售、库存、运输等都集中在这个中心，形成共享信息源。在这种模式下，各节点之间不必也不能直接传递信息，而是通过高速通信通道与信息集成中心建立实时连接来访问或递交有关信息，从而实现所有信息在整个供应链上的实时共享。

该模式优势：一是能够实现供应链中信息的实时共享。这不但能克服由于信息的层层传递而产生的“牛鞭效应”，还能使新的变化信息迅速传递到各节点，各节点能作出同步反应，提高了供应链的环境适应性和快速反应能力。二是提供了一个各企业进行信息交流的场所。供应链中的决策是群体决策，信息的实时充分交流保证了这种决策的准确性和一致性，从而提高了供应链的整体协调能力。三是信息集成中心独立于供应链之外，不受节点企业的控制和他们之间的利益影响，这保证了信息的透明度和稳定性，大大降低供应链信息风险。四是这种模式增强了供应链及企业的开放性和动态性。随着环境的变化，供应链要不断地进行调整，而这种模式下，信息集成中心是供应链的核心联结点，企业进入或退出供应链，只要建立或撤消与该中心的通信通道，同时，企业能够很容易地成为多个供应链的成员。五是这种模式能够方便地实现信息管理外包，提高管理效率。

信息集成中心可由供应链中核心企业来管理，也可以委托第三方 ASP 来进行管理。由 ASP 进行管理有利于降低整个供应链成本，提高信息管理的技术适应性，使企业专注于其核心能力，所以通常更加有效。

第二节　供应链管理中的主要信息技术

导入案例

条码技术在物流中的应用案例

上海联华的现代化配送中心、宝供的物流中心等都采用了一些国际上最新的条码技术。在它们所用到的条码中，除了商品的条码外，还有货位条码、装卸台条码、运输车条码等。配送中心在业务处理中的订货、收货、入库、理货、在库管理、配货、补货等作业流程中都大量应用了条码技术，条码应用几乎出现在整个配送中心作业流程中的所有环节。

传统的人工理货方式要求物流作业人员把收到的商品搬运到仓库的货架上，往往费时费力。应用条码技术，则可以在搬运商品之前，首先扫描包装箱上的条码，计算机就会提示作业人员将商品放到事先分配的货位，作业人员将商品运到指定的货位后，再扫描货位条码，以确认所找到的货位是否正确。这样，在商品从入库、搬运到货位存放整个过程中，条码起到了相当重要的作用。商品以托盘为单位入库时，把到货清单输入计算机，就会得到按照托盘数发出的条码标签。将条码贴于托盘面向叉车的一侧，叉车前面安装有激光扫描器，叉车将托盘提起，并将其放置于计算机所指引的位置上。在各个托盘货位上装有传感器和发射显示装置、红外线发光装置和表明货区的发光图形牌。叉车驾驶员将托盘放置好后，通过叉车上装有的终端装置，将作业完成的信息传送到计算机。这样，商品的货址就存入计算机中了。这种条码扫描方式可以大大减少手工操作的出错率。

资料来源：http：//www. cn-smt. com/solution_ show _ 967. html.

思考：条码技术对于供应链运作的作用是什么？

信息技术的发展，使企业内部信息化进程大大加快，一方面进行纵向的上下信息传递，把不同层次的经济行为协调起来；另一方面进行横向的信息传递，把各部门、各岗位的经济行为协调起来，通过信息技术处理人、财、物和产、供、销之间的复杂关系，使管理人员随时掌握自己公司的生产和库存等状况，控制企业的能力从广度和深度上都大大加强。

信息技术在供应链管理中的主要作用，首先在于将供应链上的企业紧密地连接起来，使链上的信息路线与产品的物理运动路线相一致，这样各个企业能够共享链上的信息，有效协调各自的行为。其次，信息技术也为供应链企业之间合作开发实施并行工程提供了强有力的技术支持，使供应链企业间合作的广度和深度都大大加强。最后，信息技术的应用范围涉及整个供应链企业的经济活动，直接影响供应链企业供应、生产、库存、销售中任何一环的成本。信息技术的应用大大降低供应链企业的交易成本，建立与供应商、分销商和客户更快、更方便、更精确的电子化联络方式，实现信息共享和管理决策支持，使供应链企业能以低成本实现共享管理，并能随着管理规模的扩大形成规模管理效应。

一、条码技术

条码（Bar Code）是由一组规则的条、空及字符组成，用以表示一定信息的代码。

条码技术是一种光电扫描识读并实现信息自动输入计算机的图形标记符号，是由不同粗细平行线按特定格式安排间距的条码符号和字符组成的一种标记。在流通和物流活动中，为了能够迅速准确地识别商品、自动读取有关商品信息。21 世纪人类进入信息时代，计算机自动识别输入技术显得尤为重要。在众多的自动识别技术中，条码技术越来越被人们所重视和接受，已成为当今主要的计算机自动识别技术。最初条码技术是借助计算机实现商品流通领域中传递商品信息而产生的一种自动识别技术。目前条码技术已广泛用于商业、金融业、交通运输业、医疗卫生、邮电、制造业、仓储业等，一些管理部门也已开始将条码技术应用于管理工作，如驾驶证、身份证的管理等。条码技术的应用极大地提高了工作效率，提高了数据采集的信息处理的速度，为供应链发展做出了积极的贡献。

（一）条码的功能

1. 条码是物流信息系统的基础

条码所包含的是信息数据，是系统中物流对象的一部简要说明书，通过条码单元将大量信息集中起来，就能使信息的采集和录入工作电子化。依靠这个系统，构筑了物流信息系统的开端。

2. 沟通国际物流

条码系统的条形码实际上是一种国际通用语言，通过对条码识别，可以进行国际沟通。现代物流系统的国际化趋势，通过条码系统进行这种国际间的沟通，就省却了在不同国家语言文字的转换问题，有力地支持了物流的国际化，更好地实现国际物流。

3. 条码已成为产品流通、销售的通行证。

若将条码定位、印刷（标贴）在不同的商品或者包装上，通过光电扫描输入电脑，我们能在数秒内得知不同商品的产地、制造商家、产品属性、生产日期、价格等一系列的信息。同时，对提高商品的档次、打开销路促进销售、加强商品包装及各行业现代化管理起着重要作用。

4. 条码为大市场、大流通服务

实现条码化能够在速度、准确率和工作效率等方面给使用者带来许多便利和优越性。因此，条码技术含量的增加，不能仅仅停留在系统成员的发展、条码注册的增加上，还应认识到，商品条码是建立大市场、大流通必不可少的信息产业。

（二）条码分类

条码按使用方式分为直接印刷在商品包装上的条码和印刷在商品标签上的条码。

1. 商品条码

以直接向消费者销售的商品为对象、以单个商品为单位使用的条码。商品条码直接和消费者见面。

2. 物流条码

物流是生产和消费之间的纽带，为了实现以最小的投入获得最大的经济效益，就要使物流过程快速、合理、消费低，将物流、商流、信息流综合考虑，发挥物流系统的功能效用。物流条码可以使我们更好地实现这一目标。利用识读设备可以实现自动识别、自动数据采集。在商品从生产厂家到运输、交换整个物流过程中都可以通过物流条码来实现数据共享，使信息的传递更加方便、快捷、准确，提高整个物流系统的经济效益。

与商品条码不同（见表5-1），物流条码是货运单元唯一标识。货运单元是由若干消费单元组成的稳定的和标准的产品集合，是收发货、运输、装卸、仓储等物资业务所必需的一种物流包装单元，是多个或多种商品的集合，应用于现代化的物流管理中。

表5-1　　商品条码与物流条码的比较

	应用对象	数字构成	包装形状	应用领域
商品条码	向消费者销售商品	13位数字	单个商品包装	POS系统、补充订货管理
物流条码	物流过程中的商品	14位数字	集合包装	出入库管理、运输管理

国际上常用的商品条码和物流条码有下列几种：

1. EAN-13码

EAN-13码是国际通用符号体系，它是一种定长、无含义的条码，没有自校验的功能。EAN条码是国际上通用的商品代码，主要是由13位数字及相应的条码符号组成，常用在普通商品的外包装上（见图5-1）。

6 901234 567892

图5-1　EAN-13条码示例

2. 交插二五条码

交插二五条码在仓储和物流管理中被广泛采用。1983年，交插二五条码完整的规范被编入有关物资储运的条码符号美国国家标准，并于1998年3月开始实施。它是一种连续、非定长、具有自校验功能，且条空都表示信息的双向条码。常用于定量储运单元的包装箱上。

3. EAN/UCC-128码

它是由国际物品编码协会、美国统一代码委员会和自动识别制造商协会共同设计而成。它是一种连续的、非定长的、有含义的高密度代码。128条码能够更多地标识贸易单元的信息，如产品批号、数量、规格、生产日期、有效期、交货期、交货地等。

对128条码的印制要求较宽松，在许多粗糙、不规则的包装上都可以印制，128条码的识别要比前两种码制的识别容易得多。

4. ITF-14/20条码

物流过程中的以商品为对象、以包装商品为单位使用的条码。由14位数字组成，除了第1位外，其他13位数字代表的意义与商品条码的相同。物流条码第1位数字表示物流识别代码，在物流识别代码中1代表集合包装容器装6瓶酒；2代表装24瓶酒。例如，物流条码26902952880041代表该包装容器装有中国贵州茅台酒厂的白酒24瓶。

（三）条码的编码结构

条码的码制是指条码符号的类型，每种类型的条码符号都是由符号特定编码规则的条和空组合而成，都有固定的编码容量和条码字符集。下面以EAN条码的编码结构为例予以说明。如表5-2所示。

1. 前缀码

前缀码由三位数字组成，是国家的代码，国际物品编码委员会统一决定我国的代码为690、691、692、693、694等。

2. 制造厂商代码

制造厂商代码由五位数字（格式一）、四位数字（格式二）或三位数字（格式三）组成，我国物品编码中心统一分配并统一注册，一厂一码。

3. 商品代码

由四位数字（格式一）、五位数字（格式二）、六位数字（格式三）组成，表示每个制造厂商的商品，由厂商确定，可表示十万种商品。

4. 校验码

由一位数字组成，用以校验前面各码的正误。

表5-2　　EAN-13条码编码结构

结构种类	厂商识别代码（含前缀码）	商品项目代码	校验码
格式一	$X_{13}X_{12}X_{11}X_{10}X_9X_8X_7$（7位）	$X_6X_5X_4X_3X_2$（五位）	X_1
格式二	$X_{13}X_{12}X_{11}X_{10}X_9X_8X_7X_6$（8位）	$X_5X_4X_3X_2$（四位）	X_1
格式三	$X_{13}X_{12}X_{11}X_{10}X_9X_8X_7X_6X_5$（9位）	$X_4X_3X_2$（三位）	X_1

例如，商品条码6902952880041中，690代表中国，2952代表贵州茅台酒厂，88004代表53%（V/V）、500毫升的白酒。

（四）二维码

条码技术自问世以来，因其具有自动识别功能、与管理对象唯一对应并可分级管理对象等特点，已经广泛应用于各行各业。传统的一维码由于信息量的限制，不得不依赖数据库的存在，适用范围受到大大的限制。二维码和传统的一维条码一样，是一种图形数据文件，制作成本低，制作过程非常简单。同时其又具有信息容量大、纠错性能好等特点，我们可以用一个二维条码表示物品的相关信息和其他附属信息，如价格、名称、制造厂、生产日期、重量、有效期、检验员等。

二维码可以分为堆叠式（行排式）二维条码和矩阵式二维条码。堆叠式二维条码形态上是由多行短截的一维条码堆叠而成；矩阵式二维条码以矩阵的形式组成，在矩阵相应元素位置上用“点”表示二进制“1”，用“空”表示二进制“0”，“点”和“空”排列组成代码。

1. 堆叠式二维条码

堆叠式二维条码又称堆积式二维条码，其编码原理是建立在一维条码基础之上，按需要堆积成二行或多行。它在编码设计、校验原理、识读方式等方面继承了一维条码的一些特点，识读设备与条码印刷与一维条码技术兼容。但由于行数的增加，需要对行进行判定，其译码算法与软件也不完全相同于一维条码。有代表性的行排式二维条码有：Code 16K、Code 49、PDF417、MicroPDF417 等。如图 5-2 所示。

图 5-2　PDF417 二维条码示例

2. 矩阵式二维码

又称棋盘式二维码，它是在一个矩形空间通过黑、白像素在矩阵中的不同分布进行编码。在矩阵相应元素位置上，用点（方点、圆点或其他形状）的出现表示二进制“1”，点的不出现表示二进制的“0”，点的排列组合确定了矩阵式二维条码所代表的意义。矩阵式二维条码是建立在计算机图像处理技术、组合编码原理等基础上的一种新型图形符号自动识读处理码制。具有代表性的矩阵式二维条码有：Code One、MaxiCode、QR Code、Data Matrix、Han Xin Code、Grid Matrix 等。QR Code 二维条码如图 5-3 所示。

图 5-3　QR Code 二维条码示例

（五）条码技术的应用

由于条码技术的优越性，促使条码近年来应用范围越来越广。主要包括以下内容。

1. 大型超级市场或购物中心中的应用

超级市场中打上条码的商品经光笔扫描，自动计价、并同时作销售记录；公司可用这些记录作系统统计分析、预测未来需求和制订进货计划。在美国、欧洲、日本等的超级市场中，未打条码的商品只能作为等外品出售，卖不到应有的价格。

2. 条码技术在物流配送中的应用

配送是产品流通的重要环节。以美国最大的百货公司 Wal-Mart 为例，该公司在全美有 25 个规模很大的配送中心，一个配送中心要为 100 多家零售店服务，日处理量约为 20 多万个纸箱。每个配送中心分为三个区域：收货区、拣货区、发货区。在收货区，一般用叉车卸货。先把货堆放到暂存区，工人用手持式扫描器分别识别运单上和货物上的条码，确认匹配无误才能进一步处理，有的要入库，有的要直接送到发货区，称作直通作业，以节省时间和空间。在拣货区，计算机在夜班打印出隔天需要向零售店发运的纸箱的条码标签。白天，拣货员拿一叠标签打开一只只空箱，在空箱上贴上条码标签，然后用手持式扫描仪识读。根据标签上的信息，计算机随时发出拣货指令。在货架的每个货位都有指示灯，表示那里需要拣货以及拣货的数量。等拣货员完成该货位的拣货作业后，按一下“完成”按钮，计算机就可以更新其数据库。装满货品的纸箱经封箱后运送到自动分拣机，在全方位扫描器识别条码后，计算机指令拨叉机构把纸箱拨入相应的装车线，集中装车运往指定的零售点。

在国内，条码在加工制造和配送中的应用也已经有了良好的开端。红河烟厂就是一例。成箱的纸烟从生产线下来，汇总到一条运输线。在送往仓库之前，先要用扫描器识别其条码，登记完成生产的情况，纸箱随即进入仓库，运送到自动分拣机。另一台扫描器识读纸箱上的条码，如果这种品牌的烟正要发运，则该纸箱被拨入相应的装车线；如果需要入库，则由第三台扫描器识别其品牌。然后拨入相应的自动码托盘机，码成整托盘后通达运输机系统入库储存。条码的功能在于大大提高了物品的效率，而且提高了库存管理的及时性和准确性。

3. 条码技术在国际贸易、国际物流的诸多环节中的应用

条码在国际贸易与国际物流中的应用于与在 CIMS 等国内生产、流通中的应用相

比，前者要复杂得多。这是由于国际贸易的商品交易、商品流通的难度所致。由于条码技术的优势，其在国际贸易、国际物流中的应用范围将更加广阔，也更复杂。包括：

（1）进出口货物的订货业务。出口商品进入仓库的检查验收处理、商品检查验收及外发商品在库中的保管等，均采用条码技术进行识别、标签、定位入格等。

（2）大型国际配送加工中心的货物分拣。采用条码技术进行识别分拣、贴签、存放、再出库。

（3）外贸商品检验。采用条码技术对货单进行扫描，再检验。

（4）海关、银行均可运用条码技术。

（5）国际出口单证业务处理采用条码和 EDI 处理，就能更加高速化、准确化。

4. 二维码的应用

二维码已经在证照、电子凭证、商品交易、广告推送、网站链接、数据下载、车辆管理等领域得到了一定的应用，其应用越来越普及。中国移动已经把二维码作为其核心创新业务，推出了二维码的离线业务，中国联通的定制手机也预置了此项功能，目前所有的智能手机都支持二维码识别，基于安卓系统开发的二维码识读软件更是层出不穷，这些都使二维码逐渐平民化。基于手机平台开发的二维码识别软件，一方面使二维码的识读更为便利，另一方面让更多的消费者接收和使用基于二维码所提供的信息和服务，非常有效地解决条码识读设备携带不便、信息量小、时效性差等物流与供应链管理问题。

二、电子数据交换技术

电子数据交换（Electronic Data Interchange，EDI）概念（GB）：通过电子方式，采用标准化的格式，利用计算机网络进行结构化数据传输和交换。

EDI 是计算机与计算机之间结构化的事务数据交换，它是通信技术、网络技术与计算机技术的结晶。将数据和信息规范化、标准化在计算机应用系统间，直接以电子方式进行数据交换。EDI 是目前较为流行的商务、管理业务信息交换方式，它使业务数据自动传输、自动处理，从而大大提高了工作效率和效益。通俗地讲，EDI 就是一类电子邮包，按一定规划进行加密和解密，并以特殊标准和形式进行传输。如在运输业中，EDI 能够帮助提供装货电子单据、转运跟踪信息、货运单据、电子资金转账等业务，因此大大减少了纸张处理，使信息能够及时存取。EDI 按照同一规定的一套通用标准格式，将标准的经济信息，通过通信网络传输，在贸易伙伴的电子计算机系统之间进行数据交换自动处理，俗称“无纸贸易”。

（一）EDI 系统的特点

（1）EDI 的使用对象是具有固定格式的业务信息和具有经常性业务联系的单位。

（2）EDI 所传送的资料是一般业务资料，如发票、订单等，而不是指一般性的通知。

（3）采用共同标准化的格式，这也是与一般 E - mail 的区别，例如联合国 EDI-

FACT 标准。

(4) 尽量避免人工介入操作，由收送双方的计算机系统直接传送、交换资料。

(5) 与传真或电子邮件（E-mail）的区别是：传真与电子邮件，需要人工阅读判断处理才能进入计算机系统。传真与电子邮件，需要人工将资料重复输入计算机系统中，不仅浪费人力资源，且容易发生错误。

(二) EDI 系统的主要功能

(1) 电子数据交换；

(2) 传输数据的存证；

(3) 报文标准格式转换；

(4) 安全保密；

(5) 提供信息查询；

(6) 提供技术咨询服务；

(7) 提供昼夜 24 小时不间断服务；

(8) 提供信息增值服务等。

(三) EDI 技术的优势

EDI 之所以在世界范围内得到如此迅速的发展，是因为 EDI 有着现行的纸面单证处理系统所无法比拟的优势。这些优势主要体现在以下几个方面：

(1) 数据的重复录入。根据国外调查分析，一台计算机输入的数据，70%来自其他计算机的输出。这样可以提高信息处理的准确性，降低差错率。

(2) 改善企业的信息管理及数据交换的水平，有助于企业实施诸如“实时管理”（Just-in-Time）或“零库存管理”等全新的经营战略。

(3) 确保有关票据、单证的自理安全、迅速、从而加速资金周转。

(4) 提高海关、商检、卫检动植物检验等口岸部门的工作效率，加快货物的验放速度。

(四) EDI 系统的组成

EDI 系统一般由如下几个方面组成：

(1) 硬件设备。贸易伙伴的计算机和调制解调器以及通信设施等。

(2) 增值通信网络及网络软件。增值网（VAN）利用现有的通信网，增加 EDI 服务功能而实现的计算机网络，即网络增值。通信网目前有如下几种：分组交换数据网（PSDV），电话交换网（PSTN），数字数据网（DDN），综合业务数据网（ISDN），卫星数据网（VSAT），数字数据移动通信网。

(3) 报文格式标准。EDI 是以非人工干预方式将数据及时准确地录入应用系统数据库中，并把应用数据库中的数据自动地传送到贸易伙伴的电脑系统，因此必须有统一的报文格式和代码标准。

(4) 应用系统界面与标准报文格式之间相互转换的软件。该软件的主要功能包括代码和格式的转换等。

（5）用户的应用系统。EDI 是 EDP（Electronic Data Process）电子数据处理的延伸，要求各通信伙伴事先作好本单位的计算机开发工作，建立共享数据库。

（五）实现 EDI 的核心技术

EDI 涉及的技术十分广泛。概括地讲，实现 EDI 的技术主要有三个方面，即数据通信技术、标准化和计算机应用技术。

1. 数据通信网络

一个计算机数据通信系统由计算机终端、主计算机、数据传输和数据交换装置四部分组成。它们通过通信线路连接成一个广域网络。计算机及其各类终端作为用户端点出现在网络中的，可以访问网上的任意其他节点，以达到共享网上硬件和软件资源的目的。计算机及终端既是资源子网，也是整个计算机网络的端点。而这些节点之间完成通信线路的连接，并在通信线路中完成信息的交换。实现 EDI 的通信功能，受到通信技术的限制，随着通信技术与条件的多样化而呈现出多样化的特点，但最终必然要统一于国际标准。目前最重要的通信协议标准为 ISO－OSI（International Organization Open Interconnection，国际标准化组织开放系统互连参考模型）。

通信网络 EDI 通信方式有多种。许多应用 EDI 的公司逐渐采用第三方网络与贸易伙伴进行通信，即增值网络（VAN）方式。它类似于邮局，为发送者与接收者维护邮箱，并提供存储传送、记忆保管、通信协议转换、格式转换、安全管制等功能。因此，通过增值网络传送 EDI 文件，可以大幅度降低相互传送资料的复杂度和困难度，大大提高 EDI 的效率。

2. 数据标准化

技术的标准化是现代工业高度发达的一个重要保证，是衡量一个国家工业化水平的重要标志，其意义有时甚至超过技术本身。

为了避免产生复杂和混乱的电子网络，满足错综复杂的电子数据交换，必须制定一套大家共同遵守的电子数据交换—EDI 标准。各个使用计算机的机构必须在通信中建立统一的标准化的电信线路、传送速度。通信中认可的固定程序（如协议、数据格式化和总汇），各种传递的商贸文件，还有“语言”等都要采用统一的编码单证格式、标准语言规则、标准的通信协议等，从而使得参与贸易的各企业均能对传递的数据进行接受、认可、处理、复制、提取、再生和服务，实现整个环节的自动化。这是因为 EDI 的实现要在不同国家和地区、不同行业内开展，并且要应用的信息系统和通信手段各不相同。统一的国际标准和行业标准是必不可少的。标准是实现 EDI 的保证，也是 EDI 的语言。

标准化是实现 EDI 互通互联的前提和基础。要实现信息在不同的电子数据处理（Electronic Date Process，EDP）系统、不同计算机平台上的交换，就必须制定统一的 EDI 标准，主要有以下几类标准：

（1）通信标准：即 EDI 通信网络建立在何种通信协议上，以保证网路互联。

（2）EDI 报文标准：又称为文电标准，即各种报文类型格式、数据元编码、字段的语法规则及报表生成用的程序设计语言等。

(3) EDI处理标准：即研究EDI报文同其他管理信息系统、数据库的接口标准。

(4) 各行业的数据交换标准。

3. 计算机综合运用

有了标准和通信网络，就可以开展EDI工作，但EDI应用的成功还取决于单位、行业、乃至整个社会的计算机综合应用水平。必须把EDI和办公自动化、管理自动化、各种MIS和EDP系统、数据库系统，以及CAD、CIMS等结合起来，才能更好地应用EDI。

(六) EDI在供应链管理过程中的应用

EDI是一种信息管理或处理的有效手段，它是对供应链上的信息流进行运作的有效方法。EDI主要应用于以下企业：

(1) 制造业。JIT及时响应以减少库存量及生产线待料时间，降低生产成本。

(2) 贸易运输业。快速通关报检、经济使用运输资源，降低贸易运输空间、成本与时间的浪费。

(3) 流通业。QR快速响应，减少商场库存量与空架率，以加速商品资金流转，降低成本。建立物资配送体系，以完成产、存、运、销一体化的供应链管理。

(4) 金融业。EFT电子转账支付，减少金融单位与其客户交通往返的时间与现金流动风险，并缩短资金流动所需的时间，提高客户资金调度的弹性，在跨行业服务方面，更可以使客户享受到不同金融单位所提供的服务，以提高金融业的服务品质与项目。

EDI应用获益最大的是零售业、制造业和物流业。在这些行业中的供应链上应用EDI技术使传输发票、订单过程达到很高的效率。

三、GPS/GIS技术

(一) 全球定位系统

全球卫星定位系统（Global Positioning System，GPS）概念：具有在海、陆、空进行全方位实时三维导航与定位能力的系统。

近十年来，我国测绘等部门使用GPS的经验表明，GPS以全天候、高精度、自动化、高效益等显著特点，赢得广大测绘工作者的信赖，并成功地应用于大地测量、工程测量、航空摄影测量、运载工具导航和管制、地壳运动检测、工程变形监测、资源勘查、地球动力学等多种学科，从而给测绘领域带来一场深刻的技术革命。

近年来，GPS在物流领域的应用越来越多，主要如下。

1. 用于汽车自定位、跟踪调度

利用GPS和电子地图可以实时显示出车辆的实际位置，并任意放大、缩小、还原、换图；可以随目标移动，使目标移动，使目标始终保持在屏幕上；还可以实现多窗口、多车辆、多屏幕同时跟踪，利用该功能可对重要车辆和货物进行跟踪运输。

据丰田汽车公司的统计和预测，日本车载导航系统的市场在1995—2000年平均每年增长35%以上，全世界在车辆导航上的投资平均每年增长60.8%。因此，车辆导航将成为未来全球卫星定位系统应用的主要领域之一。我国已有数十家公司在开发和销售车载导航系统。

2. 提供出行线路的规划和导航

规划出行线路是汽车导航系统的一项重要辅助功能，包括：

（1）自动线路规划由驾驶员确定起点、终点和途经点等，自动建立线路库，由计算机软件按照要求自动设计最佳线路，包括最快路线、最简单的路线、通过高速公路路段次数最少的路线等。

（2）人工线路设计由驾驶员根据自己的目的地设计起点、终点和途经点等，自动建立线路库。线路规划完毕后，显示器能够在电子地图上显示设计线路，并同时显示汽车运行路径和运行方法。

3. 信息查询

为用户提供主要物标，如旅游景点、宾馆、医院等数据库，用户能够在电子地图上根据需要进行查询。查询资料可以文字、语言及图像的形式显示，并在电子地图上显示其位置。同时，检测中心可以利用检测控制台对区域内任意目标的所在位置进行查询，车辆信息将以数字形式在控制中心的电子地图显示出来。

4. 话务指挥

指挥中心可以检测区域内车辆的运行情况，对被检测车辆进行合理的调度。指挥中心可随时与被跟踪目标通话，实行管理。

5. 紧急援助

通过GPS定位和监控管理系统可以对有险情或发生事故的车辆进行紧急援助。监控台的电子地图可显示求助信息和报警目标，规划出最优援助方案，并以报警声、光提醒值班人员进行应急处理。

6. 用于铁路运输管理

我国铁路开发的基于GPS的计算机管理信息系统，可以通过GPS和计算机网络实时收集全路列车、机车、车辆、集装箱及所运货物的动态信息，可实现列车、货物追踪管理。只要知道货车的车种、车型、车号，就可以立即从近10万千米的铁路网上流动着的几十万辆货车中找到该货车，还能得到这辆货车现在何处运行或停在何处，以及所有的车载货物发货信息。铁路部门运用GPS技术可大大提高其运营的透明度，为货主提供更高质量的服务。

7. 用于军事物流

全球卫星定位系统首先是因为军事目的而建立的。在军事物流中，如后勤装备的保障等方面，应用相当普遍，尤其是在美国，其在世界各地驻扎的大量军队无论是在战时还是在平时都对后勤补给提出更高要求。在战争中，如果不依赖GPS，美军的后勤补给就会变得一团糟。美军在20世纪末的地区冲突中依靠GPS和其他顶尖技术，以强有力的、可见的后勤保障，为“保卫美国的利益”做出了贡献。

8. GPS 技术同样也用于特大桥梁的控制测量中

由于无须通视，可构成较强的网形，提高点位精度，同时对检测常规测量的支点也非常有效。如在江南长江大桥的建设中，首先用常规的方法建立了高精度边角网，然后利用 GPS 对该网进行了检测，GPS 监测网达到了毫米级精度，与常规精度网比较符合较好。GPS 技术还在隧道测量中具有广泛的应用前景，其测量无须通视，减少了常规方法的中间环节，因此，速度快、精度高，具有明显的经济效益和社会效益。

小链接

卫星通信技术在零售业的应用

目前零售业也在应用卫星通信技术，迅速把每天的销售量信息返回到总部，从而能够及时掌握销售动态，进行适当的库存补充。万尼迪福尔（VF）是一家服装公司，其 1996 年牛仔裤的销售额超过 50 亿美元。VF 的目标是使零售商的货架上始终有合适的式样和尺码，不让顾客空手而归。实现这一目标依赖于 VF 的“市场反应系统 2000”的最新式的库存补充管理系统，它为 VF 的 14 个分部和几千家客户零售店服务。如在沃尔玛，VF 的计算机跟踪货架上的每一条牛仔裤，当某条牛仔裤通过沃尔玛的收银机时，其 UPC 标签被扫描，迅速将信息通过卫星传送到 VF 的计算机系统中，VF 的计算机物流系统立即发出信息，几小时后，就会从工厂再送一条同样的牛仔裤来。同时，根据销售情况确定的定货单每天都通过卫星通信发到 VF 的供应商那里。这些合作伙伴们立刻开始准备材料、安排供应，使整个物流链持续运动，不断地满足顾客要求，提高对顾客的反应速度。

资料来源：http：//iask. sina. com. cn/b/2705465. html.

（二）地理信息系统

地理信息系统（Geographical Information System，GIS）概念：以地理空间数据为基础，采用地理模型分析方法，适时地提供多种动态的空间地理信息的计算机技术系统。

面向功能的定义：GIS 是采集、存储、检查、操作分析和显示地理数据的系统。

工具箱定义方式：GIS 是一组用来采集、存储、变换和显示空间数据的工具的集合，这种定义强调 GIS 提供的用于处理地理数据的工具。

基于数据库的定义：GIS 是这样一类数据库系统，它的数据有空间次序，并且提供一个对数据进行操作的操作平台，用来回答对数据库中空间实体的查询。

基于计算机系统意义：GIS 是处理地理数据输入、输出、管理、查询、分析和辅助决策的计算机系统。

我们认为，虽然 GIS 是一门多学科综合的边缘学科，有多种定义方式，但其核心是计算机科学，基本技术是数据库、地图可视化及空间分析。GIS 是用于获取、处理、分析、访问、标示和在不同用户、不同系统和不同地点之间传输数字化空间信息的系统。它作为计算机信息系统的一类，属于计算机软件的范畴。GIS是多种学科交叉的产物，其基本功能是将表格性数据（无论它来自数据库、电子表格文件或直接在程序中输入）转换为地理图形显示，然后对显示结果浏览、操作和分析。其显示范围可以从洲际地图到非常详细的街区地图，现实对象包括人口、销售情况、运输路线以及其他内容。

GIS应用于物流分析，主要是指利用GIS强大的地理数据功能来完善物流分析技术。国外公司已经开发出利用GIS为物流分析提供专门分析的工具软件。完整的GIS物流分析软件集成了车辆路线模型、最短路径模型、网络物流模型、分配集合模型和设施定位模型等。

1. 车辆路线模型

用于解决一个起始点、多个终点的货物运输中如何降低物流作业费用，并保证服务质量，包括决定使用多少辆车、每辆车的路线等。

2. 网络物流模型

用于解决寻求最有效的分配货物路径问题，也就是物流网点布局问题。如将货物从 N 个仓库运往到 M 个商店，每个商店都有固定的需求量，因此，需要确定由哪个仓库提货送到那个商店，所消耗的运输代价最小。

3. 分配集合模型

可以根据各要素的相似点把同一层次上的所有或部分要素分为几个组，用以解决服务范围和销售市场范围等问题。如某一公司要设立 X 个分销点，要求这些分销点要覆盖某一地区，而且要使每个分销点的客户数目大致相等。

4. 设施定位模型

用于确定一个或多个设施的位置。在物流系统中，仓库和运输线共同组成了物流网络，仓库处于网络的节点上，节点决定着线路，如何根据供求的实际需要并结合经济效益等原则，在既定区域内设立多少个仓库，每个仓库的位置，每个仓库的规模，以及仓库之间的物流关系等问题，运用此模型能很容易地得以解决。

（三）智能交通系统

智能交通系统（Intelligent Transporation System，ITS）是一个广泛包括信息处理技术、通信技术、控制技术和电子技术，为许多交通问题提供解决方案的计算机管理信息系统。

ITS利用先进的信息通信技术，形成“人-车-路”三位一体的系统，从而大大提高道路交通的安全性、运输效率、行车的舒适性，以及有利于环境保护的道路交通系统。

在广义信息意义下，ITS“智能”的特点体现在信息技术的四个方面，如智能感测技术、智能通信网、智能信息处理、智能控制等。每个方面的智能则集中表现为整个系统的智能化，此处的“智能”不只是指具有学习、推理能力，而是指在特定的环境和适当的条件下，快速有效地获取信息，准确地传输信息，高效地处理信息并成功地利用信息以达到目的的能力。在系统组成意义下，“智能”的特点体现在每一个组成部分中，即车内系统、路边系统、信息管理中心、需求管理系统、交通管理控制系统是智能化的系统，而且它们之间可以自动进行信息交换。

1. 交通系统的智能化的意义

（1）车辆在道路上可以安全自由地行驶，在陌生的地方不致迷失方向。

（2）道路的交通流可以调整至最佳状态，从而缩短行车时间，减少阻塞，提高其通行能力。

（3）交通管理控制中心可对道路和车辆的状态进行实时监控，及时处理事故，保障道路畅通。

（4）系统为用户提供的服务质量和服务水平得到提高，能源得以节省，环保得以改善。

2. ITS 的技术

ITS 包含了许多技术，主要有：

（1）先进交通信息服务系统（ATIS）。

建立在完善的信息网络基础上，交通参与者通过装备在道路上、车上、换乘站上，停车场上以及气象中心的传感器和传输设备，可以向交通信息中心提供各处的交通信息系统。

先进交通信息服务系统得到交通信息并通过处理后，适时向交通参与者提供道路交通信息、公共交通信息、换乘信息、交通气象信息、停车场信息以及与出行相关的其他信息；出行者根据这些信息确定自己出行的方式、选择路线。更进一步，当车上装备了自动定位和导航系统时，该系统可以帮助驾驶员自动选择行车路线。

（2）先进交通管理系统（ATMS）。

先进交通管理系统主要供交通管理者使用，对道路系统中的交通状况、交通事故、气象状况和交通环境进行实时监控，根据收集到的信息对交通进行控制的管理系统。ATMS 系统有一部分与 ATIS 共用信息采集、处理和传输系统。

先进公共交通系统（APTS）：主要目的是改善公共交通的效率（包括公共汽车、地铁、轻轨交通、城郊铁路和城市间的公共汽车），提供便捷、经济、运量大的公交系统。

先进车辆控制系统（AVCS）：AVCS 目前还处于研究试验阶段，从当前的发展看，可以分为两个层次：

①车辆辅助安全驾驶系统。包括：车载传感器（微波雷达、激光雷达、摄像机、其他形式的传感器等）、车载计算机和控制执行机构等，行驶中的车辆通过车载传感器测定出前面车辆、周围车辆，以及与道路设施的距离和其他情况，车载计算机进行处理，对驾驶员提出警告，在紧急情况下，强制车辆制动。

②自动驾驶系统。在行驶中可以做到自动导向、自动监测和回避障碍物，在智能公路上，能够在较高的速度下自动保障与前车的距离。智能汽车在智能化公路上使用才能发挥出全部功能，如果在普通公路上使用，它仅仅是一辆装备了辅助安全驾驶系

统的汽车。

（3）货运管理系统。

货运管理系统是以高速道路网和信息管理系统为基础，利用物流理论进行管理的智能化的物流管理系统。综合运用卫星定位、地理信息系统、物流信息及网络技术有效组织货物运输，提高货运效率。

（4）紧急救援系统（EMS）。

紧急救援系统是以 ATIS、ATMS 和有关的救援机构和设施为基础，通过 ATIS 和 ATMS 将交通监控中心与职业的救援机构连成有机整体的特殊系统。

四、电子订货技术

电子订货技术（Electronic Odering System，EOS）概念：不同组织间利用通信网络和终端设备以在线联结方式进行订货作业与订货信息交换的体系。

电子订货系统是将批发、零售商场所发生的订货数据输入计算机、即刻通过计算机通信网络连接的方式将资料传送至总公司、批发商、商品供货商或制造商处，因此，EOS 能处理从新商品资料的说明直到会计结算等所有商品交易过程中的作业，可以说 EOS 涵盖了整个商流。在寸土寸金的情况下，零售业已经没有许多空间用于存放货物，再要求供货商及时补足出售商品的数量却不能有空缺的前提下，更必须采用 EOS 系统。EDI/EOS 因为涵盖了许多先进的管理手段，因此在国际上使用非常广泛，并且越来越受到商业界的青睐。

（一）EOS 系统的作用

EOS 系统能够及时准确地交换订货信息，它在企业物流管理中的作用如下：

（1）相对于传统的订货方式，如上门订货、邮寄订货、电话、传真订货等，EOS 系统可以缩短从接收到订货单发出订货的时间，缩短订货商品的交货期，减少商品订单的出错率，节省了人工费。

（2）有利于减少企业的库存水平，提高企业的库存管理效率，同时也能防止商品特别是畅销品缺货现象的出现。

（3）对于生产厂家和批发商来说，通过分析零售商的商品订货信息，能准确判断畅销品和滞销品，有利于企业调整商品生产和计划。

（4）有利于提高企业物流信息系统的效率，使各个业务信息子系统之间数据交换更加便利和迅速，丰富企业的经营信息。

（二）EOS 的流程

1. 采购订货业务流程

（1）采购管理部门根据仓储中心商品库存情况，向指定的供货商发出商品采购订单。

（2）商业增值网络中心将总公司业务管理部发出的采购单发送至指定的供货商处。

（3）指定的供货商在收到采购订单后，根据订单的要求通过商业增值网络对采购订单加以确认。

（4）商业增值网络中心将供货商发来的采购订单确认，并发送至业务部门。

（5）业务管理部门根据供货商发来的采购订单确认，向仓储中心发送订货信息，以便仓储中心安排检验和仓储空间。

（6）供货商根据采购单的要求，安排发运货物，并在向总公司交运货物之前，通过商业增值网络中心向仓储中心发送交货通知。

（7）仓储中心根据供货商发来的交货通知安排商品检验并安排仓库、库位，或根据配送要求进行备货。

上述七个步骤组成了一个基本的采购订货流程，通过这个流程，将连锁店（超市等）与供货商之间的商流、信息流结合一起。

2. 销售订货业务流程

（1）各批发商、零售商或社会网点根据自己的销售情况，确定所需货物的品种、数量，按照同体系商场根据实际网络情况补货需求或通过增值网络中心或通过实时网络系统发送给总公司业务部门；不同体系的商场或社会网点通过商业增值网络中心发出 EOS 订货需求。

（2）商业增值网络中心将收到的补货、订货需求发送至总公司业务管理部门。

（3）业务管理部门对收到的数据汇总处理后，通过商业增值网络中心向不同体系的商场或社会网点发送批发订单确认。

（4）不同体系的商场或社会网点从商业增值网络中心接受批发订单确认信息。

（5）业务管理部门根据库存情况通过商业增值网络或实时监控网络系统向仓储中心发出配送通知。

（6）仓储中心根据收到的配送通知安排商品配送，并将配送通知通过商业增值网络传送到客户。

（7）不同体系的商场或社会网点从商业增值网络中心接收到仓储中心对批发订单的配送通知。

（8）各批发、零售商场、仓储中心根据实际网络情况将每天进出货物的情况或通过增值网络中心或通过实时监控网络系统，报送公司业务管理部门，让业务部门及时掌握商品库存数量，并根据商品流转情况，合理规划商品结构等。

上述八个步骤组成了一个基本的电子批发、订货流程，通过这个流程，将连锁店（超市等）与同体系商场（店中非独立核算单位）、不同体系商场（店中独立核算单位）和社会网点之间的商流、信息流结合在一起。

（三）EOS 与物流管理

1. 物流作业流程

（1）供货商根据采购合同，要求将发货单通过商业增值网络中心发给仓储中心。

（2）仓储中心对接收到商业增值网络中心传送来的发货单进行综合管理，或要求供货商送货至仓储中心或发送至各批发、零售商场。

(3) 仓储中心将送货要求发送给供货商。

(4) 供货商根据接收到的送货要求进行综合处理，然后根据送货要求将货物送至指定地点。

2. 仓储作业流程

公司（采购部）向供应商发出订购单，供应商接单后按订购单上的商品和数量组织货品，并按订单指定地点送货，可以向多个仓库送货，也可以直接送到指定的商店。下面分析供应商把商品送到某一仓库后发生的商品流动过程。

(1) 商品送到某仓库（送收货单）后，一般卸在指定的进货区，在进货区对新进入的商品进行商品验收后，验收合格的商品办入库手续，填写收/验/入库单（商品名、数量、存放位置等信息），然后送入指定的正品存放区的库位中，正品存放区的商品是可供配送的，这时总库存量增加。对验收不合格的产品，填写退货单，并登录在册，另行暂时存放，适时退供货商以调换合格的商品。调换回的商品同样有收/验/入库的过程。

(2) 当仓库收到配送中心配货清单后，按清单要求（商品名、数量、货位等）备货，验证正确后，出库待送。若是本地批发，按销货单配货发送，配送信息要及时反馈至配送中心，这时配送中心的总库存量减少，商品送交客户后，也有客户对商品验收过程。当客户发现商品包装破损、商品保质期已到、送交的商品与要求的商品不符等情况时，客户会退货（退货单），客户退货后配送中心要补货给客户，对退回的商品暂存待处理区，经检验后作处理，如完好的商品（错配退回）送回正品存放区（移转单），对质量和包装有问题的商品退回给供应商（退货单），过期和损坏的商品作报废处理（报废单）等，这些商品处理的流动过程有效地控制总库存量的变化，掌握和控制这些商品的流转过程也就有效地控制和掌握了总库存量。

(3) 在库存管理中，也会发现某些商品因为储运、移位而发生损伤，有些商品因周转慢，使保质期即将到期等情况，这就应及时对这些商品作转移处理，移至待处理区（移转单），然后作相应的退货、报废、削价等处理，商品在此流动过程中也会使仓库的总库存量发生变化，因此这些流动过程也必须在配送中心的掌握和控制之中。

(4) 配送中心掌握了逻辑上的商品总库存量和物理上的分库商品库存量，在配货过程中如果发现因配货的不平衡引起某仓库商品库存告急，而另一仓库此商品仍有大量时，配送中心可用库存商品调拨的方式（调拨单），来调节各分库配送能力，但并不增加总库存量，从而提高仓库空间和资金的利用率。

配送中心通过增值网还可以掌握本系统中各主体商场、连锁超市的进销调存的商业动态信息。由于商场架构不同、所处区域不同，面对消费对象也不同，因此各商场的商品结构也不同。配送中心的计算机系统会对各商场的商品结构作动态的调整（内部调拨），从而达到降低销售库存，加速商品流通，加快资金流转的目的，以较低的投入获得最高的收益。

第三节 电子化供应链管理

导入案例

联想集团的电子商务供应链管理

联想从2008年正式发展电子商务以来，在2009年取得了年处理订单超过8万件，平均日订单处理量为200件左右，销售总额超过4亿元人民币的良好业绩，最小订货量为1台，同时供应链成本持续降低，在运营后期配送成本低于每订单价格的1%，通常每单的供应链成本为30～40元，根据地区有所区别，但是仍然低于业界平均的2%左右的平均水平。

联想通过电子商务和主要的代理伙伴和代理商和分销商进行合作，基本上每年会有2000多张订单进入联想，联想也是通过这种生产计划系统来快速的完成生产计划的制订，并且可以很快地根据这种生产计划提供给供应商比较准确的送料计划，来达到和供应商的协同。此外，对于客户定制方面。客户可以根据他自己的选择，自动地进行配置，系统可以自动地提供报价，这样客户就可以在网上选择产品，并且可以得到实时的价格以及供货的时间。

当电子商务零售年订单额在达到万量级之后，供应链通常将面临严峻的考验。行业研究表明，随着订单的增加，仓储、打包和配送成本并不是像通常想象的按照线性上升，而是呈阶梯状上升，即物流成本将在订单量达到某个拐点后，快速上升至一个平台之后随之平稳，在订单达到另外一个新高之后又快速上升。如何降低物流成本在订单临界点的快速提升对于电子商务网站运营的影响，是电子商务运营过程中面临的巨大挑战。

多数电子商务企业在市场份额快速提升的阶段都面临物流配送方面的困惑，特别在于大多数电子商务从业者缺乏传统行业的物流建设和维护经验，这种经验和知识的欠缺导致物流本身的特点对企业经营的影响更加明显。

联想电子商务运营部门通过创新地将供应链管理通过外包的形式，与第三方物流商紧密合作，将自己不擅长的物流工作交付给专业机构，而自身则专注于电子商务中的营销和客户运营的形式，有效地补充了自身物流能力的不足，为联想电子商务的突出表现提供了基础。

尽管采用第三方物流可以通过专业分工来提升物流配送效率，进而有效地降低电子商务企业在物流管理方面的风险，控制物流成本，但是其中带来的对物流商的管理和质量控制的难题，一直困扰着各大电子商务运营商。京东、卓越和当当等大型电子商务运营商均在近期表示要投入大量经费进入物流建设；同时，德意志银行等资本市场也对存在物流设施的电子商务运营商表示了更多的偏爱。但是，联想的成功，向市场提供了另外一种开展电子商务的物流选择。

资料来源：http：//smb. chinabyte. com/350/12066850. shtml.

思考：联想电子商务供应链存在的问题有哪些？

一、基于电子商务的智能供应链管理

当前的供应链系统正向全球化、信息化、一体化发展。通过电子、信息技术的运用的应用，供应链中的节点企业能更好地实现信息共享，加强供应链中的联系，使企业可以提高生产力，为产品提供更大的附加值。

供应链管理从最简单的上网发 E-mail 开始，直到企业财务管理和复杂的产品排序都可以看作是电子商务的底层构件，实际上供应链管理与客户关系管理（CRM）共同形成了电子商务用户核心业务的两大支柱。IBM 公司就认为，电子商务是一种存在于企业与客户之间，企业与企业之间的以及企业内部的联系网络。

（一）电子商务的运用对供应链管理的影响

(1)“电子商务”为供应链管理开辟了一个崭新的世界，它全面采用电脑和网络支持企业及其客户之间的交易活动，包括产品销售、服务、支付等。

(2) 电子商务帮助企业拓展市场，拉近企业与客户之间的距离。

(3) 电子商务促进企业合作，建立企业与客户之间的业务流程的无缝集成。最终达到生产、采购、库存、销售以及财务和人力资源管理的全面集成，令物流、信息流、资金流发挥最大效能，把理想的供应链运作变为现实。

在供应链管理中，企业可以运用 E－mail 电子会议、电子营销、EDI 销售点和预测、某些财务技术手段（如电子资金转账 EFT 等）、共享数据库等多种电子商务应用技术来改善对供应、生产、库存、销售的管控；与供应商、分销商和客户建立更快捷、更方便、更精确的电子化联络方式；实现信息共享和管理决策支持；同时为将来实现端到端的供应链管理作好准备。

在未来的发展中，电子商务仍将是继续主导供应链管理的主要驱动力量。那些只为顾客提供通信和作业能力的电子市场将不再是未来电子商务的领导者，取而代之的将是那些利用智能决策能力，充分释放电子商务潜能的智能供应链。

（二）智能供应链

B2B（Business to Business）的电子商务是电子商务发展的真正突破，即企业对企业的电子商务，是在上下游企业之间从事的网络商务活动，是网络经济的基础。从参与企业的数量、涉及的金额、交互信息的规模上来说，B2B 都将成为电子商务的主体。在这种环境下，企业不仅要协调企业内计划、采购、销售的各个环节，还要与包括供应商、承销商等在内的上下游企业紧密配合。B2B 模式的电子商务面向企业整个供应链管理，并带来了供应链的变革，使企业降低交易成本、缩短订货周期、改善信息管理和提高决策水平，从质量、成本和响应速度三方面改进企业经营，增强企业竞争能力。

在未来B2B市场的竞争中，富于创新的公司将追寻下面三条电子商务的发展途径来超越单纯应用Internet代替事务处理和通信的情形，充分挖掘电子商务的巨大潜力。

1. 智能化是让电子商务变得更强大的关键

Cisco（思科）是使用网络来运作供应链的先驱之一，他们用网络接收客户订单、采购物料、测产品和管理外协厂商。Cisco的网络应用是世界一流的，但他们并未因此而止步，他们已经认识到有必要为自己的网络市场注入“智能”（被称为E－Hub）。Cisco正在制造的这种智能化网络集成器（E－Hub）能检测未来供应和需求的不匹配，识别多层供应商中的潜在问题，对相应的公司提出问题警告，并为问题的解决提出可行计划或途径。普通的电子市场容许买卖双方进行在线交易，但这只能是在（通常是离线）建立了相关的合同条款之后；因此，交易的范围受到了限制。智能的电子市场应该有决策支持系统来评价可选合同条款，方便双方迅速达成协议，签署的合同也将受电子市场的监控以保证条款的履行。

2. 智能可以成为构架价格和供应链管理的桥梁

价格和税收管理已被公认为是继供应链管理（SCM）和客户关系管理（CRM）之后又一新的管理技术。它的主要思想是公司应当优化其产品和服务的价格及相关的税收，这种优化应当是建立在充分了解供应链成本的基础之上；同时，供应链运作也应被优化来反映按不同的产品类型和顾客划分所获得的收入。因此，价格决策和供应链决策不应当像过去那样是独立的，应当把它们很好地集成，这是在供应链管理中注入智能的另一个途径。

3. 智能应当容许电子市场进行设计协作

设计思想、新产品概念、设计和制造接口、新材料使用、可选物料清单和市场接收等都可以通过电子市场来帮助交易。

斯坦福大学和Accenture（原名叫安盛咨询公司，Andersen Consulting）在1998年对100家食品和消费品制造商和零售商所做的一次联合调查中指出，设计协作和联合产品开发是制造商和零售商获得竞争边缘的一个主要的新战场。

二、物联网下的供应链管理

（一）物联网技术

物联网（Internet of Things，IOT）又叫“传感网”，指的是利用射频识别（RFID）等各种信息传感设备，把所有物品的信息与互联网实时连接起来，实现智能化管理与识别。物联网为每一个物品分配标识，通过射频识别（RFID）装置、红外感应器、全球定位系统、激光扫描器等获取物品标识中的信息，从而达到对物品进行识别和供应链实时跟踪的目的。这要求物联网具有感知能力、协调能力和自治能力，成为一个智能化的系统。物联网由三个要素组成，一是传感设备，即以二维码、射频标签和传感器来识别“物”，国内以低频RFID为主；二是传输网络，即通过现有的互联网、广电网络、通信网络或未来的NGN网络，实现数据的传输与计算，如中国移动积极推进的 M2M 业务；三是处理终端，指输入输出的控制终端，手机、电脑、通信基站以及其他移动终端。

（二）物联网技术对企业供应链管理的影响

物联网的出现给企业供应链管理的过程、内容和方式都带来了巨大的改变，主要体现在以下几个方面：

1. 管理过程优化

企业供应链的管理由物-人-物的模式转变为物-物模式，通过物与物的直接“沟通”，管理系统大大减少对员工的依赖，供应链管理过程得到很大程度的优化。这样的运转模式，使整个供应链的运营效率提高，同时降低人工出错率，实现真正意义上的实时跟踪、监控和管理。

2. 信息同步化

信息共享是供应链管理的目标。一旦信息在整个供应链中同步，供应链上的参与者都能跟上顾客需求的变动，进而形成同步运作。物联网技术对供应链中流动的物品跟踪，同时向所有参与者实时传送数据，减少了信息失真的现象。快速的信息传输速度，代表参与企业能更及时、更准确预测需求变化，亦可以大幅度降低库存水平。

3. 网络无缝化

随着市场的发展，顾客的个性化要求越来越多，为了满足这种需求，企业必须加快反应速度，保证敏捷的生产和柔性加工。但是这样的生产方式，容易造成管理成本的上升。智能型的供应链网络通过增强对信息流、资金流和物流的控制力，帮助企业确定物资采购路线、降低库存仓储成本和优化产品运输，实现供应链的业务流程再造。新的业务流程，使供应链网络衔接更加紧密。面对复杂多变的环境，物联网技术还能缩短企业的备货时间、提高生产效率、降低管理成本，让企业能在最短的时间内应对紧急情况。

4. 供应链可视化

以物联网为基础的供应链，为网络中的每一个“物品”贴上标签，标签里包含该物品的所有互用性信息，让任何一个人员通过信息系统能够追溯产品的成分、加工过程甚至是这些成分的来源。这种价值信息链通过互联网在企业内部信息共享和交换，实现供应链的可视化管理。另一方面，可靠的“物品”信息在企业外部共享时，能保证产品的质量，并帮助企业实施品牌化战略。

三、电子化的供应链（E-Chain）

以高速和低成本与客户和供应商进行交流和协作是有效供应链管理的关键成功因素，而完全电子化的供应链（E-Chain）应该就是未来的发展趋向。而支持未来供应链管理的信息系统将是 ERP 和电子商务平台的完美结合。电子商务对于制造和分销的重要性无疑是先进的供应链管理。

（一）电子化供应链的意义

通过客户和供应商网络进行有效的协作是现代供应链管理最核心的本质。提高生产率、降低成本和增强客户服务的潜力是无限的。然而，这种对电子商务手段的有效应用，对信息质量的要求将比以往更加严格。实际上，从信息应用角度看，有效的供应链管理是将正确相关的信息在正确的时候提供给正确的人。企业间需求信息、库存状况、订单确认、供应管理和其他业务活动信息的交流将改变企业销售产品、提供服务和结算收款的方式。

E-Chain 将把企业、客户、供应商在全球范围内紧密地联系起来，及时地交换信息。快速、集成的信息流可以使 E-Chain 中的每一实体及时响应实际的客户需求和相应调整实际的物流。这种实时的信息交换还可以大量地节省因手工单据处理而导致的成本费用及管理失实。员工将从不增值的手工处理中脱离出来，专注于在更低成本下创造更高的效益。对许多企业而言，更有效的供应链管理是新的利润增长点和提高竞争力的手段。有些最有影响的企业在这方面已非常成功。如通用电气（GE）的前任 CEO，杰克·韦尔奇所言，“18 个月后，我们所有的供应商将在网上向我们供货或者放弃和我们做生意”。但对于要实施 E-Chain 的企业来说，尚有许多问题需要解决。使用互联网进行电子商务的技术尚在发展阶段，这意味着还需要几年趋于成熟的时间。企业的供应链管理策略也要经过渐进和不断改进的过程来利用电子商务所提供的各种机会，其最大风险是保持不变。

小链接

宝洁电子化供应链

宝洁与客户之间的订单处理与信息共享：与大客户建立电子订单处理系统，比传统的电话传真更快捷。与个别客户统一产品订货收货平台，及时了解客户的销售活动信息，如开店促销等，并反馈回工厂，保证客户有新的市场活动时，宝洁有充足的产品供应。

资料来源：http：//www.china-b.com/jyzy/jyyz/20090318/1047473_1.html.

（二）电子化供应链的实现途径

1. 建设网络基础设施，实现企业内部管理网络化

内部管理网络化是供应链管理的核心，企业必须建立完善的内部网和内部信息管理系统来实现供应链各环节的正常运作。网络已成为企业员工交流、企业内部供应链中的订单、采购、库存、计划、生产和质量监督必不可少的工具。

2. 完善企业资源规划（Enterprise Resources Plan，ERP）

以 Internet 为基础，供应链管理为核心的 ERP 是现代管理的一个重大的变革。电子商务是建立在 ERP 基础之上的运用，ERP 是针对和定位于企业内部资金流与物流的一体化管理，实现从原材料采购到产品实现的各种资源的计划和控制，在一定程度上解决了企业内部供应链的管理。而电子商务则以企业与外部的交互为主，涉及企业外部的采购与销售业务交易，并成为企业内部资金流与物流的一部分。通过完善企业资

源规划，解决电子供应链的上游管理问题。

3. 完善客户关系管理（Customer Relationship Management，CRM）

CRM 是电子商务供应链管理的延伸。供应链管理的核心技术——客户关系管理（CRM）能够突破供应链上各节点的地域界面和组织界面，将客户、经销商、企业销售部系统整合，实现企业对客户个性化的快速响应，真正解决供应链中下游管理问题。CRM 作为电子商务供应链管理向客户延伸，客户反馈的信息折射到供应链的各个环节，实现供应链各环节的共赢。

4. 实现供应链节点生产专业化

电子商务供应链的形成是企业生产专业化的必然要求，当供应链中顾客对某种商品的市场需求达到一定数量时，企业为满足市场需求量，就会改进供应链中不合理的环节。供应链中某些环节实现了专业化，就可以降低企业的生产成本，达到规模效益和范围经济效益。专业化的生产导致供应、制造、销售和物流配送社会职能的划分，供应链节点生产专业化有利于电子商务与供应链管理整合机制的实现。

实训

供应链管理模拟实训软件

安装供应链管理软件，扮演相应的角色，练习供应链管理相关流程。

习题

一、选择题

1. 下列关于供应链信息说法错误的是（　　）。

A. 来源比较广泛　　B. 处理难度大

C. 可以获得供应链所有信息　　D. 需要共享

2. 信息在供应链中的作用有（　　）。

A. 依靠信息技术建立顾客关系　　B. 依靠信息技术了解市场

C. 开发高效的营销渠道　　D. 改变流通方式

E. 具有及时决策和模拟结果的能力

3. EDI 技术的关键点不包括（　　）。

A. 数据通信技术　　B. 标准化

C. 计算机应用技术　　D. 需求分析技术

二、问答题

电子化供应链可以分为哪些类别？实现途径有哪些？

三、案例分析题

神龙汽车有限公司基于电子商务的供应链管理

1. 概述

神龙汽车有限公司是由东风汽车集团、法国雪铁龙汽车集团和法国国民银行等共同出资于1992年成立的合资企业。经历了十多年的发展历程，神龙公司目前拥有零件加工、装配、包装、运输、销售等一整套设备、设施、人员及组织机构。随着国内轿车市场竞争日趋激烈，该公司感到原有管理模式已严重限制了企业的发展，尤其是在供应链管理方面与其他合作企业间的信息沟通存在着较大问题。

神龙公司的原有信息管理系统存在一些影响供应链运作效率的问题。生产计划中所需的关键数据（如制造明细表、订货信息、库存状态、缺货报警、运输安排、在途物资等）只有部分地集成和共享，决策者在进行生产计划安排时无法快速获取有效数据。公司内部各部门信息系统在联网、系统接口、共享方面以及与公司外部联系等方面存在较大难度，缺乏统一性和协调性。现行的新车销售系统侧重于资金流的管理和售后服务的跟踪，而对于公司外部信息，主要是用户数据的搜集、分析和处理等功能不够完善，缺少快速有效的顾客信息反馈机制，故而使供应部门、生产部门无法充分地获取来自市场的反馈信息。因此，供应、生产和需求缺乏必要的沟通，公司内部与外部之间的信息共享不够，难以真正按市场需求安排生产。

另外，神龙公司与其他合作企业之间的信息交流尚未建立规范体系，无共同遵守的工作准则。如神龙公司与雪铁龙公司的业务往来是通过EDI进行数据交换，双方规定必须严格遵守文件的标准格式，任一方擅自改动格式都将导致对方的系统无法正常工作。1992年2月雪铁龙公司更改了发货合同的格式，未提前与神龙公司做好技术上的准备，从而导致神龙公司的翻译软件无法获取数据而严重影响生产运作。

作为供应链中的核心企业，神龙公司的管理信息系统既要接受来自不同体系的信息，又要对之进行处理，用以计划、组织和控制本企业的行为，然后将现有的状态反馈给不同的企业成员。因此，神龙公司的管理信息必须高度集成，为通过供应链管理实现企业经营目标提供可靠保证。为此，要从以下几个方面考虑采取新的措施：

（1）信息必须规范化（统一的定义、标准的格式），信息之间的关系也必须明确定义。

（2）信息的处理程序必须规范化，处理信息要遵守标准规程。

（3）信息的采集、处理和报告有专人负责，保证信息的及时性、准确性和完整性。

（4）信息来自统一的数据库，既能共享，又有使用权限和安全保密措施。各部门按照统一数据库提供的信息和管理准则进行决策，实现企业的总体经营目标。

2. 解决问题的途径

在激烈的市场竞争中，神龙公司认识到应以自身为核心，与供应商、供应商的供应商乃至一切向前的关系，与客户、客户的客户乃至一切向后的关系组建一个链网结构，建立战略合作伙伴关系。委托链网上的每一个节点完成一部分业务工作，以便神龙公司集中精力和各种资源，通过技术程序重新设计，做好本企业能创造特殊价值的、比竞争对手更擅长的关键性业务工作，从而提高企业自身的竞争力，取得期望的经济效益。这就是神龙公司采用供应链管理模式的初衷。神龙公司作为供应链上的核心企业，发挥着信息处理中心的作用，向供应商产生层层需求信息，供应商向神龙公司反馈供应信息，由分销商产生需求信息，再向分销商提供供货信息。

只有通过改变原有的企业信息系统模型，实施面向供应链管理的电子商务，才能保证供应链生产计划同步化和实现企业之间的信息共享。为此，神龙公司采取了以下措施：

（1）组织结构重组，职能部门集成。神龙公司需围绕核心业务对物流实施集成化管理，对组织实行业务流程重组，实现职能部门的优化集成，避免不同部门条块分割或职能相互渗透。根据神龙公司的核心业务活动流程，从职能可以划分为产品开发与设计、供应、生产作业、销售、财务结算、信息组织 6 大部分。物料供应部门与供应商的管理部门集成、销售商务部门与销售商管理部门的集成有利于对供应商、经销商的管理和考核。生产作业部门与设备能源部门的集成有利于生产能力和设备能力的协调，而信息组织部门与财务结算部门则宜相对独立，这样，也便于物流、信息流、资金流的管理，协调公司内部各职能部门之间的合作关系。

（2）生产计划和控制系统的集成。从供应链中节点企业的供需关系分析，神龙公司采取订单驱动其他企业的活动，例如，供应部门围绕需求订单而动，生产部门围绕制造订单而动，销售部门围绕商业订单而动，这就是订单驱动原理。

（3）建立基于电子商务的供应链管理模式，将 EDI、Internet 和 ERP 系统集成起来能提高企业的经营管理水平。例如，法国雪铁龙汽车集团通过 EDI 与供应商实现了订单、发票、发货信息电子文件传输。在 EDI 传输系统中，通过翻译软件正向与反向的翻译功能实现 GALIA（欧洲汽车行业统一采用的标准报文和传输操作模式）报文与 Intranet（企业内局域网）数据模式的相互转换。2000 年雪铁龙与欧洲各汽车公司从 GALIA 标准过渡到 EDIFACT 标准（美、日等国家使用的标准），从而实现全球汽车行业 EDI 报文的标准化。

神龙公司于 1997 年底建立了 GEIS 专线，1998 年 4 月开始在进口件采购业务中使用 EDI 技术，采用 GALIA 标准与雪铁龙公司进行要货令、发票、发货通知等数据交换，并于 2000 年与雪铁龙公司一起升级采用 EDIFACT 标准。

神龙公司采用基于 Internet/Intranet 的 B2B 电子商务构架，其基本原理是先将企业各部门的信息系统组成局域网 LAN，在 LAN 的基础上组建企业级广域网 WAN（即 Intranet），再通过 Internet 和其他相关企业和单位连接。根据合作企业的实力，采用不同的连接方式，例如，神龙公司与雪铁龙公司通过 EDI 连接，而与国内供应商则主要通过 Internet 连接。

3. 实施效果

实施基于 B2B 电子商务的供应链管理是神龙公司关键部件保证及时准确供应的前提。否则雪铁龙与神龙公司对一千余种零件需求的要货指令、发货指令、发票信息手工输入到自己的系统中，不仅周期长，且无法保证准确。采用 EDI 技术则使工作变得得心应手。神龙公司发出的需求指令通过电子文件在 2 小时内便可在雪铁龙的终端上接收，经自动翻译后转化为其系统的数据文件而直接使用。通过系统的分析，雪铁龙方面可以迅速地检查各种差异，并通过 Internet 及时反馈给神龙公司，有效地保障了工作质量。

通过实施电子商务，神龙公司减少了纸质单据的传递。据估算，每月发货对应的发票、发货通知、装箱单等纸质文件就重达几百千克，而所有信息通过 EDI 技术进行交换，大大减少了纸质单据的传递工作量，节省了信息传递的时间和费用。在神龙和雪铁龙的国际贸易中采用 EDI 技术，使订单、发货通知、发票等大量的数据、文件信息传递变得可靠和通畅，减少了低效工作和非增值活动，并使双方快速获得信息，更方便地进行交流和联系，提高了相互的服务水平。

随着网络技术的发展，神龙公司供应链管理采用基于 Internet/Intranet 的 B2B 电子商务运作模式成为必然。对于大部分国内的供应商或分销商来说，最经济、最实用的方式就是通过实施电子商务达到同步作业、资源共享的目的。以神龙公司为核心企业，与供应商、分销商用户形成网链状供应链，实行基于电子商务的供应链管理，达成信息集成化的目标，有重要的实用价值。仅从缩短提前期、降低库存、加快资金流转、提高响应市场应变能力这些方面来看，就已发挥了巨大作用。

资料来源：http：//3y. uu456. com/bp _ 3c06u25trg0mq5e7e8fk _ 6. html.

思考：神龙公司实施信息化的关键是从哪一步开始的？你认为神龙公司还可以再如何进一步改进其信息化管理？

第六章　供应链下物流管理

第一节　供应链生产管理

导入案例

李宁的供应链改革之路

生产鞋子服装和生产电脑能是一回事吗？在李宁公司副总裁兼首席供应链官邓红兵看来，两者异曲同工。现在，他正用IT行业的知识改造李宁，实现其供应链思想下的生产和销售，精耕细作、快速灵活。

国内传统体育用品的一大症结，在于粗放经营的生产推动模式。邓红兵如此描述传统的生意经：提前18个月规划未来售卖的款式、举办订货会获取订单、组织生产实现订单交付，"这样生意算做完了，就直接到港交所汇报销售业绩了"。产品高度同质化、大批量低成本冲击市场的恶果，即大量货品积压在渠道，库存高企，只能打折处理。

作为首家彻底转型的公司，李宁公司2012年年底开始告别传统生产模式，用供应链思想改革生产，并有效改善经销商的订单指引和组货安排，升级企业规划系统和市场数据分析系统，推出了快速反应产品线和最佳SKU组合产品。

以"快速反应"产品为例，原本按正常上市周期的产品，现在加上测试期和真正上市期总共只需2～4个月。"我们事先只进行少量铺货，用两周左右的时间测试市场反应，随时随地监控销售额，一旦产品热销，迅速组织生产大规模铺货，如果销售欠佳，就减少甚至暂停订单生产。"据邓红兵介绍，鞋服制造成本中，原材料和制造成本分别占70%、30%，"至少30%的人工成本不会白费，而且原材料更利于保值。""这种生意模式想亏钱都很困难，为什么？因为掌握市场反应，风险非常小，产品的售出率非常高。"

新的供应链运作模式，也正推动代工厂进行转变。湖北动能体育用品有限公司是李宁服装的供应商，据董事长黄永彪介绍，"以往我们向李宁一开口，一个订单就是1万件，现在越来越向小批量、多频次、短交期方向发展，订单单批次只要500件就能生产。"为了提高响应速度，动能体育专门设了一个"细胞式生产"车间，随时等待追加的订单，最快7天可以交付，针对某些热销款可及时补充货源。

资料来源：http：//www.chinawuliu.com.cn/xsyj/201310/15/260120.shtml.

思考：传统生产模式有何特点？供应链生产模式如何让李宁华丽转身？

一、传统的企业生产计划与供应链管理思想的差距

（一）生产计划的概念

生产计划是关于企业生产运作系统总体方面的计划，是企业在计划期内应完成的产品品种、质量、产量和产值等生产任务的计划和对产品生产进度的安排。

在现代企业生产经营活动中，企业内部分工精细、相互协作、相互制约，任何生产部分都不能离开其他工作独立进行，这就要求企业必须有对整个生产系统的总体指导安排。生产计划反映的并非个别生产岗位或个别生产线的生产活动，也并非是产品生产的细节问题以及一些具体资源的使用安排问题，而是关于企业计划期生产活动的纲领性方案。生产计划是企业生产运作管理的依据和核心内容，是指导企业计划期生产活动的纲领性方案。

（二）传统的企业生产计划与供应链管理思想的差距

供应链管理思想对企业管理影响最大的领域之一就是传统生产计划与控制领域。传统的企业生产计划以单个企业的物料需求为中心展开，缺乏与上下游供应商与分销商的交流，不确定性对库存水平和服务能力影响较大，库存控制策略很难发挥作用。所以，只有通过建立面向供应链管理的生产计划与控制系统，企业才能从传统管理模式向供应链管理模式转变。传统企业生产计划和控制模式与供应链管理思想的差距主要表现在以下几个方面。

1. 决策信息来源的差距（多源信息）

生产计划的制订要依据一定的决策信息，即基础数据。传统的生产计划决策过程中，计划决策的信息来自两个方面，一是需求信息，另外是资源信息。需求信息来自用户订单和需求预测，进而综合成制订生产计划所需要的需求信息。资源信息则是指生产计划决策的约束条件。在供应链环境下资源信息不仅来自企业内部，还来自供应商、分销商和最终用户。信息多源化是供应链管理环境下的主要特征，也是供应链环境下生产计划的特点。约束条件放宽了，资源扩展了，生产计划的优化空间也扩大了。

2. 决策模式的差距（决策群体性、分布性）

传统的生产计划决策模式是基于单个企业的集中式决策，而供应链管理环境下的决策模式是分布式群体决策过程。供应链系统是一个立体的网络，各节点企业具有相同的地位，均拥有暂时性的监视权和决策权，每节点企业的生产计划决策都受到其他企业生产计划决策的影响，故需要一种协调机制和冲突解决机制。当一个企业的生产计划发生改变时，其他企业的计划也需要做出相应的改变，这样供应链才能实现同步运作。

3. 信息反馈机制的差距（递阶、链式反馈与并行、网络反馈）

企业的计划能否得到很好的贯彻执行，需要建立一种信息反馈机制以实现监督控

制。传统的企业生产计划的信息反馈是企业内部从一个部门到另一个部门的直线性的传递，是一种链式反馈。通常这种信息传递是从底层向高层信息处理中心（权力中心）反馈，形成和组织结构平行的信息逐阶梯的传递模式。

供应链管理环境下，企业信息的传递模式发生了很大的变化，以团队工作为特征的多代理组织模式使供应链具有网络化结构特征。因此，供应链管理模式不是递阶管理，也不是矩阵管理，而是网络化管理。生产计划信息的传递不是沿着企业内部的管理层（权力结构）逐阶传递，而是沿着供应链的节点方向（网络结构）发散传递。为了实现供应链的同步化运作，供应链企业间信息的交互频率也要比传统企业信息传递的频率大得多，因此应采用并行化信息传递模式。

4. 计划运行环境的差距（不确定性、动态性）

供应链管理下的生产计划是在复杂多变的环境中运行的，这增加了企业生产计划运行的不确定性和动态性因素，因此要求生产计划具有更高的柔性和敏捷性，比如提前期柔性、生产批量柔性等。传统的 MRPⅡ以固定的环境约束变量应付不确定的市场环境，这显然是不行的。供应链管理环境下的生产计划涉及的多是订单化生产，动态性更强，因此生产计划要更多地考虑不确定性和动态性等因素，使生产计划具有更高的柔性和敏捷性，进而提高企业应对市场变化的能力。

二、供应链管理环境下的生产计划

（一）供应链环境下的生产计划

在供应链管理下，具有战略伙伴关系的企业通过物流、商流、信息流和资金流的紧密合作实现企业制造资源的拓展，这与传统生产计划有显著不同。供应链环境下，制订生产计划过程中主要面临以下三方面的问题。

1. 柔性约束

柔性实际上是对承诺的一种完善。企业间的承诺是企业对合作伙伴的保证，在此基础上企业间建立了基本的信任，进而合作伙伴间才能获得相对稳定的需求信息。然而，由于承诺是先有态度后有行为，承诺的达成先于承诺的实施过程，不确定因素总是存在的，尽管承诺方尽力使承诺实施结果与承诺本身相一致，误差难以避免。柔性的提出为承诺方缓解了这一矛盾，使承诺方有可能修正原有的承诺。因此，承诺与柔性是合同签订的关键要素。

2. 生产进度

生产进度信息是企业检查生产计划执行状况的重要依据，也是滚动制订生产计划过程中用于修正原有计划和制订新计划的重要信息。在供应链管理环境下，生产进度计划属于可共享的信息。这一信息的作用在于：①供应链上游企业通过了解对方的生产进度情况实现准时供应。企业的生产计划是在对未来需求做出的预测的基础上制订的，它与生产过程的实际进度一般是不同的，生产计划信息不可能实时反映物流的运动状态。供应链企业可以借助现代网络技术，使实时的生产进度信息能为合作方所共享。上游企业可以通过网络和双方通用的软件了解下游企业真实需求信息，并准时提供物资。这种情况下，下游企业可以避免不必要的库存，而上游企业可以灵活主动地安排生产和调拨物资。②原材料和零部件的供应是企业进行生产的首要条件之一，供应链上游企业修正原有计划时应该考虑到下游企业的生产状况。在供应链管理下，企业可以了解到上游企业的生产进度，然后适当调节生产计划，使供应链上的各个环节紧密地衔接在一起。其意义在于可以避免企业与企业之间出现供需脱节的现象，从而保证了供应链上的整体利益。

3. 生产能力

企业完成一份订单不能脱离上游企业的支持，因此，在编制生产计划时要尽可能借助外部资源，有必要考虑如何利用上游企业的生产能力。任何企业在现有的技术水平和组织条件下都具有一个最大的生产能力，但最大的生产能力并不等于最优生产负荷。在上下游企业间稳定的供应关系形成后，上游企业从自身利益出发，更希望所有与之相关的下游企业在同一时期的总需求与自身的生产能力相匹配。上游企业的这种对生产负荷量的期望可以通过合同、协议等形式反映出来，即上游企业提供给每一个相关下游企业一定的生产能力，并允许一定程度上的浮动。这样，在下游企业编制生产计划时就必须考虑到上游企业的这一能力上的约束。

（二）供应链环境下编制生产计划的特点

在供应链管理下，企业的生产计划编制过程有了较大的变动，在原有的生产计划制订过程的基础上增添了新的特点。

1. 具有纵向和横向的信息集成过程

这里的纵向指供应链由下游向上游的信息集成，而横向指生产相同或类似产品的企业之间的信息共享。在生产计划过程中上游企业的生产能力信息在生产计划的能力分析中独立发挥作用。通过在主生产计划和投入出产计划中分别进行的粗、细能力平衡，上游企业承接订单的能力和意愿都反映到了下游企业的生产计划中。同时，上游企业的生产进度信息也和下游企业的生产进度信息一同作为滚动编制计划的依据，其目的在于保持上下游企业间生产活动的同步。外包决策和外包生产进度分析是集中体现供应链横向集成的环节。在外包中所涉及的企业都能够生产相同或类似的产品，或者说在供应链网络上是属于同一产品级别的企业。企业在编制主生产计划时所面临的订单，在两种情况下可能转向外包：一是企业本身或其上游企业的生产能力无法承受需求波动所带来的负荷；二是所承接的订单通过外包所获得利润大于企业自己进行生产的利润。无论在何种情况下，都需要承接外包的企业的基本数据来支持企业的获利分析，以确定是否外包。同时，由于企业对该订单的客户有着直接的责任，因此也需要承接外包的企业的生产进度信息来确保对客户的供应。

2. 丰富了能力平衡在计划中的作用

在通常的概念中，能力平衡只是一种分析生产任务与生产能力之间差距的手段，再根据能力平衡的结果对计划进行修正。在供应链管理下制订生产计划过程中，能力平衡发挥了以下作用：①为修正主生产计划和投入出产计划提供依据，这也是能力平衡的传统作用；②能力平衡是进行外包决策和零部件（原材料）急件外购的决策依据；③在主生产计划和投入出产计划中所使用的上游企业能力数据，反映了其在合作中所愿意承担的生产负荷，可以为供应链管理的高效运作提供保证；④在信息技术的支持下，对本企业和上游企业的能力状态的实时更新使生产计划具有较高的可行性。

3. 计划的循环过程突破了企业的限制

在企业独立运行生产计划系统时，一般有三个信息流的闭环，而且都在企业内部。

（1）主生产计划-粗能力平衡-主生产计划。

（2）投入出产计划-能力需求分析（细能力平衡）-投入出产计划。

（3）投入出产计划-车间作业计划-生产进度状态-投入出产计划。

在供应链管理下生产计划的信息流跨越了企业，从而增添了新的内容。

（1）主生产计划-供应链企业粗能力平衡-主生产计划。

（2）主生产计划-外包工程计划-外包工程进度-主生产计划。

（3）外包工程计划-主生产计划-供应链企业生产能力平衡-外包工程计划。

（4）投入出产计划-链企业能力需求分析（细能力平衡）-投入出产计划。

（5）投入出产计划-上游企业生产进度分析-投入出产计划。

（6）投入出产计划-车间作业计划-生产进度状态-投入出产计划。

需要说明的是，以上各循环中的信息流都只是各自循环所必需的信息流的一部分，但可对计划的某个方面起决定性的作用。

4. 生产控制的特点

供应链环境下的生产协调控制包括如下几个方面的内容。

（1）生产进度控制。生产进度控制的目的在于依据生产作业计划，检查零部件的投入和出产数量、出产时间和配套性，保证产品能准时装配出厂。供应链环境下的进度控制与传统生产模式的进度控制不同，因为许多产品是协作生产和转包的业务，和传统的企业内部的进度控制比较来说，其控制的难度更大，必须建立一种有效的跟踪机制进行生产进度信息的跟踪和反馈。生产进度控制在供应链管理中有重要作用，因此，必须研究解决供应链企业之间的信息跟踪机制和快速反应机制。

（2）供应链的生产节奏控制。供应链的同步化计划需要解决供应链企业之间的生产同步化问题，只有各供应链企业之间以及企业内部各部门之间保持步调一致时，供应链的同步化才能实现。供应链形成的准时生产系统，要求上游企业准时为下游企业提供必需的零部件。如果供应链中任何一个企业不能准时交货，都会导致供应链不稳定或中断，导致供应链对用户的响应性下降，因此严格控制供应链的生产节奏对供应链的敏捷性是十分重要的。

（3）提前期管理。基于时间的竞争是 20 世纪 90 年代一种新的竞争策略，具体到企业的运作层，主要体现为提前期的管理，这是实现 QCR、ECR 策略的重要内容。供应链环境下的生产控制中，提前期管理是实现快速响应用户需求的有效途径。缩小提前期，提高交货期的准时性是保证供应链获得柔性和敏捷性的关键。缺乏对供应商不确定性有效控制是供应链提前期管理中一大难点，因此，建立有效的供应提前期的管理模式和交货期的设置系统是供应链提前期管理中值得研究的问题。

（4）库存控制和在制品管理。库存在应付需求不确定性时有其积极的作用，但是库存又是一种资源浪费。在供应链管理模式下，实施多级、多点、多方管理库存的策略，对提高供应链环境下的库存管理水平、降低制造成本有着重要意义。这种库存管理模式涉及的部门不仅仅是企业内部。基于 JIT 的供应与采购、供应商管理库存（Vendor Managed Inventory）、联合库存管理等是供应链库存管理的新方法，对降低库存都有重要作用。因此，建立供应链管理环境下的库存控制体系和运作模式对提高供应链的库存管理水平有重要作用，是供应链企业生产控制的重要手段。

三、供应链生产运营管理

（一）延迟制造

1. 延迟制造思想及其影响

全球化的竞争迫切要求企业具有能增加灵活性而保持成本及质量不变的新的生产技术。灵活生产的思想是由重视客户的反应引起的。以反应为基础的生产能力将重点放在适应客户要求的灵活性上。生产延迟主张根据订单安排生产产品，在获知客户的精确要求和购买意向之前，不做任何准备工作（如采购部件）。按照订单生产的想法并不是新的，其新颖之处在于灵活的生产能够取得这种反应而不牺牲效率。如能做到按市场要求进行灵活生产，企业将可以摆脱对销售预测的依赖。

生产延迟的影响有两方面。首先，销售预测的不同产品的种类可以减少。因此，物流故障的风险较低。其次，更多的使用物流设施和渠道关系来进行简单生产和最后的集中组装。在某种程度上，非常专门化的或者高度限制的规模经济并不存在于制造生产中，产品的客户化也许最好在最接近客户终点市场的地方被授权和完成。在某一些行业中，传统物流库存的使命正在迅速地被改变，以适应生产延迟。

延迟制造的核心思想是制造商只生产通用化、模块化的产品，尽量使产品保持中间状态，以实现规模化生产，并且通过集中库存减少库存成本，从而缩短提前期，使顾客化活动更接近顾客，增强应对个性化需求的灵活性。其目标是使适当的产品在适当的时间到达适当的位置。如图 6－1 所示。

2. 延迟制造的分离点

我们通常将供应链结构划分为推动式和拉动式两种，推动式供应链企业根据对顾客需求的预测进行生产，然后将产品推向下游经销商，再由经销商逐级推向市场。在推动式供应链中，分销商和零售商处于被动接受的地位，企业间信息沟通少、协调性差、提前期长、快速响应市场的能力弱、库存量大，且往往会产生供应链中的存货数量逐级放大的“牛鞭效应”，但推动式供应链能利用制造和运输的规模效应为供应链上的企业带来规模经济的效益，还能利用库存来平衡供需之间的不平衡现象。图 6－2 为制造商推动的供应链的图示。

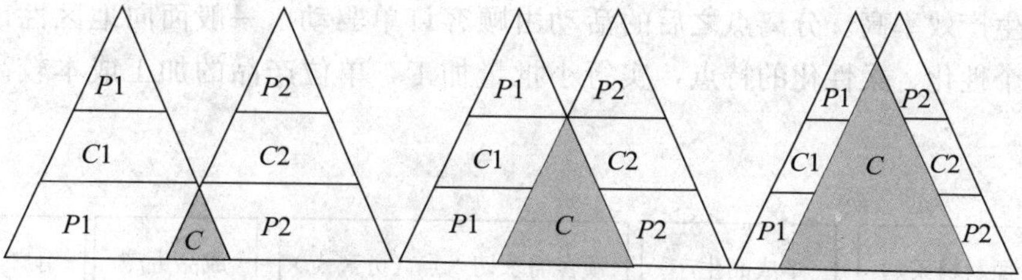

图 6-1　延迟制造基本思想空间维表示

*P*1：产品 1；*P*2：产品 2；*C*1：产品 1 部件；*C*2：产品 2 部件；*C*：通用件

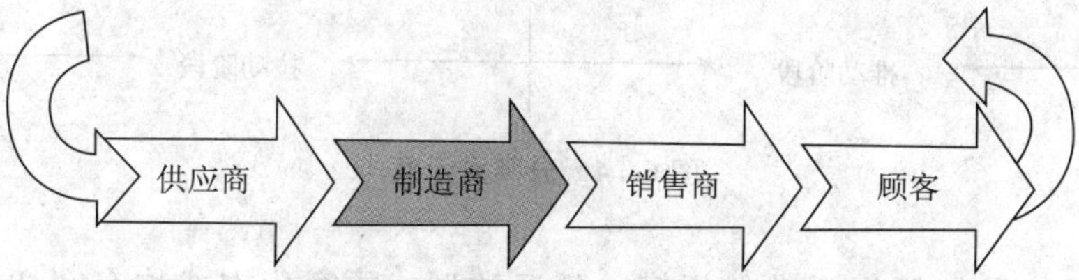

图 6-2　制造商推动的供应链

拉动式供应链模式通常按订单进行生产，由顾客需求来激发最终产品的供给，制造部门可以根据用户时间需求来生产定制化的产品，降低了库存量，缩短了提前期，能更好地满足顾客的个性化需求，可有效地提高服务水平和市场占有率。但其缺点是生产批量小、作业更换频繁、设备的利用率不高、管理复杂程度高，难以获得规模经济，图 6-3 为客户推动的供应链图示。

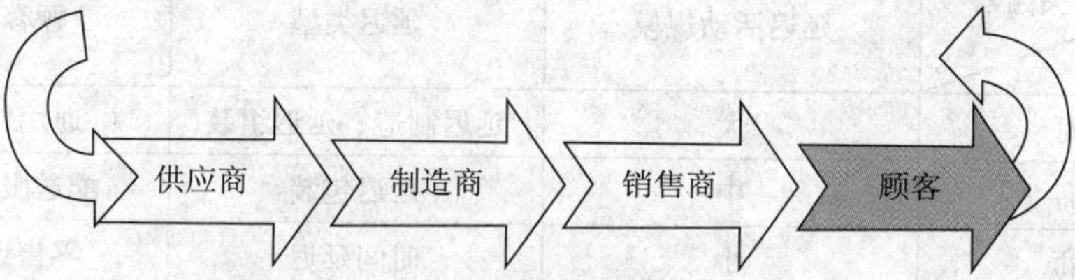

图 6-3　客户推动的供应链

延迟制造是上述两种供应链模式的整合，通过两种模式的结合运用，扬长避短。运用延迟制造的生产过程可分为推动阶段和拉动阶段，通过对产品的设计与生产采用标准化、模块化和通用化的技术，产品可以由具有兼容性和统一性的不同模块组合而成。在推动阶段，制造商根据预测大规模生产半成品或通用化的各种模块，获得大量生产的规模效应。在拉动阶段，产品才实现差别化，根据订单需要，将各种模块进行有效的组合，或将通用化的半成品根据要求进行进一步加工，从而实现定制化的服务。

我们将推动阶段和拉动阶段的分界点称为顾客需求切入点，也称为分离点（The Customer Order Decoupling Point，CODP），在分离点之前，是由需求预测驱动的推动式的大规模的活动，一般面向全球性市场，产品标准化、中性化，实行大批量、规模化生产，生产效率高。分离点之后的活动由顾客订单驱动，一般面向地区性市场，且产品具有个性化、柔性化的特点，实行小批量加工，单位产品的加工成本较高，如图6-4所示。

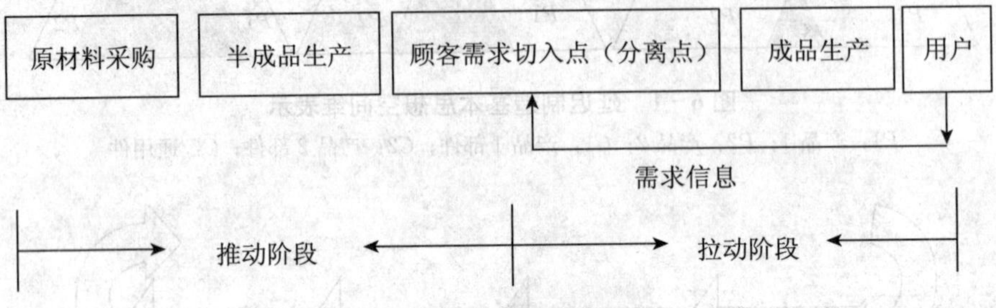

图6-4　分离点示意

分离点的定位与延迟活动的规模、延迟类型、顾客化方式均有密切关系。如表6-1所示。分离点位置越靠近顾客，延迟活动规模越小，顾客化活动复杂程度越低，因而快速响应能力（在已有的产品品种范围内）越高，但由于顾客化程度低，产品品种较少企业柔性较小，应对个性化需求的能力不强。然而，在需求多样化趋势明显增强的今天，产品柔性是决定企业生存和发展的关键因素，因此，分离点及延迟化策略定位必须把企业柔性放到极其重要的位置，如图6-5所示。

表6-1　　分离点影响

相关因素 / 分离点位置	延迟活动规模	延迟类型	顾客化方式
制造商	大	延迟制造、延迟组装	通用件顾客化
分销商	中	延迟包装	配送服务顾客化
零售商	小	时间延迟	零售渠道调整

3. 延迟制造的实施条件

延迟制造生产模式虽然有诸多优势，但它并不适用于所有行业。有些产品的生产过程决定了它不可能采用延迟制造这种生产模式，还有些产品的特点使采用延迟制造带来的收益不能弥补生产过程复杂化增加的成本。一般来说，推行延迟制造的企业，其生产与制造过程应当具有以下条件。

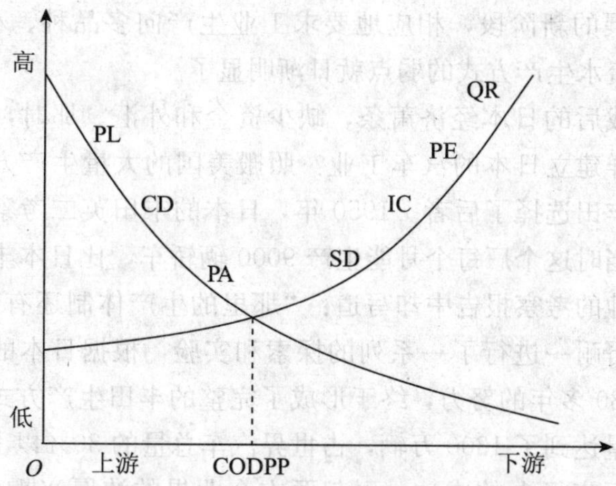

图 6-5　分离点的影响

CODPP：分离点位置；PL：延迟水平；CD：顾客化程度；PA：产品柔性；
SD：标准代程度；IC：库存成本；PE：生产效率；QR：快速响应能力

(1) 可分离性。制造过程能被分离为中间产品生产和最终产品加工两个阶段，这样才有可能将最终产品的加工阶段进行延迟。

(2) 可模块化。产品应能够分解为有限的模块，这些模块经组合后能形成多样化的最终产品，或产品由通用化的基础产品构成。基础产品经加工后，能提供给顾客更多选择。

(3) 最终加工过程的易执行性。延迟制造将最终产品生产和中间产品的生产分离，最终产品的生产很可能被放在离顾客很近的地方执行。这就要求最终加工过程的技术复杂性和加工范围应当有限，易于执行，加工时间短，无须耗费过多的人力。

(4) 产品的重量、体积和品种在最终加工中的增加程度大。延迟制造会增加产品的制造成本，除非延迟制造的收益能弥补增加的成本，延迟制造没有执行的必要。如果产品的重量、体积和品种在最终加工中增加很多，推迟最终的产品加工成型工作能节省大量的运输成本和减少库存产品的成本、简化管理工作、减少物流故障，这会有利于延迟制造的进行。

(5) 适当的交货提前期。通常来说，过短的提前期不利于延迟制造，因为延迟制造要求给最终的生产与加工过程留有一定的时间余地。而过长的提前期则无须延迟制造。

(6) 市场的不确定程度高。市场的不确定程度高，细分市场多，顾客的需求难以预测，产品的销售量、配置、规格和包装尺寸不能事先确定，有利于采用延迟制造来减少市场风险。

(二) 精益生产

1. 精益生产产生背景

20 世纪初，从美国福特汽车公司创立第一条汽车生产流水线以来，大规模的生产流水线一直是现代工业生产的主要特征。但是第二次世界大战以后，社会进入了一个市场需求多样化发展的新阶段，相应地要求工业生产向多品种、小批量的方向发展，单品种、大批量的流水生产方式的弱点就日渐明显了。

第二次世界大战后的日本经济萧条，缺少资金和外汇。那时，丰田的汽车事业正处于萌芽时期，怎样建立日本的汽车工业？照搬美国的大量生产方式，还是按照日本的国情另谋出路？丰田选择了后者。1950 年，日本的丰田英二考察了美国底特律的福特公司的轿车厂。当时这个厂每个月能生产 9000 辆轿车，比日本丰田公司一年的产量还要多。但丰田在他的考察报告中却写道："那里的生产体制还有改进的可能"。丰田英二和他的伙伴大野耐一进行了一系列的探索和实验，根据日本的国情，提出了解决问题的方法。经过 30 多年的努力，终于形成了完整的丰田生产方式，使日本的汽车工业超过了美国，产量达到了 1300 万辆，占世界汽车总量的 30%以上。

日本企业在国际市场上的成功，引起西方企业界的浓厚兴趣，西方企业家认为，日本在生产中所采用的方式是其在世界市场上竞争的基础。20 世纪 80 年代以来，西方一些国家很重视对丰田生产方式的研究，并将其应用于生产管理。美国麻省理工学院组织世界上 17 个国家的专家、学者，花费 5 年时间，耗资 500 万美元，对日本丰田准时化生产 JIT（Just In Time）生产方式进行研究，经理论化后总结提出了"精益生产"（Lean Production，LP）。

2. 精益生产核心思想

精益生产方式的基本思想可以用一句话来概括，即：Just In Time（JIT），翻译为中文是"旨在需要的时候，按需要的量，生产所需的产品"。因此，有些管理专家也称精益生产方式为 JIT 生产方式、准时制生产方式、适时生产方式或看板生产方式。其核心思想有以下几个方面。

（1）追求零库存。精益生产是一种追求无库存生产，或使库存达到极小的生产系统，为此而开发了包括"看板"在内的一系列具体方式，并逐渐形成了一套独具特色的生产经营体系。

（2）追求快速反应，即快速应对市场的变化。为了快速应对市场的变化，精益生产者开发出了细胞生产、固定变动生产等布局及生产编程方法。

（3）企业内外环境的和谐统一。精益生产方式成功的关键是把企业的内部活动和外部的市场（顾客）需求和谐地统一于企业的发展目标。

（4）人本主义。精益生产强调人力资源的重要性，把员工的智慧和创造力视为企业的宝贵财富和未来发展的原动力，充分尊重员工，重视培训和共同协作。

（5）库存是"祸根"。高库存是大量生产方式的特征之一。由于设备运行的不稳定、工序安排的不合理、较高的废品率和生产的不均衡等原因，常常出现供货不及时的现象，库存被看作是必不可少的"缓冲剂"。但精益生产则认为库存是企业的"祸害"，其认为"库存提高了经营的成本，同时掩盖了企业的问题"。

3. 精益生产特点

（1）拉动式准时化生产。以最终用户的需求为生产起点，强调物流平衡，追求零库存，要求上一道工序加工完的零件立即可以进入下一道工序。组织生产线依靠一种称为看板（Kanban）的形式。即由看板传递下道向上道需求的信息（看板的形式不限，关键在于能够传递信息）。生产中的节拍可由人工干预、控制，但重在保证生产中的物流平衡（对于每一道工序来说，即为保证对后道工序供应的准时化）。由于采用拉动式生产，生产中的计划与调度实质上是由各个生产单元自己完成，在形式上不采用集中计划，但操作过程中生产单元之间的协调则极为必要。

(2) 全面质量管理。强调质量是生产出来而非检验出来的，由生产中的质量管理来保证最终质量。生产过程中对质量的检验与控制在每一道工序都进行。重在培养每位员工的质量意识，在每一道工序进行时注意质量的检测与控制，保证及时发现质量问题。如果在生产过程中发现质量问题，根据情况，可以立即停止生产，直至解决问题，从而保证不出现对不合格品的无效加工。对于出现的质量问题，一般是组织相关的技术与生产人员作为一个小组，一起协作，尽快解决。

(3) 团队工作法。每位员工在工作中不仅是执行上级的命令。更重要的是积极地参与，起到决策与辅助决策的作用。组织团队的原则并不完全按行政组织来划分，而主要根据业务的关系来划分。团队成员强调一专多能，要求能够比较熟悉团队内其他工作人员的工作，保证工作协调的顺利进行。团队人员工作业绩的评定受团队内部的评价的影响。团队工作的基本氛围是信任，以一种长期的监督控制为主，而避免对每一步工作的稽核，提高工作效率。团队的组织是变动的，针对不同的事务，建立不同的团队，同一个人可能属于不同的团队。

(4) 并行工程。在产品的设计开发期间，将概念设计、结构设计、工艺设计、最终需求等结合起来，保证以最快的速度按要求的质量完成，各项工作由与此相关的项目小组完成。进程中小组成员各自安排自身的工作，但可以定期或随时反馈信息并对出现的问题协调解决。依据适当的信息系统工具，反馈与协调整个项目的进行。利用现代 CIM 技术，在产品的研制与开发期间，辅助项目进程的并行化。

4. 精益生产的效果

精益生产主要研究时间和效率，精益生产注重提升系统的稳定性，60 多年来精益生产的成功案例已证实：

(1) 精益生产让生产时间减少 90%。

(2) 精益生产让库存减少 90%。

(3) 精益生产使生产效率提高 60%。

(4) 精益生产使市场缺陷减少 50%。

(5) 精益生产让废品率降低 50%。

(6) 精益生产让安全指数提升 50%。

精益生产通过消除企业所有环节上的不增值活动，来达到降低成本、缩短生产周期和改善质量的目的。精益生产终极目标为“零浪费”，具体表现在 PICQMDS 七个方面：

(1) “零”转产工时浪费。将加工工序的品种切换与装配线的转产时间浪费降为“零”或接近为“零”。

(2)“零”库存。将加工与装配相连接流水化，消除中间库存，变市场预估生产为接单同步生产，将产品库存降为零。

(3)“零”浪费。消除多余制造、搬运、等待的浪费，实现零浪费。

(4)“零”不良。不良不是在检查位检出，而应该在产生的源头消除它，追求零不良。

(5)“零”故障。消除机械设备的故障停机，实现零故障。

(6)“零”停滞。最大限度地压缩前置时间（Lead Time）。为此要消除中间停滞，实现“零”停滞。

(7)“零”灾害。

（三）敏捷制造

1. 敏捷制造及其产生背景

20 世纪 90 年代，信息技术突飞猛进，信息化的浪潮汹涌而来，许多国家制订了旨在提高自己国家在未来世界中的竞争地位、培养竞争优势的先进的制造计划。为重新夺回美国制造业的世界领先地位，美国政府把制造业发展战略目标瞄向 21 世纪。美国通用汽车公司（GM）和里海（Leigh）大学的雅柯卡（Iacocca）研究所在国防部的资助下，组织了百余家公司，由通用汽车公司、波音公司、IBM、德州仪器公司、AT&T、摩托罗拉等 15 家著名大公司和国防部代表共 20 人组成了核心研究队伍。此项研究历时 3 年，于 1994 年底提出了《21 世纪制造企业战略》。在这份报告中，提出了既能体现国防部与工业界各自的特殊利益，又能获取他们共同利益的一种新的生产方式，即敏捷制造。

敏捷制造是在具有创新精神的组织和管理结构、先进制造技术（以信息技术和柔性智能技术为主导）、有技术有知识的管理人员三大类资源支柱支撑下得以实施的，也就是将柔性生产技术、有技术有知识的劳动力与能够促进企业内部和企业之间合作的灵活管理集中在一起，通过所建立的共同基础结构，对迅速改变的市场需求和市场进度做出快速响应。敏捷制造比起其他制造方式具有更灵敏、更快捷的反应能力，图 6-6为敏捷制造系统示意图。

敏捷制造的优缺点优点：生产更快，成本更低，劳动生产率更高，机器生产率加快，质量提高，提高生产系统可靠性，减少库存，适用于 CAD/CAM 操作。缺点是实施起来费用高。

2. 敏捷制造的特点

(1) 从产品开发到生产周期的全过程满足要求。敏捷制造采用柔性化、模块化的产品设计方法和可重组的工艺设备，使产品的功能和性能可根据用户的具体需要进行改变，并借助仿真技术可让用户很方便地参与设计，从而很快地生产出满足用户需要的产品。

(2) 采用多变的动态组织结构。21 世纪衡量竞争优势的准则在于企业对市场反应的速度和满足用户的能力。而要提高这种速度和能力，必须以最快的速度把企业内部的优势和企业外部不同公司的优势集中在一起，组成为灵活的经营实体，即虚拟公司。

(3) 战略着眼点在于长期获取经济效益。传统的大批量生产企业，其竞争优势在于规模生产，即依靠大量生产同一产品，减少每个产品所分摊的制造费用和人工费用，来降低产品的成本。敏捷制造是采用先进制造技术和具有高度柔性的设备进行生产，这些具有高柔性、可重组的设备可用于多种产品，不需要像大批量生产那样要求在短期内回收专用设备及工本等费用，可在一段较长的时间内获取经济效益。所以它可以使生产成本与批量无关，做到完全按订单生产，充分把握市场中的每一个获利时机，使企业长期获取经济效益。

(4) 建立新型的标准基础结构。敏捷制造企业需要充分利用分布在各地的各种资源，要把这些资源集中在一起，以及把企业中的生产技术、管理和人集成到一个相互协调的系统中。

(5) 最大限度地调动、发挥人的作用。敏捷制造提倡以"人"为中心的管理，把权力下放到项目组，提倡"基于统观全局的管理"模式，要求各个项目组都能了解全局的远景，明确工作目标和任务的时间要求，完成任务的中间过程则由项目组自主决定，以此来发挥人的主动性和积极性。

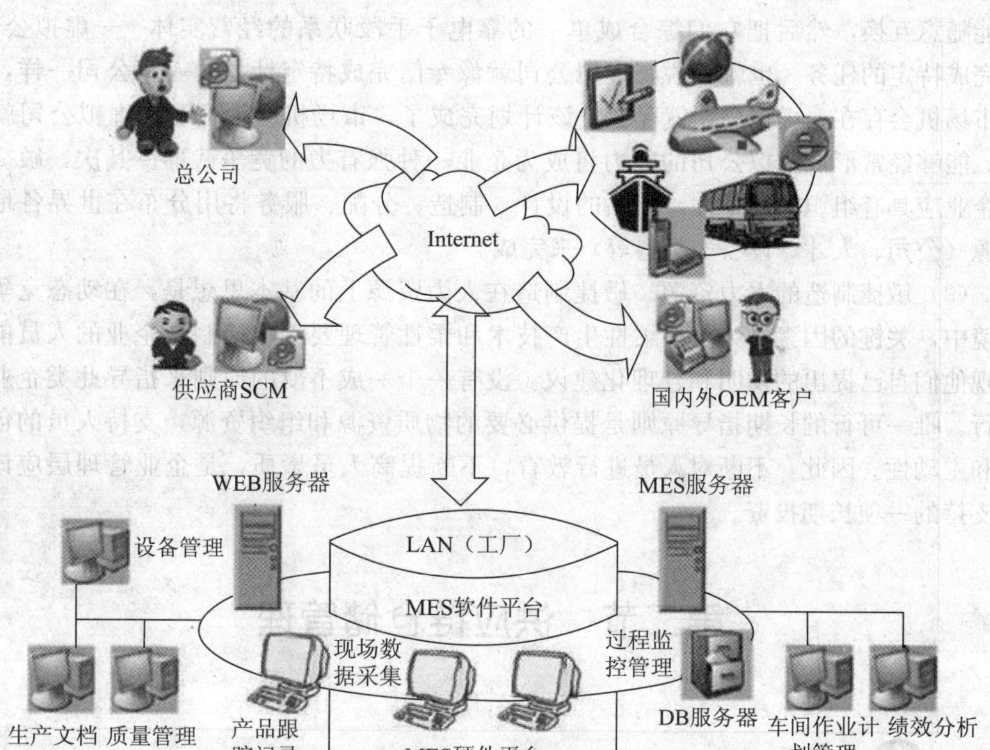

图 6-6　敏捷制造系统

3. 敏捷制造三要素

敏捷制造的目的可概括为"将柔性生产技术，有技术、有知识的劳动力与能够促进企业内部和企业之间合作的灵活管理（三要素）集成在一起，通过所建立的共同基础结构，对迅速改变的市场需求和市场实际做出快速响应"。可以看出，敏捷制造实际上主要包括三个要素：生产技术、管理和人力资源。

（1）敏捷制造的生产技术。首先，具有高度柔性的生产设备是创建敏捷制造企业的必要条件（但不是充分条件）。其次，在产品开发和制造过程中，能运用计算机能力和制造过程的知识基础，用数字计算方法设计复杂产品；可靠地模拟产品的特性和状态，精确地模拟产品制造过程。再次，敏捷制造企业是一种高度集成的组织，信息在制造、工程、市场研究、采购、财务、仓储、销售、研究等部门之间连续地流动，而且还要在敏捷制造企业与其供应厂家之间连续流动。最后，把企业中分散的各个部门集中在一起，靠的是严密的通用数据交换标准、坚固的"组件"（许多人能够同时使用同一文件的软件）、宽带通信信道（传递需要交换的大量信息）。

（2）敏捷制造的管理技术。首先，敏捷制造在管理上所提出的最创新思想之一是"虚拟公司"。敏捷制造认为，新产品投放市场的速度是当今最重要的竞争优势。推出新产品最快的办法是利用不同公司的资源，使分布在不同公司内的人力资源和物资资源能随意互换，然后把它们综合成单一的靠电子手段联系的经营实体——虚拟公司，以完成特定的任务。也就是说，虚拟公司就像专门完成特定计划的一家公司一样，只要市场机会存在，虚拟公司就存在。该计划完成了，市场机会消失了，虚拟公司就解体。能够经常形成虚拟公司的能力将成为企业一种强有力的竞争武器。其次，敏捷制造企业应具有组织上的柔性。产品的设计、制造、分配、服务将用分布在世界各地的资源（公司、人才、设备、物料等）来完成。

（3）敏捷制造的人力资源。敏捷制造在人力资源上的基本思想是，在动态竞争的环境中，关键的因素是人员。柔性生产技术和柔性管理要使敏捷制造企业的人员能够实现他们自己提出的发明和合理化建议。没有一个一成不变的原则来指导此类企业的运行。唯一可行的长期指导原则是提供必要的物质资源和组织资源，支持人员的创造性和主动性。因此，不断对人员进行教育，不断提高人员素质，是企业管理层应该积极支持的一项长期投资。

第二节　供应链仓储管理

导入案例

供应链管理助风神公司降低库存

风神汽车有限公司是东风汽车公司、台湾裕隆汽车制造股份有限公司（裕隆集团为台湾省内第一大汽车制造厂，其市场占有率高达51%，年销量20万辆）、广州京安云豹汽车有限公司等共同合资组建的，由东风汽车公司控股的三资企业，是具备5A资质的首批高新技术物流企业，业务范围涵盖采购物流、生产物流、流通加工、销售物流、物流水平事业等汽车物流领域。拥有广州、北京、上海、武汉、郑州、济南、重庆、襄阳八大中心，六个子公司为东风日产、郑州日产、东风乘用车、东风商用车等数百家客户提供专业物流服务，服务内容涉及调达物流、VMI、流通加工、PDI、物流包装、整车物流、保税物流、备件物流等汽车物流项目。

风神公司通过与供应商、花都工厂、襄樊工厂等企业建立战略合作伙伴关系，采用“两地生产、委托加工”的供应链组织结构模式，优化了链上成员间的协同运作管理模式，实现了合作伙伴企业之间的信息共享，促进物流通畅，提高了客户反应速度。将供应商、产品（整车）制造商和分销商（专营店）有机组织起来，在战略、任务、资源和能力方面相互依赖，构成了十分复杂的供应-生产-销售网链，通过设立中间仓库，实现了准时化采购，从而减少了各个环节上的库存量。如图6-7为风神公司供应链结构示意图。

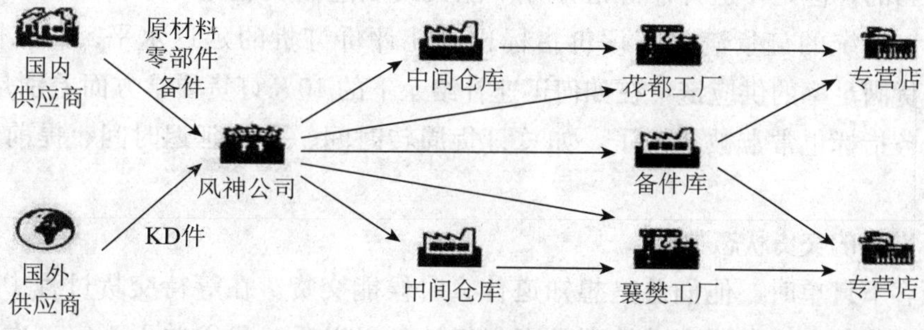

图6-7　风神公司供应链结构示意

通过在全球范围内优化合作，开发国内外优质供应商，并且在全国各地设有多家专营店。各节点企业将资源集中于核心业务，充分发挥其专业优势和核心能力，实现对客户需求的快速有效反应，大幅度缩短订货的提前期，实现优势互补和资源共享，把传统经营中经常出现的缺货或货物积压等问题消除，或者降到最低限度，共生出更强的整体核心竞争能力与竞争优势。

资料来源：http：//www.doc88.com/p-7196117526936.html.

思考：风神汽车公司是如何利用供应链降低库存的？

一、供应链管理环境下的库存问题

供应链环境下的库存问题和传统的企业库存问题有许多不同之处，这些不同点体现出供应链管理思想对库存的影响。传统的企业库存管理侧重于优化单一的库存成本，从存储成本和订货成本出发确定经济订货量和订货点。从单一的库存角度看，这种库存管理方法有一定的适用性，但是从供应链整体的角度看，单一企业库存管理的方法显然是不够的。目前供应链管理环境下的库存控制存在的主要问题有三大类：信息类问题、供应链运作问题、供应链战略与规划问题。这些问题可综合成以下几个方面的内容。

1. 没有供应链的整体观念

虽然供应链的整体绩效取决于各个供应链的节点绩效，但是各个部门都是各自独立的单元，都有各自独立的目标与使命。有些目标和供应链的整体目标是不相干的，更有可能是冲突的。因此，这种各行其道的行为必然导致供应链整体效率的低下。

2. 对用户服务的理解与定义不恰当

供应链管理的绩效好坏应该由用户来评价，或者用对用户的反应能力来评价。但是，对用户服务的理解与定义各不相同，导致对用户服务水平的差异。许多企业采用订货满足率来评估用户服务水平，这是一种比较好的用户服务考核指标。但是用户满足率本身并不保证运作问题，比如一家计算机工作站的制造商要满足一份包含多产品的订单要求，产品来自各供应商，用户要求一次性交货，制造商要等各个供应商的产品都到齐后才一次性装运给用户，这时，用总的用户满足率来评价制造商的用户服务水平是恰当的，但是，这种评价指标并不能帮助制造商发现是哪家供应商的交货迟了或提前了。传统的订货满足率评价指标也不能评价订货的延迟水平。两家同样具有90％的订货满足率的供应链，在如何迅速补给余下的10％订货要求方面差别是很大的。其他的服务指标也常常被忽视了，如总订货周转时间、平均延迟时间、提前或延迟交货时间等。

3. 不准确的交货状态数据

当顾客下订单时，他们总是想知道什么时候能交货。在等待交货过程中，也可能会对订单交货状态进行改变，特别是当交货被延迟以后。我们并不否定一次性交货的重要性，但我们必须看到，许多企业并没有及时而准确地把推迟的订单交货的修改数据提供给用户，其结果当然是用户的不满和良好愿望的损失。

4. 低效率的信息传递系统

在供应链中，各供应链节点企业之间的需求预测、生产计划、库存状态等都是供应链管理的重要数据。这些数据信息分布在不同的供应链组织之间，只有实时地传递，才能做到有效地快速响应用户需求。为此需要对供应链的信息系统模型作相应的调整，通过系统集成，使供应链中的库存数据能够实时传递。但目前许多企业的信息系统并没有很好地集成，当供应商需要了解用户的需求信息时，常常得不到最新、最准确的信息，进而延迟引起误差和影响库存量的精确度，短期生产计划的实施也会遇到困难。

5. 忽视不确定性对库存的影响

供应链运作中存在订货提前期、原材料的质量、货物运输状况、生产过程、需求、运输时间等不确定因素。只有了解不确定性的来源和影响程度，才能减少不确定性对供应链的影响。如果不认真研究和跟踪其不确定性的来源和影响，错误估计供应链中物料的流动时间，就会造成物品库存增加或物品库存不足的现象。

6. 库存控制策略简单化

无论是生产性企业还是物流企业，库存控制目的都是为了保证供应链运行的连续性和应付不确定需求。跟踪不确定性状态的因素是第一步，第二步是要利用跟踪到的信息去制定相应的库存控制策略。这是一个动态的过程，因为不确定性也在不断地变化。有些供应商在交货与质量方面可靠性好，而有些则相对差些，有些物品的需求可预测性大，而有些物品的可预测性小一些，库存控制策略应能反映这种情况。许多公司对所有的物品采用统一的库存控制策略，物品的分类没有反映供应与需求中的不确定性。在传统的库存控制策略中，多数是面向单一企业的，采用的信息基本上来自企业内部，其库存控制没有体现供应链管理的思想。因此，如何建立有效的库存控制方法，并能体现供应链管理的思想，是供应链库存管理的重要内容。

7. 缺乏合作与协调性

供应链是一个整体，需要协调各方活动，才能取得最佳的运作效果。协调的目的是使满足一定服务质量要求的信息可以无缝地、流畅地在供应链中传递，从而使整个供应链能够根据用户的要求步调一致，形成更为合理的供需关系，适应复杂多变的市场环境。

供应链的各个节点企业为了应付不确定性，都设有一定的安全库存，正如前面提到的，设置安全库存是企业采取的一种应急措施。问题在于，多厂商特别是全球化的供应链中，组织的协调涉及更多的利益群体，相互之间的信息透明度不高。在这样的情况下，企业不得不维持一个较高的安全库存，为此付出了较高的代价。组织之间存在的障碍有可能使库存控制变得更为困难，因为各自都有不同的目标、绩效评价尺度、不同的仓库，也不愿意去帮助其他部门共享资源。在分布式的组织体系中，组织之间的障碍对库存集中控制的阻力更大。要进行有效的合作与协调，组织之间需要一种有效的激励机制。在企业内部一般有各种各样的激励机制加强部门之间的合作与协调，但是当涉及企业之间的激励时，困难就大得多。问题还不止如此，信任风险的存在更加深了问题的严重性，相互之间缺乏有效的监督机制和激励机制是供应链企业之间合作性不稳固的原因。

8. 产品的过程设计没有考虑供应链上库存的影响

现代产品设计与先进制造技术的出现，使产品的生产效率大幅度提高，而且具有较高的成本效益，但是供应链库存的复杂性常常被忽视了。结果所有节省下来的成本都被供应链上的分销与库存成本给抵消了。同样，在引进新产品时，如果不进行供应链的规划，也会产生如运输时间过长、库存成本高等原因而无法获得成功。如美国的一家计算机外围设备制造商，为世界各国分销商生产打印机，打印机有一些具有销售所在国特色的配件，如电源、说明书等。美国工厂按需求预测生产，但是随着时间的推移，当打印机到达各地区分销中心时，需求已经发生了改变。因为打印机是为特定国家而生产的，分销商没有办法来应付需求的变化，可见，这样的供应链缺乏柔性，其结果是造成产品积压，产生了高库存。后来，重新设计了供应链结构，主要对打印机的装配过程进行了改变，工厂只生产打印机的通用组件，让分销中心再根据所在国家的需求特点加入相应的特色组件，这样大量的库存就减少了，同时供应链也具有了柔性。在这里，分销中心参与了产品装配设计这样的设计活动，这里面涉及组织之间的协调与合作问题，因此合作关系很重要。另一方面，在供应链的结构设计中，同样需要考虑库存的影响。要在一条供应链中增加或关闭一个工厂或分销中心，一般是先考虑固定成本与相关的物流成本，至于网络变化对运作的影响因素，如库存投资、订单的响应时间等常常是放在第二位的，但这些因素对供应链的影响是不可低估的。

二、供应链中的需求变异放大原理与库存波动

需求放大效应最先由宝洁公司（P&G）发现。宝洁公司在一次考察该公司最畅销的产品——一次性尿布的订货规律时，发现零售商销售的波动性并不大，但当他们考察分销中心向宝洁公司的订货时，吃惊地发现波动性明显增大了，有趣的是，他们进一步考察宝洁公司向其供应商，如3M公司的订货时，他们发现其订货的变化更大。除了宝洁公司，其他公司如惠普公司在考察其打印机的销售状况时也曾发现这一现象。

美国著名的供应链管理专家将需求信息在供应链中传递中这一扭曲形象描述为“需求变异加速放大原理”，如图6－8所示，因其在坐标图上的曲线像甩起的鞭子，故又称“牛鞭效应”。当供应链的各节点企业只根据来自其相邻的下级企业的需求信息进行生产或供应决策时，需求信息的不真实性会沿着供应链逆流而上，产生逐级放大的现象，达到最源头的供应商时，其获得的需求信息和实际消费市场中的顾客需求信息发生了很大的偏差。由于这种需求放大效应的影响，上游供应商往往维持比下游供应商更高的库存水平。如图6－9所示。

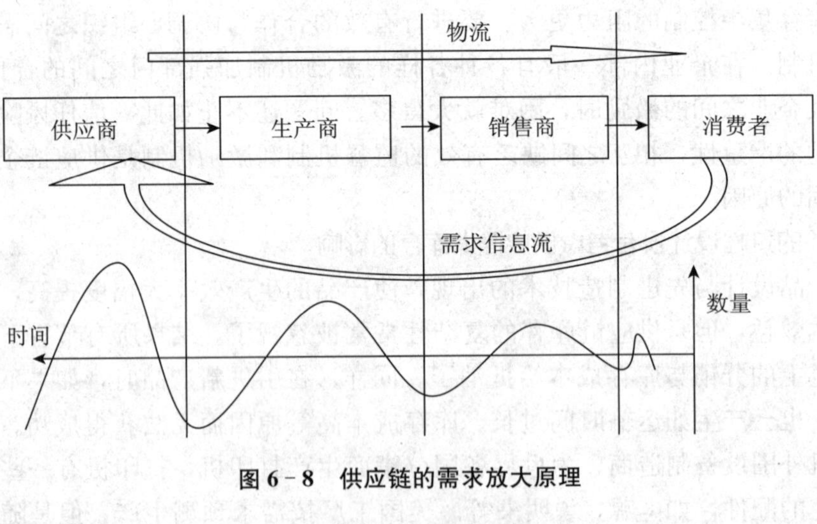

图6－8　供应链的需求放大原理

根据斯坦福大学李效良教授及其同事的研究，需求放大效应有以下四大成因。

1. 多重需求预测

当处于不同供应链位置的企业预测需求时，都会包括一定的安全库存，以对付变化莫测的市场需求和供应商可能的供货中断。当供货周期长时，这种安全库存的数量

将会非常显著。

此外，有些预测方法也会系统地扭曲需求。以移动平均法为例，前三个月的趋势是每月递增10%，那第四个月的预测也将在前三月的平均值上递增10%。但市场增长不是无限的，总有一天实际需求会降低，其间的差额就成了多余库存。如果供应链上各个企业采用同样的预测方法，并且根据上级客户的预测需求来更新预测，这种系统性的放大将会非常明显。

2. 批量生产/订购

为了达到生产、运输上的规模效应，厂家往往批量生产或购货，以积压一定库存的代价换取较高的生产效率和较低成本。在市场需求减缓或产品升级换代时，代价往往巨大，导致库存积压，库存品过期，或两者兼具。

3. 价格浮动和促销

厂家为促销往往会推出各种促销措施，其结果是买方大批量买进而导致部分积压。这在零售业尤为显著，使市场需求更加不规则，人为加剧需求变化幅度，严重影响整个供应链的正常运作。研究表明，价格浮动和促销只能把未来的需求提前实现，到头来整个供应链中谁也无法从中获利。

4. 非理性预期

如果某种产品的需求大于供给，且这种情况可能持续一段时间，厂家给供应商的订单可能大于其实际需求，以期供应商能多分配一些产品给它。但同时也传递虚假需求信息，导致供应商错误地解读市场需求，从而过量生产。随着市场供需渐趋平衡，有些订单会消失或被取消，导致供应商多余库存，也使供应商更难判断需求趋势。等到供应商搞清实际需求已经为时过晚，成为又一个“计划跟不上变化”。这种现象在2000年前后的电子行业得到充分体现，整条供应链都深受其害，积压了大量库存和生产能力。

三、供应链中的不确定性与库存

1. 供应链中的不确定性

从需求放大现象中我们看到，供应链的库存与供应链的不确定性有很密切的关系。从供应链整体的角度看，供应链上的库存无非有两种，一种是生产制造过程中的库存，一种是物流过程中的库存。库存存在的客观原因是为了应付各种各样的不确定性，保持供应链系统的正常性和稳定性，但是库存另一方面也同时产生和掩盖管理中的问题。供应链上的不确定性表现形式有两种。

(1) 衔接不确定性（Uncertainty of Interface）。企业之间（或部门之间）不确定性，可以说是供应链的衔接不确定性，这种衔接的不确定性主要表现在合作性上。为了消除衔接不确定性，需要增加企业之间或部门之间的合作性。另一种不确定性是运作不确定性。

(2) 系统运行不稳定（Uncertainty of Operation）。系统运行不稳定是组织内部缺乏有效的控制机制所致，控制失效是组织管理不稳定和不确定性的根源。为了消除运行中的不确定性需要增加组织的控制，提高系统的可靠性。

2. 供应链的不确定性与库存的关系

供应链运行中两种不确定性对供应链库存的影响：衔接不确定性与运作不确定性对库存的影响。

（1）衔接不确定性对库存的影响。传统的供应链的衔接不确定性普遍存在，集中表现在企业之间的独立信息体系（信息孤岛）现象。为了竞争，企业总是为了各自的利益而进行资源的自我封闭（包括物质资源和信息资源），企业之间的合作仅仅是贸易上的短时性合作，人为地增加了企业之间的信息壁垒和沟通的障碍，企业不得不为应付不测而建立库存，库存的存在实际就是信息的堵塞与封闭的结果。

（2）运作不确定性对库存的影响。供应链企业之间的衔接不确定性通过建立战略伙伴关系的供应链联盟或供应链协作体而得以消减。同样，这种合作关系可以消除运作不确定性对库存的影响。当企业之间的合作关系得以改善时，企业的内部生产管理也大大得以改善。因为企业之间衔接的不确定性因素减少时，企业的生产控制系统就能摆脱这种不确定性因素的影响，使生产系统的控制达到实时、准确。也只有在供应链的条件下，企业才能获得对生产系统有效控制的有利条件，消除生产过程中不必要的库存现象。

四、供应链管理环境下的库存管理策略

以上分析了供应链管理环境下库存管理和传统的库存管理模式的差别，以及节点企业管理库存时所面临的新问题。为了解决库存管理难的问题，适应供应链管理的要求，采用供应链下的库存管理新方法。以下将介绍几种先进的供应链库存管理技术与方法，包括 VMI 管理系统、联合库存管理和战略库存管理等。

（一）VMI 管理库存策略

长期以来，流通中的库存各自为政，流通环节中的每一个部门都是各自管理自己的库存，零售商、批发商、供应商都有各自的库存，各个供应链环节都有自己的库存控制策略。由于各自的库存控制策略不同，因此不可避免地产生需求的扭曲现象，即所谓的需求放大现象，无法使供应商快速地响应用户的需求。在供应链管理环境下，供应链各个环节的活动都应该是同步进行的，而传统的库存控制方法无法满足这一要求。近年来，国外出现了一种新的供应链库存管理方法——供应商管理库存（Vendor Managed Inventory，VMI），这种库存管理策略打破了传统的各自为政的库存管理模式，体现了供应链的集成化管理思想，适应市场变化的要求，是一种新的有代表性的库存管理思想。

1. VMI 的基本思想

传统地讲，库存是由库存拥有者管理的。因为无法确切知道用户需求与供应的匹配状态，所以需要库存，库存设置与管理是由同一组织完成的。这种库存管理模式并不总是有最优的。例如，一个供应商用库存来应付不可预测的或某一用户不稳定的（这里的用户不是指最终用户，而是分销商或批发商）需求，用户也设立库存来应付不

稳定的内部需求或供应链的不确定性。虽然供应链中每一个组织独立地寻求保护其各自在供应链的利益不受意外干扰是可以理解的，但不可取，因为这样做的结果影响了供应链的优化运行。供应链的各个不同组织根据各自的需要独立运作，导致重复建立库存，因而无法达到供应链全局的最低成本，整个供应链系统的库存会随着供应链长度的增加而发生需求扭曲。

VMI 库存管理系统就能够突破传统的条块分割的库存管理模式，以系统的、集成的管理思想进行库存管理，使供应链系统能够获得同步化的运作。

VMI 是一种很好的供应链库存管理策略。关于 VMI 的定义，国外学者认为："VMI 是一种在用户和供应商之间的合作性策略，以对双方来说都是最低的成本优化产品的可获得性，在一个相互同意的目标框架下由供应商管理库存，这样的目标框架被经常性监督和修正，以产生一种连续改进的环境"。

实施 VMI 系统时应遵循以下原则。

（1）合作性原则。在实施该策略时，相互信任与信息透明是很重要的，供应商和用户（零售商）都要有较好的合作精神，才能够相互保持较好的合作。

（2）互惠原则。VMI 不是关于成本如何分配或谁来支付的问题，而是关于减少成本的问题。通过该策略使双方的成本都获得减少。

（3）目标一致性原则。双方都明白各自的责任，观念上达成一致的目标。如库存放在哪里，什么时候支付，是否要管理费，要花费多少等问题都要回答，并且体现在框架协议中。

（4）连续改进原则。使供需双方能共享利益和消除浪费。

VMI 的主要思想是供应商在用户的允许下设立库存，确定库存水平和补给策略，拥有库存控制权。精心设计与开发的 VMI 系统，不仅可以降低供应链的库存水平，降低成本。而且，用户还可获得高水平的服务，改善资金流，与供应商共享需求变化的透明性和获得更高的用户信任度。

2. VMI 的实施方法

实施 VMI 策略就得改变订单的处理方式，建立基于标准的托付订单处理模式。首先，供应商和批发商一起确定供应商的订单业务处理过程所需要的信息和库存控制参数，然后建立一种订单的处理标准模式，如 EDI 标准报文，最后把订货、交货和票据处理各个业务功能集成在供应商一边。

库存状态透明性（对供应商）是实施供应商管理用户库存的关键。供应商能够随时跟踪和检查到销售商的库存状态，从而快速地响应市场的需求变化，对企业的生产（供应）状态做出相应的调整。为此，需要建立一种能够使供应商和用户（分销、批发商）的库存信息系统透明连接的方法。

供应商管理库存的策略可以分如下几个步骤实施。

第一步，建立顾客情报信息系统。要有效地管理销售库存，供应商必须能够获得顾客的有关信息。通过建立顾客的信息库，供应商能够掌握需求变化的有关情况，把由批发商（分销商）进行的需求预测与分析功能集成到供应商的系统中来。

第二步，建立销售网络管理系统。供应商要很好地管理库存，必须建立起完善的销售网络管理系统，保证自己的产品需求信息和物流畅通。为此，必须：①保证自己产品条码的可读性和唯一性；②解决产品分类、编码的标准化问题；③解决商品存储运输过程中的识别问题。目前已有许多企业开始采用 MRPⅡ 或 ERP 企业资源计划系统，这些软件系统都集成了销售管理的功能。通过对这些功能的扩展，可以建立完善的销售网络管理系统。

第三步，建立供应商与分销商（批发商）的合作框架协议。供应商和销售商（批发商）一起通过协商，确定处理订单的业务流程以及控制库存的有关参数（如再订货点、最低库存水平等）、库存信息的传递方式（如 EDI 或 Internet）等。

第四步，组织机构的变革。这一点也很重要，因为 VMI 策略改变了供应商的组织模式。过去一般由会计经理处理与用户有关的事情，引入 VMI 策略后，在订货部门产生了一个新的职能负责用户库存的控制，库存补给和服务水平。一般来说，在以下的情况下适合实施 VMI 策略：零售商或批发商没有 IT 系统或基础设施来有效管理他们的库存；制造商实力雄厚并且比零售商市场信息量大；有较高的直接存储交货水平，因而制造商能够有效规划运输。

（二）联合库存管理（Jointly Managed Inventory，JMI）

1. 联合库存的基本思想

供应商管理库存是一种供应链集成化运作的决策代理模式，它把用户的库存决策权代理给供应商，由供应商代理分销商或批发商行使库存决策的权力。联合库存管理则是一种风险分担的库存管理模式。

联合库存管理的思想可以从分销中心的联合库存功能谈起。地区分销中心体现了一种简单的联合库存管理思想。传统的分销模式（见图 6－9）是分销商根据市场需求直接向工厂订货，比如汽车分销商（或批发商），根据用户对车型、款式、颜色、价格等的不同需求，向汽车制造厂订货，需要经过一段较长时间才能到达，因为顾客不想等待这么久的时间，因此各个推销商不得不进行库存备货，这样大量的库存使推销商难以承受，以至于破产。而分销中心大大减缓了库存浪费的现象。从分销中心（见图 6－10）的功能我们得到启发，我们对现有的供应链库存管理模式进行了新的拓展和重构，提出了联合库存管理新模式基于协调中心的联合库存管理系统。

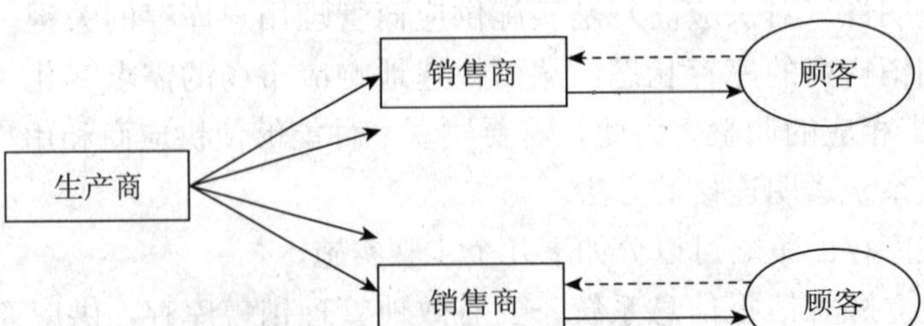

图 6－9　传统的分销模式

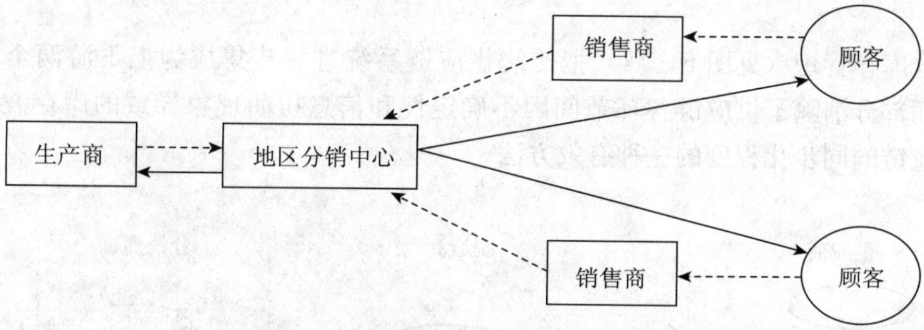

图 6-10　有分销中心的销售模式

近年来，在供应链企业之间的合作关系中，更加强调双方的互利合作关系，联合库存管理就体现了战略供应商联盟的新型企业合作关系。传统的库存管理，把库存分为独立需求和相关需求两种库存模式来进行管理。相关需求库存问题采用物料需求计划（MRP）处理，独立需求问题采用订货点办法处理。一般来说，产成品库存管理为独立需求库存问题，而在制品和零部件以及原材料的库存控制问题上为相关需求库存问题。传统的供应链活动过程（见图 6-11），在整个供应链过程中，从供应商、制造商到分销商，各个供应链节点企业都有自己的库存。供应商作为独立的企业，其库存（即其产品库存）为独立需求库存。制造商的材料、半成品库存为相关需求库存，而产品库存为独立的需求库存。分销商为了应付顾客需求的不确定性也需要库存，其库存也为独立需求库存。

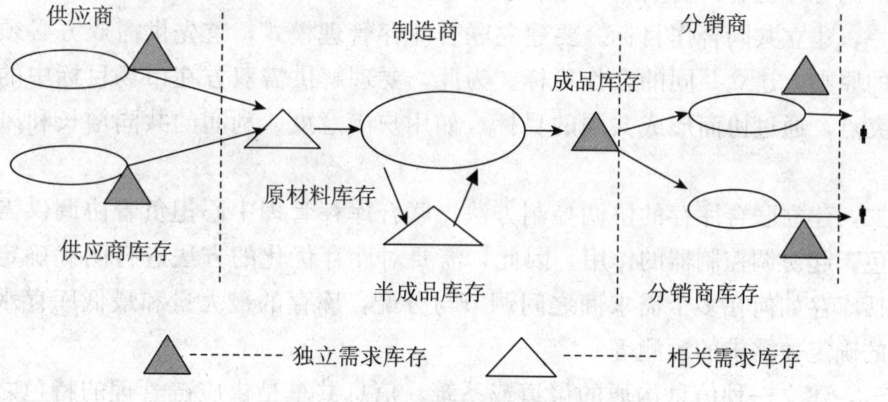

图 6-11　传统供应链活动过程模型

联合库存管理和供应商管理用户库存不同，它强调双方同时参与，共同制订库存计划，使供应链过程中的每个库存管理者（供应商、制造商、分销商）都从相互之间的协调性考虑，保持供应链相邻的两个节点之间的库存管理者对需求的预期保持一致，从而消除了需求变异放大现象（“牛鞭效应”）。任何相邻节点需求的确定都是供需双方协调的结果，库存管理不再是各自为政的独立运作过程，而是供需连接的纽带和协调中心。

联合库存管理（见图 6－12）把传统供应链系统进一步集成为上下游两个协调中心，从而部分消除了供应链各环节间因不确定性和信息扭曲现象导致的库存波动，是提高供应链的同步化程度的一种有效方法。

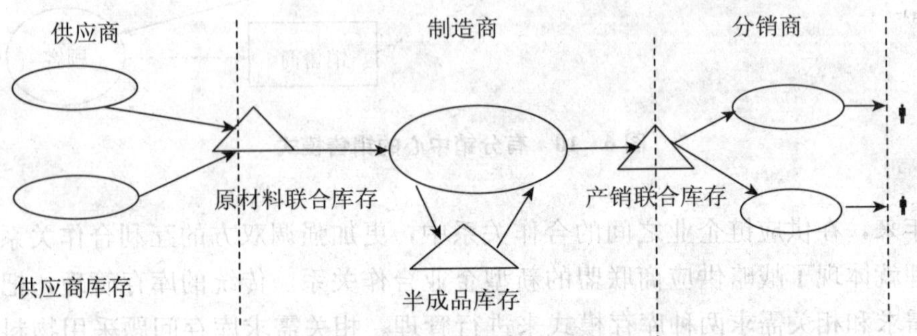

图 6－12　联合库存管理的供应链系统模型

2. 联合库存管理的实施策略

（1）建立供需协调管理机制。

为了发挥联合库存管理的作用，供需双方应从合作的精神出发，建立供需协调管理的机制，明确各自的目标和责任，建立合作沟通的渠道，为供应链的联合库存管理提供有效的机制，没有一个协调的管理机制，就不可能进行有效的联合库存管理。建立供需协调管理机制，要从以下几个方面着手。

第一，建立共同合作目标。要建立联合库存管理模式，首先供需双方必须本着互惠互利的原则，建立共同的合作目标。为此，要理解供需双方在市场目标中的共同之处和冲突点，通过协商形成共同的目标，如用户满意度、利润的共同增长和风险的减少等。

第二，建立联合库存的协调控制方法。联合库存管理中心担负着协调供需双方利益的角色，起协调控制器的作用。因此，需要对库存优化的方法进行明确确定。这些内容包括库存如何在多个需求商之间调节与分配，库存的最大量和最低库存水平、安全库存的确定，需求的预测等。

第三，建立一种信息沟通的渠道或系统。信息共享是供应链管理的特色之一。为了提高整个供应链的需求信息的一致性和稳定性，减少由于多重预测导致的需求信息扭曲，应增加供应链各方对需求信息获得的及时性和透明性。为此应建立一种信息沟通的渠道或系统，以保证需求信息在供应链中的畅通和准确性。要将条码技术、扫描技术、POS 系统和 EDI 集成起来，并且要充分利用互联网的优势，在供需双方之间建立一个畅通的信息沟通桥梁和联系纽带。

第四，建立利益的分配、激励机制。要有效运行基于协调中心的库存管理，必须建立一种公平的利益分配制度，并对参与协调库存管理中心的各个企业（供应商、制造商、分销商或批发商）进行有效的激励，防止机会主义行为，增加协作性和协调性。

（2）发挥两种资源计划系统的作用。

为了发挥联合库存管理的作用，在供应链库存管理中应充分利用目前比较成熟的两种资源管理系统：MRPⅡ和DRP。原材料库存协调管理中心应采用制造资源计划系统MRPⅡ，而在产品联合库存协调管理中心则应采用物资资源配送计划DRP。这样在供应链系统中把两种资源计划系统很好地结合起来。

（3）建立快速响应系统。

快速响应系统是在20世纪80年代末由美国服装行业发展起来的一种供应链管理策略，目的在于减少供应链中从原材料到用户过程的时间和库存，最大限度地提高供应链的运作效率。快速响应系统在美国等西方国家的供应链管理中被认为是一种有效的管理策略，经历了三个发展阶段。第一阶段为商品条码化，通过对商品的标准化识别处理加快订单的传输速度；第二阶段是内部业务处理的自动化，采用自动补库与EDI数据交换系统提高业务自动化水平；第三阶段是采用更有效的企业间的合作，消除供应链组织之间的障碍，提高供应链的整体效率，如通过供需双方合作，确定库存水平和销售策略等。目前在欧美等西方国家，QR系统应用已到达第三阶段，通过联合计划、预测与补货等策略进行有效的用户需求反应。

快速响应系统需要供需双方的密切合作，因此，协调库存管理中心的建立为快速响应系统发挥更大的作用创造了有利的条件。

（4）发挥第三方物流系统的作用。

第三方物流系统（Third Party Logistics，TPL）是供应链集成的一种技术手段。TPL也叫作物流服务提供者（Logistics Service Provider，LSP），它为用户提供各种服务，如产品运输、订单选择、库存管理等。第三方物流系统的产生是由一些大的公共仓储公司通过提供更多的附加服务演变而来，另外一种产生形式是由一些制造企业的运输和分销部门演变而来。把库存管理的部分功能代理给第三方物流系统管理，可以使企业更加集中精力于自己的核心业务，第三方物流系统起到了供应商和用户之间联系的桥梁作用，为企业获得诸多好处：①减少成本；②使企业集中于核心业务；③获得更多的市场信息；④获得一流的物流咨询；⑤改进服务质量；⑥快速进入国际市场。

面向协调中心的第三方物流系统使供应与需求双方都取消了各自独立的库存，增加了供应链的敏捷性和协调性，并且能够大大改善供应链的用户服务水平和运作效率。

（三）战略库存管理

1. 关于库存管理问题的新理解

对于库存的理解，我们习惯认为它是资源的储备或暂时性的闲置。因此，长期以来对库存作用的理解就针对库存是因“储备”而存在、还是因“闲置”而存在产生截然相反的看法。持库存是储备的观点认为库存是维持正常生产、保持连续、应付不测需求所必需的，而持库存是闲置的观点认为库存是一种浪费，它掩盖管理中问题，因此主张消除库存，通过无库存生产方式不断地降低库存水平，暴露管理问题，然后解决问题，使管理工作得到改进，达到一个新的水平。这是一个循环往复、不断改进的过程，JIT 思想集中体现了这种理念。从深层次的研究发现，库存并不是简单的资源储备或闲置的问题，而是一种组织行为问题。这是我们关于库存管理新的理解：库存是企业之间或部门之间没有实现无缝连接的结果。因此，库存管理的真正本质不是针对物料的物流管理，而是针对企业业务过程的工作流管理。基于传统的库存观点，库存管理就是物料管理，于是人们花大量的时间与精力去优化库存（物料成本优化），但是效果却总是没有达到预期效果。这种只看树木不看森林的管理思维一直没有得到突破。而所谓的库存管理也总是围绕物流管理、仓库管理等问题展开，或者基于降低浪费的角度，采用 JIT 准时制进行无休止地改进以降低库存，虽然这些都是库存管理的有效方法，但是从根本上来说，仍然没有解决库存的本质问题。

2. 战略库存控制

工作流管理从传统的以物流控制为目的的库存管理向以过程控制为目的的库存管理转变是库存管理思维的变革。基于过程控制的库存管理将是全面质量管理、业务流程再造、工作流技术、物流技术的集成。

这种新的库存管理思想对企业的组织行为产生重要的影响，组织结构将更加面向过程。供应链是多个组织的联合，通过有效的过程管理可以减少乃至消除库存。在供应链库存管理中，组织障碍是库存增加的一个重要因素。不管是企业内部还是企业之间，相互的合作与协调是实现供应链无缝连接的关键。

在供应链管理环境下，库存控制不再是一种运作问题，而是企业的战略性问题。要实现供应链管理的高效运行，必须增加企业的协作，建立有效的合作机制，不断进行流程革命。因而，库存管理并不是简单的物流过程管理，而是企业之间工作流的管理。基于工作流的库存控制策略把供应链的集成推到了一个新的战略高度“企业间的协作与合作”。

第三节 供应链运输管理

导入案例

带板运输提升供应链运输效率

带板运输作为托盘应用的新趋势，已在各行各业得到了一定的认同。目前，带板运输的应用逐渐打破闭环格局，从企业内部走向企业外部，开始实现供应链上不同企业之间的协同合作。

沃尔玛启动带板运输项目的时间比较早。从沃尔玛（中国）开设第一家门店开始就启动了带板运输项目，但仅限于企业内部实施，即从沃尔玛配送中心到门店的环节。

近年来，沃尔玛逐步推动从供应商到配送中心的带板运输项目，取得了显著成效并积累了宝贵的经验。

以沃尔玛与益海嘉里的合作为例。如果采用散箱装运的方式，益海嘉里需要花费3～4小时完成装车，而采用带板运输方式之后，仅装车环节就节省了2～3个小时。其次，带板运输方式提高了车辆使用率。因为大大缩短了装货和卸货的时间，使车辆从一天运一次货增加到一天两次。再者，实施带板运输项目也可以大大降低搬运的人工成本。采用散箱运输方式，卸一车货一般需要三个装卸工；而采用带板运输方式，仅需要一辆电动叉车就可以完成一辆车的卸货。另外，采用带板运输的货物可以从收货环节直接进入出货环节，不用倒换货物，减少了沃尔玛配送中心的作业量和作业时间；同时带板运输的货物由于减少了搬运次数，货物碰撞的概率也降低了，从而大大减少了货损。

总体来看，沃尔玛与供应商合作实施带板运输项目取得了多方面的成效：

(1) 缩短了货物的装车时间。

(2) 通过沃尔玛对推动带板运输的鼓励政策，供应商减少了送货等待时间。

(3) 卸货效率大大提升，沃尔玛的收货能力可以达到每小时400箱。

(4) 提高了沃尔玛配送中心内部的作业效率。

(5) 避免了货物多次搬运带来的货损问题。

资料来源：http：//www.360che.com/news/141126/35763.html.

思考：带板运输如何提升运输效率？带板运输如何解决托盘的资产归属问题？

随着“全球化市场”及供应链应用的不断发展，运输业务在企业经营战略中的地位日益突出，给运输管理提出了更高的目标和要求。

一、运输管理的基本理论

（一）运输管理的概念

根据国家标准《物流术语》GB/T18354－2006，运输（Transportation）是指用专用运输设备将物品从一个地点向另一地点运送。其中包括集货、分配、搬运、中转、装入、卸下、分散等一系列操作。

运输是实现人和物空间位置变化的活动，与人类的生产生活息息相关。通俗地讲，运输是指用交通工具把旅客、货物等从一个地方运到另一个地方。而物流的运输则专指“物”的载运及输送，它是在不同地域范围间（如两个城市、两个工厂之间，或一大企业内相距较远的两车之间），以改变“物”的空间位置为目的的活动，是对“物”进行的空间位移。

所谓运输管理就是对整个运输过程中，与运输活动相关的集货、分配、搬运、中转、装入、卸下、分散等一系列操作选择合适的运输方式、运输线路、载运工具，从而达到用户成本的最优而进行的计划、协调、组织和控制。

表 6-2　　运输管理的环节、对象、职能和目的

运输管理的环节	运输过程的单个、多个环节或整个运输过程
运输管理的对象	运输过程的人力、财力、物力，运输的货物、运输方案、运输路线、运输信息等
运输管理的职能	计划、组织、指导领导、协调和控制五大职能
运输管理的目的	①货主方：在保质、保量的前提下成本最低； ②运输服务提供者：利润最大； ③政府和社会：满足企业合理需求，促进社会发展，实现绿色运输，最大程度降低运输对社会环境的危害

（二）运输的功能

1. 产品和货物转移功能

无论产品处于哪种形式，是原材料、零部件、装配件、在制品，还是制成品，也不论是在制造过程中将被转移到下一阶段，还是转移到最终的顾客，运输都是必不可少的。运输的主要功能就是帮助产品在价值链中来回移动。

运输的主要目的就是要以最少的时间、财力和环境资源成本，将产品从原产地转移到规定地点。此外，产品灭失、损坏的费用也必须是最低的；同时，产品转移所采用的方式必须能满足顾客有关交付履行和装运信息的可行性等方面的要求。

2. 产品和货物的短时储存功能

产品进行临时储存是一个不太寻常的运输功能，也就是将运输车辆临时作为储存设施。然而，如果转移中的产品需要储存，但在短时间内又将重新转移的话，那么该产品在仓库卸下来和再装上去的成本也许会超过储存在运输工具中每天支付的费用，在仓库空间有限的情况下，利用运输储存也许不失为一种可行的选择。概括地说，如果用运输工具储存产品是昂贵的，但当需要考虑装卸成本、储存能力限制，或延长前置时间的能力时，从物流总成本或完成任务的角度来看或许是正确的。

（三）物流运输的经济特点

1. 规模经济

规模经济理论是指在一特定时期内，企业产品绝对量增加时，其单位成本下降，即扩大经营规模可以降低平均成本，从而提高利润水平。规模经济的这一特点在运输领域更为突出。表现为随着装运规模的增长，单位货物的运输成本下降。运输规模经济之所以存在，是因为与商品专业有关的固定费用不随装运的数量而变化。主要包括接受运输订单的行政管理费用、定位运输工具装卸的时间、开票以及设备费用等。通过规模运输还可享受运价折扣，使单位货物的运输成本下降。总之，规模经济使货物的批量运输显得合理。

2. 距离经济

距离经济的特点是指每单位距离的运输成本随距离的增加而减少。运输工具装卸

所发生的相对固定的费用必须分摊每单位距离的变动费用。距离越长，可以将固定费用分摊给更多的各单位距离，使每单位距离支付的总费用更低。

（四）物流运输管理的原则

随着物流需求的变化，现代物流以高度化、多频率、小批量为主要特征，对货物运输的要求越来越高。就物流而言，组织运输工作应该坚持的基本原则是"及时、准确、经济、安全"。

1. 及时

及时即按照产、供、运、销等实际手段，能够及时将物品送达指定地点，尽量缩短物品在途时间。要实现物流运输的及时性，就要缩短流通时间，改善交通，实现运输现代化。另外，还应注意不同运输方式的衔接工作，及时发运货物，做好委托中转工作，及时把货物转运出去。

2. 准确

准确即在运输过程中，能够防止各种差错的发生，准确无误地将物品交给指定的收货人。由于货物种类繁多，规格不一，加上运输过程中要经过多个环节，稍有疏忽，就可能发生差错。因此，发运货物不仅要求数量准确，品种规格也不能搞错，这就要求加强岗位责任制，精心操作，并有周密的检查制度。

3. 经济

经济即通过合理选择运输方式和运输路线，有效利用各种运输工具和设备，运用规模经济的原理实施配货方案，节约人力、物力、财力和运力，提高运输经济效益，合理地降低运输费用。

4. 安全

安全即在运输过程中，能够防止霉变、残损及危险事故的发生，保证物品完好无损。一是要注意运输、装卸过程中的震动和冲击等外力的作用，防止货物破损；二是要防止物理、化学或生物变化等原因引起的货物损耗和变质。

二、供应链对物流运输的新要求

（一）供应链管理背景下运输面临的问题

据美国学者调查，在 VMI 的实施过程当中，成功率并不高，只有 30%～40%取得成功，还有 30%～40%有点成效，剩下的 20%～40%没有取得任何效果。主要原因在于 VMI 系统里面有两个主要的缺点：①VMI 把太多的责任放在生产商身上：第一，销售商制定规则，生产商只能服从；第二，生产商对库存的差额负全部的责任。②VMI 并没有考虑和承运商的协作：承运商的能力限制会导致配送运输时间的延迟，从而破坏供应链的效率，特别是全球供应链和多式联运成为大势所趋的背景下，VMI 将会造成更多的延迟。

据美国曾经的调查，运输成本占全美国 GDP 的 5.5%，它在各公司的总收益当中的比率也大致如此。随着物流行业的重整和发展，此比率已有一定程度的下降。但是，重整后的环境却极大地加剧了运输商之间的竞争，在紧张的竞争下，承运人为了保持效率和准时，运营成本势必增加。现在，运输车的空载率在15%～20%，运输商和司机都不得不忍受真实成本和机会成本的增加。根据1999年调查，每个司机平均每周花在装货和卸货上的时间为33.5个小时，长时间的无效率等待，容易导致司机对公司的不满，甚至造成许许多多的社会问题。

在运输的问题中，服务水平也是一个重要的考虑因素，运输服务的一个主要代表因素是从订单确认到订单完成的时间，即订单交货期。订单交货期的不确定性主要源于运输的不确定性，如货车中途出现问题、天气原因，甚至运输商破产。当越来越多的公司按照JIT的模式进行运作，运输过程的错误空间就少之又少了。

考虑到这些因素，公司间实现合作，特别是运输公司，就显得尤为重要了。合作关系的形成，不仅消除无效运作、减少成本，也保证货物流动的准确性。在很多情况里，供应链中的单个成员所能做的事情非常有限，有时候仅仅是合作也是不够的，所以协作成为公司战略的基本选择。协作比合作的概念更广，它首先要求合作伙伴间建立共同目标和信息共享，还有知识、风险和利润的协议，还包括持续的合作模式。

(二) 协同运输管理 (CTM) 的由来和含义

协同运输管理（Collaborative Transportation Management，CTM）最初由全球最大零售商沃尔玛于2000年开始采用，它要求与供应链中的成员宝洁、货运巨头亨特三方实现更透明的信息交换，通过信息共享和供应链协作，制订计划、预测、运输、库存等商品服务全过程。三方达成合作关系以后，沃尔玛大大减少了货物处理过程的步骤，而亨特减小了16%的装卸货等待时间，空载率下降了3%，宝洁也实现了库存的下降。

协同运输管理最原始的雏形是货运合并，保持货车的满载移动。这就意味着公司可以更好地利用自身的资源，减少空载浪费。这种方法在北美相当流行，合作关系已在超过1600个合作伙伴中形成，他们建成一个统一的信息平台，通过多站式的装卸货，保持着货车的最低空载率。而对于最终消费者而言，不仅使服务时间大大缩短，成本还降低了15%～25%。而目前，协同运输管理的含义远远不止于此。

根据VICS（Voluntary Inter-industry Commerce Standards Association）物流委员会于2004年在协同运输管理白皮书中的定义：协同运输管理是一个整体的流程——它把供应链的合作伙伴和运输服务供应商聚集到一起，达成协议，使运输规划和作业流程避免出现无效率的运作。其目的是通过促进供应链中运输作业参与者（包括发货人、承运人、收货人、或者另一种形式的参与者如第三方物流等）的相互影响和协同合作，消除无效率的作业。

协同运输管理的重点在于提高三方包括发货人、承运人或第三方物流服务提供商、接受人之间的交流与合作。协同合作的参与者通过共享需求和供应信息（例如，预测、事件安排、所需能力）、理念甚至运作能力来提高运输规划和作业整体流程的绩效，也会在一定程度上提高资产（例如，卡车、仓库）的利用效率。协同运输管理始于订单发货预测（订单可能来自合作计划、补货或者其他程序），主要包括以下程序：运输能力的预测和时间安排、生成订单、装货、送货、付款。

（三）协同运输管理（CTM）实施过程

CTM 实施过程可分 3 个阶段，14 个步骤。

阶段 1：计划——由 2 个步骤组成

步骤（1）：各个商务伙伴建立协作协议确立合作关系，确立运输出货、例外情况处理和主要绩效指数等多方面的关系协议和处理方法。

步骤（2）：建立总计划，决定资源和设备需求，并与运输计划相匹配。

阶段 2：预测——由 3 个步骤组成

步骤（3）：分享各自订单和出货计划，承运商根据计划量的变化来调整设备要求。

步骤（4）：发现生产商、分销商、承运商的例外情况。

步骤（5）：协同解决。

阶段 3：执行——由 4 层次、9 个步骤组成

层次①货运补给

步骤（6）：在已解决的订单预测中，创建订单和货运补给。

步骤（7）：在已知的设备能用性、装货和运输需求情况下，鉴别例外情况。

步骤（8）：协同解决。

层次②分配——包括物理分配和运输状态的透明性

步骤（9）：创建最终运输合同，协同确定补给协议和运输条件。

步骤（10）：通过发现分配周期和任何例外情况，持续更新运输状态。

步骤（11）：解决运输例外情况。

层次③支付

步骤（12）：发现支付中的例外情况。

步骤（13）：协同解决。

层次④回顾

步骤（14）：衡量整个分配过程的绩效，寻找机会继续改进。

（四）协同运输管理（CTM）的价值

CTM 的价值体现，主要在于它能够从订单完成过程的内部，消除运输的非效率。第一，它减少了运输商装货卸货的等待时间；第二，它使运输资源配置和利用率达到最优化；第三，通过运输网络，它可以更好地安排运输次序和路线，减少空载率；第四，它减低了运输疏忽造成的货物流失；第五，它减少了账单错误和不准确的沟通。当多种多样的发货人进行更深层次的整合，发货人、收货人和承运人能进行更好的沟通，加强合作的实施，CTM 的价值就能更好的体现。而且这种价值不仅仅在传统的正向物流中起作用，因为它对贸易伙伴过剩货物和再生材料进行更深的调整，所以它在逆向物流中的效用也非常明显。

目前，协同运输管理（CTM）仍然只是一个新概念，但与以往的供应商管理库存（VMI）、协同计划预测补货（CPER）相比，考虑得更为全面仔细。就我国而言，在

VMI 尚未普及、第三方物流发展严重滞后的情况下，要发展 CTM 还为时过早，但是 CTM 里面的许多概念是可以借鉴的，如供应链上下游的信息共享、货运合并等，都有助我们降低成本，提高服务水平。而且，我们可以预期，伴随国内物流水平迅速提高及第三方物流企业的不断成熟，运输商必然会成为供应链里极为重要的一环，协同运输管理（CTM）也将成为供应链管理的重要思想。

实训

我国企业供应链物流案例分析

（一）实训目的

1. 通过实地调研或网络资料收集整理，研究分析我国企业利用供应链思想运作其物流现状，培养学生收集、整理、分析案例的能力，提高学生理论与实际相结合的意识。

2. 通过小组的形式进行调研，培养学生的团队合作精神。

（二）实训内容

以 5～6 人为一组对某一公司利用供应链思想运作其物流进行调研，将所收集到的资料进行整理分析，最终形成调研报告。实训题目：某公司基于供应链思想的物流运作报告（或自拟），报告中应包含以下内容：

1. 企业的基本简介（此公司必须是我国企业）。

2. 企业利用供应链思想运作其物流（生产、仓储、运输或综合物流）的模式、特点、效果。

3. 利用本章内容对其现状进行评价，分析其优缺点，并提出有针对性的建议。

习题

一、单选题

1. 生产计划是关于企业生产运作系统总体方面的计划，是企业在计划期内应完成的产品品种、质量、产量和产值等生产任务的计划和对产品生产（　）的安排。

A. 工具　　B. 资金　　C. 进度　　D. 人员

2. 精益生产是对（　）准时化生产 JIT（Just In Time）生产方式进行研究，经理论化后总结提出。

A. 日本丰田　　B. 德国宝马　　C. 美国福特　　D. 美国通用

3. 美国于 1994 年底提出了《21 世纪制造企业战略》。在这份报告中，提出了既能体现国防部与工业界各自的特殊利益，又能获取他们共同利益的一种新的生产方式，即（　）。

A. 延迟制造　B. 敏捷制造　C. 精益生产　D. 战略库存管理

4. 敏捷制造实际上主要包括三个要素，以下不属于的选项是（　）。

A. 生产技术　B. 管理　C. 人力资源　D. 资源配置

二、判断题

1. 供应商管理库存打破了传统的各自为政的库存管理模式，体现了供应链的集成化管理思想，适应市场变化的要求，是一种新的有代表性库存管理思想。（　）

2. 供应商管理库存是一种供应链集成化运作的决策代理模式，它把用户的库存决策权代理给供应商，由供应商代理分销商或批发商行使库存决策的权力。联合库存管理则是一种风险分担的库存管理模式。（　）

3. 随着物流需求的变化，现代物流以高度化、多频率、小批量为主要特征，对货物运输的要求越来越弱。（　）

4. 供应链环境下，制订生产计划过程中主要面临柔性约束、生产进度、生产能力三方面的约束。（　）

三、案例分析题

VMI 在海尔的应用

海尔的供应商提供物料，并将它们存储在海尔的物流中心，物料在寄存耗用之前，物料的物权属于供应商，供应商通过海尔的 B2B 网站，随时查看库存信息。当生产用料时，在海尔的 ERP 系统中做寄售释放，此时系统会将其物权转移到海尔公司下，在系统中产生结算的凭证，供应商提出支付后给予结算。

海尔之所以实现 VMI，因为其已经具备了以下 4 个条件：

（1）ERP 企业资源计划系统。2000 年 10 月，海尔 ERP 企业资源计划系统成功上线，该系统集成了销售管理的功能，通过对这些功能的扩展，可以建立完善的销售网络管理系统。实现了库存状态的透明化以及业务处理的标准化，使供应商对海尔的库存状态能随时进行跟踪调查和检查。

（2）基于 Internet 的电子数据传递。海尔 B2B 网站是基于 Internet 建立的与供应商之间零距离的信息沟通手段，供应商可借助互联网，通过高速数据专用线与 Internet 实现联网，通过路由器与自己的 Intranet 相连，再由 Intranet 内服务器的库存管理部门提供各种信息存取、处理等服务。

（3）条码技术的应用。海尔的出入库实现条码扫描，实现对物料的准确识别，便于供应商随时跟踪和检查海尔的库存状况，对需求做出快速反应。

（4）供应商与海尔之间互动双赢的合作框架协议。海尔通过与供应商协商来确定库存检查周期、库存的维持水平、订货点等有关库存控制的核心问题，以及合作双方之间如何进行信息的交流与存取、订单的传递和处理等有关业务流程的问题。

目前，80%以上的海尔供应商实现了 VMI 管理，不但实现了海尔零库存的目标，而且降低了供应商的库存，使库存信息达到共享，实现了供应商的成本最低，提高了整条供应链的响应速度，达到了互动双赢。

海尔实施 VMI 可以降低存货，提高海尔的核心竞争力；减少供应商的数目；通过改进供应商之间、供应商与用户之间的流程，节约采购时间；提高供应链的持续改进能力；加强供应商的伙伴关系；降低采购订单、发票、付款、运输、收货等交易成本。VMI 可以实现海尔和供应商的双赢。

资料来源：http：//www.360doc.com/content/09/0609/08/109267_3823405.shtml.

思考：1. 海尔实施 VMI 的背景原因。

2. 海尔实现 VMI 的条件。

3. 海尔实施 VMI 的具体做法。

第七章　供应链成本管理

进入21世纪后，每个行业都面临着严峻的考验和日趋激烈的竞争，每个行业的厂家都希望通过市场占有率的扩大保持竞争优势；而商家希望实现利益最大化或者短期的利益，所以目前的市场环境下，价格竞争愈演愈烈。国外竞争者以较低的生产成本优势不断涌入市场，参与竞争；本国企业要顺应全球化的市场趋势，各国也为增加市场自由度而撤除了贸易壁垒；此外，信息化网络技术的日益革新和普遍应用使产品和服务的价格日趋透明化；而广大顾客和消费者也更加看重产品的价值。在这些不可抗拒的压力下，厂家、商家不得不纷纷采取降价措施，同时还要能保证一定水平的利润，外包策略就成为提升企业核心竞争力的主要手段而被广泛应用。这样一来，企业就可以通过有效供应链管理产生的价值保证其利润，而供应链成本的有效管理与控制是可以直接体现供应链管理有效性的。

第一节　供应链成本管理概述

导入案例

双向挤压——美的的“零库存梦想”

美的在空调产业中一直位于“三甲”之位，但其自2000年以来，一直被“高比率的仓储成本”的噩梦缠绕，美的先后采取压低采购价格、裁员、降低市场费用等一系列的措施希望降低成本、提高效率，但始终无法摆脱噩梦的缠绕。我国广东地区逐渐为终端经销商安装进销存软件，这是管理经销商库存的步骤之一，同时也实现了“供应商管理库存”（VMI）。美的从2002年中期开始，由于利用信息系统，建立信息平台，仅依靠八个区域仓，采用配送方式将货品运送到在8小时之内可运送的地方，大大节省了时间成本。此外，美的也借助信息平台，将自身拥有300多家稳定供应商和可制造出3万多种出口零配件、内销产品零配件的优势充分发挥，最终，美的集团在流通环节方面，成本比同年前期降低了15%～20%。对于运货时间需要3～5天的运输距离长的外地供应商，美的采用在仓库里租赁一个仓库所有权归美的片区，把其零配件放到片区里面储备。美的需要用这些零配件之前，所有的库存成本都由供应商承担，需要用这些零配件的时候，就会通知供应商，然后再进行资金划拨、取货等工作。此时，零配件的产权，才由供应商转移到美的手上。另外，美的为了实现信息共享，在企业资源管理（ERP）基础上与供应商建立直接的交货平台，这样一来，供应商只需要贮备能满足3天的需求即可，不需要储备更多的货。美的在2002年这一年的库存周转率就上升到了70～80次/年，其零部件库存水平大幅降低为3天左右（而原来是5～7天存货水平），且由供应商管理并承担这3天相应成本。由于库存周转率的提高，美的逐渐摆脱了噩梦，资金利用率提高、资金占用率降低、库存成本直线下降、资金风险下降。多年来，美的集团一直加强库存管理，根据美的2014年财务三季报显示，2014年推行产业链库存监控，全产业链库存增加约10%，是处于健康范围的。美的2014年年报显示，公司实现营业总收入1423.11亿元，同比增长17.48%，其中大家电业务（空调、冰箱、洗衣机），实现收入924.02亿元，同比增长17.92%，小家电业务实现收入327.10亿元，同比增长17.48%，主要因为产品结构升级、成本管控、原材料成本稳定等因素。

资料来源：http：//www.gaodun.com/caiwu/358921.html；

http：//download.hexun.com/Txtdata/stock_detail_1200767542.shtml.

思考：美的集团摆脱高库存成本的原因？

一、供应链成本的概述

供应链如同生物学中的食物链一般，在食物链中任何一个生物灭绝都会导致整个链条的失衡，最终有可能导致生态系统的崩溃。同样的道理，在供应链中各要素之间都是相互依存的关系，缺一不可，否则会导致成本的上升，最终不仅会破坏市场，严重的还会影响社会经济的发展。因此，每条供应链中涉及的各个企业要想适应整个供应链的效率，对供应链成本的有效管理和控制是十分必要的。

（一）供应链成本的概念及其组成

1. 供应链成本的概念

供应链成本（Cost in Supply Chain）的定义是基于供应链的概念，即供应链在包括物资流通、商业流通、信息流通和资金流通的全运作流程中和周期内所形成的所有成本（供应链的概念详情请参见第一章第一节内容）。设计成本、生产成本、采购成本、物流成本、服务成本都属于供应链成本管理的主要内容。

2. 供应链成本的类型

由于供应链上各个节点的企业都各司其职，有其各自不同的关键作用，为了适应在信息化的影响下的全球化经济的迅速发展，各个企业不仅以提高客户的最优满意度作为企业的核心竞争力，而且众企业合理化获取利润的关键逐渐转变成从生产制造、装配、分销、零售，到最后将产品和服务销售给最终消费者的整个供应链的各个节点企业的成本最优化。

供应链成本按照不同的划分标准和详略程度，略有不同，但界定实质是十分近似的，根据国内外学术界权威的意见，大致有以下几种类型的划分：

(1) Stefan Searing 在 2004 年的研究中，将供应链成本分为直接成本、作业成本以及交易成本；

(2) Handheld & Nichols 在 1999 年的研究中指出供应链成本由供应链伙伴之间的关系管理和产品及相关的物资和信息管理两部分组成；

(3) Mclaren，Head & Yuan 认为要以合作供应链管理的角度把供应链成本分为系统所有者的总成本和合作的机会成本；

(4) 在我国，罗文兵和邓明君是从商业生态系统和企业可持续发展的角度划分供应链成本的，分别为环境成本和社会成本；

(5) 索晨霞和邓子琼是在分析供应链每个阶段和环节成本的基础上来划分供应链成本的，它们主要有购买成本、生产成本、存货存储成本、订货成本、运输成本、管理成本、仓储成本、信息成本、交易成本、资金转移成本、财务费用和经营成本、供应链相关的机会成本以及供应链整合成本；

(6) 纪作哲却是按照内容分类的：物料成本、设备成本、劳动成本、运输成本和其他变动成本。

(二) 供应链成本的影响因素

影响供应链成本的因素中最主要的是物流成本，根据我国 2006 年颁布实施的《企业物流成本计算与构成》(GB/T 20523—2006)，物流成本是企业物流活动中所消耗的物化劳动和活劳动的货币表现，包括货物在运输、储存、包装、装卸搬运、流通加工、物流信息、物流管理等过程中所耗费的人力、物力和财力的总和，以及与存货有关的流动资金占用成本、存货风险成本和存货保险成本。物流成本大致来自三个方面，一是直接用在物流各个环节上的劳动力成本、耗费在各个环节的各个机器设备的成本；二是要支付给外部第三方的成本；三是物流各个环节上因持有存货所产生的潜在成本。

1. 产品

(1) 产品的种类。不同种类的产品所需的仓储、运输、管理的费用不同，因此物流成本占销售额的比重也会有所不同，一般来说食品、日常用品和消费品所占的比重比较大；主要的金属产品其次；最低的是化工以及塑料产品。

(2) 产品的密度。产品的密度一般由体积和重量来决定，另一方面，产品的运输和仓储成本通常也是以体积或者重量为计量单位来计算的，此外，在物流成本中，运输和仓储的成本所占比例相对大，所以产品的密度对物流成本有着直接的影响，并且两者呈现反比关系，如图 7－1 所示。

(3) 产品的价值。一般来说，价值越高的产品，其物流成本也越高，在国际物流中，高价值的商品的运费率要高于低价值的商品，这是海运运费率的原则。此外，仓储成本中的库存维持成本是按产品价值的一定比率计算的，运输和仓储成本中都含有保险费，而保险费是按产品的价值比率计算的，所以价值高的产品的保险费和库存维持成本都增加了产品的物流成本。

(4) 产品的风险性。产品的风险性一般是指产品本身具有的易燃性、易腐性、易损性、易于被盗性等方面的特性。风险性越高的产品对物流活动的特定限制也就越多，因此直接导致物流成本的上升。比如，易腐、易燃、易爆的化学物品的运输；黄磷不仅需要密封存储运输，在运输过程中，密封好的黄磷还要没于水下并定时查看才可以尽可能地确保运输安全，其物流成本可想而知；价值昂贵的奢侈品易被盗，在运输和仓储过程中需要做防盗措施，这些在物流过程中须采取特殊防护作业的产品，会增加企业的物流成本。

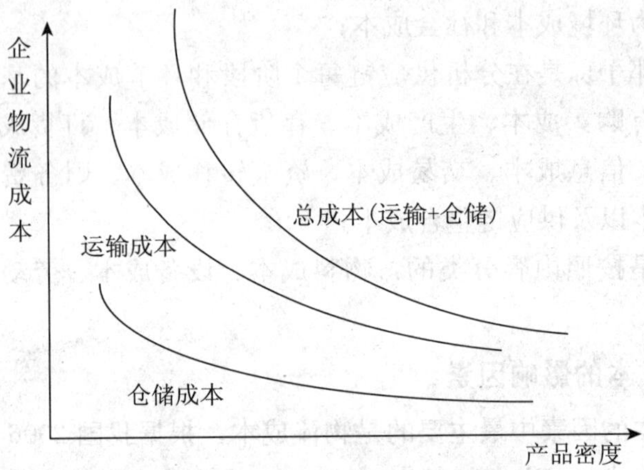

图 7-1　产品密度与企业物流成本的关系

(5) 产品设计。资料显示，超过 75%的产品成本是在产品的设计阶段产生的，如果产品设计不合理会增加供应链的复杂程度，且须具备更复杂的系统进行跟踪，从而增加供应链的成本。不合理的产品设计会增加生产和装配部门的工作难度，导致缺陷产品的增多和退货流程的复杂，所以一般要求产品开发设计人员，不仅要精通技术，还要掌握有关成本的业务知识。

(6) 原材料。在采购部门采购原材料的时候，需要根据实际的情况和集中采购/分散采购的优劣势选择采购方式。一般来说，集中采购的采购成本低，运输成本高；分散采购的采购成本高，运输成本低。

2. 物流环节

经调查资料显示，在产品由物料生产的整个生产时间里，加工时间只有 10%～20%，大部分的时间消耗在运输、等待、设备的调整准备时间，因此，运输路线选择得越合理，运输的效率越高，成本也就越低；物流环节越少，中间环节耗费的时间越少，那么成本也就越低。

3. 物流服务

“客户的满意度的提升”已经成为越来越多的企业用来创造核心竞争力的方式，由于高水平的服务需要有大量的库存、足够的运费以及充分的仓容，势必会产生较高的物流成本，因此物流服务的水平和物流成本存在着正比例关系，如图 7-2 所示。

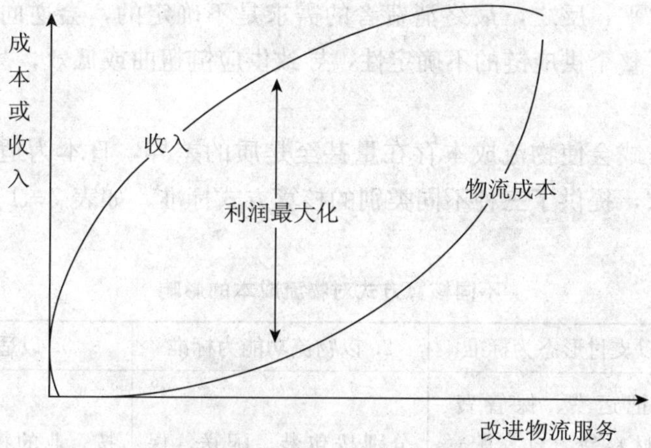

图 7-2 销售收入、物流服务水平及成本的关系

小链接

传统的成本管理理论认为，提高服务水平需要增加设备、设施、人员等，必然会导致成本上升，但现代的供应链成本管理理念是可以将完善客户服务和降低成本的两个目标同时实现的。

4. 物流运作方式

物流运作方式一般是自营和外包两种，现如今价格竞争的加剧，使众多企业为了降低自身的成本，选择将产品或服务部分或全部物流业务外包的方式。实际中，如果企业自身的规模大，物流设施设备齐全，物流运作信息化程度较高较成熟，那么采取自营的方式反而可以提高企业的资金、设施的利用水平，减少物流成本的支付。

5. 管理与信息化水平

人工进行数据管理，会产生很大的管理费用和人工费用，且工作效率低，易出错，各职能部门沟通不畅通，导致市场信息、客户信息延误，从而影响企业的利润提升。高效的综合信息平台和信息处理系统，可以全面集中和处理信息，使各个环节、各个部门有机联系和结合，大大降低了成本，企业运营也更为高效。

6. 供应链上各节点企业的合作

(1) 信息共享。供应链上各个节点的企业若只考虑自身，导致信息闭塞，会使上下游企业因信息不对称而存在“逆向选择”、败德行为、“牛鞭效应（Bull Effect）”（需求变异加速放大原理）。有关研究表明，整个供应链中，如果被扭曲的需求信息使供应链中的每个个体都相应增加库存，那么从产品离开制造商的生产线到达零售商的货架，平均库存时间超过 100 天，在美国就曾存在 300 多亿美元沉积在食品的供应链中。

(2) 不确定性。不确定性可以说是存在于整个供应链之中，生产制造过程中可能发生的突发事件或故障，以及运输过程中的延误或货损，很可能使制造商无法按时发货；那么下游分销商就会储备库存货品；那么分销商供货的不确定性又直接影响对最终消费者的服务水平，反之，最终消费者的需求是不确定的，会逆向地传播给整个供应链，最终形成了整个供应链的不确定性，导致供应链扭曲或低效，甚至断裂。

7. 核算方式

不同的核算方式会使物流成本存在量甚至是质的差异，日本为适应不同企业对物流成本核算的要求，提供了三种不同类别的核算方式标准，如表 7－1 所示。

表 7－1　　不同核算方式对物流成本的影响

核算标准	1. 以支付形态为标准	2. 以物流功能为标准	3. 以适用对象为标准
具体含义	分别把运费、保管费、包装材料费、自家配送费（企业内部配送费）、人事费、物流管理费、物流利息等支付形态记账	分别按包装、配送、保管、搬运、信息、物流管理等功能计算物流费用	按企业的物流成本不同的适用对象进行成本归集（一般可按商品、顾客、地域等作为物流成本的适用对象）
对物流成本的影响	掌握物流成本总额及其在企业整体费用中的份额，明确物流成本各形态的比重并使之合理化	对比出各个功能的成本耗费情况，并可由此计算出标准物流成本（单位个数、重量、容器的成本），通过作业管理，设定合理化目标	可对不同类别的商品、顾客和地域的物流成本进行对比分析，以指导不同物流战略的制订
相互关系	标准 1 是最基础的核算方法，标准 2 以标准 1 为基础，标准 3 以标准 2 为基础		

根据 2006 年我国颁布实施的国家标准《企业物流成本计算与构成》(GB/T20523—2006)，我国是以支付形态为标准的核算方式对物流成本进行核算的。

小链接

在接受美世人力资源咨询公司（William Mercer）调查的将近一半的公司，将供应链成本管理列为企业要事之首。科尔尼咨询公司（A. T. Kearney）也指出，供应链耗费企业的运营成本可达到 25%，甚至有些行业可达到 75%，但若通过合理有效的供应链成本管理，在降低供应链成本的同时，可使企业利润大幅度提升，甚至利润可翻番。

二、供应链成本管理概述

1. 供应链成市管理定义

供应链成本管理（Cost Management in Supply Chain）就是对整个供应链中的所有

成本进行分析和定制的方法，即以成本为手段的供应链管理方法。供应链成本管理是超越了企业内部，对整个供应链中各个节点企业间交易成本进行的一种跨企业的成本管理，其目标是降低和优化整个供应链的成本。

2. 供应链成本管理特点

供应链中的成本管理与传统的成本管理相比，具有以下特点：

（1）导向不同：传统的成本管理是以生产为导向的，但供应链成本管理是以需求拉动型成本管理模式为导向的。以市场需求拉动组织生产设计、采购原料和生产制造，以顾客需求和客户订单为拉动力，带动采购和生产，从而控制资金占用成本。

（2）目标不同：传统的成本管理目标是追求企业成本与服务水平之间的平衡，所以为保证生产和经营的安全而大量库存，那么结果就是提高客户服务水平是以上升的成本为代价的。而在现代的供应链成本管理理念中，完善客户服务和降低成本两个目标是可以同时实现的。

（3）范围不同：传统的成本管理认为生产的成本控制是关键，更重视生产领域的成本控制，将其他环节的成本视为额外费用。由于科学技术的进步和发展，生产成本呈下降趋势，成本管理的范围扩大到了产品或服务相关的设计、供应、服务、销售等供应链环节所产生的成本。

（4）管理活动特性不同：传统的成本管理活动较为单一，无层次，但供应链中的成本管理更具有层次性和整体性特征。层次体现在三个方面：战略层次（包括合作伙伴的评价选择、仓库布局、储存能力等）；战术层次（采购与生产决策、库存策略、运输策略等）；作业层次（日常决策）。整体性体现在企业自身流通环节的整合，以及上下游企业之间的整合。

（5）管理手段不同：传统的成本管理以人工为主，供应链成本管理则是利用信息技术和供求信息在企业间的整合建立供应链管理系统（SCM），客户关系管理系统（CRM），全球采购系统（GPM），电子商务系统（E－commerce）等体系进行高效的管理，降低总成本。

3. 供应链成本管理的基础理论

（1）波特价值链分析模型（Michael Porter's Value Chain Model）。价值链理论是由美国哈佛商学院战略学家 Michael E. Porter 于 1985 年在 *Competitive Advantage*（《竞争优势》）一书首次提出的，认为企业在把每个产品或服务从最初的投入到产出直到将其销售至最终消费者手中所经历的所有相互联系的整个作业过程，既是产品的生产过程，也是价值创造和增值的过程，也就形成了竞争战略上的价值链，每个作业环节也就是“战略环节”。Porter 认为是基本活动（企业生产、销售、进料后勤、发货后勤、售后服务）和支持性活动（人事、财务、计划、研究与开发、采购等）是企业内外价值增加的活动，构成了企业的价值链。价值链大致可分为 3 种：企业内部价值链、行业价值链以及竞争对手价值链。价值链理论开拓了成本管理的视角，不仅仅局限于企业内部，而是将成本管理重心延伸到了组织边界，并且还包括了价值链伙伴，因此对成本管理理论有着巨大的贡献，如图 7－3 所示。

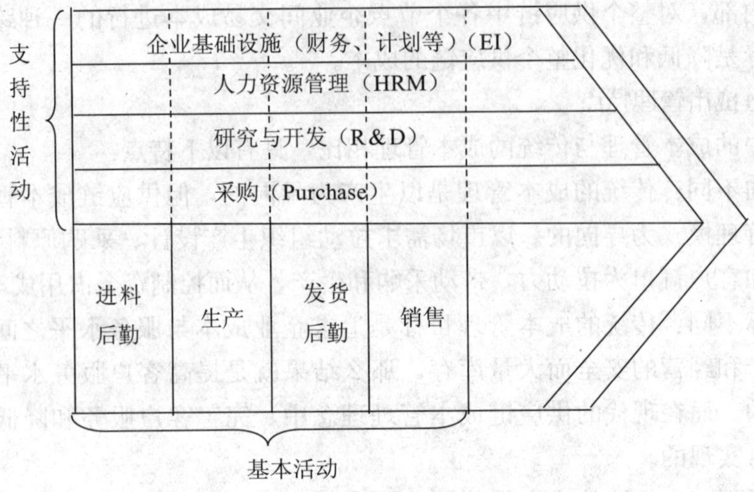

图 7－3　波特价值链

（2）委托代理理论（Principal-agent Theory）。委托代理理论于 1932 年，由专门研究企业经济组织边界制度的美国经济学家 Adolf Berle 和 Gardiner Means 在 *The Modern Corporation & Private property*（《现代公司与私有财产》）一书中提出，倡导企业所有者保留剩余索取权（Residual Claim，即对剩余劳动的要求权），而将经营权利让渡，从而形成所有权与经营权的分离，"委托代理理论"因此成为现代公司治理逻辑的起点。该理论是建立在非对称信息博弈论的基础上研究委托代理关系的。该理论的核心是解决代理高效与成本降低的问题，即利益冲突和信息不对称下委托人对代理人的激励问题。供应链成本管理强调的是合作协调的关系管理，因此，委托代理理论为此提供了分析理论基础和方法框架，根据委托代理理论，处于供应链中的企业，上游企业扮演代理方的角色，下游企业扮演委托方的角色。委托代理关系产生激励成本、协调成本、代理人问题成本等构成了代理成本。降低代理成本和优化代理效果以促进供应链条企业间关系低成本的高效合作，是供应链成本管理研究的主要基础之一。委托代理关系（The Principal-Agent Relationship）指的是一个或多个行为主体根据一种明示或隐含的契约，指定、雇用另一些行为主体为其服务的，同时授予后者一定的决策权利，并根据后者提供的服务数量和质量对其支付相应的报酬，那么授权者就是委托人，被授权者就是代理人。非对称信息（Asymmetric Information），即某些参与人拥有但另一些参与人不拥有的信息，一般从非对称发生的时间以及非对称信息的内容两个方面理解信息的不可对称性。以非对称发生的时间角度，非对称性可能发生在当事人签约前（Exante），称为事前非对称，也可能发生在签约之后（Expost），称为事后非对称，那么事前非对称信息博弈模型称为逆向选择模型 Adverse Selection，事后非对称信息模型称为道德风险模型（Moral hazard）。从非对称信息的内容看，如果研究某些参与人的行为，则是隐藏行为模型。

（3）交易成本理论（Transaction Costs）。根据 Ronald Harry Coase 于 1937 年在 *The Nature of the Firm*（《企业的性质》）一书中的交易成本理论对供应链成本进行分析，将供应链企业之间的交易成本大致可以分为四类，即寻找价格的费用、识别产品部件的信息费用、考核费用以及贡献测度费用。分解、考核整个供应链中的各个节点企业的贡献十分困难，所以供应链中各个节点的企业之间以建立紧密的合作伙伴关系的方式增加信任度，并通过信息网络技术手段实现信息共享，才更有利于降低整个供应链的交易成本。

（4）组织间成本管理（Inter-Organizational Cost Management，IOCM）。该理论的研究要迟于其实践，IOCM 是 20 世纪 60 年代，由丰田公司（Toyota Motor Corporation）借鉴价值工程（VE）、全面质量管理（TQM）等思想提出了目标成本法，于是开始广泛传播和应用以价格为导向的成本控制方法，之后又进一步开发了质量功能展开（QFD）、改善成本法（Kaizen）等应用工具。目标成本管理（Target Cost Management，TCM）是组织间的成本而非价格沟通工具，原因在于其要求制造商和供应商在设计和生产制造阶段共享成本和产品的改进信息，并在企业间建立基本长期合作的信任关系。该理论是为了让组织间成本管理高效，要求任何改进措施取得的超额利润应该让所有参与的企业共享，利润共享可以刺激整个供应链所有参与企业建立稳固的合作关系，通过合作和协调可降低整个供应链成本，获取更多的利润。

小链接

组织间成本管理的起源和发展

20 世纪 60 年代由丰田公司主导应用；1977 年，Tanaka 研究并发表了关于目标成本管理的文献；20 世纪 80 年代，企业管理转向关注集成与整合；1980 年，Michael E. Porter 提出了价值链（Value Chain），认为企业与其供应商和经销商价值链之间存在纵向联系；80 年代中期，丰田公司发展以即时制生产（JIT）为代表的精益管理思想；90 年代初，供应链管理（SCM）逐步取代物流管理；1999 年，Naylor 等结合精益思想、敏捷制造提出了精敏供应链（Legible Supply Chain）概念；20 世纪 90 年代，IOCM 理论研究飞速发展，Cooper & Slagmulder 系统讨论了组织间成本管理问题，标志着 IOCM 成为独立的管理会计研究领域。

4. 供应链成市管理模式概述

（1）成本预算管理模式。成本预算管理模式是通过对事前、事中、事后控制，发挥供应链各个节点协同化带来的优势，在整个供应链管理控制中加强与预算的结合，以此保证供应链各个组织可以通过信息流、物流、资金流的管理获取最大的供应链赢利。

（2）无形成本动因管理模式。20 世纪 80 年代后期，美国芝加哥大学的青年学者 Robin Cooper 和哈佛大学的 Robert S. Kaplan 教授对美国公司进行调查后，于 1998 年在 *Cost and Effect*（《成本和效果》）一书中提出著名的"成本驱动因素"理论。该理论将成本动因分为两个层次：微观层次，即供应链中单一节点企业自身生产运营相关的成本动因；宏观层次，即对于供应链中的单一企业而言，其上下游节点企业相关经济活动相关的成本动因。微观层次成本动因易于识别和掌握，但宏观层次的很难，因此后者也称为无形成本动因，包括结构性无形成本（决定供应链基础经济结构的成本动因）和执行性无形成本动因（与供应链执行程序相关的成本驱动因素，是结构性成本动因决定后才成立的）。

第二节　供应链成本控制

导入案例

Wal-Mart 的 “天天低价”

沃尔玛（Wal-Mart Stores，Inc.）是全球连锁企业，由山姆·沃尔顿1962年创立于美国的阿肯色州。2014年财务报告显示，沃尔玛的销售金额达到了4730.76亿美元，全球员工总数约220万名，企业信仰“尊重个人，服务顾客，追求卓越，始终诚信”一直未变。“天天低价”是沃尔玛成功的关键，高效的库存管理方法对实现“天天低价”起着核心的作用。沃尔玛建立专门的库存控制小组，定期盘查库存，运用高效的信息系统，实现高效的运输，以长期协作的可持续发展的策略，对供应商进行有效管理实现共赢局面，这些库存管理方法不仅使沃尔玛接近实现了“零库存”大大降低了成本，还建立了与供应商之间稳固的长期合作关系，为沃尔玛提升了更大的利润空间。沃尔玛运用IT（互联网技术）形成指标和报告，从库存、订货、毛利、销售、促销和价格多方面，进行过程和结果的控制，定期更新销售数据，为沃尔玛和供应商提供指导数据和信息；采取销售占80%的单品和剩余的占销售20%的单品进行分别管理，有效地避免了库存过量的问题；800名员工（大多来自高中毕业的短期工）24小时不间断地搬运和装卸，商品不在配送中心待超过48小时，实现了对每个门店一天一次的配送，实现了高效物流运输。

资料来源：http：//www. walmart. com/.

思考：沃尔玛为什么可以实现“天天低价”？

一、供应链成本控制概述

（一）供应链成本控制的定义及必要性

1. 供应链成市控制的定义

供应链成本控制是供应链成本管理的目的，即通过对供应链各组织间的信息流、物流、资金流的有效控制，实现整个供应链的价值最大化，获取最大的供应链赢利，如图7-4所示。

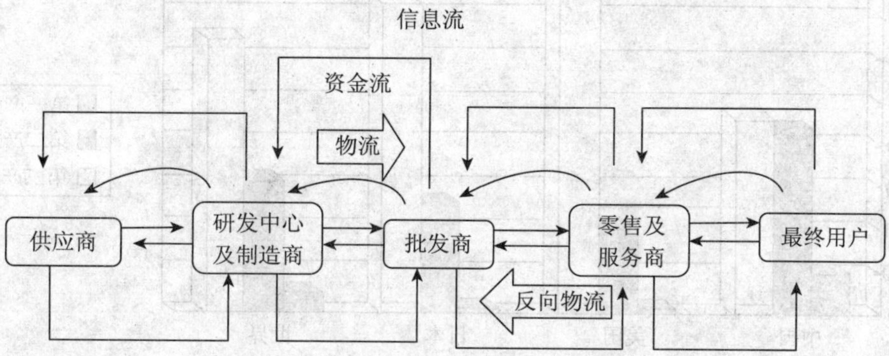

图 7－4　供应链下的信息流、物流、资金流

2. 供应链成本控制的必要性

社会物流总费用包括支付给运输、储存、装卸搬运、包装、流通加工、配送、信息处理等各个物流环节的费用，可分为应承担的物品在物流期间发生的损耗费用，即运输费用；社会物流活动中因资金占用而应承担的利息支出，即保管费用；以及社会物流活动中发生的管理费用，即管理费用等。

（1）直接影响国民经济的发展。无论对于国家还是个人，社会生活的方方面面都离不开物流活动，由于产品和服务从采购原料到投入生产再到加工制作，通过销售商最终到达最终用户手中，物流活动是贯穿始终的，因此物流这个行业从某种意义上体现了一个国家的国民经济发展的水平，当然，各国的统计年鉴中也就出现了“社会物流总费用”这样的数据，即报告期内国民经济各方面用于社会物流活动的各项费用支出的总和。社会物流总费用的高低是直接反映了一个国家国民经济的发展好坏的一个标准，也体现出一个国家物流行业的整个发展水平，而它很大程度上是由供应链下物流成本直接影响的。因此，对供应链下各个节点企业物流成本的有效控制，会直接降低整个供应链的物流成本，最终会使整个供应链的成本大幅度下降，对于提高整个供应链的收益起着至关重要的作用。

（2）间接地反映出经济产业结构的合理性。物流成本占 GDP 的比率如果偏高，间接地反映了一个国家的第一、第二产业仍然占着国家经济发展的主导作用，而第三产业不够发达。欧美及众多发达国家的共性就是第三产业发达，而其中物流行业对带动第三产业发展起着关键作用。我国的产业结构还不够完善，也从某种程度上限制了我国物流行业的发展水平，从而直接地给高效的供应链管理带来众多阻碍作用，当然社会物流总费用很高，直接反映出了各行业供应链的高成本。因此，如果提升各行业供应链成本管理的高效性，逆向地会使我国的物流总成本逐渐下降。中美两国产业结构差异很大，美国是典型的第三产业为主导的发达国家，如图 7－5 所示，经过我国与美国物流费用占 GDP 比重的对比，如图 7－6 所示，可以清晰地看出物流成本与物流发展水平以及国家经济发展的关系。

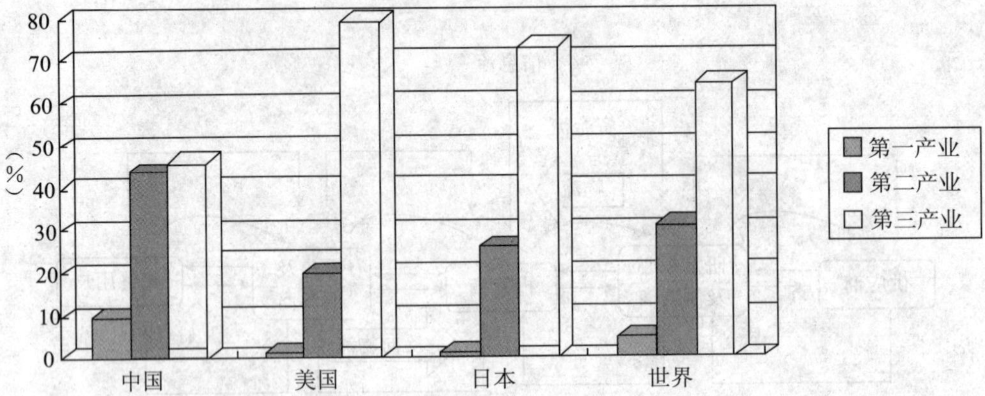

图 7-5　中、美、日及世界三大产业所占比重对比

资料来源：CEIC CSCMP（中国经济数据库　美国物流管理协会）.

图 7-6　国内外物流发展水平对比

小链接

我国社会物流总费用现状

2014 年，根据航运巨头 Maersk Line 在其报告中显示，虽然中国的集装箱航运连接度已经达到世界的领先水平，但最大的挑战是高昂的物流成本。据《中国采购发展报告（2014）》统计显示，2013 年中国的社会物流总费用超过 10 万亿元，同比增长 9.3%，物流总成本在 2013 年占中国国内生产总值（GDP）的 18%（同期美国该比重为 8.5%，巴西的为 11.6%，印度的为 13%）。虽然在 2014 年物流总成本占 GDP 比重降至 17.8%，但数据仍然不仅高于大部分发达国家，也高于亚太和南美国家的平均值。发达国家的物流成本平均占成品最终成本的 10%～15%，在发展中国家该比例会达到 15%～25%甚至更好，可在中国，物流成本可高达生产成本的 30%～40%，甚至有英媒称，货品从上海到北京比到美国运费还贵。

（二）供应链成本控制的对象

1. 产品制造成本（Product Cost）

产品的制造成本也称作产品的生产成本，是企业为了生产产品发生的各种耗费，除了包括一定时期内为生产一定数量的产品发生的原材料、燃料、动力等产生的制造成本，也包括制造过程中发生的各项管理费用。

2. 产品质量成本（Product Cost of Poor Quality）

质量成本的概念是美国质量专家 Armand Vallin Feigenbaum 在 20 世纪 50 年代提出的，将企业中质量预防和鉴定成本费用与产品质量不符合企业自身和顾客要求所造成的损失都考虑在内，并形成质量报告，也就是企业因保证和提高产品或服务所支出的一切费用，以及因未达到产品质量标准，不能满足用户和消费者需要而产生的一切损失。质量成本一般由为确保与要求一致而做的所有工作的一致成本（如预防成本、鉴定成本），以及由于不符合要求而引起的全部工作的不一致成本（如内部和外部损失成本）组成。

3. 效率成本

效率成本是管理不善成本的一种，由效率预防成本、效率评审成本、非正常效率损失成本和正常效率损失成本组成。效率预防成本是为了提高效率或减少效率损失而预先投入的资源。效率评审成本是对效率管理进行评审的资源投入。非正常效率损失成本是由于管理不善原因造成人为的效率损失。正常效率损失成本是由于外部环境原因造成开工不足的损失或产能剩余或浪费。

4. 资金占用成本

资金占用成本是企业资金成本的一种，是企业因占用资金而向资金供应者支付的各种资金占用费，如各种长短期借款的利息、长期债券的利息、优先股的股息、普通股的红利等。用绝对数表示是指使用资金到底发生了多少费用，用相对数表示是通过资金成本率指标来表示的。

5. 采购成本

采购成本是指采购原材料部件相关的物流费用，包括采购订单费用、采购计划制订人员的管理费用、采购人员的管理费用等。可分为直接采购费用和共同采购费用两种。采购成本是由集中采购机构成本（租用场地费用、评委评标费用、标书论证成本、信息发布费用、网站维护费、办公费用），采购人付出成本（采购项目预算成本、技术参数确定成本、租用开标场地成本），供应商投标成本（投标人按事先约定好的比例交纳的费用，以及由于采购机构业务方式的不确定性、方便投标人考虑程度上的差异性、规范操作理解上的误差等原因引起的非固定成本）。

6. 营销成本

营销成本是指企业由产品最初所有者到最终所有者的营销过程中花费的代价，是企业利润的必要投入。主要包括：设计成本、信息成本、运营成本、谈判成本、契约成本、税收成本、协作成本、诉讼成本等。

7. 管理不善成本

管理不善成本顾名思义就是因管理上的错误而造成的人为浪费或损失，主要包括：质量损失成本、效率损失成本、安全损失成本、环境破坏成本、风险损失成本、资金占用成本、非增值作业成本，以及其他浪费。丰田公司定义的“七大浪费”十分著名：产品缺陷（质量损失成本）、过量生产（资金占用成本）、过量库存（资金占用成本）、等待时间（效率损失成本）、无效运输（效率损失成本）、低效工序（效率损失成本）、错误动作（效率损失成本或质量损失成本）。此外丰田公司定义的其他管理不善成本有：人员的高流动率（人力资源成本）、安全事故（安全损失成本）、破坏环境（环境损失成本）、管理上不协调（效率损失成本）、对顾客过分的质量承诺（质量损失成本）、投资失误或盲目扩张（风险损失成本）、产能剩余或浪费（效率损失成本）、新产品设计不符合市场要求（风险损失成本）、原材料价格上涨（风险损失成本）、应收账款（资金占用成本）、应收账款坏账（风险损失成本）。

8. 物流成本

根据我国颁布实施的国家标准《企业物流成本计算与构成》，本教材所针对国家标准中对物流成本构成的明确说明，成本控制和核算的对象包括成本项目、范围和支付形态三个维度，如表 7－2、表 7－4、表 7－4 所示。

表 7－2　企业物流成本项目构成

成本项目			内容说明
物流功能成本	物流运作成本	运输成本	一定时期内，企业为完成货物运输业务而发生的全部费用，包括从事货物运输业务的人员费用、车辆（包括其他运输工具）的燃料费、折旧费、维修保养费、租赁费、养路费、过路费、年检费、事故损失费、相关税金等
		仓储成本	一定时期内，企业为完成货物储存业务而发生的全部费用，包括仓储业务人员费用，仓储设施的折旧费、维修保养费、水电费、燃料与动力消耗等
		包装成本	一定时期内，企业为完成货物包装业务而发生的全部费用，包括包装业务人员费用，包装材料消耗，包装设施折旧费、维修保养费，包装技术设计、实施费用，以及包装标记的设计、印刷等辅助费用
		装卸搬运成本	一定时期内，企业为完成装卸搬运业务而发生的全部费用，包括装卸搬运业务人员费用，装卸搬运设施折旧费、维修保养费、燃料与动力消耗费等
		流通加工成本	一定时期内，企业为完成货物流通加工业务而发生的全部费用，包括流通加工业务人员费用，流通加工材料消耗，加工设施折旧费、维修保养费，燃料与动力消耗费等

续表

物流功能成本	物流信息成本	一定时期内，企业为采集、传输、处理物流信息而发生的全部费用，指与订货处理、储存管理、客户服务有关的费用，具体包括物流信息人员费用，软硬件折旧费、维护保养费、通信费等
	物流管理成本	一定时期内，企业物流管理部门及物流作业现场所发生的管理费用，具体包括管理人员费用，差旅费、办公费、会议费等
存货相关成本	资金占用成本	一定时期内，企业在物流活动过程中负债融资所发生的利息支出（显性成本）和占用内部资金所发生的机会成本（隐性成本）
	物品损耗成本	一定时期内，企业在物流活动过程中所发生的物品跌价、损耗、毁损、盘亏等损失
	保险和税收成本	一定时期内，企业支付的与存货相关的财产保险费以及因购进和销售物品应交纳的税金支出

表 7-3　企业物流成本范围构成

成本范围	内容说明
供应物流成本	指经过采购活动，将企业所需原材料（生产资料）从供给者的仓库运回企业仓库为止的物流过程中所发生的物流费用
企业内物流成本	指从原材料进入企业仓库开始，经过出库、制造形成产品以及产品进入成品库，直到产品从成品库出库为止的物流过程中所发生的物流费用
销售物流成本	指为了进行销售，产品从成品仓库运动开始，经过流通环节的加工制造，直到运输至中间商的仓库或消费者手中的物流活动过程中所发生的物流费用
回收物流成本	指退货、返修物品和周转使用的包装容器等从需方返回供方的物流活动过程中所发生的物流费用
废弃物流成本	指将经济活动中失去原有使用价值的物品，根据实际需要进行收集、分类、加工、包装、搬运、储存等，并分送到专门处理场所的物流活动过程中所发生的物流费用

表 7-4　企业物流成本支付形态构成

成本支付形态	内容说明
材料费	资材费、工具费、器具费等
人工费	工资、福利、奖金、津贴、补贴、住房公积金等

续表

成本支付形态	内容说明
维护费	土地、建筑物及各类物流设施设备的折旧费、维护维修费、租赁费、保险费、税金、燃料与动力消耗费等
一般经费	办公费、差旅费、会议费、通信费、水电费、煤气费等
特别经费	存货资金占用费、物品损耗费、存货保险费和税费
委托物流成本	企业向外部物流机构所支付的各项费用

“物流成本冰山说”

物流成本冰山说是1970年由日本早稻田大学教授、权威的物流成本研究学者西泽修先生提出的，其含义是说由于人们对物流费用的总体内容并不掌握，大家只看到“物流费用”露出海水面上的冰山一角，而潜藏在海水里的整个冰山才是物流费用的主体大家却看不见。

（三）供应链下物流成本的核算（控制）

物流成本是可以真实地反映出物流活动的实际情况的，高效控制物流成本，不仅可以帮助企业发现和寻找物流运作中存在的问题和差异，找出本企业与同行企业及竞争对手的差距，而且可以分析物流成本结构及变化情况，正确评价物流活动的合理性，并制订正确的物流计划和行动方案。

我国按照物流间接成本分配原则，对于单独为物流作业及相应的物流功能作业所消耗的费用，直接记入成本及其对应的物流功能成本，对于间接为物流作业消耗的费用，为物流和非物流作业同时消耗的费用、为不同物流功能作业共同消耗的费用，以及为不同物流范围阶段消耗的费用，应按照从事物流作业或物流功能或物流范围阶段作业人员比例、物流工作量比例、物流设施面积或设备比例以及物流作业所占资金比例等确定。

生产企业一般应按供应物流、企业内物流、销售物流、回收物流和废弃物流五个范围阶段逐一进行填列；流通企业一般应按供应物流、销售物流、回收物流和废弃物流四个范围阶段逐一进行填列；对于物流企业，不需按物流范围进行填列，按成本项目及支付形态填写物流成本总额即可，如表7－5所示。

表 7-5　　企业物流成本

编制单位：　　　　年　月　　　　单位：元

范围及支付形态 / 成本项目			供应物流成本			企业内物流成本			销售物流成本			回收物流成本			废弃物流成本			物流总成本		
			内部	委托	小计	内部	委托	小计	内部	委托	小计	内部	委托	小计	内部	委托	小计	内部	委托	合计
物流功能成本	物流运作成本	运输成本																		
		仓储成本																		
		包装成本																		
		装卸搬运成本																		
		流通加工成本																		
		小计																		
	物流信息成本																			
	物流管理成本																			
	合计																			
存货相关成本	资金占用成本																			
	物品损耗成本																			
	保险和税收成本																			
	其他成本																			
	合计																			
物流总成本																				

对于运输成本、仓储成本、装卸搬运成本，对应的支付形态一般为人工费和维护费；对于物流信息成本，对应的支付形态一般为人工费、维护费和一般经费；对于包装成本、流通加工成本，对应的支付形态一般为材料费、人工费和维护费；对于物流管理成本，对应的支付形态一般为人工费和一般经费；对于资金占用成本、物品损耗成本、保险和税收成本，对应的支付形态一般为特别经费。凡成本项目中各明细项目有相应支付形态的，均需填写；无相应支付形态的，则不填写，如表 7-6 所示。

表 7－6　　企业内部物流成本支付形态表

编制单位：　　年　月　　单位：元

<table>
<tr><th colspan="3">内部支付形态
成本项目</th><th>材料费</th><th>人工费</th><th>维护费</th><th>一般经费</th><th>特别经费</th><th>合计</th></tr>
<tr><td rowspan="9">物流功能成本</td><td rowspan="6">物流运作成本</td><td>运输成本</td><td></td><td></td><td></td><td></td><td></td><td></td></tr>
<tr><td>仓储成本</td><td></td><td></td><td></td><td></td><td></td><td></td></tr>
<tr><td>包装成本</td><td></td><td></td><td></td><td></td><td></td><td></td></tr>
<tr><td>装卸搬运成本</td><td></td><td></td><td></td><td></td><td></td><td></td></tr>
<tr><td>流通加工成本</td><td></td><td></td><td></td><td></td><td></td><td></td></tr>
<tr><td>小计</td><td></td><td></td><td></td><td></td><td></td><td></td></tr>
<tr><td colspan="2">物流信息成本</td><td></td><td></td><td></td><td></td><td></td><td></td></tr>
<tr><td colspan="2">物流管理成本</td><td></td><td></td><td></td><td></td><td></td><td></td></tr>
<tr><td colspan="2">合计</td><td></td><td></td><td></td><td></td><td></td><td></td></tr>
<tr><td rowspan="5">存货相关成本</td><td colspan="2">资金占用成本</td><td></td><td></td><td></td><td></td><td></td><td></td></tr>
<tr><td colspan="2">物品损耗成本</td><td></td><td></td><td></td><td></td><td></td><td></td></tr>
<tr><td colspan="2">保险和税收成本</td><td></td><td></td><td></td><td></td><td></td><td></td></tr>
<tr><td colspan="2">其他成本</td><td></td><td></td><td></td><td></td><td></td><td></td></tr>
<tr><td colspan="2">合计</td><td></td><td></td><td></td><td></td><td></td><td></td></tr>
<tr><td colspan="3">物流成本合计</td><td></td><td></td><td></td><td></td><td></td><td></td></tr>
</table>

二、供应链下库存成本的管理与控制

对企业来说，库存成本的有效控制可以保证正常的生产经营，还可以有效地服务于基本生产、技术改造等全过程，而且还可以提高资金的周转和利润，节约企业资源，所以库存成本控制的有效性已经成为衡量企业管理制度是否完善、存货储备是否合理，以及流动资金占用是否最低的重要标准。

同时，根据库存在供应链中的分布，如图 7－7 所示，可以说库存成本是供应链成本最重要的组成部分之一。供应链下的库存管理需要根据企业生产计划的要求和库存状况制订采购计划的执行与反馈修改，从而达到合理地确定库存量、合理地运用资金、提高资金利用率、以及提高劳动生产率或增加销售额的目的。因此，库存管理的目标就是降低库存成本，获取规模经济；提供平衡供给与需求的途径；改善物料搬运活动，实现作业的安定化；以及为不确定需求提供保障，提高客户的服务水平。库存管理是以控制库存为目的的方法、手段、技术和操作过程的集合，是对企业库存进行计划、协调和控制的工作。

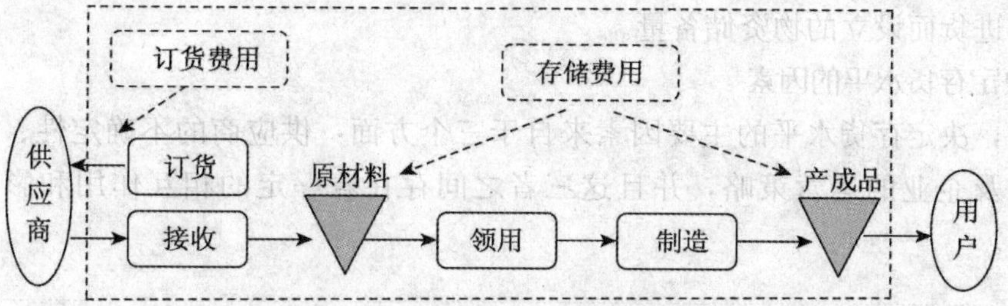

图 7－7　库存在供应链上的分布

（一）库存的概述

1. 库存的概念

库存（inventory）在字典的释义是库中现存的现金或物资，但是库存应为全新未开封未经使用过的商品。会计学中仅仅考虑产成品（finished goods）的库存，供应链下的库存是企业用于未来生产、服务或销售但暂时处于闲置状态的储存物品或商品，主要包括原材料、零部件以及半成品、成品等三大类。虽然库存可一定程度地缓解供需矛盾，从而改善客户服务，但若管理不善，会导致占用大量资金，减少企业利润，甚至直接导致竞争性亏损。

2. 库存的分类

企业库存主要有满足日常需要并随需求量减少而至 ROP 时补货的经常库存；为防止不确定因素而准备的安全库存；处于加工状态的毛坯料、零部件、半成品等的生产成本；处于运输状态或为运输目的而临时储存物品的运输库存；为满足特定季节的特定需求而建立库存的季节性库存；为对应企业促销活动的预期销售而建立库存的促销库存；企业为避免涨价或从涨价中获利而建立库存的投机库存；以及因变质或无市场销路商品而设库存的积压库存八大类。

（1）按库存的起因。生产、运输、采购中的规模经济效应产生的周期库存；需求和供应的不确定性产生的安全库存；运输和加工过程占用的时间产生的中转库存和在制品库存；需求和供应的季节性产生的季节性库存；促销、停产、提价等活动产生的预期库存。

（2）按其在生产过程和配送过程中所处的状态。原材料库存、在制品库存、维修库存、产成品库存、部件库存、备件库存。

（3）按库存在生产中的作用。主要原材料，即直接用于生产过程，构成基本产品实体的材料；辅助材料，用于生产过程，能够帮助产品生产，但本身并不加入产品，或者加入产品但并不构成产品主要实体的各种物资；燃料和动力，即企业生产过程中耗费的能源、动力资源；修理用备件，即设备修理中需要经常更换的易损零件。

（4）按库存用途。经常性库存，即企业前后两次订货时间间隔期内，为保证企业正常生产所必须耗用的物资储备量；保险性库存，即企业为防止由于原材料供应商生产或运输过程可能出现延误而设置的物资储备量；季节性库存，即企业为防止季节性变化影响进货而设立的物资储备量。

3. 决定存货水平的因素

通常，决定存货水平的主要因素来自于三个方面：供应商的不确定性、需求的不确定性以及企业的运营策略，并且这三者之间存在着一定的相互作用和影响，如图7－8所示。

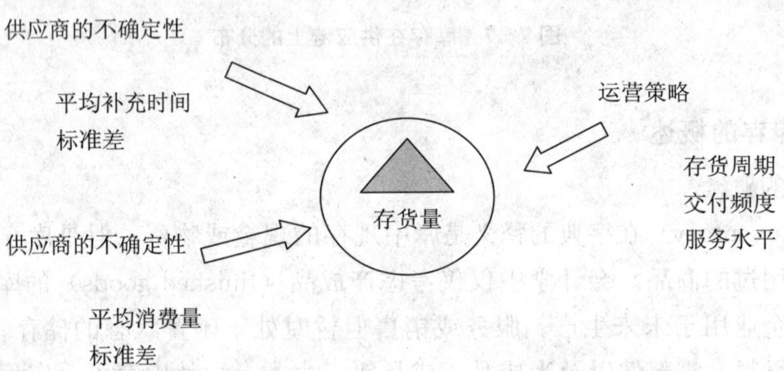

图7－8　决定存货水平的因素

4. 库存控制概述

（1）库存控制（Inventory Control）。合理化的库存可以缩短订货提前期，满足客户需求的变化，防止货品的短缺，增强生产计划的柔性，保持生产的连续性和生产运作的独立性，还可以利用经济订货批量的好处分摊订货费用。库存控制主要需要解决三个基本问题：需求率，即在规定的时间内需要多少数量的产品或服务；订购批量，即每次应该订购多少数量的产品或服务；订货提前期，即应该在什么时候订购产品或服务。库存控制主要针对的是两种费用和两类需求：两类费用的一个是随着库存量增加而增加的费用，即库存持有成本（H），主要包括资金成本、仓储空间费用、物品变质和陈旧，以及税收和保险；另一个是随着库存量增加而减少的费用，即订货成本（S），主要包括订货费、调整准备费、购买费和加工费，生产管理费和缺货损失费。两类需求的一个是独立需求，又称市场需求，即对一种物料的需求，在数量上和时间上与对其他物料的需求无关，只取决于市场和顾客的需求，库存控制下的理解是那些具有不确定性，企业自身不能控制的需求；另一类是非独立需求，也称从属需求或是相关需求，即对一种物料的需求，在数量上和时间上直接依赖于对其他物料的需求，库存控制下的理解是那些具有确定性，企业自身能够控制的需求。

小链接

库存总费用 C_T＝维持库存费用 Holding Cost（C_H）＋补充订货费用 Reorder Cost

(C_R)＋缺货损失费用 Shortage Cost (C_S)＋购买费用（加工费用）Purchasing Cost (C_P)

①维持生产的稳定。为了降低这样的风险，企业会增加原材料的库存量。因为企业一般是按销售订单和销售预测安排生产计划、制订采购计划、下达采购订单，在采购生产原材料之前，需要根据统计数据或供应商生产稳定程度来制定采购提前期的，但仍然会存在拖后或延迟交货的风险，最终影响企业的正常生产，造成生产的不稳定性。

②维持销售产品的稳定。销售预测型企业会对最终销售产品保持一定数量的库存，为的是应付市场的销售变化。在传统的概念里很难预先知道市场的真正需要，因此，一定数量的库存十分必需，但随着供应链管理的形成，这样的库存在逐渐减少。

③平衡企业物流。库存对于企业在供应链的采购材料、生产用料、在制品及销售产成品的整个过程中的所有物流环节里，起着平衡的作用。采购材料会根据库存能力，即资金占用，协调来料收货入库。对生产部门来说，领料应考虑库存能力、生产线物流情况（场地、人力等）平衡物料的发放，并协调在制品的库存管理，对销售产品的物品库存要视实际情况进行各个分支仓库的调度与出货速度。因此，合理化的库存控制平衡了供应链各个环节的库存材料、在制品及产成品为主要占用的企业流通资金。

(2) 传统库存的管理与供应链环境下的库存管理。传统库存的管理与供应链环境下的库存管理区别体现在三个方面：①主体不同，传统的是以单个企业为对象，而供应链的不是孤立、分割地研究库存，是从系统角度，使各个供应链节点企业之间形成链的关系，实现供应链的整体效益；②目的不同，传统的目的仅仅通过订货时间和数量使企业库存总成本最小，供应链的目的是与顾客需求紧密结合，对整个供应链过程的库存数量进行控制，降低整个供应链系统的库存成本，提高整体供应链效率；③管理方法不同，传统的是谋求“保证供应而不是小的储备量”，要求不缺货，供应链的关键性突破是“保证供应”，允许缺货，利用总成本最低进行决策。

(3) 库存控制与仓储管理。库存控制与仓储管理并不是一个概念，仓储管理只是库存控制的狭义解释，即主要针对仓库的物料进行盘点、数据处理、保管、发放等，因此，仓储管理只是库存控制的一种表现形式，或者可以理解为实物的库存控制。

（二）库存理论模型

1. 库存理论发展

库存理论分为以日本为代表的东方模式和以美国为代表的西方模式。两者的根本区别在于：东方模式以不断消除库存浪费为主要目标，“零库存”是终极目标，以日本丰田公司建立的模式为参照基础。西方模式肯定库存的合理性，库存管理以确定合理的库存规模为主要目标。

20 世纪 20 年代初期，日本丰田汽车公司采用更为灵活地适应市场需求变化的作业计划和控制方法，经过 20 多年的探索，最终形成了从后到前的、反工艺顺序为特征的，通过看板管理实现准时生产的丰田生产方式（Toyota Production System，TPS）。之后美国总结了 TPS，提出了精益生产方式（Lean Production，LP）。

小链接

1915 年，Harris，Ford W. 提出经济订货批量模型（Economic Order Quantity，EOQ），从最小化订购费用和储存费用出发；1931 年，Raymond 提出生产批量模型，适用于单品种、单工序的批量问题；20 世纪 60 年代中期，美国 IBM 公司提出独立需求与相关需求的概念，将企业内的物料分为独立需求和相关需求，形成了著名的物料需求计划（Material Requirement Planning，MRP）；20 世纪 90 年代初期，MRPⅡ进一步补充和完善，进入到企业资源计划（Enterprise Resources Planning，ERP）阶段；1986 年，美国里海大学几位教授为使制造业能对持续变化的市场做出快速反应，高质量、低成本地提供产品和服务，提出敏捷制造（Agile Manufacturing，AM）概念。

2. 基本库存模型的分类

进行库存的决策时，应该考虑采购成本、存储成本、订购成本以及短缺成本（机会成本）。库存模型大致可以分为四大类：确定型库存模型，主要包括经济订货批量模型（EOQ）、经济生产批量模型（EPL）、价格折扣模型、零件最大周期收益模型（MPG）；随机型模型；定量订货模型（也可称作“事件驱动”）；定期订货模型（也可称作“时间驱动”）。

3. 库存决策的供应链模型

（1）经济订货批量模型（Economic Order Quantity，EOQ）。

该模型是基于 6 种基本假设的：①产品需求是固定的，且在整个时间内保持一致；②提前期（从订购到收到货物的时间）是固定的；③单位产品的价格是固定的；④存储成本以平均库存为计算依据；⑤订购或生产准备成本固定；⑥所有产品的需求都能满足（不允许延期交货），如图 7－9、图 7－10 所示。

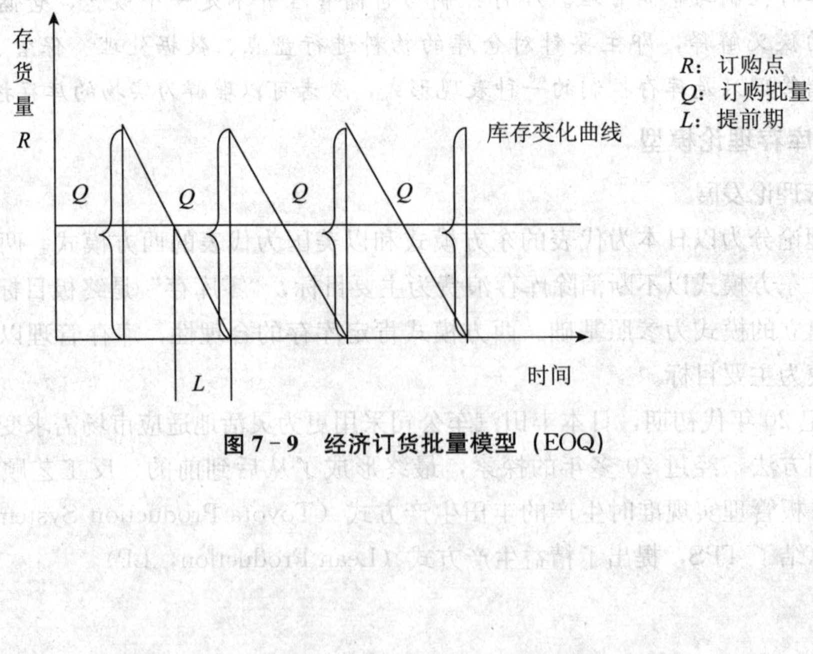

图 7－9　经济订货批量模型（EOQ）

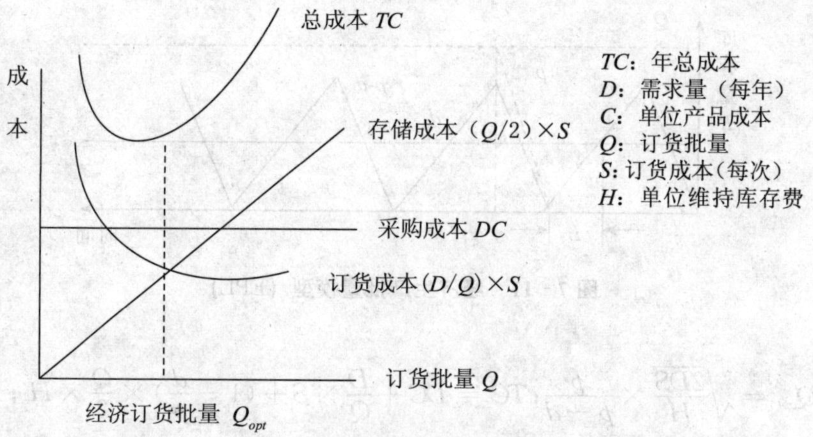

图 7－10　经济订货批量模型（EOQ）成本间关系

年总成本＝年采购成本＋年订货成本＋年存储成本，即 $TC = DC + \frac{D}{Q} \times S + \frac{Q}{2} \times H$，确定经济订货批量 $TC = DC + \frac{D}{Q} \times S + \frac{Q}{2} \times H$，$\frac{d \times TC}{d \times Q} = 0 + (-\frac{DS}{Q^2}) + \frac{H}{2} = 0$，$Q_{opt} = \sqrt{\frac{2DS}{H}}$，该模型的假定需求和提前期固定，且无安全库存，所以再订购点$R = d \times L$。

d：周期平均需求量（如每日）（常数）；L：用周期（如天）表示的提前期（常数）。

例：求经济订货批量和再订购点，已知年需求量 $D=1000$ 单位；日平均需求量 $d=1000/365$；订货成本 $S=5$ 元/次；存储成本 $H=1.25$ 元/单位年；提前期 $L=5$ 天；单价 $C=12.5$ 元/单位

解：最优订货批量为

$$Q_{opt} = \sqrt{\frac{2DS}{H}} = \sqrt{\frac{2 \times 1000 \times 5}{1.25}} = \sqrt{8000} = 89.4$$

再订购点为：

$$R = d \times L = \frac{1000}{365} \times 5 = 13.7(\text{单位})$$

通过取整，制定如下库存政策；当库存水平降至 14 单位时，应订购数量为 89 单位的产品，年总成本（元）为：

$$TC = DC + \frac{D}{Q} \times S + \frac{Q}{2} \times H = 1000 \times 12.5 + \frac{1000}{89} \times 5 + \frac{89}{2} \times 1.25 = 12611.8$$

(2) 经济生产批量模型（Economic Production Lot，EPL）。

p 为生产率（单位时间产量）；d 为需求率（单位时间出库量），$d<p$；Q 为生产批量；R 为再订货点；L 为生产提前期，如图 7－11 所示。

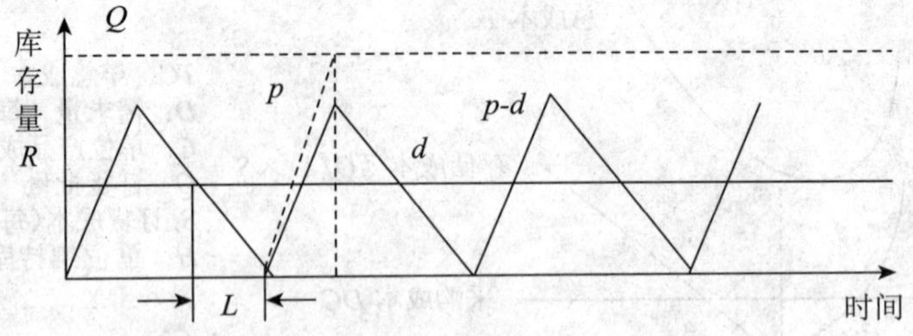

图 7－11　经济生产批量模型（EPL）

求得 $Q_{opt}=\sqrt{\dfrac{2DS}{H}}\times\dfrac{p}{p-d}$；$TC=DC+\dfrac{D}{Q}\times S+(1-\dfrac{d}{p})\times\dfrac{Q}{2}\times H$；$R=d\times L$

根据预测，市场每年对 A 公司生产的产品需求量为 20000 台，一年按 250 个工作日计算，生产率为 100 台/天，生产提前期为 4 天，单位产品的生产成本为 50 元，单位产品的年维持库存费为 10 元，每次生产的生产准备费用为 20 元，试求经济生产批量，年生产次数，记货点和最低年总费用。

解：$d=20000/250=80$（台/天）

$$Q_{opt}=\sqrt{\frac{2DS}{H}}\times\frac{p}{p-d}=\sqrt{\frac{2\times 20000\times 20}{10}}\times\frac{100}{100-80}=632(台)$$

$$n=\frac{D}{Q_{opt}}=\frac{20000}{632}=31.6(次)$$

$$R=d\times L=80\times 4=320(台)$$

$$TC=DC+\frac{D}{Q}\times S+(1-\frac{d}{p})\times\frac{Q}{2}\times H$$

$$=50\times 20000+\frac{20000}{632}\times 20+(1-\frac{80}{100})\times\frac{632}{2}\times 10=1001265(元)$$

（3）价格折扣模型，如图 7－12 所示。

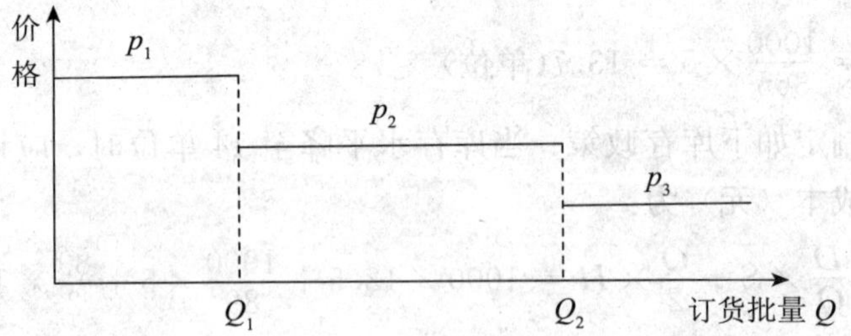

图 7－12　价格折扣模型

例：某公司每年要购入 1200 台某产品，供应商的条件是订货量≥75 单位时，单价 32.5 元；订货量＜75 单位时，单价 35 元，每次订货的费用是 8 元，单位产品的年库存维持费用为单价的 12%，试求最优化订货量。

解：第一步：

当 $C=32.5$ 时，$H=32.5\times12\%=3.9$，$S=8$，$D=1200$

则 $Q_{opt}(35)=\sqrt{\frac{2DS}{H}}=\sqrt{\frac{2\times1200\times8}{3.9}}=70.16$

因为只有当订货量≥75 单位时，才可能享受单价 32.5 元的优惠价格，即 70.16 元是不行的。

第二步：

当 $C=35$ 时，$H=35\times12\%=4.2$，$S=8$，$D=1200$

则 $Q_{opt}(35)=\sqrt{\frac{2DS}{H}}=\sqrt{\frac{2\times1200\times8}{4.2}}=67.61$

当单价为 35 元时，经济订货批量为 68 单位，这与供应商的条件是不矛盾的，因而 68 为可行的订货量。

第三步：

订货量>68 的数量折扣点只有一个，即 75 单位，因此，应该分别计算订货量为 68 单位和 75 单位时的总成本。

$TC(68)=1200\times35+\frac{1200}{68}\times8+\frac{68}{2}\times4.2=42283.98$(元)

$TC(75)=1200\times32.5+\frac{1200}{75}\times8+\frac{68}{2}\times3.9=39274.25$(元)

由于 TC（68）>TC（75），所以最优订货批量应为 75 单位。

（4）最大零件周期收益模型（Maximum Part－period Gain，MPG）。

当把某周 t 的需求 D（t）合并到相对 t 的第一周一起订货时（第一周有需求），可节省一次订货费（$t-1$）D（t）H，H 为单位维持库存费，所以，只要（$t-1$）D（t）$H<S$，即（$t-1$）D（t）$<S/H$，就将 D（t）合并到第一周一起订货，第一周是相对 t 周而言的，（$t-1$）D（t）越小，则合并订货越合算，（$t-1$）D（t）的单位为“零件一周期”，将一个零件提前 1 周订货为一个“零件一周期”。

（5）定期订货模型，如图 7-13 所示。

盘点期为 T，固定提前期为 L，需求随机分布。

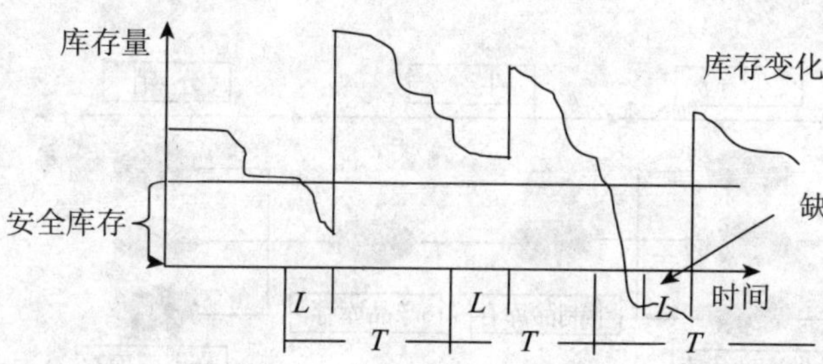

图 7-13　定期订货模型

（三）供应链下的库存管理控制模式

第六章已经讲解了供应商管理库存（Vendor Managed Inventory，VMI）和联合库存管理（Joint Managed Inventory，JMI），本章不再赘述。此外还有几种库存控制管理模式。

1. 集成化供应（Integrated Supply，IS）

多个供应商服务于单个用户，起源于 20 世纪 90 年代初期，多见于企业维修、运作采购等，如图 7－14 所示。

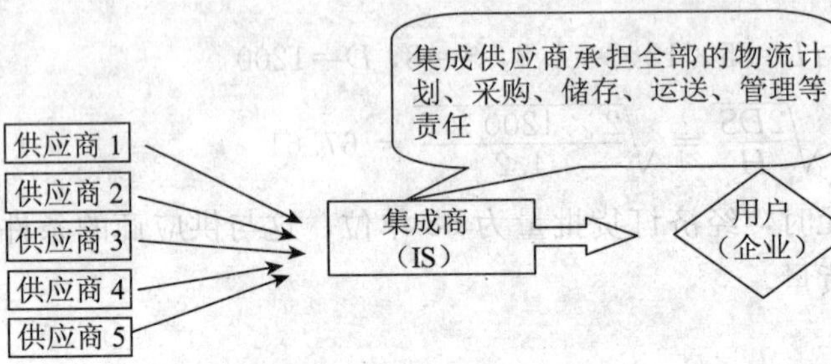

图 7－14　集成化供应（Integrated Supply，IS）模型

2. 协同规划、预测和补给（Collaborative Planning Forecasting & Replenishment，CPFR）

CPFR 是一种协同式的供应链管理技术，能同时降低销售商的存货量，增加供应商销售量。

3. 多级库存控制

多级库存的优化和控制是在单级库存控制的基础上形成的，其库存系统有很多种配置方式，比如串行系统、并行系统、树形系统、无回路系统、纯组装系统和一般系统。其控制方法主要有两种：非中心式（分布式）策略和中心化（集中式）策略。供应链下的多级库存控制需要考虑库存优化的目标是成本还是时间；库存优化的边界是否明确；效率是否有效；以及采用的库存控制策略是否明确等的问题。

（1）基于成本优化的多级库存优化。基于成本优化的多级库存控制实际要确定库存控制的有关参数：库存检查期、订货点、订货量。在库存控制中，考虑集中式（中心化）和分布式（非中心化）两种库存控制策略情形，但首先要考虑库存的成本结构，如图 7－15 所示。

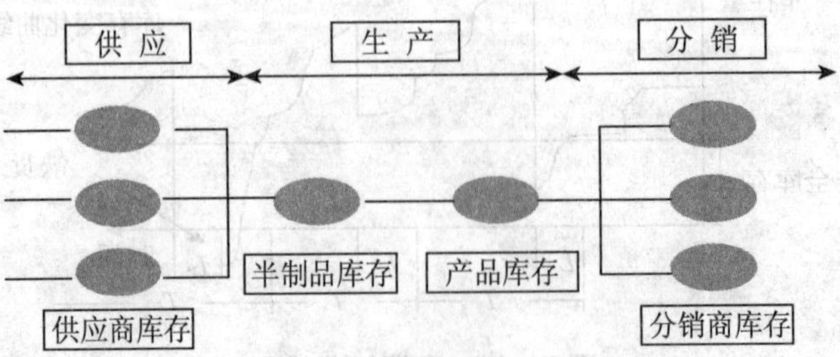

图 7－15　多级库存的成本结构

中心化控制策略是将控制中心放在核心企业上，由核心企业对供应链系统的库存进行控制，协调上下游企业的库存活动，中心化库存优化控制的目标是使供应链上总的库存成本最低，如图 7－16 所示。

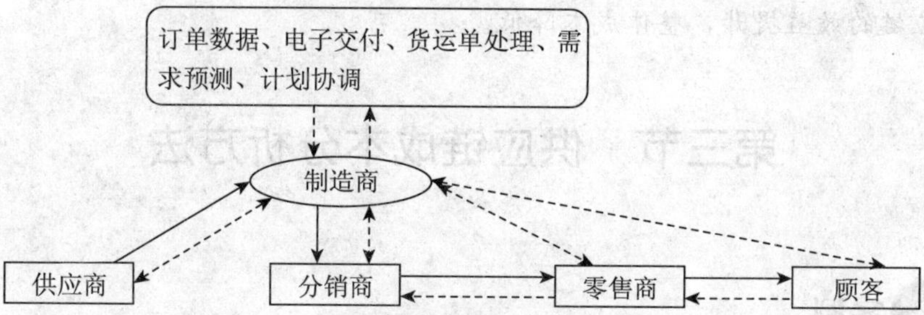

图 7－16　供应链中心化库存控制模型

非中心化库存控制是把供应链的库存控制分为三个成本归结中心，即制造商成本中心、分销商成本中心和零售商成本中心，三个中心各自根据自己的库存成本优化做出优化的控制策略，如图 7－17 所示。

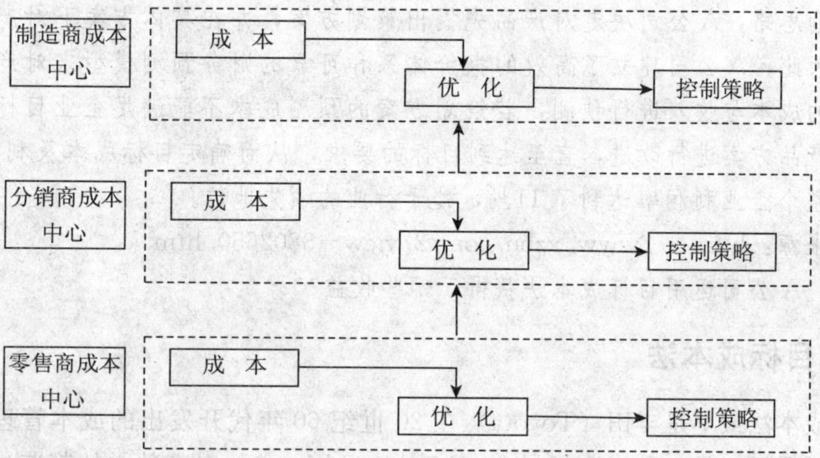

图 7－17　供应链非中心化库存控制模型

（2）基于时间优化的多级库存优化。基于时间优化的多级库存优化，供应链系统应从提高用户响应速度的角度提高供应链的库存管理水平，所以主要考虑库存周转率优化、供应提前期优化、平均上市时间优化等。

小链接

供应链下库存控制存在的问题：供应链环境下库存管理存在的普遍问题大致有以

下几个：缺乏供应链整体的绩效评估机制，供应链中各个节点企业决定自身库存时往往不能兼顾整个供应链的整体效益，大多以自身业绩评估指标最优化决策；信息传递路径不顺畅导致的信息有效性下降，以及不准确的交货状态数据的偏差；节点企业之间缺乏协调协作和信任；对用户服务的理解和定义不恰当，导致对用户服务水平有很大的差异性；忽视整个供应链存在的不确定性因素对库存的影响。这些问题都无法促进整个供应链的效益提升，整体成本降低。

第三节 供应链成本分析方法

导入案例

A 公司是一家汽车零部件制造厂商，其生产的主要产品为汽车内外部装饰系统，比如：座椅、门板、方向盘、保险杠等。汽车饰件产品市场竞争日趋激烈，该行业的竞争焦点也在价格方面，而价格竞争的实质是成本的竞争。A 公司的产品定价以投标的方式决定，若要价太高不能得标，若只考虑当年或近几年的利润而不考虑产品整个生命周期的整体利润而要价过低会导致亏损，因此，A 公司以降低成本为其最优选择。根据这样的思路，A 公司决定对产品先提出策划方案，并在具体方案下对产品成本进行预测。为此，A 公司建立了高效的报价体系和可靠的财务预测模型来对产品在整个生命周期的成本与收入进行预测，若策划方案的预测成本不能满足企业目标利润的要求，就对产品方案进行改进，直至达到目标的要求，从而确定目标成本及利润。后来，A 公司的整个企业利润率达到了 11%，处于行业的领先地位。

资料来源：http：//www. xzbu. com/2/view－3802650. htm.

思考： A 公司运用目标成本法获得了哪些收益?

一、目标成本法

目标成本法最早是丰田（Toyota）在 20 世纪 60 年代开发出的成本管理方法，并得到了广泛采用，是一种以市场导向（Market－driven），对有独立的制造过程的产品进行利润计划和成本管理的方法。其主要目的在于将客户需求转化为所有相关流程的强制性竞争约束，以此来保证未来的产品能够创造出利润。目标成本法以给定的竞争价格为基础决定产品的成本，以保证实现预期的利润。

（一）原理

由于成本管理是从战略的高度进行分析的，与战略目标相结合，同时还要考虑供应链管理的目标是否将成本管理与企业经营管理全过程的资源消耗和资源配置协调一起，所以目标成本法应运而生。目标成本法是一个全过程（供应链上的各个环节）、全方位（供应链上各个节点企业内部职能部门的工作以及竞争环境评估、内外部价值链、供应链管理、知识管理等）、全体工作人员（一线生产员工、基层服务人员、从中层经理人到高层管理人员）的成本管理方法。因此，目标成本法是保证供应链成员企业的产品以特定的功能、成本及质量生产，然后以特定的价格销售，并得到可观的利润的。

（二）原则

目标成本法核心的工作是制定新品的目标成本，改进产品与工序设计，确保新品成本小于或等于目标成本，需要营销、开发与设计、采购、工程、财务与会计、甚至供应商与顾客在内的工作团队共同协作方可完成。在预测目标成本时，应注意以下几点原则：

1. 可行性原则

目标成本必须是企业经过主观努力可以达到的，应立足于企业现有的资源条件和生产技术水平，符合国内外市场竞争的需要。

2. 先进性原则

目标成本必须能够反映企业在现有条件下通过挖掘内部潜力，加强企业管理，应能够达到的成本水平。

3. 群众性原则

目标成本要能够反映得出大部分职工的意愿和信心。

4. 科学性原则

目标成本必须广泛收集、整理所有必要的资料，以真实可靠的数据为依据，运用科学的方法进行测定。

5. 弹性原则

目标成本要有可以随客观条件变化而变化的弹性。

（三）实施程序

（1）以市场为导向建立目标成本，如图 7－18 所示。

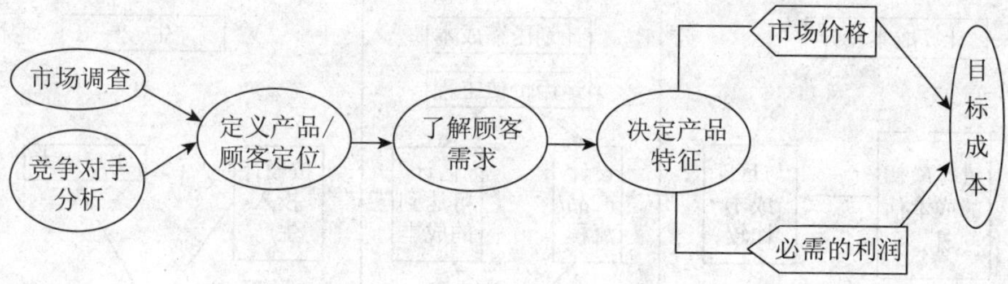

图 7－18　建立目标成本

首先，开发提案的高级主管会组建产品规划委员会，根据新品计划和目标售价编制新品开发提案并加以核准，然后才可进入制定目标成本阶段。在进入开发设计阶段之前，采用部门团队方式，利用价值工程寻求最佳产品设计组合，然后来自设计、生产技术、采购、业务、管理、会计等部门的人员，以产品开发经理为中心，组成跨职能的成本规划委员会。该委员会是一个超越职能领域的横向组织，合作以实现共同的产品规划目标，开展具体的成本规划活动，各个设计部可从事产品价值和价值工程分析分解到各个设计部之后的成本规划活动目标。接着，根据产品规划书，设计出产品原型，结合原型，把成本降低的目标分解到各个产品构件上，运用价值工程在分析各个构件是否能满足性能的基础上降低成本。只有成本的降低能达到目标成本的要求，才可转入到基本设计阶段，不然需要运用价值工程重新加以调整，直到达到要求为止。进入基本设计阶段，运用同样的方法，挤压成本，转入详细设计，最后进入供需设计。在工序设计阶段，成本降低额达到后，挤压成本暂时告一段落，可以转入试生产。试生产阶段是对前期成本规划与管理工作的分析与评价，致力于解决可能存在的潜在问题。一旦在试生产阶段发现产品成本超过目标成本要求，就得重新返回设计阶段，运用价值工程进行再次改进。只有在目标成本达到的前提下，才能进入最后的生产。

小链接

价值工程指的是都是通过集体智慧和有组织的活动对产品或服务进行功能分析，使目标以最低的总成本（寿命周期成本），可靠地实现产品或服务的必要功能，从而提高产品或服务的价值。

（2）目标成本的实现阶段，如图 7－19 所示。

目标成本与公司目前相关设计产品成本，即在现有技术条件下，不积极从事降低成本活动下产生的成本，相比较，可确定成本的差距。由于新品开发往往很多都是借用件，并非全部零部件都会变更，通常变更需要重估的只是一部分，所以目前相关产品成本可用现有产品加减其变更部分成本差额算出。目标成本与估计成本的差额为成本差距，即成本规划目标，是需要通过设计活动降低的成本目标值。

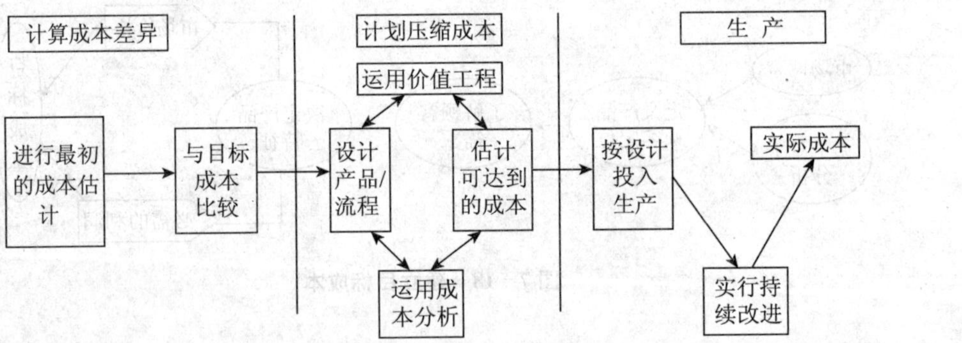

图 7－19　目标成本的实现阶段

（3）生产阶段运用持续改善成本法。

一般新品进入生产阶段 3 个月后，检查目标成本的实际达成情况，进行成本规划实绩的评估，确认责任归属，以评价目标成本规划活动的成果。这样，新品目标成本规划活动才算正式结束。进入生产阶段，为了能对成本对象耗费企业资源的状况更适当地加以计量和核算，使目标成本处于正常控制状态，成本管理需要转向成本维持和持续改善。

（四）三种形式

1. 基于价格的目标成本

基于价格的目标成本法最适用于契约型供应链关系，而且供应链客户的需求相对稳定，因此，供应链企业所提供的产品或服务变化相对较少，也就很少引入新产品。目标成本法的主要任务是在获取准确的市场信息的基础上，明确产品的市场接受价格和所能得到的利润，且为供应链成员的利益分配提供较为合理的方案。在基于价格的目标成本法的实施过程中，供应链成员企业之间达成利益水平和分配时间的一致是最具成效和最关键的步骤。应使所有的供应链成员获得利益，但利益总和不得超过最大许可的产品成本，且达成的价格应能充分保障供应链成员企业的长期利益和可持续发展。

2. 基于价值的目标成本

一般来说，市场需求变化较快，需要供应链有相当的柔性和灵活性，特别是在交易型供应链关系下，往往采用基于价值的目标成本法。为满足客户需求，要求供应链企业向市场提供具有差异性的高价值的产品，这些产品的生命周期多半不长，所以增大了供应链的运作风险。因此，必须重构供应链，以使其供应链成员企业的核心能力与客户的现实需求完全匹配。有效地实施基于价值的目标成本法，通过对客户需求的快速反应，能实质性地增强供应链的整体竞争能力。然而，为实现供应链成员企业冲突的最小化和减少参与供应链合作的阻力，供应链上成员企业必须始终保持公平的合作关系。基于价值的目标成本法以所能实现的价值为导向，进行目标成本管理，即按照供应链上各种作业活动创造价值的比例分摊目标成本。这种按比例分摊的成本成为支付给供应链成员企业的价格，一旦确定了供应链作业活动的价格或成本，就可以运用这种目标成本法来识别能够在许可成本水平完成供应链作业活动的成员企业，并由最有能力完成作业活动的成员企业构建供应链，共同运作，直到客户需求发生进一步的变化需要重构供应链为止。

3. 基于作业成本管理的目标成本

适用于紧密型或一体化型供应链关系，要求供应链客户的需求是一致的、稳定的和已知的，通过协同安排实现供应链关系的长期稳定。为有效运用这种方法，要求供应链能够控制和减少总成本，并使成员企业都能由此而获益。因此，供应链成员企业必须尽最大的努力以建立跨企业的供应链作业成本模型，并通过对整体供应链的作业分析，找出其中不增值部分，进而从供应链作业成本模型中扣除不增值作业，以设计联合改善成本管理的作业方案，实现供应链总成本的合理化。由于目标成本法的作用在于激发和整合成员企业，以连续提升供应链的整个成本竞争力，所以基于作业成本管理的目标成本法实质上是以成本加成定价法的方式运作，供应链成员企业之间的价格由去除浪费后的完成供应链作业活动的成本加市场利润构成。这种定价方法促使供应链成员企业剔除基于自身利益的无效作业活动。

（五）应用时应注意的问题

在实施目标成本法的时候，首先，注意观念上的调整，这样才有利于恰当的控制目标；其次，就是注意目标成本的定位，其定位应该是未来市场，而非短期或者说是当前的市场；再次，要将目标成本与预算成本结合起来，完善考核体制，进一步推进预算目标的实现。然而，为了集中达到目标成本会转移了对公司整体目标的其他要素的关注，因此还应注意以下几点问题：第一，涉及目标成本过程的各个部分之间的冲突。通常为了保证时间进度和降低成本，公司会给转包商和供应商施加过大的压力，这会导致与转包商的关系破裂。第二，降低设计工程师们的工作效率。当组织的其他成员没有成本意识时，设计工程师会焦躁不安，认为为了从产品成本中挤出利润自己付出了过大的努力，而组织的其他部门人员则在浪费，从而产生逆反心理，反而降低了工作效率。目标成本法下需要很大努力的是设计工程师，这一点在日本许多应用目标成本法的企业得到了明证。第三，为降低成本的价值工程反复循环使开发时间有可能增加，导致产品上市时间延后。

二、作业成本法

作业成本法（Activity Based Management，ABC），也称为作业成本分析法、作业成本计算法、作业成本核算法，是以作业为计算产品成本的中间桥梁，通过作业动因来确认和计算各作业中心的成本，并以作业动因为基础来分配间接费用的一种成本计算方法。ABC 成本法的起源和发展可以追溯到 20 世纪初期，美国会计师 Eric Kohler 教授在《会计师词典》中首次提出了作业、作业账户、作业会计等的概念。1971 年，由 George Staubus 教授在《作业成本计算和投入产出会计》(《Activity Costing and Input Output Accounting》) 中对作业、成本、作业会计、作业投入产出系统等概念作了更为全面和系统地讨论。到了 20 世纪 80 年代，MRP、CAD、CAM、MIS 得到广泛应用，以及 MRPⅡ、FMS 和 CIMS 的兴起，美国实业界发现产品成本与现实的脱节，成本扭曲现象依然存在，甚至扭曲得令人吃惊。美国哈佛大学教授 Robert S. Kaplan 和芝加哥大学的青年学者 Robin Cooper 在对美国企业调查后，发展了斯托布斯思想，1988 年提出了以作业为基础的成本计算（Activity Based Costing，ABC 法）。

（一）概念分析

在了解 ABC 成本法之前，要了解几个基本概念：资源、作业、作业中心、成本对象、成本动因等。

（1）资源。合理选择资源动因的分配标准在作业成本法中构建了理论基础，这里的资源指的是企业从事各项作业所必需的经济要素，包括货币资源、材料资源、人力资源、动力资源和厂房设备资源等内容。其界定是在作业界定的基础上进行的，每项作业必须涉及相关的资源，与作业无关的资源应从物流核算中剔除。

（2）作业。作业又称为活动，是企业生产产品的各种活动，包括加工零件、检验零件、生产准备、运输物料、编写数控代码、更改工艺。作业是工作的各个单位，作业的类型和数量会随着企业的不同而不同。作业按其等级不同分类可分为单位层作业，即作业动因随单位产品数量变动而成比例变动的作业（如零件加工）；批量层作业，即作业动因随批量的变动而成比例变动的作业（如生产准备）；产品层作业，即为满足客户需求，作业动因随特定产品种类的变动而成比例变动；公司层作业，即为企业整体服务，与企业整体管理水平有关（如人事管理、一般管理等）。

（3）作业中心。作业中心又称成本库，指的是构成一个业务过程的相互联系的作业集合，用来汇集业务过程机器产出的成本。换言之，按统一的作业动因，将各种资源耗费项目归结在一起，就形成了作业中心。作业中心有助于企业更明晰地分析一组相关的作业，以便进行作业管理以及企业组织结构和责任中心的设计与考核。

（4）成本对象。成本对象是指企业的产出，是成本分配的目标，制造企业的成本对象就是产品，但成本对象也可以是服务。

（5）成本动因。顾名思义，成本动因就是引起成本发生的因素，如直接人工、销售、产品产量、零部件数量。成本动因可分为作业动因和资源动因。作业动因反映产品产量与作业成本之间的因果关系，这类成本动因发生在各作业中心将归结的作业成本向各产品分配的过程中，为作业成本的分配标准。资源动因反映作业量与资源耗费之间的因果关系，这类成本动因发生在各种资源耗费向相应作业中心分配的过程中，是将资源成本分配到作业中心的分配标准，资源动因与最终产品的产量没有直接的关系。作业成本追溯模型，如图 7－20 所示。

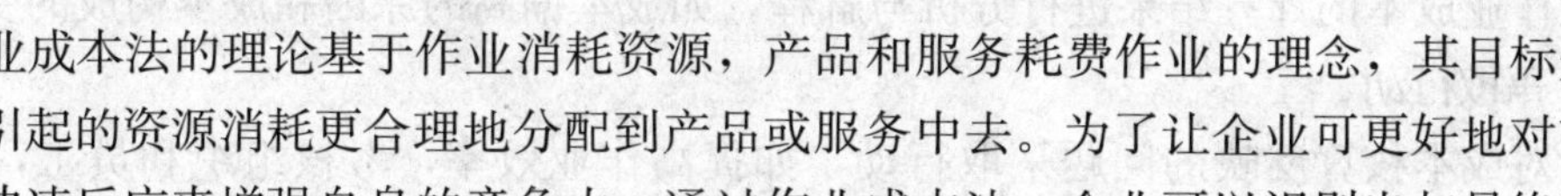

图 7－20　作业成本追溯模型

（二）理论基础

作业成本法的理论基于作业消耗资源，产品和服务耗费作业的理念，其目标是将成本动因引起的资源消耗更合理地分配到产品或服务中去。为了让企业可更好地对市场需求做出快速反应来增强自身的竞争力，通过作业成本法，企业可以识别出与最终顾客的效用无关的那些作业，并通过减少或完全剔除这类无增值作业来降低成本。作业成本法应用于物流成本核算的基础理论是产品消耗作业，作业消耗资源并导致成本的发生。

（三）分析过程

首先，定义业务和成本核算对象（一般是产品，或者是顾客、产品市场等），这一过程耗时多，若两种产品满足的是顾客的同一需求，在定义业务时，选择顾客要比选择单个产品更为恰当。其次，确定每种业务的成本动因，即成本决定的因素（如订单的数量）；然后，将成本分配给每一成本核算对象，对各个对象的成本和价格进行比较，从而确定其赢利能力的高低。

（四）实施步骤

作业成本的实施一般包括以下几个步骤。

1. 设定作业成本法实施的目标、范围、组成实施小组

作业成本的实施必须目标明确，也就是决策者须懂得如何利用作业成本计算提供的信息。实施范围是作业成本的实施部门，作业成本可在全企业实施也可在独立核算的部门实施，作业成本的实施主体也必须明确。为实施作业成本必须由企业的领导带头，包括企业的会计负责人以及相关人员，组建作业成本实施小组。国外作业成本实施时一般由企业内部人员和外部的专业咨询人员共同组成。

2. 了解企业运作流程，收集相关信息

这一步的目的是详细了解企业的经营过程，理清企业的成本流动过程，导致成本发生的因素，各个部门对成本的责任，便于设计作业以及责任控制体系的完善实施。

3. 建立企业的作业成本核算模型

在对企业的运作进行充分了解和分析的基础上，设计企业的作业成本核算模型，主要确定以下内容：企业资源、作业和成本对象的确定，包括它们的分类，与各个组织层次的关系，各个计算对象的责任主体，资源作业分配的成本动因，资源到作业的分配关系，作业到作业产品的分配关系建立。

4. 选择并开发作业成本实施工具系统

作业成本法能够提供比传统成本更为丰富的信息，是建立在大量的计算上的，因此离不开相关软件工具的支持。软件工具不仅有助于完成复杂的核算任务，还有助于对信息进行分析对比，作业成本软件系统提供作业成本核算体系构造工具，可帮助建立和管理作业成本核算体系，并完成作业成本核算工作。

5. 作业成本运行

在建立作业成本核算体系基础上，输入具体数据，运行作业成本法。

6. 分析解释作业成本运行结果

对作业成本的计算结果进行分析与解释，如成本偏高的原因和成本构成的变化等。

7. 采取行动

针对成本核算反映的问题采取行动，如提高作业效率，考核组织和员工，改变作业的执行方式，消除无价值的作业。

作业成本法核算企业物流进行管理的步骤大致为：首先界定企业物流系统中涉及的各个作业，其次确认企业物流系统中涉及的资源，然后确认资源和成本动因，作业成本核算程序，如图 7－21 所示。

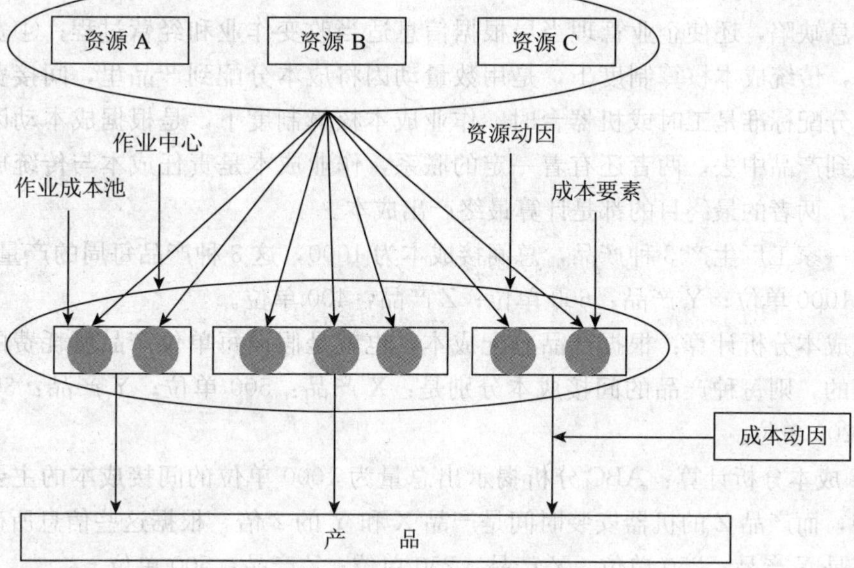

图 7－21　作业成本核算程序

（五）计算原理

根据作业成本法的目标，即提高成本计算准确性，克服传统以单一成本动因分配间接费用的局限性，将间接费用按作业进行归集，并将各项作业产生的成本按每个作业成本动因进行分配，再根据产品消耗各项作业的成本动因将间接费用计入产品成本，如图 7－22 所示。

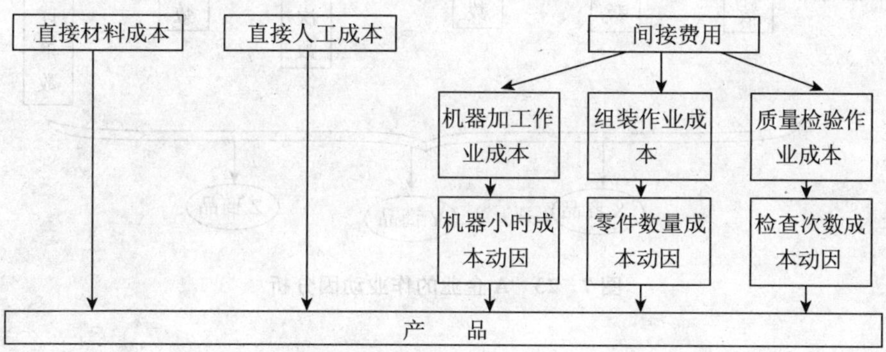

图 7－22　作业成本法的计算原理

（六）传统成本分析与 ABC 成本分析

作业成本核算与传统成本核算既有区别又有联系，区别主要体现在：①成本核算对象不同，传统成本核算对象是产品，作业成本核算对象是作业；②成本计算程序不同；③成本核算范围不同，传统成本核算制度下，成本核算范围是产品成本，作业成本制度下，成本核算范围拓宽，产出了三维成本信息，不仅消除了传统成本制度扭曲的成本信息缺陷，还使企业管理当局根据信息适当改变作业和经营过程；④费用分配标准不同，传统成本核算制度下，是用数量动因将成本分配到产品里，间接费用或间接成本的分配标准是工时或机器台时，作业成本核算制度下，是根据成本动因将作业成本分配到产品中去。两者还有着一定的联系，作业成本是责任成本与传统成本核算的结合点，两者的最终目的都是计算最终产出成本。

假设一家工厂生产 3 种产品，总间接成本为 1000，这 3 种产品每周的产量分别是：X 产品：1000 单位；Y 产品：600 单位；Z 产品：400 单位。

传统成本分析计算：根据产品分配成本，也就是假设每单位产品所耗费的间接成本是相等的，则每种产品的间接成本分别是：X 产品：500 单位；Y 产品：300 单位；Z 产品：200 单位。

ABC 成本分析计算：ABC 分析揭示出总量为 1000 单位的间接成本的主要活动是机器安装，而产品 Z 的机器安装时间是产品 X 和 Y 的 2 倍，根据这些信息所确定的成本就应该是 X 产品：250 单位；Y 产品：250 单位；Z 产品：500 单位。

例题：A 企业为销售企业，其主要业务是采购、进货、仓储、拣货、补货、配送，产品分为 X、Y、Z 三种产品，分别位于仓库中不同的三个区，那么 A 企业的作业动因分析如下图 7－23 所示。

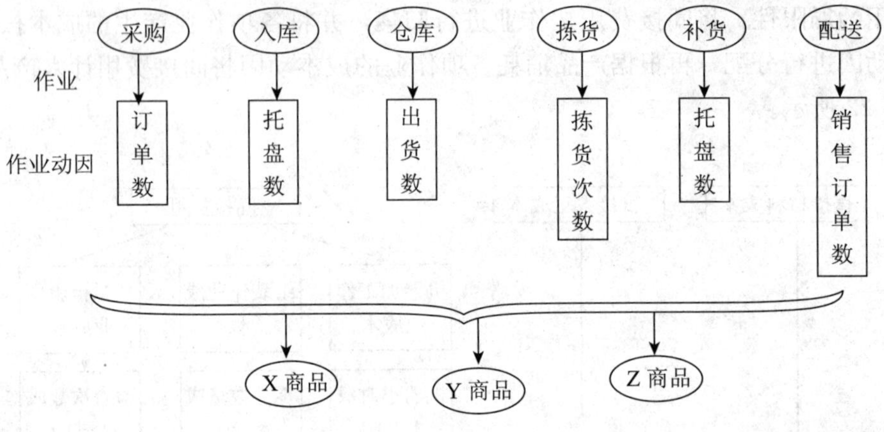

图 7－23　A 企业的作业动因分析

各个作业成本的分摊如下。

1. 采购处理作业

$$每笔采购处理的成本=\frac{采购处理总成本（人事成本+折旧费+订单服务费+耗材）}{（X+Y+Z）订单总数}$$

2. 进货作业

$$每托盘的进货成本=\frac{进货成本总额（人事成本+折旧费+耗材）}{（X+Y+Z）托盘数}$$

3. 仓储作业

$$单位面积仓储作业成本=\frac{仓储成本总额（人事成本+折旧费+耗材等）}{(X+Y+Z)总面积}$$

4. 拣货、补货作业

拣货作业与补货作业可能因为不同产品的销售单位不同而有所不同，而且与拣货、补货的方式（人工或机器）有关。单位产品的拣货、补货成本＝某种产品的拣货总成本（人工成本或是设施、设备成本＋折旧）/拣货、补货次数

5. 配送作业

$$每托盘配送的配送成本=\frac{配送总成本（人事成本+油费+折旧+耗材）}{出货托盘数}$$

根据 X、Y、Z 产品的订单数、托盘数、仓储面积、拣货、补货的次数计算出每种产品的采购、入库、仓储、拣货、补货、配送成本，加总后可得到单个产品的总成本。

三、生命周期成本法

一种计算发生在生命周期内的全部成本的方法，通常被理解为产品生命周期成本法，以此量化产品生命周期内的所有成本，如图 7－24 所示。生命周期分析法的步骤主要有：①从生产特点出发，确定基本分类；②细分基本的成本分类；③定义和量化成本组成要素；④估计生产体系的经济寿命；⑤加总成本。

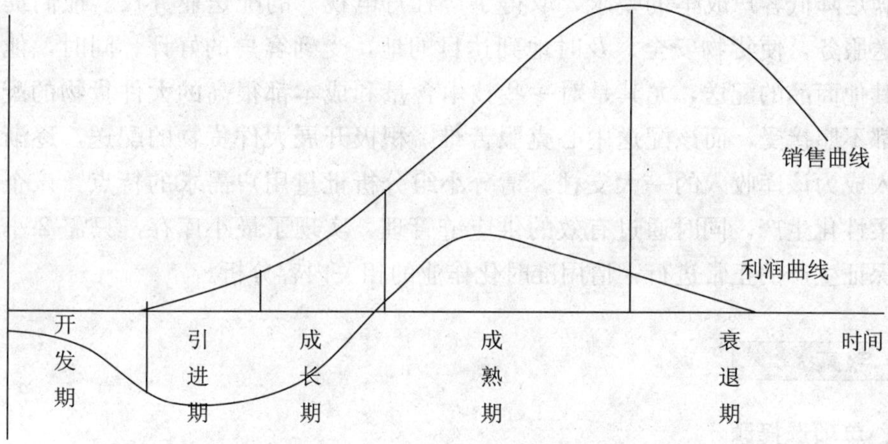

图 7－24　生命周期成本法

四、改善成本法

改善成本法就是通过预期的成本降低的需要来制订产品成本的降低目标的。

小链接

戴尔公司的供应链成本管理：在全球高技术行业以及个人制造业大多萧条的环境下，美国戴尔公司以自身独特的变革跻身于行业当中。据在全球电脑市场分析领域居于权威地位的美国IDC公司报告，戴尔公司2002年第一季度已经占全球个人电脑销售额第一的头牌位置，市场占有率为13.1%。最早，戴尔公司的最高层开始重视供应链成本管理，据亨特介绍，戴尔公司总裁迈克尔·戴尔的注意力一直集中在通过供应链降低物料和产品的成本，其降低成本的方法有三大途径：在确保质量的前提下降低物料的成本；降低库存量；组织严密的供应商网络。

实训

A公司于2001年3月25日通过海尔网站的电子商务平台下达了55台商用机器订单，订单号5000571。海尔物流采购部门、生产制造部门同时接到订单信息，在计算机系统上依托仓库库存的大客户不占用仓库资产的有利条件，建立起运输信息系统，充分利用社会对配送业务的需求，做到了运输车辆不空载。配送业务逐渐扩大，收到了良好的收益。比如，该库原大客户“牡丹电视”的配送业务是由另一家公司管理，该库只负责储存，自该库成立新的配送中心后，通过公关，迎合客户对配送要求高，同时又能满足降低客户成本的要求，取得了“牡丹电视”的配送业务权。他们提供了优质的配送服务，使货物安全、及时地到达目的地，受到客户的好评。同时，他们又积极发展其他商品的配送，尤其是对一些技术含量和成本都很高的大件货物的配送，一般仓库都不愿接受，而该配送中心克服苦难，积极开展大件货物的配送，逐渐配送业务的收入成为该库收入的一大支柱。请分小组分析批量用户需求的特点？该企业努力实现了柔性化生产，同时通过有效的供应链管理，实现了最小库存，只需2小时的库存就可保证生产的正常进行，请用准时化作业的相关内容分析。

习题

一、单项选择题

1. 当供应链的各个成员企业只根据来自其相邻下游企业的需求信息进行决策时，系统将产生需求（　　）效应。

A. 缩小　　B. 放大　　C. 均匀　　D. 不变

2. 供应链管理环境下的采购由为库存而采购到为（　　）而采购转变。

A. 制造　　B. 运输　　C. 仓储　　D. 需求

3. CPFR的特点包括（　　）、计划、预测和补货。

A. 零库存　　B. 快速反应　　C. 集成　　D. 协同

4. 集成化供应链是以（　　）为特征的扩展企业模型，改变了原来的纵向一体化，向横向一体化模式转变。

A. 资源外用　　B. 信息沟通　　C. 合作互利　　D. 系统集成

5. 快速反应的目的是减少原材料到消费点的时间和减少整个供应链的（　　），最大限度地提高供应链管理的运作效率。

A. 库存　　B. 浪费　　C. 资源　　D. 时间

二、多项选择题

1. 准时化采购策略体现了供应链管理的（　　），供应链管理需要准时化采购来保证供应链的整体同步化运作。

A. 协调性　　B. 同步性　　C. 集成性

D. 储存性　　E. 系统性

2. 库存控制的目标有（　　）。

A. 库存成本最低的目标　　B. 库存保证程度最高的目标

C. 不允许缺货的目标　　D. 限定资金的目标　　E. 快捷的目标

3. 快速反映（QR）策略主要包括（　　）。

A. 运输策略　　B. 预测策略

C. 库存策略　　D. 生产策略　　E. 市场策略

三、判断题

1. MRPⅡ的基本思想是把企业作为一个有机整体，从整体最优的角度出发，通过运用科学方法对企业市场营销各个环节进行有效地计划、组织和控制，使它们得以协调发展。（　　）

2. 反应性供应链主要体现供应链的物理功能，即以最低的成本将原材料转化成零部件、半成品、产成品，以及在供应链中的运输等。（　　）

3. 供应链物流成本是指在一定的物流服务水准下的物流费用支出。（　　）

四、案例分析题

H公司是一家高速成长的高新技术企业，集无线通信设备设计、开发、生产、系统集成、应用软件开发和高端咨询服务于一体。专心致力于为通信行业客户提供关键业务流程的系统集成、应用开发、客户服务等整体解决方案。随着经济的发展，为了拥有核心竞争力，开始进行供应链成本的控制与管理，但H公司的相当一部分员工依旧认为成本管理只是一个部门，只是一部分人的事情，与自身的工作没有相关性。对于H公司自身来说，没有完善的上游供应商体系，为适应自身产品的设计与生产，目前有三个部门参与物料采购，分别是商务部、产品部和研发部。供应商的资质审核理论上由产品部负责，实际上没有统一的审核标准。供应商体系下的供应商信息，很大程度上依赖于负责采购人员的流动，对供应商的产品设计能力、生产能力、质量保证能力、按时交付能力等没有系统的在案管理。此外，H公司也没有与供应商形成战略合作伙伴关系，与供应商之间没有相互合作与协调机制。H公司现行管理三类仓库，一是产品库，一类是生产研发库，还有一类是外地办事处工程辅料库。原则上由商务部统一管理，各仓库库管由商务部统辖，产品库和生产研发库地点在生产研发部，外地办事处的工程辅料库地点在各外地办事处。对于各库房的原材料、工程辅料入库、产成品入库，原材料、工程辅料领料，产成品出库等业务的具体操作在不同部门执行。

资料来源：http：//max. book118. com/html/2015/0129/11891041. shtm.

思考：H 公司的供应链成本控制管理出现了哪些问题？针对这些存在的问题应该如何进行合理有效的成本控制方案解决？

第八章　供应链风险管理

本章重点：新的竞争环境下，供应链系统内节点企业之间的联系更加紧密，这种关系一方面确实给企业创造了实实在在的价值，但同时也加剧了节点企业间的竞争力，增强了整个供应链系统的风险。任何一个不确定的因素都可能会增加供应链上下游企业间的风险，因此，对整个供应链的风险管理就具有非常重要的意义。本章从供应链风险产生的机理和影响因素入手，将供应链风险进行了分类，系统地对供应链风险进行了识别和评估，提出了风险的防范和控制以及风险的传递性和风险的分担措施。

第一节　供应链风险产生机理和因素分析

导入案例

面对火灾，爱立信为什么不堪一击

2000 年 3 月 17 日晚上 8 点，位于美国新墨西哥州的飞利浦公司的第 22 号芯片厂车间发生了火灾，火灾持续了10 分钟，破坏了当时准备生产的数百万个芯片，因为飞利浦公司当时没有预防措施，导致了生产的恢复需要相当长的时间。而这家工厂恰巧是爱立信全球供应链中的一个重要环节，为爱立信公司提供多种重要的零件芯片。面对突发情况，爱立信没有出现问题的后备方案。原因在于 20 世纪 90 年代中期，公司为了节省成本，简化了它的供应链，基本上排除了后备方案，没有面对突发情况的解决方案。火灾发生后，正值市场需求最旺盛的时期，由于飞利浦公司的芯片供应跟不上，又没有其他的后备供应商，最终造成爱立信失去了手机市场。而据爱立信公司的某高层人士的透露，这场火灾导致了公司损失了近 4 亿美元的销售额，市场份额也由一年前的 12％降至 9％。

造成爱立信损失的根本原因不在于火灾或是由于市场供应不足所导致的外在原因。造成爱立信损失并失去市场的根源，其中火灾是导向，但并不是根本，如果爱立信公司的供应链不是存在着这样的风险，也许就不会导致其失去了手机的市场，正是因为爱立信公司对这个风险的估计不足而导致了如此之大的损失，并最终导致了企业在手机行业的衰败，根本上还是整个爱立信供应链的抗风险能力低下所导致的。

资料来源：http：//wenku. baidu. com/view/4b422f730722192e4536f6af. html.

思考：爱立信在这次火灾中为什么造成如此大的损失？

信息时代的到来改变了企业的经营模式，企业之间的竞争模式除了人才的竞争之外，更多的是转化为供应链之间的竞争。当前，能够驾驭这种风险的企业不是很多，供应链节点企业面对供应链风险，被动防御的多，主动防范的少。特别是近些年，经济全球化和信息化的快速发展对于供应链节点企业来说是一把双刃剑，使供应链系统在享受全球化和信息化的便利同时也面临着更多的风险和挑战。

在国内外学者的相关研究中，存在着供应链风险的不同含义。但总的来说，大多数是试图借用风险的概念来为供应链风险下定义。那么首先我们从风险谈起。

一、风险

（一）风险的含义

现实生活中，我们经常会提到风险一词，但是对于风险的含义却有很多种说法，有将风险定义为可预测的不确定性，还有定义为损失的可能性，有称之为不确定性的，还有将风险称之为无法预料的、实际后果与预测结果存在差异的倾向等。

《韦氏英文字典》中对于风险的解释是“损失的可能性或危害的结果”，风险有两层含义：一是易变化的特性和状态，缺乏肯定性，也就是不确定性；二是具有无常的、含糊的或未知性质的事物。

目前业界普遍接受的关于风险的定义是 Mitchell 在 1995 年提出来的，他认为风险是组织或个人发生损失的概率以及损失严重性两者的组合；任一事件的风险为事件的可能发生几率以及事件发生的后果之组合乘积。也就是说风险包含两项基本组成要素：一个是损失，另一个为不确定性。

（二）风险因素

风险因素是指增加风险事故发生的频率或严重程度的任何事件。构成风险因素的条件越多，发生损失的可能性就越大，损失就会越严重。例如，对于建筑物而言，风险因素是指其所使用的建筑材料的质量、建筑结构的稳定性等；对于人而言，则是指健康状况和年龄等。

根据风险因素的性质不同，可将风险因素分为有形风险因素与无形风险因素两种类型。

1. 有形风险因素

有形风险因素是指导致损失发生的物质方面的因素，也称为实质风险因素。比如某一建筑物的地理位置，地理位置在南方区域的要比在北方区域发生洪灾的可能性大；一个房屋的房屋结构，一般来说，木质的房屋结构要比水泥的房屋结构发生火灾的可能性大，一个人的身体状况，一个作息时间不好、不爱运动的人，他的身体状况要比作息规律、热爱运动的人的身体状况要差；另外，像地壳的异常变化、恶劣的气候、疾病传染等都属于实质风险因素。我们面对这一类风险因素的态度，有的可以在一定程度上加以控制，有的只能被动接受，我们对此无能为力。

2. 无形风险因素

无形风险因素是指像那些观念、态度、文化等看不见的、影响损失可能性和损失程度的因素，通常包括道德风险因素和心理风险因素。前者是指与人的品德修养相关的无形因素，由于个人的品德修养有优有劣，由于某些人的道德方面的原因，如不诚实、不正直或有不轨企图，故意促使风险事故发生，使风险发生的频率增加和损失幅度的扩大，以致引起财产损失和人身伤亡的因素。

二、供应链风险

基于风险的两个基本组成要素，国内外学者对于供应链风险的研究主要有两种视角：一是不确定性视角。如 Deloitte 管理咨询公司在 2004 年的时候将供应链风险定义为，供应链风险是对一个或多个供应链成员产生不利影响或破坏供应链运行，使其达不到预期目标甚至使这供应链失败的不确定性因素或意外事件；胡金环（2005）从供应链风险的突发性特征出发，认为是供应链相关企业由于各种事先无法预测的不确定性因素带来的影响，使供应链企业的实际收益和预期收益发生偏差。二是损失性视角。如 Cranfield 管理学院（2002）把供应链风险定义为供应链的脆弱性；丁伟东（2003）等认为供应链风险是一种导致供应链系统的脆弱性的潜在威胁，将给上游企业以及整个供应链带来损害；张存禄（2004）认为供应链的不确定性主要表现为多参与主体、跨地区、多环节的特征，使供应链容易受到来自外部环境和链上各实体内部不利因素的影响。从更切合实际的角度看，我们应该将不确定性视角和损失性视角综合起来，这样更能反映供应链风险的本来面目。

因此，马士华、林勇（2014）将供应链风险做了全面定义，认为供应链风险包括所有影响和破坏供应链安全运行，使之达不到供应链管理预期目标，造成供应链效率下降、成本增加，导致供应链合作失败或解体的各项不确定因素和意外事件。

为了获取竞争优势，提高供应链系统的竞争力，每个节点企业都需要高度重视供应链风险管理，企业必须采取有效的措施来降低这种风险发生的概率，尽量减少风险给供应链带来的损失，使供应链能够在受到风险事件冲击后迅速恢复到正常运行状态。这些目标只有通过合理的风险管理与控制措施才能达成。

三、供应链风险管理

（一）供应链风险管理的含义

供应链风险管理是指整个供应链系统内的节点企业通过供应链风险的识别，衡量供应链风险、分析供应链风险，并在此基础上采取有效措施防控供应链风险，用最经济合理的方法来综合处理供应链风险，通过建立一整套系统科学的风险防控机制来合理规避风险的一个过程。

（二）供应链风险管理的程序

一个完整的供应链风险管理系统，至少需要包括以下几个方面。

1. 风险的识别

在这个环节通过对企业的供应链信息、资料、数据和现象进行分析、提取抽象，来综合分析供应链中潜在的或已经出现的各种风险因素，确定供应链面对的风险和性质。该环节解决的问题主要有：明确供应链风险的因素、性质及其后果，找出识别的方法，明确识别的效果。

2. 风险的防范

这个环节根据识别过程中所明确的风险发生的因素、性质，来找到供应链风险管理过程中的薄弱环节和潜在的风险高发点，采用科学合理的方法和途径对风险进行有效的防范和规避。

3. 风险的处理

供应链风险处理是整个风险管理的核心。识别、防范最终都是为风险的控制和处理服务的。能够有效地处理供应链风险，减少供应链风险发生的概率和损害后果是这一阶段的核心任务。

对于供应链风险的处理方法主要有以下几种：风险规避、风险控制、风险转移及风险分担。

四、供应链风险的产生机理

有些突发事件的发生有其客观现实性，比如各种自然灾害、社会经济领域的矛盾、种族冲突及国家之间的战争等，这些事件的发生大多不是以人的主观意志为转移的，它们的存在和发生对整个社会而言是一种必然的现象。因此，供应链风险的发生像大多风险一样，也是客观和必然的，其本身是不可避免的。主要表现在以下几个方面。

（一）供应链系统自身的复杂性决定了风险存在的客观性

整个供应链系统是一个复杂的网络，系统内部由许多相互独立的经济主体组成。整个网络的运行要比单个企业运行复杂得多，这种复杂性决定了系统不确定性的存在。由于各节点企业之间相互联系，相互影响，一个节点出了问题，就会直接导致上下游节点企业的连锁反应，进而带来整个系统的紊乱，增加风险发生的概率。

随着信息化和全球化的加速普及，物资从供应源进入系统内部到最终变成合格成品到达消费者手中，经过原材料的供应、加工制造、分销等环节，每个环节都要经历诸多节点企业。包括运输、储存、包装、装卸、流通加工、搬运、配送、信息处理等诸多环节，同时又伴随着商流、物流、信息流和资金流的发生。但是各节点企业之间同床异梦，虽然他们之间可以称之为利益共同体，但是各自为政，每个企业的经营战略、目标市场、技术水平、公司制度、企业文化等都有所不同，这就增加了供应链管理的复杂性和难度，从而导致了风险的产生。

（二）所处内外部环境的不确定性导致了供应链风险的客观存在

一个完整的供应链系统所面临的环境不确定性主要表现在系统外部环境的不确定性和系统内部环境的不确定性。其外部不确定性主要是指经济环境、政策环境、竞争环境、自然环境、市场需求环境，以及资源环境等因素，这些是不能改变的，都是客观存在的，只能调整自身被动地去适应。

其内部不确定性主要是指整个供应链系统内部各节点企业运作过程中不确定性。比如制造商方面由于生产系统的可靠性、计划执行的偏差，原材料供应商方面的运输问题、货源问题的不确定性，分销企业在配送、渠道设置方面的不确定性，关键人员的临时短缺导致的不确定性等，作为企业管理人员，对于这些这些内部不确定性也是不能完全避免的。因此，系统内外部这些不确定性因素的客观存在也决定了供应链风险也必然客观存在。

（三）供应链节点企业之间的信息不对称

供求信息在供应链节点企业间进行传送时，会出现信息不对称或者由于消息闭塞带来的传送不及时或者传送失真等现象，这种现象会导致供应链节点企业之间的理解偏差，导致风险的发生。虽然，现代化的信息传递技术手段为供应链节点企业间信息的传递提供了便利。但是，在实际操作中，由于有些信息涉及商业机密，某些节点企业不愿意对外界公开，从而造成了节点之间信息的传送不畅，使实际生产的状况和市场的需求情况存在重大的偏差。供应链内的节点越多，信息也就越难以实现共享。

（四）供应链全球化趋势增加了风险

全球化趋势的增强，使得供应链系统内部企业从过去“本地化”生产和营销转向“全球化”生产和营销。全球化的采购和生产可以让企业最大限度地减少采购成本和劳动力成本，但是备货的提前期延长了，灵活性的降低使得企业不得不去增加更多的安全库存，去面对更高的报废率。例如，一些电子产品可在台湾地区采购零部件，在新加坡组装，最后在美国总装，然后卖到全球市场。全球化的趋势使供应链系统内部节点企业分布范围得以变大，不再局限于某一地区或者一个国家，如果某一节点企业劳动力所在的地区或国家政局不稳，发生战乱，就会影响供应和生产，增加供应链运作的风险。

（五）供应链系统中存在着“牛鞭效应”

在一个供应链系统内，每个节点企业都有自己管理的库存，有自己的库存安全量和相应的管理策略，但是由于节点企业间的信息不对称，彼此独占库存信息，每个人都做出对自己有利的选择，因此，需求信息在节点企业的传递过程中不可避免地会发生扭曲和时滞，使企业不能做出有效的决策。解决这种所谓的牛鞭效应最好的方法就是缩短鞭子，提高对变化的反应速度，减低信息失真度，降低企业的运行成本，对客户的需求做出快速反应，使供应链各个环节的活动都应该是同步进行的，而传统的库存和分销管理思想显然无法满足这一要求，必须从这两方面入手解决问题。

（六）节点企业的信任危机和风险管理者的管理水平和能力

我们知道，整个供应链系统是由多个节点企业所构成的，各个节点企业既相互依存又相互独立，各个节点企业既要依靠上下游企业来生存，又作为一个独立的经济体存在。在这个过程中一旦一个节点企业出现了问题，就会产生牛鞭效应，从而对整个供应链的节点企业都会形成影响。节点企业相互独立且又互相影响，每个节点企业作为独立的主体，有其各自的利益取向，整个供应链节点企业之间又缺乏有效的监督机制，因此，在整个系统内部各成员企业之间就展开了激烈的博弈活动，每个企业为了保持自己的竞争优势，有意隐藏或者歪曲自己的信息资源，以便在适宜的时候实施自己的机会主义行为。这种情况就会加剧企业间的信任危机，使各个节点企业越发相互提防和不信任，这就使企业间的联系变得充满着欺骗和提防。

正是这种危机存在，对节点企业风险处理者的管理水平和能力提出了更高的要求，从实际处置供应链管理危机上来看，节点企业的管理者如果采用的管理手段不科学或者管理方式不当，就会引发连锁反应，就好比是一个机器的一个零件出现了问题，整个机器就不能运转一般，所以供应链的管理风险的一个重要原因就是节点企业的管理水平和能力了。

（七）节点企业对顾客需求的识别和反应速度

企业产品的市场占有率是一个企业所生产的产品能否满足顾客需求的重要参考指标，这就要求供应链的节点企业必须有效地对顾客的需求进行识别。而如果供应链中的节点企业没有增强对顾客核心需求进行识别的能力，就会在一定程度上给企业带来损失。原因主要表现在两个方面：一是顾客本身对产品的需求表现得很模糊，导致供应链中的企业不能真正识别顾客的核心需求。二是由于供应链是由许多企业组成的，有的企业离最终顾客近，有的企业离最终客户远，就造成了那些需要准确对最终客户需求进行识别的企业因为距离太远而不能进行识别，能进行识别的企业又多数不需要进行识别，这就导致了不管是哪个企业都不能准确地对最终客户的核心需求进行识别，造成了对最终客户核心需求识别的不足。两个方面的原因总的来说供应链在对最终客户识别时，具有较大的风险。

五、供应链风险因素分析

在纷繁复杂的市场竞争环境下，供应链系统内部的节点企业面临着诸多不确定性，这些不确定性也是系统内企业供应链风险的主要诱因。供应链风险产生的因素主要来自两个方面，一是供应链的外部，二是供应链的内部。

（一）供应链外部风险因素分析

1. 自然灾害、意外的战争和恐怖主义

意外灾祸风险主要表现为两种，一种是天灾，一种是人祸。天灾主要表现在地震、火灾、海啸、泥石流、台风、房屋突然垮塌、交通意外中断等突发自然因素，具有不可抗拒性，都会引起供应链系统的破坏。人祸指的是国家政治的动荡、意外的战争和恐怖主义等，使人们流离失所，劳动力流失，消费需求下降等现象，这些现象都会影响到供应链的某个节点企业，使供应链中企业资金运动过程受阻或中断，从而影响到整个供应链的稳定，既定的经营目标、财务目标无法实现，使生产经营过程遭受损失等。

比如我国在 2008 年的时候遭遇了罕见的雨雪冰冻天气，使交通一度陷入中断，供应链系统货物得不到正常输送；2015 年上半年的中东呼吸综合征使韩国部分商品的流通受到限制，影响了相关供应链的正常运行。

2. 经济周期风险

市场经济下，企业的运行具有明显的运行轨迹，这种周期性使供应链系统内的节点企业面临的经营风险加大。在经济繁荣时期，各节点企业会增加投资，补充人力。但是在经济衰退时期，销售量下降，前期投入的固定投资仍然需要大量资金继续投入，此时如果资金链得不到很好的补充，出现资金流动性差甚至断裂的状况就增大了供应链的经营风险。

3. 法律环境和政策的不确定性

为了保证市场合理有序运行，国家和地方政府颁布了一系列相关的法律法规，这些法律法规一方面可以对市场中的企业进行约束，规范约束各个企业的行为，同时这些约束机制也会给企业决策带来一定的影响，进而影响到整个供应链系统。例如，受2008年劳动合同法的出台，加之以前国家对企业税率的调整、出口退税相关政策的调整、贷款利率提高等因素的影响，很多企业面临着风险挑战。

国家经济政策的变化和调整同样会对供应链的经营带来风险，主要表现在资金筹集、战略投资等其他经营管理活动都会受到经济政策的变化发生变化。经济政策和产业结构的每一次调整对一些产业来说是利好消息，对另一些产业来说可能会受到某些限制，使原有的供应链条某一环节受到限制，风险加大，这时候供应链需要制定相应对策进行产业调整。

（二）供应链内部风险因素分析

1. 信息方面的不确定性

在供应链系统中，信息的作用是至关重要的，从上游到下游诸多节点企业中，如果信息能够及时有效、准确无误地在系统内部上下游进行传递，整个系统的顺畅运行就有了基本保证。但是供应链上的企业都是理性的，追求自身利益最大化是其根本目的，在信息传递的过程中，某些企业会故意隐藏一些商业信息，将这些商业信息作为商业秘密不愿意与上下游企业分享，尽管某些企业内部信息系统比较先进，但由于这种原因，会造成一个“信息孤岛”，结果导致整个供应链的信息不能顺畅流通。供应链企业间的这种信息不对称性与信息流阻塞的客观存在加剧供应链企业风险发生的可能。

2. 道德风险

供应链上的企业由于信息不对称就会产生道德风险。有些供应商采购的物资达不到要求标准，往往以次充好，偷工减料，谋取私利，就会给下游企业带来巨大的风险。

3. 经营方面的不确定

经营方面的不确定性主要表现在以下几个方面：生产产品的质量标准低于市场预期或消费者可接受水平；生产能力不足，产量低于计划水平；原材料存货不足耽误生产等。另外，整个供应链系统是一个动态的过程，企业间既有合作又有竞争，当竞争对手采用新技术和新方法提高生产效率时，若某些企业仍满足于维持原状，能力未得到提升，原有的竞争优势可能不复存在，无法按照要求满足上下游企业的需求，链条就会断裂，违约的可能性就会增加，最终制约了供应链发展。

4. 制度方面的不确定

制度方面的不确定主要表现在以下几个方面：需求预测不准确，造成货物积压，资金收回困难，还款滞后；库存管控不规范，无法按时保质保量供货；财税和财务制度有缺陷，企业财务状况恶化，无法按约供货或还款；采购过程控制不科学，造成供货企业有时会出现无法按量供货。

5. 运输方面的不确定

运输方面造成整个供应链系统风险发生的因素主要表现在：受天气、地域等因素的影响，交通条件不好，跨地域限制，路途较远，货物破损率高或供货延迟等。

6. 利益分配方面的不确定

任何一个企业都有追求自身利益最大化的本能，作为供应链系统内的节点企业，有着各自不同的背景与不同的利益要求，各企业在人员素质、管理水平、技术水平等方面存在着差异。不同的利益追求和差异程度直接影响着各个合作企业应该获利多少，其间的平衡决定着供应链的稳定与否。在供应链整体利润一定的条件下，某些企业利润多些，另一些企业利润必然就少。作为一个独立的利益主体来讲，这种潜在的利益冲突为日后的风险埋下了伏笔，而并且节点企业之间缺乏行之有效的监督和惩罚机制。在如今的微利时代，创造有效利润空间难度的加大导致了合作风险更为突出。

7. 企业文化差异方面的不确定

全球化的发展和高利润追求，使各供应链企业一般都不会局限于某一区域经营，供应链中各环节在地理位置跨度上是很大的，不同地域的企业文化差别很大，它既表现在企业经营理念、文化制度上，也表现在员工的职业素养和敬业精神等方面。不同的企业文化会导致对相同问题的不同看法，从而采取有差异的处理手法，最后输出不同的结果。如有的地区企业诚信度高，有的则很差。

8. 供应链物流运作风险

供应链管理要求系统内的企业与上下游企业建立长期稳定的合作关系，且这种合作关系也是一种无缝衔接的合作。合作的紧密程度直接影响成员之间的信息共享，存货统一管理、联合计划。但是在实际操作中，受客观因素影响，很难做到这一点。某些销售企业为了保持货源充足，往往不惜提高库存；运输企业追求的是运费最低，而不是考虑运输时间最短等这些因素会导致在原料供应、原料缓存、原料运输、生产过程、产品销售和产品缓存等过程中可能出现“合作”失误，进而可能导致供应链物流不畅通而产生风险。

无论外部的还是内部的因素，都增加了供应链风险发生的可能，影响着供应链整体竞争能力和获利能力，并决定着供应链的稳定与否。

小链接

2005 年，英国注册管理学会（Chartered Management Institute）调查了 440 家公司连续 6 年对风险的态度，结果发现“公司对风险的关注度几乎远远超过了风险威胁的广泛度”。担心供应链中断的公司比例明显上升，而真正经历过中断的数量比例正在下降。

当一家制造商不再生产某种商品时，那么从上游供应商到最初供应商都会受到影响。2003 年在 SARS（非典型性肺炎）疫情和禽流感在全球爆发时引起的波澜，致使中国南方和香港受到极大的管制，旅途中断、业务受限所带来的影响远及多伦多和伦敦。同样，2005 年科特丽娜和丽塔飓风破坏了墨西哥的炼油厂，结果石油的短缺造成了全世界石油价格的上涨。

美国的“9·11”事件后，大家突然明白了单一的一个事件也可能带来灾难性的后果。对于供应链来说，主要风险并不是恐怖袭击，而是范围很广同时会影响到供应链的不可预见事件（Sheffi，2002 年）。所有供应链都面临着不同风险，物流更有可能因为不可靠的供应商而中断。管理者可以控制大部分风险，但关键是他们不能等到风险真正发生才开始思考应对方案。相反地，他们要有提前预警心理，这样才能在意外事情发生时及时采取行动。

资料来源：（加）唐纳德·沃斯特《供应链风险管理——物流的脆弱性和弹性》，何明珂，等，译. 中国物资出版社，2010 年 3 月第 1 版，8－9 页.

第二节 供应链风险特征及其分类

导入案例

日本地震凸显供应链企业风险

2011 年 3 月 11 日，发生在日本的 9 级地震引发海啸并造成核泄漏事件，地震发生半个月后，这场灾难对我国产生的影响逐渐显现出来，日系合资企业无疑成为其中的“重灾区”。作为日系合资企业的典型，汽车行业合资企业一度传出面临供应链断裂、核心零部件断档风险，合资企业供应链风险备受关注。这是因为日系合资车企的核心零部件大多数产自日本，这些核心零部件的供应链断档造成了国内企业遭受的供应链风险慢慢表现出来。因此，当日本受到如此灾难之后，日系合资企业更多的是盘算当下的库存还能支持多久的正常生产。据广汽本田公关部相关负责人介绍，来自日本的相关零部件库存，可以支撑公司正常生产至 2011 年 3 月底。目前公司并未采取进一步措施应对可能出现的风险，后续的生产计划则正在等待日本方面提供更明确的信息。短期来看，地震对汽车产业供应链的影响有限，一般来说，各车厂及相关零部件生产厂家皆有 0.5～2 个月的库存，汽车销售不至于面临缺货的窘境。但日本限电以及交通运输情况都在影响供应链的供货情况，而核泄漏事故也有可能冲击工厂的正常运营，以上种种都在加大供应链风险。目前各方正在对这些可能带来的风险进行评估。

被动，是送给目前中国日系合资企业最贴切的形容词。因零部件无法供应而面临全线停产的可能性究竟有多大，各方都认为很难预测。但对日本零部件供应依赖程度较高的车型来说，影响则是毫无疑问。一家日产4S店负责人也认为，这些影响可能会在当年5月、6月集中显现。而重新寻找替代供应商也并非如想象中的简单。寻找替代供应商是一个完整的体系，单是供应商的认证一般就需要3个月，产品从研发到可行性论证这个过程又需要3～6个月的时间。即便中国厂商有能力做，也难在短时间内满足供应要求。"此次日本地震带来的危机，可能会促使中国的企业选择供应的途径多元化，或者利用本地的生产商来替代，地震将促使这一思维的转化。"苏州本控电子科技有限公司董事长杜立刚表示。在他看来，地震导致的日系合资企业出现危机，并不只是地震本身造成的产业链断档，主要在于中国合资企业和日本联系的紧密程度过高。此次地震之后，或许会加快日系合资企业的本土化进程。

地震是引起此次国内合资车企供应链危机的重要因素，由此可见，供应链风险和其他风险一样，也具有客观性、不可逆转性和损失性。引起整个供应链系统风险的成因是多种多样的，风险的种类也会随之多种多样。

资料来源：http：//www.docin.com/p－805496462.html.

前面我们提到了，供应链风险作为风险的一种，除了一般风险的共性之外，还具有一些不同于一般企业风险的特征。首先我们看一下风险的主要特征。

一、风险的特征

（一）风险具有客观性

风险是独立于企业意志之外的客观存在的，不以企业意志为转移。作为企业的风险处理者，不可能在实际工作中彻底消除风险，只能采取风险管理办法降低风险发生的频率和损失幅度。

（二）风险具有普遍性

在现代社会，风险是普遍存在的，个体或企业面临着各式各样的风险。特别是随着科学技术的发展和生产力的提高，新的风险层出不穷，造成的损失也越来越大。例如，核能技术的运用产生了核辐射、核污染的风险；航空技术的运用产生了意外发生时的巨大损失的风险。

（三）风险具有损失性

任何风险的发生都伴随着损失的可能，这种损失有些可用货币计量，有些不能。我们研究风险，就是为了降低风险发生的概率，降低损失程度。风险的存在，不仅会造成人员伤亡，而且会造成生产力的破坏、社会财富的损失和经济价值的减少，因此，个体或企业才会寻求应对风险的方法。

（四）风险具有不确定性

风险具有不确定性，这种不确定性主要表现在时间上的不确定性、空间上的不确定性和损失程度的不确定性。

（五）风险具有可变性

风险的可变性是指在一定条件下风险是可以相互转化的。世界上任何事物都是互相联系、互相制约、互相依存的，且任何事物都是不断变动和变化之中，这些变动和变化必然会引起风险的变化。例如，科学发明和文明进步，都可能使风险因素发生变动。

小链接

风险的影响

供应链上的主要风险是材料运输的中断，而其他的风险都与此有关。通常被称为“军情五处”（M15）的英国国家安全部列出了可能造成严重后果的主要风险，如：

（1）由于死亡或者受伤而导致的人员损失；

（2）建筑物的损坏；

（3）信息技术系统、存档记录、通信及其他设施损失；

（4）由于交通中断或本人拒绝出行导致员工工作效率不高；

（5）受不利心理影响的工作人员，包括压力和士气低落；

（6）运作中不可或缺的相关组织和业务中断；

（7）声誉受损；

（8）新的业务要求设置组织。

资料来源：（加）唐纳德·沃斯特．《供应链风险管理——物流的脆弱性和弹性》，何明珂，等，译．中国物资出版社，2010 年 3 月第 1 版．

二、供应链风险的特征

（一）动态性

整个供应链系统中，每个节点企业在实现供应链目标的过程中受到各种因素的影响，这些因素有内部因素，也有外部因素，不同的节点企业和不同的业务面临的影响因素不同。随着环境和资源的变化及供应链管理目标的调整，其中有些影响因素，可能会转化为供应链风险因素，如果不及时、正确地处理这些风险因素，供应链风险发生的概率就会增加。供应链风险变化的每一阶段，几乎都具有因果连锁，所以不能忽视供应链风险的动态性。因此，供应链风险因素将与供应链的运作相伴存在，具有动态性特征。正因为供应链风险的动态性，星星之火的小风险，有可能变成燎原之火的巨型风险。

（二）复杂性和层次性

供应链系统自身的复杂性和层次性导致了供应链风险具有复杂性和层次性。供应链从构建起就面对许多风险，不仅要面对由于供应链的特有组织结构所决定的企业之间的合作风险、文化冲突风险及利润分配风险、技术与信息资源传递风险，还要面对单个成员企业所要面对的系统风险与非系统风险等。因此，供应链风险相比一般企业的风险，类型多、范围广，也更为复杂。另外，供应链的结构呈现层次化及网络化，不同层次的供应链成员，如核心企业、供应商、经销商、协作层企业对供应链运作影响程度不同，同样的风险对不同层次的供应链成员的影响程度也不同。

（三）传递性

传递性是供应链风险最显著的特征，也是由供应链自身组织结构所决定的。由于整个供应链系统是由多个节点企业组成的，各企业之间根据流程顺序，形成了一个混合网络结构，有些工作一个企业就可以完成，有些工作需要多个企业上下游配合才能完成。同时单个节点企业可以参加一个环节也可以参与多个环节产品的生产。各个环节环环相扣，任何一个环节出问题就会影响到整个系统的正常运行，上下游企业都会面临风险影响，并且有可能将这种风险传递下去。一个企业发生风险，造成生产、销售等运营的困难，整条供应链系统都要受到影响。供应链风险的传递性也是牛鞭效应产生的主要因素。

（四）此消彼长性

供应链中的很多风险是此消彼长的，一种风险的减少会引起另一种风险的增加。风险是可以转移的，并且各个风险之间往往是互相联系的，采取措施消除一种风险可能会导致另一种风险的加剧，同样，系统内部某个企业采取的措施可能会增加其他企业的风险。企业内部一种风险的减少会导致另一种风险的增加，比如为了加强与供应商的长期战略合作，减少交易成本，可能会选择比较少的供应商，而这无疑增加了供应中断风险。比如，制造厂商要求上游供应商采用 JIT 方式送货以减少自身的库存风险，但这必然会导致上游供应商送货成本、库存的增加。因此，在加强对供应链风险的控制时就要充分考虑风险之间的相互影响，对此消彼长的风险进行权衡以确保供应链整体风险最小。

三、供应链风险的类型

一直以来，对于供应链的分类，国内外的研究学者从不同的研究角度和分类标准入手，将供应链的风险分为不同的类型。

（一）国内外不同学者对于供应链风险的类型划分

Juttner 等人在 2003 年的时候根据对制造、零售和物流行业的多个公司的调研结果，将供应链风险的来源分成三类：环境风险源、网络风险源以及组织风险源。其中网络风险又有三种不同的来源：所有权不明、供应链复杂性引起的上下游协调问题（如长鞭效应等）和因为惰性而产生的响应速度太慢。

Mason 和 Towill 两人在 1998 年的时候把供应链风险来源分成五个相互交错的类型：环境风险源、需求风险源、供应风险源、流程与控制风险源。

1. 环境风险源

环境风险源主要是指由外在不确定的因素造成的风险，大致可以分为：①政治：

例如伊拉克战争引起的石油危机和“9·11”恐怖袭击，美欧对俄制裁等；②疾病与自然灾害：例如爆发埃博拉出血热、SARS、口蹄疫、禽流感、甲型禽流感（H1N1）、中东呼吸综合征和突然发生的火灾、海啸、地震、泥石流等；③社会风险：2009 年爆发的金融风暴、2014 年的希腊债务危机等。

2. 需求风险源

任何在外向物流中都有可能会发生的风险，基本都归属于需求风险源的范畴，以及产品需求的变动，包括流行趋势变化、季节性变化、新产品上市等。

3. 供应风险源

一般来说，供应风险源可以分为供应市场特征方面和供应商方面两类，是一个多层面的概念。供应市场特征方面主要是指单一供应源以及市场产能的限制等导致的风险；供应商方面主要包含了供货商无法掌握需求变动、供应商方面的产品质量问题，以及供货商无法跟上科技变化等产生的风险。

4. 流程与控制风险源

流程风险源指的是随着产品特性而采用不同的供应链策略时，在供应链中各伙伴间合作的执行或是连接方式，以及特定供应链上的合作关系及执行方式也会随之改变，这就要求整个供应链的合作程序也要随之改变，否则就会面临着极大的风险。

控制风险源指的是在供应链中决策的机制、政策或者规定，包括订购量、批量以及安全库存。

根据以上等人的研究，本书将供应链风险归纳为以下几类：外部供应链风险、内部供应链风险和相关网络风险三类。

1. 外部供应链风险

外部供应链风险主要为供应链外部因素所产生的风险，包括政治风险、自然风险及市场风险。参看表 8-1 供应链外部风险因素。

表 8-1　　供应链外部风险因素

政治风险	自然风险	市场风险
政治风险并不是只有狭隘的政治法律因素做造成的风险而已，还包括因政治变动因素使供应链传递产生阻碍，进而改变供应链的企业利润或目标的风险，如战争、对自由贸易的限制、动乱、国外税制与其变动以及外汇汇率变动与管制所造成的风险。此类风险对于企业较难避免或控制，仅能自身调整以适应改变	来自于天然灾害或是偶发性意外，如地震、水灾、火灾、爆炸等灾害，此类风险虽为偶发性风险，但一旦发生所造成的损害却是难以估计，仅能事前加以保险、防范，使损失降到最低	指因市场、产业及新产品三者不确定性所造成的供应链阻碍，包括顾客需求的不确定性及新产品的风险。因顾客需求不断变化，强调定制化造成供应上不断创新求变，以满足顾客之需求，而且现今产品生命周期缩短，产品不断推陈出新，使产品线受到影响，而造成供应链的风险

2. 内部供应链风险

内部供应链风险主要源于系统内部各节点企业在合作中相互博弈引发的风险、文化差异风险、信息传递风险、能力风险利润分配风险等，主要包含了组织风险、存货风险、采购风险、配销风险及财务风险等。

（1）组织风险：对一个企业组织而言，人员、设备及技术三者出现问题，都有可能对组织造成损失，这种风险来源于组织内部。

（2）存货风险：存货是用于支持生产及相关活动和满足顾客需求所使用到的要素，主要包括原物料、备用件、零部件、半成品、在制品与成品等。存货的种类、存放地点、数量及补货方式，都必须与整体供应链相适应。当预测失真、支持调度或存货系统出现问题或偶发性流程出现问题时，都可能造成损害。

（3）采购风险：采购目的是指在适当的时间与正确的地点，以最适当的成本，最有效率的方式，将产品或服务顺利交给需求单位。在采购的每一阶段隐含着风险，如采购成本过高，就可能使自身降低竞争力，无法满足顾客需求。

（4）配销风险：配销主要目的在于使产品流动，达到快速响应顾客所订产品及符合生产进度。若沟通不畅，以致配送信息错误，或发生运输设备故障和人为状况、缺货率严重，导致无法迅速响应配送，均可能影响到配送风险及成本。

（5）财务风险：存在于整体供应链中，无论上、中、下游皆可能有外在环境风险或是内部营运状况问题，当特定债务人不履行契约时，就会对整个供应链产生风险，造成组织间财务损失。

3. 相关网络风险

相关网络风险主要包括信息风险和伙伴关系风险。

（1）信息风险（information risk）：在电子商务的时代，若资料库故障或是系统错误，由于订单至交货都利用网络来协助交易，那么整个系统的信息传递就会面临严重的风险。

（2）伙伴关系风险（partnership risk）：伙伴关系风险是指因建立于彼此间的信任关系下，一旦关系有所变化对于整体供应链将严重受损。

第三节　供应链风险识别与评估

导入案例

Waikiki 批发店

Waikiki 批发店是在夏威夷周边一家向超市分配饰品的公司。Jose Samon 是这家店的店主并且掌管一切事务，包括一小部分顾客抱怨的记录。在过去的几年里，他收集到了以下数据。如表 8－2 所示。

表 8 - 2　　Waikiki 批发店顾客抱怨

原因	数量	抱怨所占百分比（%）
账单错误	39	49
等待时间过长	16	20
送货延迟	9	11
送错货物	6	8
送错数量	3	4
产品种类范围	2	3
食物与非食物混合	1	3
鱼（食物）的存放条件	1	1
葡萄酒的存放条件	1	1
员工服务态度	1	1

通过以上数据，Jose 绘制了帕累托图，图中有一些要必须关注的地方。由于几乎没有对原料运输的抱怨，由此可见顾客对此还是相当满意的。有一半的抱怨来自于账单出错，因此，Jose 安装了一台新的账单处理系统来降低其出错率。有的时候送货会慢些或者迟到，Jose 和他的运输经理一起讨论了降低这个指标的方法。处理了这些问题后就几乎解决了所有的抱怨问题，从而也显著地降低了未来再发生这种抱怨的风险。

资料来源：（加）唐纳德·沃斯特．《供应链风险管理——物流的脆弱性和弹性》，何明珂，等，译．中国物资出版社，2010 年 3 月第 1 版．

识别供应链风险是风险管理的首要步骤，通过识别风险我们可以审核供应链中的不确定性，并找到必然会发生的风险。但是由于人们的认识水平和风险因素的多样性，我们不可能去发现所有能想到的风险。因此，在识别风险的过程中，识别那些最有影响力的风险是整个识别过程的重要任务。

一、供应链风险识别的流程

一个完整的供应链风险识别过程，首先是对供应链上各环节的节点企业构成与分布进行全面分析归类，其次分析各节点所面临的和潜在的风险，对发生风险损害的可能性进行识别与判断，最后是对风险可能造成的后果与损失状态的归类和分析。必须强调的是，风险识别不仅要识别所面临的风险，更重要且更困难的是对各种潜在风险的识别。同时，还需将风险的性质进行鉴定，哪些是动态风险，哪些是静态风险，哪些是可控风险，哪些是不可控风险，针对不同的风险采取有效的应对措施。

完整的风险识别过程包括以下步骤：

第一，定义供应链流程。

第二，将整体流程加分为一系列彼此独立又相关的运作活动。

第三，系统思考每一过程的具体细节。

第四，识别存在于每一项运作活动中的风险及其特点。

第五，描述出最具影响的风险。

识别风险绝非易事，尤其是在第四个步骤中，许多正式的工具被得以开发利用来识别现实中所发生的风险。其中有些工具具有普遍使用意义，可以用来识别任何一种风险，比如历史数据分析法、头脑风暴法、因果分析法、事故树法、流程图法、可能性冲击矩阵、情景规划等。另外一些工具方法则是专门用来识别供应链风险，例如，供应链图视图法和审计、关键路径识别、与上游供应商与客户的相关重要性。

二、供应链风险识别的方法

以上这些识别风险的工具，有的需要通过分析过往事件，有的需要集思广益，有的则需要直接分析运作活动，得以充分发挥作用。接下来我们列举几类常用的方法。

（一）分析过往事件法

当有的风险事件确实已经发生，那么识别未来可能发生的风险最简单的方式就是，对过往事件发生的原因不断地提出问题和进一步挖掘，从而确定这种风险在未来发生的可能性。这种问题可能如下：

提问：发生风险事件是什么？

回答：一个顾客投诉我们不能为他提供满意的服务。

提问：为什么呢？

回答：因为我们缺货。

提问：为什么缺货？

回答：因为我们的供应商没有按时送货。

提问：为什么没按时送货？

回答：因为我们的订单送出去晚了。

提问：订单为什么送去晚了？

回答：因为采购部门将所有的订单都延迟递交了。

提问：为什么递交延迟？

回答：因为新招聘的信任工作失误。

提问；为什么会出现工作失误？

回答：因为招聘的新人没有得到充分的培训。

谈话到最后，就能很明确地知道问题出在采购部门，尤其是负责招聘和培训的员工。此时，经理可以评估类似事件再次发生的概率，明确这个风险事件是否是一个具有重要影响的风险。

这种方法也可以称之为根本原因分析法。

根本原因分析法的目标是找出：

·问题（发生了什么）。

·原因（为什么发生）。

·措施（什么办法能够阻止问题再次发生）。

根本原因分析是一项结构化的问题处理法，这种方法不是仅仅关注问题的表面，而是逐步找出问题的根本原因并加以解决。根本原因分析是一个系统化的问题处理过程，在组织管理领域内，根本原因分析能够帮助利益相关者发现组织问题的症结，并找出根本性的解决方案，主要包括确定和分析问题原因，找出问题解决办法，并制订出预防措施等。

这种方法的优点在于它分析调查了现实中所发生的风险，并且清晰地显示出问题与原因之间的关联性。其局限性在于，这个方法认为问题的根本原因比较单一，实际情形往往要复杂得多。

（二）德尔菲法

德尔菲法又称专家调查法或顾问委员会法，它是20世纪50年代初美国兰德咨询公司研究美国受前苏联核袭击风险时提出的。任何一个专家在发表意见的时候难免会受到其他权威人士意见的影响，有时候碍于情面，不愿意发表和别人不同的意见，因此，可以通过问卷调查的方式来收集信息。目前此法的应用已遍及经济、社会、工程技术等各领域。用德尔菲方法进行项目风险识别的过程是由项目风险小组选定项目相关领域的专家，并与这些适当数量的专家建立直接的函询联系，通过函询收集专家意见，然后加以综合整理，再匿名反馈给各位专家，再次征询意见。这样反复经过四至五轮，逐步使专家的意见趋向一致，作为最后识别的根据。我国在20世纪70年代引入此法，已在许多项目管理活动中进行了应用，并取得了比较满意的结果。德尔菲法详细流程如图8-1所示。

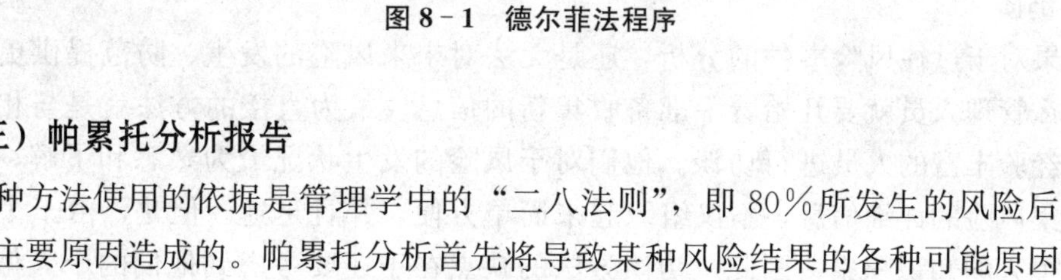

图8-1　德尔菲法程序

（三）帕累托分析报告

这种方法使用的依据是管理学中的“二八法则”，即80%所发生的风险后果是由20%的主要原因造成的。帕累托分析首先将导致某种风险结果的各种可能原因按照其数量的大小，递减排序，横坐标表示原因，纵坐标表示结果数量或累积百分比，分析出主要原因供决策者作为参考。

根据帕累托规则，如果由于条件限制，不能100%解决问题，那么我们只要关注那些20%的原因，因为这些原因如果处理不好会产生80%的问题，如果这20%的原因处理好了，就能够取得80%解决问题的成效。因此在风险识别的过程中，帕累托分析法常被用来找出问题的主要原因，是一种有效及广泛应用的方法。

小链接

帕累托定律——做事要分清主次、轻重

帕累托定律，又称为二八定律，是意大利经济学家帕累托提出的。他认为，在任何特定的群体中，重要的因子只占其中一小部分，大约20%；而不重要的却有80%，尽管占多数，却是次要的。

1897年，帕累托在调查取样中发现，英国的财富和收益的大部分都掌握在少数人手里；在任何时期、任何国度，某一个群体中总人口数的百分比与他们所享有的总收入之间有一种微妙的关系，就连早期的资料或者世界上的许多事物也都如此。后来，经过大量的实验总结，他得出，社会上20%的人占有着80%的社会财富，也就是说财富在人口中呈不平衡分配。

经过多年的演化，二八定律已经被管理学界所认同，并被广泛应用于职场。关于二八定律，在经济学中有一种流传较广的观点，那就是“80%的收入来源于20%的客户”。我们随处可以看到“二八定律”的身影，如商家80%的销售额来自20%的商品；厂家80%的业务收入是由20%的客户创造的；在销售公司里，20%的推销员得到80%的新生意。

在职场中，我们通常看到一些人用80%的精力去做只会取得20%成效的事。二八规律给我们的启示是，做事情切忌胡子眉毛一把抓，而应分清主次、轻重、前后，做到抓重点、抓中心、抓关键，这样才能使工作效率提高，才能创造出好的业绩。很多人都有这样的想法，认为付出多少就会得到多少回报。其实，只讲究付出的量是不够的，还要选对努力的方向，重视效率，这样才会获得更多的收获。

资料来源：http://data.book.hexun.com/chapter-17240-3-4.shtml.

（四）集思广益

1. 访谈

如果对于过往风险事件的分析，还是无法对未来风险的发生、防范提供更多的信息，那么管理人员就要开始着手准备收集新的信息。最为直接的方法就是与相关知识背景、经验丰富的人员进行访谈。他们对于风险的发生状况最为熟悉和了解，从他们那里收集风险的详细信息，不仅组织起来简单方便，并且迅速。但是，由于个人观点取决于个人的知识积累，因此，访谈方法的缺点在于还要考虑到他们的个人偏见、技能的缺乏，总体而言，缺乏预测力。

2. 专家会议

如果个人的观点不具有可信度，那么取而代之的是组织专家小组，让他们研究讨论企业的各项运作活动，并最终形成一份重要风险的列表。这种专家小组的形式多种多样，可以是严谨正式的，也可以是非正式和非结构化的。

正式的专家小组讨论，首先是个人的陈述，接下来是围绕陈述的要点展开讨论，并最终得出结论。这种正式的讨论形式并不适合哪些在会议中不善言辞以及在正式的组织中容易感到局促紧张的人，同时，正式小组的讨论结果往往趋向于保守而无创意。Bowman 和 Ashforth 的研究发现，相比个人的访谈，小组讨论所得到的结果往往更冒进、更具风险性，其原因在于：一方面，“集体”的形式容易导致责任分散；另一方面，在小组讨论中，相比性格温和或是沉默寡言的成员，个性过于坦率、更有影响力的成员的观点更为极端。

避免正式讨论所带来的负作用的方法就是要减少正式的程序，比如可以展开更为宽松、接受度更高的头脑风暴的形式。头脑风暴通过会议形式，采用自由畅谈、禁止批评的规则，鼓励所有参加者在自由愉快、畅所欲言的气氛中，通过相互之间的信息交流，毫无顾忌地提出自己的各种想法。没有了拘束的规则，参加成员没有心理压力，有助于在短时间内得到更多创造性的成果。

（五）头脑风暴法

头脑风暴法，也称集体思考法，此法由美国人奥斯本于 1939 年首创，从 20 世纪 50 年代起就得到了广泛应用。该法是以专家的创造性思维来获取未来信息的一种直观预测和识别方法，一般在一个专家小组内进行，是比较常用的集体决策方法，它的好处就是集思广益。通过专家会议，发挥专家的创造性思维来获取未来信息。这就要求主持专家会议的人在会议开始时的发言中能激起专家们的思维“灵感”，促使专家们感到急需回答会议提出的问题，通过专家之间的信息交流和相互启发，从而诱发专家们产生“思维共振”，以达到互相补充并产生“组合效应”，获取更多的未来信息，使预测和识别的结果更准确。我国在 20 世纪 70 年代末开始引入头脑风暴法，并受到广泛的重视和采用。头脑风暴法流程如图 8－2 所示。

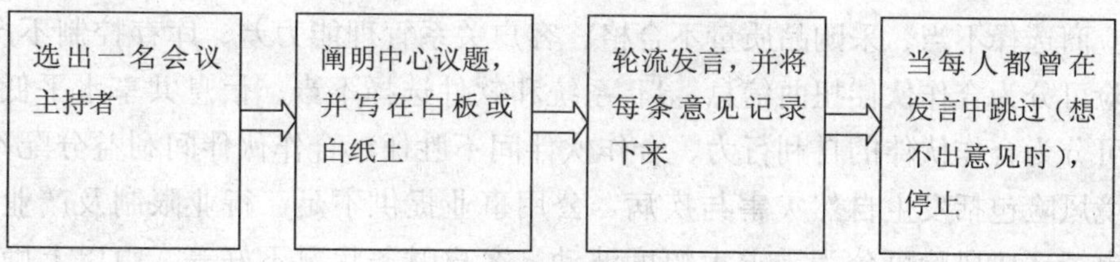

图 8－2　头脑风暴法流程

三、供应链风险识别过程中应注意的问题

1. 风险意识

对于供应链系统的各节点企业的管理者来说，风险意识尤为重要。这就要求将风险识别作为一项常规工作，要有组织性和制度化。但是在很多企业，对风险的认识还处于非常初级的阶段。比如，在企业的管理人员已经意识到某类风险，但是他们认为向高级管理人员汇报风险情况等于承认他们自身能力不足，如果他们并不是特别熟悉企业的各

项运作活动，足以帮助消除风险，或者面对这样的风险，他们自身并没有掌握足够的相关知识和技能，也就意味着他们无法解决问题。那么，这些管理人员会隐藏即将发生的风险，假装它们并不存在。另外一个忽视风险的动机在于，最先发现风险问题的人，通常会被赋予解决这一问题的责任，即使并不是他们的职责所在，他们没有足够的知识和技能来处理，远远超出其控制范围。因此，在风险识别时要求每一个节点企业按要求运作，强制地规范企业行为，配合风险管理主体定期进行风险识别的工作。

2. 系统性

上面类似的情况，同样会出现在组织层面。在供应链上的每一个节点企业都希望其他成员尽可能地降低它们的风险，这使每个企业都不愿意承认自身存在风险，因为它们如果承认自身的风险，很有可能会因此而失去很多商机，获利的则是那些显得不那么开诚布公的竞争对手。

因此，供应链风险识别而要研究识别整个供应链系统的全部风险，不能局限于某一个企业、某一个环节或某一个方面。包括识别各级供应商、制造商、各级各类用户所面临的所有的风险，还包括识别原材料和零部件的采购供应、制造和分销环节，以及整个运作过程中的物流运输环节的所有风险。总之，要从系统全局全方位地识别和分析整个供应链的风险。

四、供应链风险评估

在对供应链的风险进行识别后，我们必须对供应链的风险进行评估，其步骤如下。

（一）调查表格的设计

首先将供应链的内外部指标确定为调查表格中的一级指标，二级指标有系统风险、管理风险、信息风险、合作风险、自然环境风险与市场环境风险等。在二级指标的基础之上又可细分出众多的易获得数据的三级指标，例如，管理因素可分为采购价格过高、供应商选择不当、采购品质量不合格、客户关系管理能力差、库存控制不严格等；信息风险可分为合作伙伴扭曲信息、IT 系统和软件选择不当、信息共享水平低等；合作风险可分为合作伙伴的自利行为、合作伙伴间不胜任、合作伙伴间利益分配不均等；自然环境风险包括发生自然灾害与疾病、公用事业提供不足、行业限制及产业政策限制等；市场环境风险可分为需求大幅度波动、客户财务状况不好等。由以上确定的指标设计调查表格，根据抽样调查原则，对各行业供应链企业进行问卷调查，对收集到的数据进行预处理，使之规范化、标准化。然后在预处理的基础上再进行数据挖掘以确定重要数据间的潜在联系发现奇异值，总结出特征指标，并对其进行归纳、分析和筛选，从而确定影响企业供应链风险识别的初级指标体系。

（二）企业供应链风险识别指标体系的构建

把所确定的初级指标体系中的指标先进行简单的定性分类，使每一类指标都大概反映企业供应链风险的某个方面，再以此为基础对每一类指标进行主成分分析，以选出的主成分作为新的分析变量，以各企业在各个主成分上的得分作为新的分析数据又进行因子分析。通过因子分析，找出影响企业供应链风险的几个主要因素，并以此作为构建企业供应链风险最终评价指标体系的依据。接下来，计算出各企业在每个因子上的得分，作为判断企业在供应链风险某个方面强弱的标准，再以每个因子的贡献率作为权数，得到加权因子得分和，便可作为评价整个企业供应链风险强弱的标准。

（三）企业供应链风险评估模型的构建

首先，对统计分析中确定的不同因素研究影响供应链企业风险的方式、范围和程度，按相关程度大小对各因素进行筛选，将筛选出的最主要几个因素作为评估模型的构成要素，根据数据挖掘过程中确定的各种数据之间的潜在联系，确定评估模型的结构和各个要素在模型中的地位与相互关系。利用多元统计分析方法，根据不同行业的特点，确定该模型各个要素取值的有效范围、测试标准和适用场合。然后在各种不同类型的企业中随机抽取足够大的样本，使用这些样本企业的数据对构造的模型进行测试，根据测试的结果对模型做出必要的修正。最后，我们就可以通过模型动态地对供应链企业风险进行动态地测定，以利于企业实施有效的风险管理。

第四节　供应链风险防范与控制

导入案例

宝洁公司的供应链优化方法

宝洁公司在它的发展历程中一直将供应链优化作为自己的第三核心竞争力。下面以宝洁公司的香波产品供应链优化为例，详细剖析宝洁供应链的优化方法。总体思路就是通过压缩供应链时间，提高供应链反应速度，来降低运作成本，最终提高企业竞争能力。

1. 供应商管理时间压缩

宝洁和供应商一起探讨供应链中非价值增值点以及改进的机会，压缩材料采购提前期，开发供应商伙伴关系，建立相互信任关系。

2. 与供应商进行全面合作

首先是供应商内部改进。瓶形之间转产时间 1 小时，为不同品种的香波瓶制订不同的生产周期。对于个别品种，以建立少量库存的方式保证供货，在生产能力有闲暇的时候生产这些品种补充库存。

其次是供应商和宝洁合作改进。将 100 多种印刷版面合并成 80 多种，减少了转产频率。在材料送货方面，为适应多品种小批量的要求，宝洁雇佣专门的运输商每天将同一区域的材料收集运送到宝洁。与供应商各自做运输相比，运输成本明显降低，更好地满足了客户要求。

3. 用产品标准化设计压缩时间

摒弃原来不同品牌香波使用不同形状的包装设计，改为所有香波品牌对于同一种规格采用性质完全一样的瓶盖，不同的产品由不同的瓶盖颜色和印刷图案区分。这样一来，减少了包装车间转产次数。

4. 缩减不增值过程以缩短包装时间

包装部门的改进策略主要考虑以下三点：减少转产时间、减少非计划停机时间、人员技能的提高。

5. 优化仓储管理缩减货物存取时间

通过压缩供应链时间，提高供应链反应速度，来降低运作成本，最终提高企业竞争能力。从宝洁供应链上下游之间的紧密配合方式进行分析，寻找可以压缩时间的改进点，从细节入手，以时间的压缩换取市场更大的空间。

6. 供应链下游优化

运输环节的优化与管理：采用第三方物流运送从工厂到全国仓库，与物流供应商签订详细的运输协议，衡量运输商的可靠性和灵活性。每天跟踪运输业绩，考察由供应商造成的货物损坏率，以及由于运输不及时造成的客户订单损失。利用统计模型分析不同类型产品的运输调货频率，进行最优化设计，找到保留库存、卡车利用率和满载率的平衡点。与客户之间的订单处理与信息共享：与大客户建立电子订单处理系统，比传统的电话传真更快捷。与个别客户统一产品订货收货平台，及时了解客户的销售活动信息，如开店促销等，并反馈回工厂，保证客户有新的市场活动时，宝洁有充足的产品供应。

宝洁公司通过对供应链上下游伙伴的合作，不断挖掘自身生产过程中的时间压缩机会，以实现对客户需求的快速响应，不断夯实作为公司竞争力的供应链反应速度。

资料来源：http：//doc.mbalib.com/view/c51fc54129571d75435411dd30533b83.html.

在识别和分析供应链风险之后，接下来的关键问题就是采取必要的措施对供应链风险进行防范和规避，也就是说供应链的识别和判断都是为防范和规避服务的，我们不能等到风险已经发生才想起去防范和处理它。

供应链中存在无数的风险，同样我们也可以有很多的方法来防范这些风险。同时，对于风险处理者我们采用的防范策略取决于风险的影响力和发生的概率。一般来说，按照风险的影响力和发生概率的大小，我们将风险分为A、B、C三类，其中A类影响力最大。对于C类风险，因为它发生的概率低和影响小，一般管理者可以忽略它。对于B类风险，管理者一般可以通过对正常运作流程的调整来响应，比如持有更多的库存、设置缓冲能力等。而对于A类风险，由于该类风险发生的概率和破坏程度比较大，则需要更严肃地对待，应对措施的选择和设计都要非常慎重。

一、供应链风险防范

需要强调的是，不同的风险应该用不同的响应策略和方法，而不能用统一的方法去响应和应对。因此，供应链风险响应的主要目标是定义最合适的策略和方法去处理各种供应链风险，并应有相应的措施行动来实施这些响应策略。通过对供应链风险的响应，应能够保证供应链持续地正常运作，或者使供应链中断达到最小。它体现了企业对待风险的态度，以及有效处理各种供应链风险的策略。首先我们来看供应链防范机制防范体系的建立。

（一）供应链防范机制的建立

供应链风险管理者通过大量的研究发现，供应链企业面临的主要风险一般来说分为两类：未知的不确定性因素和可预测的不确定性因素。对于未知的不确定性因素，人们不可能观测到，无法预计什么时候将发生风险，针对这类风险事件，应建立起有效的风险应急机制，也就是说，在风险爆发之后，企业能够做出快速响应，不至于因为没有应急机制而手足无措，错失风险处理良机。

对于可预测的某些不确定性因素，可以建立起风险防范机制，将可能发生的风险消除在萌芽状态之中。实际上最好的风险管理是不要让风险真的爆发出来，因为一旦形成风险了，再有效的处理也无法避免损失，只是尽量减少损失而已。如果能够防范危机发生，则可以大大减少不必要的损失。

不论是前者还是后者，对于企业来说，如果能建立一套行之有效的风险管理体系和处理机制，对供应链体系中的企业来说将大大增强风险应对能力和防范能力。

1. 在企业中建立专门的、正式的风险处理部门

通过建立专门的、正式的部门来负责和处理供应链风险，从认识和制度上将供应链风险防范与处理提高到与供应链企业内其他管理职能一样。同时要明确其职能，使企业上下真正了解和重视供应链风险管理的组织。有的企业建有风险管理小组这类临时性机构，虽然对风险管理有一定作用，但缺乏长效机制。因此，最有效的风险管理机制是在企业内建立一个专司供应链风险分析和管理的部门。

据此，当企业中有专门的一个部门来防范和处理供应链风险问题的时候，在最初设计和构建供应链时就会认识到供应链存在的风险，然后根据其结构、环境等特点分析风险因素，区分风险类别，有利于制定风险管理目标，合理选择风险工具。企业之间在合同设计、契约订立中要互相提供柔性设计，可以消除由外界环境不确定性引起的变动因素，及时准确传递供给和需求的信息。

2. 供应链风险管理部的职能

（1）制订危机应急计划，系统进行风险分析。供应链风险管理部要对企业及供应链系统所处内外部环境进行风险因素分析，详细掌握各种风险因素的动态，然后定期或不定期地进行企业运营风险分析，并将分析报告及时提交给最高决策者。

（2）做好应对风险爆发后的“被害预测”。有些风险是无法预测的，其爆发时无任何征兆，对这类风险引发的重大风险，供应链风险管理部要事先制订预案，然后进行风险分级管理。一旦真的发生重大风险，要迅速做出“被害预测”，根据每一项风险的解决方案，明确责任人与责任完成时间。

(3) 处理风险模拟训练。根据“被害预测”，做成对应的措施脚本，另外还要不定期举行不同范围的风险爆发模拟训练。不仅要对领导组织做如何应对风险的训练，还要对全体员工进行各种风险事件爆发后的应对训练。平时的训练非常重要，一是可以让企业员工都建立起风险防范意识，二是知道一旦发生风险如何应对。否则，风险爆发后将会给企业和个人造成巨大损失。

（二）供应链风险防范措施

当组织中的防范机制得以建立，供应链风险处理部门成立之后，对于企业所面临的不同风险，就要采用行之有效的措施来处理和规避供应链风险。

1. 在供应链节点企业之间建立合作伙伴关系

供应链系统内的各企业要实现既定战略目标，需要彼此互相合作，风险共担、利润共享，达到一种双赢状态。因此，各节点企业之间建立紧密的合作伙伴关系是供应链成功运作、风险防范的一个重要的先决条件。这不仅包括了制造商与制造商之间的横向合作，也包括了供应商与制造商之间的纵向合作，这两种合作都对降低供应链的脆弱性和减少风险起着举足轻重的作用。建立长期的战略合作伙伴关系，供应链中各成员企业首先要加强信任。其次，应该加强节点企业之间信息的交流与共享。最后，建立正式规范的合作机制，从制度上约束各个企业，保证在供应链成员间实现利益分享和风险分担。

2. 加强节点企业间的信息交流与共享

供应链企业之间应加强相互之间的信息交流和共享，通过信息交流和沟通来消除信息扭曲和不对称，优化决策过程，从而降低风险。

3. 建立完善供应链节点企业的监督和激励机制

为了加强对供应链企业间出现的道德风险的防范，应建立和完善节点企业间的监督机制，尽可能消除信息的不对称性，减少出现败德行为的土壤。同时，要积极采用一定的激励手段和机制，使合作伙伴能获取比败德行为更大的利益，以消除代理人的道德风险。

4. 柔性设计

供应链合作中存在需求和供应方面的不确定性，这是客观存在的规律。各企业要通过在合同设计中互相提供柔性，部分消除外界环境不确定性的影响，传递供给和需求信息。柔性设计是消除由外界环境不确定性引起的变动因素的一种重要手段。

5. 日常风险管理

对于风险的管理必须持之以恒，因为竞争中的企业时刻面临着内外部的风险，所以系统内部需要建立有效的风险防范体系。建立一整套完善的预警评价指标体系，当体系中的其中一项以上的指标偏离正常水平并越过某一“临界值”时，就会发出预警信号。当然“临界值”的确定是个难点，因为临界值偏离正常值太大，会使预警系统在许多危机来临之前发出预警信号，失去预警效果；而临界值偏离正常值太小，则会使预警系统发出太多的错误信号，过度敏感。所以要根据各项指标分布情况，选择一个合适的临界值，使该临界值具有较高的参考价值。

6. 建立成熟完善的风险应急处理机制

建立成熟完善的风险应急处理机制，在预警系统超出临界值发出警告后，应急系统应及时对紧急、突发的事件进行处理，避免给系统内各节点企业之间带来严重后果。由于供应链系统自身的复杂性和层次性，应急处理机制的建立是一项复杂的系统工程，需多方面、多层次考虑这个问题。通过应急系统，可以化解供应链合作中出现的各种意外情况带来的风险，减少由此带来的实际损失。

7. 后勤资金等保障资源配置到位

当对策制定完毕，在危机爆发付诸实施时，公司内部经费的安排和其他的后勤保障工作一定要保障硬件与软件的配合。

8. 沟通渠道顺畅

如果缺乏内、外部的沟通机制和渠道，风险会加大，危机可能会放大百倍以上。因此，应确保企业内、外部对话渠道畅通，与外部世界建立良好的互动、协作关系，改善企业外部的生存环境。

二、供应链风险控制

在经济全球化和信息化高速发展的今天，供应链系统变得越来越庞大复杂，系统内的节点企业和相关企业数量也越来越多，企业面对着越来越多的不确定因素，供应链受到的风险冲击力也越来越大，这些冲击和风险已经越来越威胁到企业的生存和供应链的正常运作。如何有效地控制供应链风险发生的概率和减少风险造成的损害是企业风险处理者面临的亟待解决的问题。

（一）增强供应链系统企业的组织弹性

组织弹性并不是一个新的概念，它一般是指一个组织成功地处理非预期事件的能力，这已经成为企业成功的关键因素之一。而随着供应链中越来越多、越来越大的风险的存在，弹性在获得供应链竞争优势的过程中扮演了越来越重要的角色。

对于供应链系统中的任何一个企业来说，自然灾害、事故、人为破坏毫无疑问都会严重地甚至长期地影响到企业、整个供应链的正常运作。现有的技术不可能完全地预测和防范风险的发生，尤其是一些影响力大的风险，如肆虐非洲的埃博拉出血热、2003 年影响全国的 SARS，还有口蹄疫、恐怖袭击等，没有足够的历史数据和经验可以用来参考，让我们有效地规避和阻止这些风险的发生。

本书界定的供应链弹性不仅仅是指管理风险的能力，在风险发生后，供应链作为一个复杂系统，能够快速恢复到初始状态，或者进化到一个更有利于供应链运作的状态的能力，而且还涉及如何在供应链条断裂的情况下比竞争者更好地重新定位自身的一种能力。

我们可以从以下几个方面来增强企业的供应链弹性。

1. 增加冗余

理论上，弹性的企业能够通过供应链产生冗余。比如，企业可以保持一定备用库存量、维持设备的低利用率、选择多个供应商等，这些冗余都可以使企业在供应链中断的过程中有足够的喘息空间。但是，这是一种高成本方法，过多的库存必然会占用更多的资金和资源，同时也可能带来其他负面影响，比如产品的更新换代使多余的库存不能销售出去，产品质量问题、总成本增加、利润下降等。尤其对于像丰田公司一样实施精益生产的企业，这种方法显然不可能实现丰田生产方式所追求的低库存、高效率的目标。所以，增加冗余只能是临时性措施。

小链接

思科公司（Cisco Systems）

思科公司在美国处于同行顶峰，已经占领了相当大的市场份额。它为快速增长的市场制造网络基础设施产品，在20世纪90年代这种产品已经出现了供不应求的状况。为了安全和平缓运作，公司在其重点项目供应商，如芯片、极光器、线路板供应商那里下了大量订单。但是供应链里的其他公司也做了同样的事情，增大库存量、发出大批订单来保证供应，渐渐地打乱了真正的需求量。

2001年，互联网泡沫破灭，思科的设备需求量下滑，这个行业的经济形势迅速恶化。思科突然滞留了大批量额外库存，其中大部分是为了这个公司特别制作的，所以很难另外出售，只能拿去切割或者回收利用。公司仅在记忆类产品上就损失了3亿美元，总共的货物费用是22.5亿美元。

资料来源：（加）唐纳德·沃斯特．《供应链风险管理——物流的脆弱性和弹性》．何明珂，等，译．中国物资出版社，2010年3月第1版．

2. 供应链系统内采用标准化流程

采用标准化流程和产品参数的标准化，可以使供应链系统内的企业根据需要在分布于全球的工厂之间实现产品部件的可替换性和可通用性。有的时候甚至需要实现全球产品的设计和生产流程统一，并且大多数时候需要多技能员工的支持。这些都可以帮助企业快速地对供应链作出响应。举例来说，英特尔公司在全球建设统一模式的生产工厂，包括车间布局和生产流程都实现全球统一，这种标准化的生产设计使英特尔可以快速地在不同工厂之间进行产量的调整，以应对不同地区产生的供应链风险。

3. 采用并行流程

在生产、分销、配送过程采用并行流程的这种模式，可以帮助企业加速供应链中断之后的恢复过程。朗讯科技公司通过集成化的供应链组织来实现这种并行性，不同的组织职能分布在这个集中化的供应链中。因此，企业可以同时观测到不同职能部门的同步运作，并且快速地评估不同运作流程的状态，并且在紧急事件发生时通过协同快速地应对。

4. 延迟策略

产品、流程以及决策的最大化延迟可以提高企业的运作柔性。让产品处于半完成状态，可以实现产品在过多和不足市场之间的调拨，从而实现供应链的柔性。这不仅可以提高满足率和服务水平，还可以控制库存成本。意大利服装制造和零售巨头贝纳通，就是通过重新设计生产流程以保证企业能够达到最大限度的延迟，以满足客户的不同需求。

5. 关键部件不要依赖一家供应商

如果企业依赖于少数的关键供应商，那么，这些供应商的任何事故、风险都会对企业带来灾难性的影响。而通过有效的供应商关系管理，通过相互之间更多的沟通和了解，企业就可以更好地掌握供应商的内部运作情况，并且对产生的各种风险作出快速的响应。即使企业不是依赖于少数的关键供应商，庞大的供应商网络也需要企业对自己的供应商伙伴有足够的了解，以通过紧密的合作关系来化解各种风险。

小链接

单一采购的弊端

一、路虎公司（Land Rover）

路虎公司是福特公司的子公司，生产著名的越野车。同所有汽车制造商一样，该公司积极削减了供应商，UPF-Thompson 成为其畅销车型底盘框架的唯一供应商。不幸的是，UPF 在其他企业进入外国市场时开始亏损，并在 2001 年倒闭。寻找新的供应商将耗去路虎多达 9 个月的时间，在此期间，公司将裁减索里赫尔公司 1400 名工人，而且在英国为供应商工作的 1 万人也将失去工作。

毕马威会计师事务所被指定接收 UPF，并要求支付 35 万英镑以继续供应路虎。他们主张，在法律上有义务向债权人收回资金，而且独家供应商协议是一种宝贵的资产。路虎公司拒绝支付，并质疑此种主张的合法性，并表示，这一要求将使顾客承担供应商的债务。

最终，路虎公司支付 UPF 债务的 10 万～20 万英镑，并采取了有效的方法控制了该公司。这使底盘框架得到持续供应，并给予路虎公司时间来审查其长期的选择。

二、德尔福公司（Delphi Corporation）

1999 年，美国通用汽车公司分拆其下的决策部门，形成德尔福公司，该公司是当地许多汽车制造商的唯一供应商，年营业额达 300 亿美元。但是，德尔福公司无法与效率越来越高的竞争对手竞争，他的问题使复杂的通用汽车公司销售下降。2006 年，德尔福公司宣告破产，通用汽车有可能在许多地区失去其唯一的供应商，《联邦破产法》第 11 章规定德尔福公司可以继续营业，但其要维持其生存，该公司就得削减 2.3 万个职位，关闭 25 个工厂和削减员工福利，以及重新谈判员工合同，费用由通用汽车公司和德尔福公司雇员养老金承担。

资料来源：（加）唐纳德·沃斯特．《供应链风险管理——物流的脆弱性和弹性》，何明珂，等，译．中国物资出版社，2010 年 3 月第 1 版．

（二）加强供应链企业间的协作

供应链脆弱性是一个网络范围的概念，因此，供应链风险管理也从企业的范围扩展到整个网络的范围。毫无疑问，高水平的供应链协作有助于控制和减缓风险。传统的供应链还是偏重自身企业的管理，但是越来越多的行业开始展开企业和企业之间的合作，尤其是快速消费品行业。制造商和零售商之间在合作计划、预测和补货方面都实现了很高层次的供应链协作。

供应链协作的关键之一就是通过信息共享来降低供应链的不确定性。因此，供应链共同体的形成就是为了在成员企业之间更好地实现信息共享，从而降低供应链风险。同时，它的目标也是达到更高水平的供应链智能。这里所谓的供应链智能是指供应链形成的和成员之间分享知识的过程，这些知识可以是战略层次的，也可以是运作层次的。供应链系统内节点企业间的协作可以从以下两个方面入手。

1. 加强供应链可视性

这里的可视性可以简单定义为一个渠道从头到尾的能见度，包含对库存、需求、供应状况、生产计划、采购计划等信息的清晰掌握。可视性的实现依赖于企业和上下游合作伙伴之间的紧密协作。与客户的协作计划是确保需求可视的关键，与供应商之间的协作计划和时间管理逻辑是确保供应不会中断的关键。一个明显的可视性障碍来自核心企业内部组织结构，职能化的组织结构容易导致部门之间沟通的缺乏。这相应地导致与企业外部合作伙伴之间沟通的困难。跨职能部门之间的流程团队的存在是一个很好的解决途径。

2. 提高供应链速率

速率一般定义为距离和时间之间的比率，因此，为了提高速率，时间必须被缩短。与敏捷性相关的不仅仅从源头到终点的总时间，更重要的是加速度。也就是说，供应链有多快的速度响应需求的变化。流水线流程、缩短上游提前期、缩短非增值时间是三个主要的提高速率和加速度的方法。流水线流程是最基本的，流程的重构和并行设计可以减少活动的数量，在小批量的基础可以更好地提高柔性和经济批量效应。选择具有快速响应能力的供应商是保证缩短上游提前期的关键，并且相互之间基于共享信息的同步计划也可以确保供应商具有更高的敏捷性，而不是通过库存来实现快速响应。从客户的角度而言，在供应链中减少非增值活动的时间可以大大提高供应链的敏捷性。

（三）形成供应链风险管理文化

众所周知，全面质量管理的实施有赖于企业文化的培养。同样，供应链风险管理的实现，也需要在企业形成相应的供应链风险管理文化；并且这样的一种文化应该是跨企业的，而不是仅仅局限在企业内部的，从而形成整个供应链的连贯性管理。和所有的文化变革一样，没有来自企业高层的支持，任何的文化变革都是不可能的。同时，供应链风险评估应该成为每一层次的决策过程所应考虑的部分。供应链风险管理团队的设置也是非常必要的，而且这个团队应该是跨多职能部门的。

第五节　供应链风险传递与分担

导入案例

从爱迪生配方奶粉看供应链系统的透明化和信息共享

娃哈哈“爱迪生配方奶粉”向社会首度公开全球供应链细节，引起业界广泛关注。奶源、加工、灌装全程在荷兰完成，作为一种新的管理模式，供应链管理已经成为企业适应全球化竞争的一个有效途径。

在爱迪生配方奶粉的专属牧场荷兰，每3～5年翻种一次，保证了牧草的有机新鲜。而且，从20世纪90年代开始，这里的饲料质量都是按GMP标准，严格把控，主要由黑麦草、玉米等天然原料配制而成，不含抗生素、生长激素及任何人工合成的添加剂。在爱迪生的牧场里，每一头奶牛都有一个独一无二的编码，这就是它们的“身份证”，通过“身份证”上的电子芯片，管理人员可以简便迅捷地掌握这头奶牛的相关信息，保证奶牛的健康，挤奶机器人也可根据电子芯片，判断奶牛是否到了挤奶时间，是否符合挤奶要求。由于这里采用的是国际先进的全自动、全封闭牛奶生产灌装线，整个过程完全由计算机控制，看不到鲜奶。而从鲜奶到变成罐装的奶粉，最多只需2～3天。在奶源地灌装，既保证了奶粉的新鲜安全，也避免了任何中间存储环节而带来的营养损失和污染。

供应链的透明化已经成为食品安全的新课题、新趋势。现代市场环境的变化，要求企业加速资金周转、快速传递与反馈市场信息、不断沟通生产与消费的联系、生产出顾客满意的优质产品。因此，建立敏捷而高效的供应链物流系统已经显得至关重要。目前不少进口奶粉都是进口“大包粉”，漂洋过海运到中国，然后再加入营养素进行分装，营养素都是以“干粉”的形式进行混合，而且原料奶粉与配方奶粉的生产日期就能相差几个月，产品新鲜度大打折扣。因此，在奶源地灌装，既保证了奶粉的新鲜安全，也避免了任何中间存储环节而带来的营养损失和污染。专家称，随着人们对食品安全的日益关注，供应链管理透明化，已经成为提升进口奶粉品质监测、管理的重要推手之一。

资料来源：http：//www. docin. com/p－680486078. html.

一、供应链风险传递

供应链风险传递是指由于内外不确定因素的影响，使某一节点企业或某些节点企业产生的风险，通过某种渠道或载体在供应链中的节点企业之间传递，从而导致整个供应链风险扩散的过程。供应链各风险之间有着必然的联系，任何风险都有在供应链中传递的可能性，并且风险在传递过程中会发生一些变化，如风险危害程度的增强或减弱、风险概率的增大或降低、风险变异后属性变化而产生新的风险等。本章主要研究风险通过什么样的载体、依赖何种路径将风险在供应链中进行传递，进而希望找到能够针对风险传递性的控制方法。

（一）供应链风险传递性的危害

供应链的一个节点企业上产生风险，通过影响相邻的节点企业，使此节点企业的风险水平发生变化；此节点企业风险的变化，又通过影响与其相邻的节点企业，一直延续下去，风险就通过传递而扩散到许多节点企业，甚至整个供应链。因为风险刚开始影响的节点企业一般不止一个，而是很多，每一个节点企业都与许多节点企业相邻，所以风险传递后影响的范围非常广。风险的传递对于供应链的运行会造成很大的危害，具体表现如下。

1. 扩大风险的波及范围

由于供应链节点企业间的上下联系非常紧密，相互影响，节点上某个企业引发的风险经传递后可诱导其他企业风险的发生，如供应源遭受危机，会影响到最终产品的生产和销售。

2. 增大风险的危害程度

信息在上下游企业间传递的过程中会发生扭曲，风险在传递的过程中会扩大。如牛鞭效应，便是风险在系统内部由下游企业向上游企业传递的过程中发生的需求信息的扭曲，从而导致需求放大的风险，造成产品积压，资金回笼困难，影响整个供应链运作效率。

3. 引发一系列的连锁反应

供应链系统中某一节点企业面临的风险可能会引发一系列的连锁反应，一个风险的发生可能会引起其他种类风险因素的发生。如道德风险的产生可以引发信任风险，从而导致发生合作风险。

4. 增大风险控制的难度

在供应链系统中，各节点企业相互联系，风险控制措施不仅要考虑单个企业本身的利益，也要考虑其他相关企业的利益，因此整个供应链的风险控制要比单一企业风险控制难度大得多。

（二）供应链风险传递的载体

了解到供应链风险传递的危害性，为了使企业的风险处理者更好地应对风险，要明确供应链风险传递的载体。只有深入研究供应链风险传递的载体，才能从源头上控制风险的传递，缩小传递影响的范围，最终达到控制供应链风险的目的。

1. 信息载体

信息是供应链中各个环节的沟通载体，包含了整个供应链中有关库存、运输、绩效评价与激励、风险防范、合作关系、设施和顾客的所有数据，分析其传递的准确性和敏捷性对供应链系统的效率和优化起着非常重要的作用，而且在供应链中各节点企业的协调和控制中占据主导地位。在信息完全对称的情况下，供应链中的核心企业可以通过完整准确的信息来协调和控制供应链中各节点企业，从而实现供应链整个系统的优化。在信息不对称的情况下，这种整体的优化一般是达不到的，因为每个节点企业实际上往往只从自身利益角度出发，关心的仅仅是自身利益和效用的最大化，所以他们只传递对他们有利的信息。

典型的由于信息传递引起的风险是“牛鞭效应”，也称需求放大效应。正是由于这种错误需求信息的扭曲放大，上游供应商往往维持比其下游需求更高的库存水平，以应对下游销售商订货的不确定性，从而人为地增大供应链中的上游供应商的生产、供应、库存管理和市场营销管理风险，导致生产、供应和营销的混乱。

信息可以承载多种的供应链风险因素，很多的风险传递都是由信息不对称现象导致的。如信息不透明引起的文化风险、道德风险、组织风险等。

2. 资金载体

供应链系统内的企业以资金作为重要载体，建立信任，彼此依存，企业在生产运营中会占用上下游企业大量的资金，如果其财务状况不够稳健，一旦出现资金危机，上游提供品不能正常输出，下游则会由于输入品供应不及时而影响生产，企业陷入销售和回款两难境地，企业的流动资金出现紧张，整个供应链资金链条出现流动不畅或断流危机，将随时导致对整条供应链的致命打击。另外，某些节点企业由于一些不确定因素的影响会使经营收入出现不稳定现象，产生财务危机，进而会削弱企业的支付能力，产生资金流动不畅，甚至断流，从而与其有经济往来的上下游企业也会受到不同程度的影响。

3. 产品载体

产品载体的供应链风险主要有两个方面的表现，一个是产品的质量问题，一个是产品的供求矛盾。

产品的质量问题主要说的是上游产品或者中间产品对下游或最终产品质量有着关键的影响，这些中间产品的质量缺陷会沿着整个物流进行传递，从原材料供应商一直传递到顾客，会对整个供应链的运作和收益产生重要影响。同时，这种质量风险还具有时滞性，通常是从一个或一部分节点企业产品质量情况逐渐恶化的累积过程，往往具有一个较长的形成和潜伏阶段，只要当某种条件具备时，质量风险就有可能集中爆发。

产品的供求矛盾风险主要来自于生产企业的设备、原材料、配送等方面的故障带来的风险，包括独家供应商风险、物流配送风险、生产故障风险等。在供应链的管理模式下，上游和下游企业之间存在着原材料、半成品、产成品的物资供应的关系。一旦某一供应商出现供给不及时或者供给数量不能满足需求，就会使下游企业的生产或销售活动受到影响，严重时甚至中断，这种风险会顺着链条迅速地传递下去。

为了防范此类风险，应该设计多头供应商，这样可以使供应链保持柔性，还可以在供应商之间形成竞争态势，保持产品的稳定供应。

二、供应链风险转移和分担

供应链风险转移和分担是将一部分或者全部风险从供应链的一方转移到更有能力或者愿意处理风险的另一方。管理者一般都不喜欢风险，所以他们都倾向于将风险进行转移，特别是风险转移或分担后的花费比内部管理预期花费更低的情况。

重要的一点是转移分担风险既不会消除也不会减少它。实际上，供应链中的所有风险都有可能在从一方转移到处理能力较弱的一方时增加。例如，供应链有一个主要的生产厂家像一家汽车制造厂会习惯性地将风险转移给供应链中的其他成员。规模大、资源多的公司会比那些能力较差的公司更容易度过风险。所以说，有时候在风险的传递过程中，会带来风险的增加，因为风险被转分担到的那一方可能不会意识到他们被要求吸收的风险。

保险是最常见的风险分担方式之一。对一家接纳风险的保险公司说，一场火灾由协议好的保险费来补偿。保险的本质就是风险潜在的损失对于一方来说太高而难以接纳，而保险公司可以像游泳池一样把多方的风险都放在一起并分担成本。你的房子被火烧掉对你而言损失很大，自己很难接受这种风险，但保险公司可以将很多房子的风险汇聚到一起，找到平均花费并制定出来可以接受的保险费。

风险越高就要付越高的保险费。平均保险费提高了风险的成本，因为它要包含附加的操作费并给一个合理的利润，但每个人都要保证分担这个费用，而不是让一些人受到严重影响。

保险给直接损失进行了一部分补偿，但机构本身仍遭受着自己运作被打断带来的无形风险。换句话说，他们并没有真正地转移风险和后果，只是得到了一些赔偿。有人说这是对风险转移的误解，我们应该说补偿、转移或者可以称之为风险分担。

小链接

Trans Balkan Trans

Trans Balkan Trans 有一支重量级、长距离的卡车运输队，在欧洲的东南部将货物从各国运输到西部的主要市场上。一个大致的估算表明，每辆卡车有5%的可能性将在明年发生事故，要消除事故要花费 20 万美元。期望值是 0.005×200000＝1000 美元。但这是平均到每辆车上的花费，实际情况是要么一分钱不花要么是 20 万美元。花 20 万美元的可能性对于一个相对较小的公司而言是令人担忧的，所以它承受不了这个风险，必须上保险。

保险公司将风险分担到很多公司上，它期望平均一辆卡车交1000 美元。它收取的高保险费中包含了管理、开销和利润。一辆卡车交1400 美元将包含公司预期事故发生的开销并结余 400 美元。如果给 1000 辆卡车保险，它将进账 140 万美元，而其中可能有 5 辆卡车事故只需要花费 100 万美元。

资料来源：（加）唐纳德·沃斯特．《供应链风险管理——物流的脆弱性和弹性》，何明珂，等，译．中国物资出版社，2010 年 3 月第 1 版．

风险分担在经济中也很常见，其中有很多不同地方的安排，比如远期或者期货市场。当一个公司知道在将来的一个时间它将购买大批量的商品时，比如石油，他就仅需要在现货市场上等待和购买。当未来的价格不确定时，公司为了降低风险，会通过和石油贸易方达成现在的价格协议，而在将来的某个日期交货。

另一种风险分担的形式是第三方物流或者外包。当公司同意在定好的日子给客户运输货物，就可以采取外包给一个运输公司来完成并分担一部分风险。在合同里，每一方的责任都是特定的，包括分配风险。如果运输公司接纳延迟送货的风险，它要支付更高的赔偿费用。

如果原始公司保住付出赔偿金风险，支付给运输公司只会是较低的费用。风险的分配大都是按谈判和协商完成的，但也有其他因素的影响，比如相对实力和对风险的态度。

现实中，风险分配时的影响因素主要包括以下几个方面：

（1）系统内企业间的相对权利，权力较大的组织会把风险传到权力较弱的组织；

（2）对待风险的态度，风险规避性机构热衷于转移更多的风险并付出适当的代价；

（3）控制力，哪些机构对风险控制能力最大就应该承担更大的责任；

（4）预算和费用；

（5）专业知识和经验水平高的企业可以更有效地处理好风险；

（6）分析风险的观点，机构间会有不同。

实训

供应链风险调研

实训目的：了解供应链系统的组成和节点企业面临的供应链风险。

实训方式：在老师的联系指导下，深入企业，调查研究，形成方案，课内汇报，分组完成。

实训内容及步骤：

1. 在当地调查一个小型制造企业，了解一下这个企业在供应链系统中处的位置，分析出该企业面临的供应链风险。

2. 根据风险的特征提出相应的防范措施和解决方案。

实训结果：

1. 每一小组提交一份调查分析报告。

2. 制作幻灯片并派代表向全班同学陈述设计方案，发言时间五分钟左右。

习题

一、单项选择题

1. 整个供应链风险管理的核心是（　　）。

A. 风险的识别　　B. 风险的防范

C. 风险的处理　　D. 风险的规避

2. 由于供应链结构本身的原因造成的供应链风险为（　　）。

A. 系统风险　　B. 预测风险

C. 生产能力风险　　D. 延误风险

3. 下列不属于环境风险源的因素是（　　）。

A. 战争　　B. 恐怖袭击

C. 产品的季节性变化　　D. 传染病

4. 供应链风险的（　　）是指采取措施控制一种风险可能会导致另一种风险的加剧。

A. 此消彼长性　　B. 多样性

C. 偶然性　　D. 放大性

5. 通过购买保险使风险由保险公司来承担的风险处理方式为（　　）。

A. 供应链风险自担　　B. 供应链风险转移

C. 供应链风险控制　　D. 供应链风险识别

二、判断题

1. 供应链风险的发生是偶然的，因此没有必要设立专门的风险预警体系。（　　）

2. 供应链系统性风险是可以预防的，而自然灾害引发的风险是不可防范的。（　　）

3. 供应链风险回避是不可取的。（　　）

4. 供应链市场需求风险可采用延迟策略等方式来减少风险。（　　）

5. 当供应链风险预警控制系统发出警告后，应该对突发事件进行应急处理。（　　）

三、案例分析

在 20 世纪 90 年代，Nokia 和 Ericsson 都是依靠 Philips 公司为它们的移动电话提供芯片。但是在 2000 年 3 月，位于美国新墨西哥州 220 号工厂的一次意外闪电引起了火灾使 Philips 公司在几周内不能提供芯片的供应。为此，诺基亚做出了快速反应，其反应有两方面：首先公司立即创建了一个由经理领导的“突击小组”，向飞利浦施压，要求该公司把其他工厂的生产能力全部投入生产其需要的无线射频芯片。同时，诺基亚的工程师迅速对无线射频芯片进行重新设计，使公司在日本和美国的供应商也能生产这种芯片。该计划十分见效：由于行动迅速，诺基亚得以实现其生产目标，甚至将市场份额从 27%提高到 30%，是其最大的竞争对手的 2 倍多。爱立信的反应就慢多了。该公司在几周后才意识到供应上的问题，但那时它满足顾客需求的能力已经大打折扣。而且由于阿尔伯克基的工厂是爱立信唯一的无线射频芯片供应商，爱立信没有其他供应商，发现自己根本无从获得这些关键的元件，结果因部件短缺而遭遇重创，手机生产不得不陷入停工状态，生产目标落空。

由于采取了不同的应对突发事件的方法，对 Nokia 和 Ericsson 两个通信公司来说导致了截然不同的结果：在 2000 年 Nokia 公司的全球移动电话市场份额增加了 3 %，即从 27 %上升为 30 %，而 Ericsson 公司截至 2001 年 1 月，光移动电话部门亏损就高达 17 亿美元，并最终将其手机制造业务外包给另一家公司。

思考：

1. 诺基亚在这场风险危机中，采用了哪些方法来度过风险？

2. 如果你是 Ericsson 公司的管理者，在经历了这场危机之后，将会采用什么方法和措施来规避和面对类似的供应链风险？

第九章 供应链绩效管理

供应链管理的目的是要降低整体供应链的物流成本和费用，提高整个供应链的运作效率。因此，对供应链的运行绩效进行全面分析和评价，是供应链管理中一个十分重要的环节。

第一节 供应链绩效管理理论

导入案例

聚美优品的供应链管理

聚美优品创立于2010年3月，是国内知名化妆品限时特卖商城，2014年5月公司在美国纽约证券交易所挂牌上市。聚美优品差异性的竞争力来自于供应链管理。聚美优品从一开始就采用买断模式，自建仓储物流，先买货、验货，然后再进行售卖。这样虽然增加了公司的资金压力，却建立了行业门槛，用户购物体验也有了可靠保证。

而今，聚美优品有自己的仓库与物流系统，还和第三方物流公司合作保证货品送达速度。聚美优品拥有自己的采购专家、仓储物流专业人士以及化妆品品质的专业鉴定人员。同时，它还升级了ERP系统，启用新的仓储和呼叫中心，以更多的后端资源来配合销售量的增长。货品、货位、托盘、周转箱等，使用全库条码周转，其一次配货准确率达到99.993%，处于领先行业水平。聚美优品还通过一系列措施改进供应链管理。

（一）打造仓储物流系统

1. 重金打造上海、北京、成都三地6万平米顶级分仓，6小时发货直达全国。

2. 到货商品自进聚美仓库起实现绝不落地，快速周转，小心呵护。

3. 重金铺设环氧地坪：高强耐磨（普通水泥地面会因仓库运输磨损产生大量灰尘），仓库常年整洁如新。

（二）恒温恒湿，保障化妆品存贮要求

1. 一年四季恒温保存，小心呵护。

2. 奢侈品单独库区存放、安全放心。

（三）仓储提速，提高用户体验

1. 验货承诺：所有进仓产品经过100%验货，保证产品质量。

2. 发货承诺：平均6小时发货；最短1.5小时，隔夜12小时发货。

3. 退款承诺：到仓的退货包裹全部当天操作退款。

（四）严整码放，杜绝误差

1. 入库、上架、盘点层层把关，在库货品摆放严格统一标准。

2. 仓内所有区域严格遵守的5S标准，保证仓内整洁高效。绝不允许错位出现。

（五）无缝流水作业

1. 使用笼车装载包裹，轻拿轻放，高效准确。

2. 按发货地域直接对接，为节省每一秒而努力。

（六）快递驻守，不间断提货

1. 为保包裹尽快送达，聚美要求快递公司每天24小时不间断提货。

2. 针对偏远的地区，聚美不惜自己补贴用户，启动航空快件。

资料来源：http：//b2b. toocle. com/detail—6070050. html.

思考： 你认为聚美优品供应链管理绩效如何？

一、绩效和绩效管理的含义

（一）绩效的定义

绩效是人们在管理活动中最常用的一个概念，是组织非常关心的话题，但对于什么是绩效、其标准如何、如何衡量等，却存在着不同的解释。

有人认为，绩效是指完成工作的效率与效能；还有的人认为绩效是那些经过评估的工作行为、方式及结果；较多的人认为绩效是指员工的工作结果，是对达成企业的目标具有效益和贡献的部分。

从管理学的角度看，绩效是组织期望的结果，是组织为实现其目标而体现在不同层面上的有效输出，它包括个人绩效和组织绩效两个方面。组织绩效的实现建立在个人绩效实现的基础上，但是个人绩效的实现并不一定保证组织是有绩效的。只有组织的绩效按照一定的逻辑关系被逐层分解到工作岗位以及个人的时候，那么只有个人达成了组织的要求，组织的绩效才能实现。

绩效是指组织或个人在一定时期内的投入与产出状况。投入既包括人力、物力、时间等物质资源，也包括个人的情感、情绪等精神资源，产出指的是完成工作的数量、质量及效率等。

（二）绩效管理的定义

绩效管理是指为保证员工的工作行为和产出与组织目标保持一致，促进个人与组织的共同发展而进行的一系列活动过程。绩效管理能够将企业的各个部门、各项业务以及发展战略和创新技术等有机地结合起来，通过对组织战略的建立、组织目标的分解和组织业绩的评价，并将绩效成绩运用到企业的日常管理中，以持续改进员工绩效和组织绩效，实现组织战略和目标。

绩效管理从绩效评价发展而来，但它又不同于绩效评价。绩效评价注重事后的绩效考核，它只是绩效管理中的一个组成部分。现代的绩效管理是管理者和员工一起就工作目标和怎样达成工作目标进行协调并达成共识的活动。它是经过事前计划、事中管理和事后考核等阶段的一个连贯的过程，包括诸如：员工完成的工作目标；衡量工作绩效的标准；为完善和提高业绩员工和管理者的努力方向；解决影响绩效管理障碍的方法等内容。

二、供应链绩效管理的含义、特点和作用

（一）供应链绩效管理的含义

目前，由于供应链绩效管理（Supply Chain Performance Management，SCPM）实践的时间很短，其理论研究也十分有限，至今为止，人们对供应链绩效管理还没有达成统一认识，因而对其含义也没有清晰的界定。供应链绩效管理主要侧重于供应链管理活动的结果。因此，对于供应链绩效和绩效管理方面的研究，多数情况下偏重于供应链运作的结果或供应链管理业绩。

供应链绩效管理就是指从供应链整体出发，运用各种先进的技术与方法，通过开发供应链系统的所有潜能，依次完成供应链绩效计划、绩效实施、绩效评价和绩效反馈等过程，为提高供应链整体及其成员绩效而进行的管理。通过对供应链流程的监控和管理，协调各个环节和成员企业的利益分配，不断提高供应链及其成员企业运作的效率与效益，不断改善供应链性能和绩效水平是供应链绩效管理的目标。

（二）供应链绩效管理的特点

相对于一般的绩效管理而言，供应链绩效管理具有以下特点。

1. 整体性

供应链绩效管理不是针对供应链中的某一个企业或某一个环节的活动，而是面向整个供应链运作进行的综合性、整体性的规划、控制、评价、反馈和改进的过程。

2. 复杂性

由于供应链结构复杂，涉及许多不同的企业和不同的业务，其运作过程和环境处于不断的变化之中，同单个企业绩效管理相比较，供应链绩效管理更具复杂性。

3. 动态性

供应链本身及其所处的环境处于不断的变化之中，因此供应链的运作过程也是不断变化的，供应链绩效管理也必然是动态的。只有运用不断变化的管理方法和管理手段，才能适应变化着的供应链及其运营环境，才能真正实现供应链绩效管理的目标。

（三）供应链绩效管理的作用

供应链绩效管理对于提升供应链整体价值具有重要的意义，主要表现在以下几个方面。

1. 支持组织正确决策

良好的绩效评价体系是策略选择和优化的基础，它能够帮助供应链管理者进行有

效的决策。为供应链在市场中的存在、组建、运行或撤销等决策提供必要的客观依据，并使供应链整体绩效达到最优。

2. 增强供应链及其成员的竞争力

通过实施供应链管理，供应链及其成员可以有效地提高管理水平，提高运作的效率与效益，从而增强市场竞争力。

3. 对企业起到激励作用

科学的绩效管理可以为供应链企业带来良好的绩效，所以它可以激励供应链和企业的组织行为。这种激励既包括核心企业对非核心企业的激励，也包括供应商、制造商和零售商之间的相互激励。

小链接

供应链助宇通决胜逆境

前些年，我国大中城市大量推出公交车。北京奥运会、济南全运会、天津深圳等城市公交改造，造成客车市场严重透支；另外，排放法规升级（国Ⅱ到国Ⅲ）也加剧了市场透支。加之高铁对客运行业的影响以及全球经济危机的爆发，客车业被压得抬不起头。

“万绿丛中一点红”，颓靡的市场却也不乏亮点。2009 年郑州宇通客车股份有限公司（简称“宇通客车”）宇通客车销量实现 28186 辆，同比增长 2.29%，而同期客车行业同比下降 3%左右。在行业尚未恢复景气的背景下，宇通成为逆势突围、强者恒强的真实写照，被业界称为“宇通现象”。深究原因，并不是它没有受到经济危机的影响，也不是这家公司有什么特异功能，而是独具特色的供应链管理体系起到了非常重要的作用。

玉柴机器股份有限公司和上海双钱轮胎销售有限公司是宇通最大的发动机总成和轮胎供应商。宇通拥有一套供应链管理系统，供应商可通过该系统对生产计划进行动态监控。2009 年客车市场变化很大，大约 6 月、7 月，宇通的市场需求发生巨变，订单大幅增加。供应商会定期接收到宇通制订的 2 周生产计划和 13 周滚动预测生产计划。宇通还要求与供应商协同对生产计划进行管理。根据生产计划和预测计划，供应商对零部件进行主动的调整和动态监控。玉柴和双钱等供应商根据宇通订单有计划地进行排产，物料储备及平衡，及时备货，使宇通零部件的供应得到可靠保障。

宇通通过采购与供应的合作来改进产品和业务流程，突破了供应链企业间的各种局限，充分发挥供应链企业的优势，形成了一个业务上下游联动共享的（从采购、技术、新产品开发）新型的网络组织。同供应链中企业一起寻求依靠技术进步和精细化管理，以更低的成本、更快更好地响应企业的需求。宇通在激烈的市场竞争中，和供应链中能和企业一同进步的优秀供应商共同提升企业的竞争能力，使企业立于不败之地。

资料来源：http：//www.yutong.com/news/mediareports/02/2212.shtml.

三、供应链绩效管理的过程

完整的供应链绩效管理依次包括以下四个步骤：供应链绩效计划的制订、供应链绩效实施、供应链绩效评价、供应链绩效反馈，它们紧密相连，相互影响。这四个基本要素对任何一个优秀供应链组织的绩效管理来讲，都是不可缺少的。供应链绩效管理的过程如图 9－1 所示。

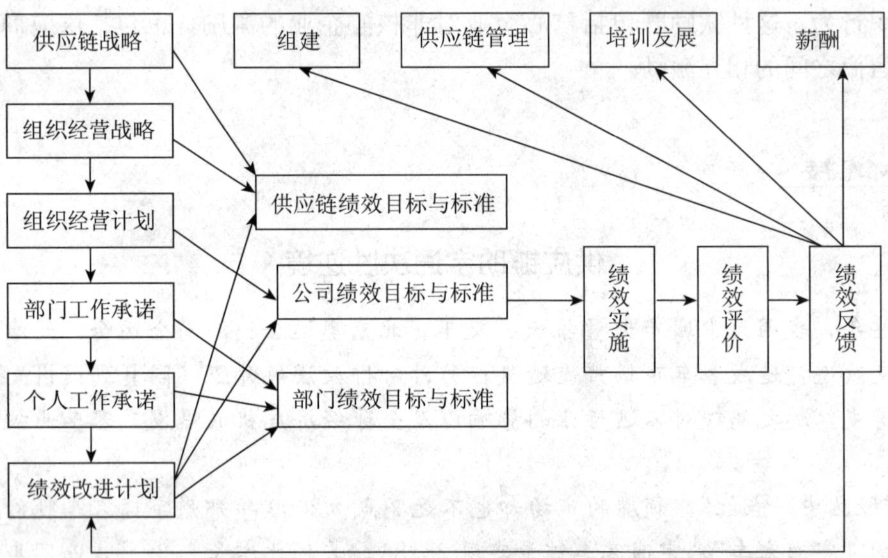

图 9－1　供应链绩效管理的过程

（一）供应链绩效计划的制订

这一阶段是供应链绩效管理过程的开始，主要任务是供应链企业间通过共同商讨，确定供应链企业的绩效目标和评价周期。其中，绩效目标是指供应链企业在绩效评价期间的工作任务和要求，包括绩效考核要素和绩效考核标准两个方面。绩效计划必须清楚地说明期望供应链企业达到的结果，以及达到结果所期望供应链企业表现出来的行为和技能。

（二）绩效实施

制订了供应链绩效计划之后，供应链企业就开始按照计划开展工作，这就是供应链绩效的实施。绩效实施在整个供应链绩效管理过程中处于中间环节，也是供应链绩效管理循环中耗时最长、最关键的一个环节，这个过程的好坏直接影响供应链绩效管理的成败。绩效的实施过程包括两个方面的内容：一是供应链成员之间持续的绩效沟通；二是对供应链成员数据、资料、信息的收集与分析。

（三）绩效评价

供应链绩效评价的目的有两个：一是判断绩效计划的实施是否在各种约束条件下

达到了预定目标；二是分析绩效计划与实际结果的差距及其原因，为进一步改进绩效奠定基础。因此，供应链绩效评价是围绕供应链管理的目标进行的。其评价客体是供应链整体及其组成成员，其评价的范围涉及供应链内部绩效，外部绩效和供应链综合绩效，其内容涉及反映供应链运作状况和运作关系的各种指标，其时间过程包括事前、事中和事后整个供应链管理的过程。

（四）绩效反馈

绩效反馈是指为了改进供应链企业工作绩效，使供应链管理人员获得有关信息，制订绩效改进计划，以提高绩效管理系统的有效性的过程。

绩效改进计划是采取一系列的措施改进供应链的工作绩效，制订绩效改进计划有利于提高客户的满意度，激发供应链成员改善绩效的动力。

第二节　供应链绩效评价指标体系设计

导入案例

戴尔的供应链绩效评价

近年来，在全球电脑市场不景气的大环境下，戴尔却始终保持着较高的收益，并且不断增加市场份额。戴尔的成功在很大程度上归功于它的供应链管理方法。戴尔的供应链绩效评价主要从以下三个方面进行。

1. 提高顾客的满意度

（1）戴尔采用直销模式，顾客可自由选择自己喜欢的配置和要求，满足顾客的个性化需求，提高顾客满意度。

（2）戴尔设有专门的客户关系管理系统，顾客从订货到收货的时间最多只要5～6天，极大地提高了对顾客要求的反应能力。

（3）戴尔是第一家提供客户免费直拨电话技术支持的公司。顾客可以随时了解自己所订商品的状况，戴尔和顾客建立起了良好的沟通和服务支持渠道。

2. 严格遴选供应商

（1）供应商考核标准：供应商能否源源不断地提供没有瑕疵的产品。

（2）考核的对象：首先是具有符合标准的质量控制体系，其次是企业必须证明其在成本、技术、服务和持续供应能力等四个方面具有综合的优势，特别是供应能力必须长期稳定。

（3）考核方法：安全量产投放的办法。根据对供应商考核的结果，分阶段地逐步扩大采购其产品的规模，以降低新入选企业供应能力不稳定的风险。

3. 与合作伙伴建立长期稳定的关系

(1) 戴尔将所有来自于客户的最新信息都以最快的速度及时反馈给供应商，以便供应商据此调整供应策略。

(2) 戴尔在一些流程和管理工具的开发上，充分考虑了与供应商的配合。

(3) 戴尔推出一个企业内联网，戴尔和供应商共享包括产品质量和库存清单在内的一整套信息。供货商可以在上面看到专属其公司的材料报告，随时掌握材料品质、绩效评估、成本预算及制造流程历史等信息。

(4) 戴尔与其供应商建立了信息共享机制，戴尔把每天各种机型的个人电脑的销售数字公布在内部网站上，让供货商查询、了解接下来有哪些零件需求多，哪些零件需求少，以便供应商更好地管理其库存。

资料来源：http：//www.doc88.com/p-401540496308.html.

思考：戴尔的供应链绩效评价的三个方面对提高绩效有什么意义？

一、供应链绩效评价的含义及特点

（一）供应链绩效评价的含义

1998年，美国密歇根州立大学的教授唐纳德·J. 鲍尔索克斯、戴维·J. 克劳斯和比克斯比·库伯合著《供应链物流管理》一书，该书认为企业界对供应链绩效和效率日益重视，他们希望找到评价全局的衡量方法。这种衡量方法必须是普遍适用的、系统的，不仅适用于机构的职能部门，也适用于业务部门。

20世纪90年代以来，企业界和理论界普遍关注供应链管理。但是，由于国内外学者偏重于供应链绩效评价的方法和指标的实证性分析研究，很少探讨供应链绩效评价的含义，到目前为止，供应链绩效评价还没有明确的、统一的概念。

国内学者马士华较早研究了供应链绩效评价的内涵问题，但目前国内学者比较公认的供应链绩效评价概念是2005年第10期《现代管理科学》中马丽娟所写的《关于供应链绩效评价的探讨》一文中阐述的定义：

供应链绩效评价是指围绕供应链管理的目标，对供应链整体、各环节（尤其是核心企业运营状况以及各环节之间的运营关系等）所进行的事前、事中和事后分析评价。

（二）供应链绩效评价的特点

依据供应链管理运行机制的基本特征和目的，供应链绩效评价指标应该能够恰当地反映供应链整体运营状况及上下节点企业之间的运营关系，而不是单独地评价某一供应商的运营状况。传统的企业绩效评价指标主要是基于部门职能的绩效评价，而供应链绩效评价指标是基于业务流程的绩效评价，通过图9-2和图9-3可以看出它们之间的差异。

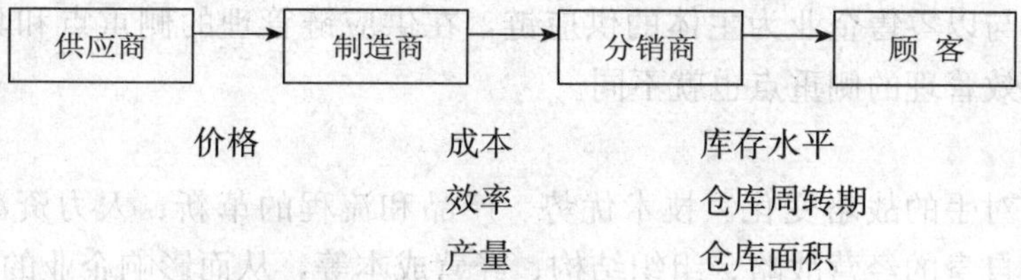

图 9-2 供应链绩效评价示意

供应链绩效评价具有以下几个特点：

1. 整体性特点

供应链绩效评价是根据供应链管理运作机制的基本特征和目的，反映供应链整体运营状况和上、下节点企业之间的运营关系，而不是孤立地评价某一节点企业的运营情况；不仅要评价该节点企业的运营绩效，还要考虑该节点企业的运营绩效对上、下节点企业以及整个供应链带来的影响。

2. 流程性特点

单一企业的绩效评价是基于职能进行的，供应链绩效评价一般是基于业务流程进行的，其目的不仅是要获得企业或供应链的运作状况，更重要的是要找出优化企业或供应链的流程。

3. 时效性特点

因为传统的企业绩效评价的数据来自于企业财务，而财务结果滞后于业务发生，就导致企业对供应链的运营过程中的问题反映迟缓，不能及时应对市场变化，影响企业发展。供应链绩效评价要求能及时反映供应链的动态运营情况，但是供应链各企业间信息传递的速度相比一个企业内部的传递速度要慢，为了实时地调整策略，供应链绩效评价必须十分注重时效性。

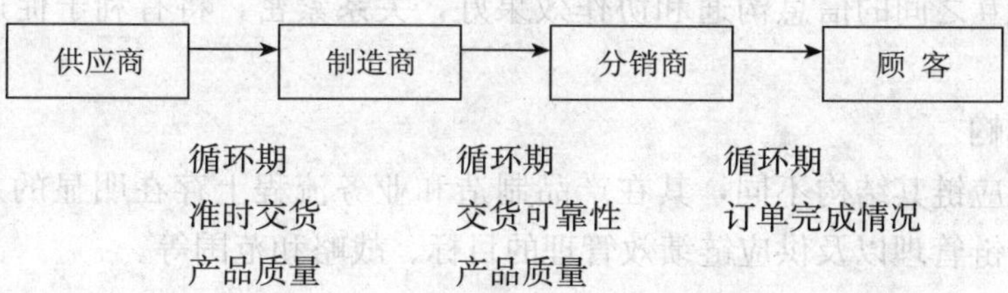

图 9-3 传统的企业绩效评价示意

二、影响供应链绩效的因素

影响供应链绩效的因素可分为企业外部因素和内部因素：

（一）影响供应链绩效的外部因素

1. 行业特征

供应链涉及的行业不同，供应链绩效管理的重点也各不相同。如以制造企业为主体的供应链和与以零售企业为主体的供应链，在供应链管理的侧重点和具体方法上会有所不同，绩效管理的侧重点也就不同。

2. 竞争者

企业竞争对手的战略变化、技术优势、产品和流程的革新、人力资源的整合等都会影响到企业自身的经营战略、组织结构、经营成本等，从而影响企业的供应链绩效。

3. 技术

技术主要是通过产品/服务信息流对供应链的绩效产生影响。先进的技术有利于产品的设计与开发以及服务水平的提高，并能够使供应链适应不断变化的环境，从而提高供应链绩效。

4. 客户

客户需求是影响供应链绩效的重要因素。客户的个性化需求和消费偏好发生变化，会增加企业及其供应链在运作成本和生产周期上的压力。这就要求供应链上的每一个节点企业，在为客户提供优质产品和服务的基础上，努力提高管理水平，降低供应链成本。

5. 经济和社会因素

一个国家或地区发展和市场需求变化，必然对企业以及供应链的产品供应和经营成本产生影响。政治和社会文化环境的变化对企业开拓产品市场降低经营成本，以及与供应商和客户伙伴关系产生影响，这些都将直接或间接地影响其供应链绩效。

（二）影响供应链绩效的内部因素

1. 运作流程

不同的供应链涉及的产品、服务和客户的分布也不同。因此，供应链业务流程的设计也有一定差异，这将影响到供应链及其管理绩效。

2. 合作伙伴

供应链中的合作伙伴的关系是影响企业以及供应链运作效率和效益的重要因素。供应链伙伴相互之间的信息沟通和协作效果好，关系紧密，将有利于促进供应链整体绩效的提高。

3. 组织结构

不同的供应链其结构不同，其在产品制造和业务流程上存在明显的差异，它们将直接影响供应链管理以及供应链绩效管理的目标、战略和范围等。

4. 战略

供应链绩效是供应链战略的执行过程或结果。因此，供应链评价必须以供应链战略目标为标准。

5. 位置

供应链中的企业规模大小不同，各企业在供应链中所具有的地位和作用也不同，这些都会影响供应链的运作和供应链绩效。

三、构建供应链绩效评价指标体系的原则

供应链从结构到管理都极具复杂性，必须制订和遵循一些基本的原则，选择适当

的评价指标体系。绩效评价指标的选择和供应链绩效评价指标体系的构建应遵循如下原则：

1. 目的性原则

实现供应链战略目标、提高供应链绩效是供应链绩效评价指标选择的最终目的。

2. 整体性原则

评价指标要整体反映供应链的运营情况，而非仅仅反映单个节点企业的运营情况。

3. 层次性原则

层次性原则就是根据整个供应链的各个层次和各个环节的组成情况，选择和确定不同层次的评价指标，这样可以做到全面性与关键性指标的结合。

4. 突出重点的原则

突出重点的原则就是对关键绩效指标进行重点分析，能够影响供应链战略目标实现和对供应链整体绩效管理有重大影响的因素都是关键因素，反映这些因素的指标即为关键绩效指标。

5. 可操作性原则

确定指标和指标体系要切实可行，易于操作。评价指标应具有清晰的含义和范围，操作简便，易于人们接受。

6. 规范性原则

绩效评价指标应设计规范、标准统一，便于进行绩效衡量。

四、供应链绩效评价方法

供应链绩效评价的方法很多，如层次分析法、ROF 法、模糊综合评价法、平衡计分卡法、供应链运作参考模型法和作业成本法等。因平衡计分卡法、供应链运作参考模型法和作业成本法在其他章节有介绍，这里不再赘述。

（一）层次分析法

美国运筹学家萨蒂（T. L. Saaty）于 20 世纪 70 年代中期提出了层次分析法。其基本思路是：首先将复杂问题分解为若干个组成要素，并将这些要素根据支配关系构成有序的递阶层次结构；然后通过两两相互比较，确定层次中各个要素的相对重要程度；最后综合不同层次要素的重要性，得到各要素的综合评价值，并据此进行决策。层次分析法后来被引入供应链管理领域，成为绩效评价的一种新方法。层次分析法是一种实用的多准则决策分析方法，将定性分析与定量分析相结合，并将决策者的经验判断予以量化，具有实用性、系统性和简洁性的特点。

（二）ROF 法

比蒙（Beamon）于 1999 年提出了一种供应链绩效的新方法——ROF 法。他使用三个方面的绩效评价指标来反映供应链的战略目标：资源（Resources）、产出（Output）和柔性（Flexibility）这三种指标都具有各自不同的目标。资源评价指标反映的是高效生产的关键所在，产出评价指标反映的是保持供应链的增值性的水平，柔性评价指标则反映符合供应链快速响应环境变化的要求。评价指标的具体内容如下：

1. 资源评价

资源评价主要包括对人力资源、设备利用、能源使用、库存水平、成本等方面的评价。

2. 产出评价

产出评价主要包括客户响应、质量和最终产出产品数量的评价。

3. 柔性评价

柔性评价主要包括范围柔性和响应柔性评价。范围柔性是指运营可以变动的程度范围，响应柔性是指运营变动的时间性，即响应速度。

（三）模糊综合评价法

模糊综合评价法是一种基于模糊数学的综合评价方法。该综合评价法是根据模糊数学的隶属度理论，将定性评价转化为定量评价，即用模糊数学对受到多种因素制约的供应链绩效做出一个总体的评价。它具有结果清晰，系统性强的特点，能够比较好地解决模糊的、难以量化的供应链绩效问题，适合各种非确定性问题的解决。

五、供应链绩效评价的内容

供应链绩效评价包括以下三个部分内容：一是内部绩效衡量；二是外部绩效衡量；三是综合供应链绩效衡量。

（一）内部绩效衡量

是对供应链上的企业内部绩效进行评价。重点是将企业的供应链活动和过程同之前的作业或目标进行比较，常见的评价指标主要有：成本、顾客服务、生产率、资产和质量等。

1. 成本

绩效评价考虑的成本是指完成特定运营目标所发生的成本。

2. 顾客服务

顾客服务是考察供应链内部企业满足用户需要或下游企业需要的相对能力指标。

3. 生产率

生产率用来评价生产某种产品的投入与产出之间的相对关系。生产率通常可以分为静态生产率、动态生产率及替代性生产率。静态生产率和动态生产率是根据是否考虑时间因素对生产率的影响来区分的。替代性生产率严格地讲并不属于生产率范畴，通常作为对静态和动态生产率的补充，使用与生产率关系较为密切的指标来衡量生产率水平，譬如顾客满意度等。

4. 资产

资产用来衡量为达成供应链目标进行的企业设施、设备等资产及流动资本投入。设施、设备、存货是企业资产的最重要组成部分，资产评价主要注重流动资本的流转状况、固定资产的投资回报率等指标。

5. 质量

质量是内部绩效衡量的最主要内容，它用来确定供应链企业物流活动的效率。由于质量涵盖的范围很大，因此对质量的衡量也很难，目前作为折中的处理方法，通常根据"完美订货"来衡量供应链企业的物流运作的质量。"完美订货"关注的是总体的物流绩效，而不是单一功能，它代表着绩效的理想状态。

小链接

宝洁的完美订单

"完美订单"代表以及时无错的方式提供100%交货的供应链能力。消费品的制造商与分销商对"完美订单"的定义为：及时满足买方要求的交货日期，且完全装运、发票准确、在途无损坏。1992年，宝洁公司开始评价"完美订单"。刚开始，管理层发现"完美订单"的数量只有75%左右。从那以后，宝洁做了重大的改进。到1995年，"完美订单"达82%，1998年占88%。这是通过持续修正，使客户服务代表与主要客户密切合作，以及改善信息系统实现的。宝洁注意到，每一张"不完美订单"由于重复交货、收入损失、货物损坏、仓储和运输成本、缺货、违约而损失的成本有200美元左右。宝洁知道，持续的供应链改善对于客户而言很重要。对于客户来说，"完美订单"是被认可的。

资料来源：阮喜珍．供应链管理实务．武汉：华中科技大学出版社，2013.

（二）外部绩效衡量

外部绩效衡量主要是对供应链企业之间的运行状况进行的评价。外部绩效衡量的主要指标通常有用户满意程度、最佳实施基准等。

1. 用户满意程度

用户满意程度是一个难以精确地定量衡量的指标。一般是通过公司（或行会组织）的调查或订货跟踪系统来实现。通常从询问供应链企业与竞争者的绩效入手，将可靠性、订发货周期、信息可用性、解决问题有效性和产品的支撑等指标作为补充。

2. 最佳实施基准

越来越多的供应链企业应用最佳实施基准，将其作为本企业与相关行业、非相关行业的竞争对手，或最佳企业进行比较的技术方法。供应链核心企业常常在重要的战略领域实施最佳实施基准，并将之作为检验供应链的工具。

（三）综合供应链绩效衡量

供应链之间的竞争使人们对供应链总体绩效日益重视，要求衡量方法不仅能够透视总体而且可以比较；不仅能适用于企业承包的功能部门，也能适用于分销渠道。如果没有总体的绩效衡量，就可能出现制造商对用户服务的评价和决策与零售商对服务的评价完全不同甚至相反的现象。综合供应链绩效的衡量指标主要有成本、顾客服务、时间、资产等方面。

1. 成本

供应链总成本包括订货成本、原材料成本、库存运输成本、库存的间接成本，以及与物流有关的财务、管理、信息系统成本等。

2. 顾客服务

顾客服务指标包括完美订货、用户满意程度和产品质量等，它评价供应链企业所能提供的总的客户满意程度。

3. 时间

时间指标测量一定时间内企业对用户要求的反应能力，即从顾客订货开始到顾客用到产品为止所需的时间。一般包括装运时间、送达顾客的运输时间和顾客接受时间。

4. 资产

一般通过资金周转时间、库存周转天数、销售额与总资产比率等评价资产绩效。

上述三个部分的供应链绩效评价系统地描述了供应链绩效评价所涉及的主要内容，一般进行供应链绩效评价时，需要对上述三个部分同时进行。

根据供应链绩效评价的范围和指标选择的原则，可以将一些统计指标作为供应链绩效评价的基本指标：如表 9－1 所示。

表 9－1　　供应链绩效评价的一般性统计指标

客户服务	生产与质量	资产管理	成本
饱和率	人均发运系统	库存周转	全部成本/单位成本
脱销率	人工费系统	负担成本	销售百分比成本
准时交货率	生产指数	废弃库存	进出货运输费
补充订单	破损率	库存水平	仓库成本
循环时间	退货率	供应天数	管理成本
发运错误	信用要求数	净资产回报	直接人工费
订单准确率	破损物价值	投资回报	退费成本

第三节　供应链绩效评价指标体系应用

一、整个供应链业务流程绩效评价指标

（一）产销率指标

产销率（RSP）是指在一定时间内已销售出去的产品数量（S）与已生产的产品数

量（P）的比值，即一定时间已销售出去的产品数量。具体公式如下：

$$RSP=\frac{S}{P}$$

因为$S \leqslant P$，所以产销率小于或等于1。产销率指标又可以分为三个具体的指标：

1. 供应链节点企业产销率

该指标反映供应链节点企业在一定时间内的经营状况。

$$\text{供应链节点企业产销率}=\frac{\text{一定时间内节点企业已销售产品数量}}{\text{一定时间内节点企业已生产产品数量}}\times 100\%$$

2. 供应链核心企业产销率

该指标反映供应链核心企业在一定时间内的产销经营状况。

$$\text{供应链核心企业产销率}=\frac{\text{一定时间内核心企业已销售产品数量}}{\text{一定时间内核心企业已生产产品数量}}\times 100\%$$

3. 供应链产销率

该指标反映供应链在一定时间内的产销状况，其时间单位可以是年、月、日。随着供应链管理水平的提高，时间单位越来越小。该指标也反映供应链资源（包括人、财、物、信息等）的有效利用程度，产销率越接近1，说明资源利用程度越高。同时，该指标也反映了供应链库存水平和产品质量，其值越接近1，说明供应链成品库存量越小。

$$\text{供应链产销率}=\frac{\text{一定时间内供应链节点企业已销售产品数量之和}}{\text{一定时间内供应链节点企业已生产产品数量之和}}\times 100\%$$

（二）平均产销绝对偏差指标

平均产销绝对偏差指标反映在一定时间内供应链总体库存水平，其值越大，说明供应链成品库存量越大，库存费用越高。反之，说明供应链成品库存量越小，库存费用越低。

$$\text{平均产销绝对偏差指标}=\frac{\sum_{i=1}^{n}|P_i-S_i|}{n}$$

式中：n——供应链节点企业的个数；

P_i——第i个节点企业在一定时间内已生产产品的数量；

S_i——第i个节点企业在一定时间内已生产的产品中销售出去的数量。

（三）产需率指标

产需率（RPD）是指一定时间内节点企业时的产品数量（P）与其上层节点企业（或用户）对该产品的需求量（D）的比值。产需率指标又分为以下两个：

$$RPD=\frac{P_i}{D_{i+1}}$$

1. 供应链节点企业产需率

该指标反映上、下层节点企业的供需关系。产需率越接近于1，说明上、下层节点企业之间的供需关系协调，准时交货率高。反之，则说明下层节点企业准时交货率低或者企业的综合管理水平较低。

2. 供应链核心企业产需率

该指标反映供应链整体生产能力和快速响应市场能力。若该指标数值大于或等于 1 说明供应链整体生产能力强，能快速响应市场，具有较强的市场竞争能力；若该指标数值小于 1 则说明供应链生产能力不足，不能快速响应市场需求。

（四）供应链产品产出（或投产）循环期或节拍指标

当供应链节点企业生产的产品为单一品种时，供应链产品产出循环期就是产品的产出节拍；当供应链节点企业生产较多的产品品种时，供应链产品产出循环期指的是混流生产线上同一种产品的产出间隔。由于供应链管理是在市场需求多样化经营环境中产生的一种新的管理模式，其节点企业（包括核心企业）生产的产品品种较多，因此，供应链产品产出循环期一般是指节点企业混流生产线上同一种产品的产出间隔期。它可以分为两个具体的指标。

1. 供应链节点企业（或供应商）零部件产出循环期

该循环指标反映了节点企业库存水平以及对其上层节点企业需求的响应程度。该循环期越短，说明了该节点企业对其上层节点企业需求的快速响应性越好。

2. 供应链核心企业产品产出循环期

该循环期指标反映了整个供应链的在制品库存水平和成品库存水平，同时也反映了整个供应链对市场或用户的快速响应能力。

核心企业产品产出循环期决定着各节点企业产品产出循环期，即各节点企业产品产出循环期必须与核心企业产品产出循环期合拍。该循环期越短，一方面说明整个供应链的在制品库存量和成品库存量都比较少，总的库存费用比较低；另一方面也说明整个供应链管理水平比较高，能快速响应市场需求，并具有较强的市场竞争能力。

（五）新产品开发率

该指标反映供应链的产品创新能力。指标数值越大，说明供应链整体产品创新能力和快速响应市场能力越强，越具有旺盛和持久的生命力。

$$新产品开发率=\frac{在研新产品数+储备新产品数+已投产新产品数}{现有产品总数}\times 100\%$$

（六）专利技术拥有比例

该指标反映供应链的核心竞争能力。指标数值越大，说明供应链整体技术水准高，核心竞争能力强，其产品不易被竞争对手模仿。

专利技术拥有比例＝供应链企业群体专利技术拥有数量/全行业专利技术拥有数量

（七）供应链总运营成本指标

供应链总运营成本反映了供应链运营的效率。该指标主要包括通信成本、供应链总库存费用和各节点企业外部运输总费用。

1. 供应链通信成市

供应链通信成本包括各节点企业之间的通信费用，如电子数据交换（EDI）、Internet 的建设和使用费用，供应链信息系统开发和维护费等。

2. 供应链总库存费用

供应链总库存费用是指各节点企业在制品库存和成品库存费用、各节点之间在途库存费用之和。

3. 各节点企业外部运输总费用

各节点企业外部运输总费用包括供应链所有节点企业之间运输费用总和。

（八）供应链核心企业产品成本指标

它体现了供应链管理的综合水平。根据核心企业产品在市场上的价格确定出该产品的目标成本，再向上游追溯到各供应商，确定出相应的原材料和配套件的目标成本。只有当目标成本小于市场价格时，各个企业才能获得利润，供应链才能健康发展。

（九）供应链产品质量指标

供应链产品质量是指供应链各节点企业（包括核心企业）生产的产品或零部件的质量，主要包括产品合格率、废品率、退货率、破损率、破损物价值等指标。

二、供应链节点企业间关系的绩效评价指标

（一）供应链层次结构模型

供应链的属于递阶层次结构，它由不同层次供应商组成，上层供应商是其下层供应商的用户，如图 9－4 所示。

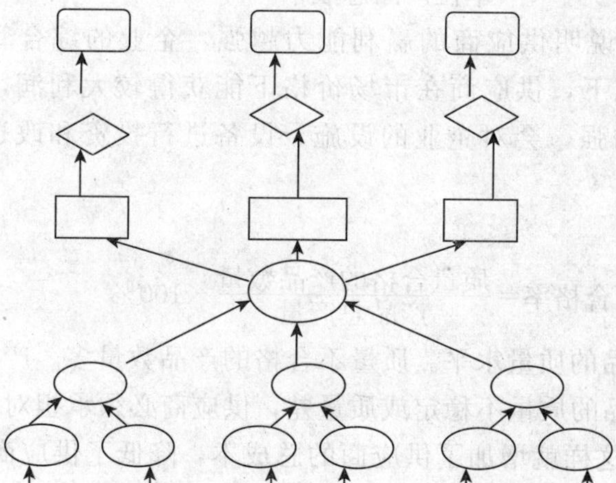

图 9－4　供应链层次结构模型

根据供应商层次结构模型，对每一层供应商逐个进行评价，从而发现问题，解决问题，优化整个供应链的管理。

（二）反映供应链上、下节点企业之间关系的绩效评价指标

按照供应链层次结构模型，对每一层供应商及其相互关系实施绩效评价。可以用

相邻层供应商评价法来评价各级供应商，其基本方法是通过上层供应商来评价下层供应商。由于上层供应商可以看成下层供应商的用户，因此通过上层供应商来评价和选择与其业务相关的下层供应商更直接、更客观。依此类推，即可对整个供应链的绩效进行有效的评价。

满意度指标是反映供应链上、下节点企业之间关系的绩效评价指标，即在一定时间内上层供应商 i 对其相邻下层供应商 j 的综合满意程度 C_{ij}，其关系表达式为：

$$C_{ij}=\alpha_j\times \text{供应商}\ j\ \text{准时交货率}+\beta_j\times \text{供应商}\ j\ \text{成本利润率}+\lambda_j\times \text{供应商}\ j\ \text{产品质量合格率}$$

式中：α_j、β_j、λ_j 为权数，且 $(\alpha_j+\beta_j+\lambda_j)/3=1$

在满意度指标中，各因素含义如下：

1. 准时交货率

$$\text{准时交货率}=\frac{\text{一定时间内准时交货的次数}}{\text{一定时间内总交货的次数}}\times 100\%$$

准时交货率是指下层供应商在一定时间内准时交货的次数占其总交货次数的百分比。供应商准时交货率低，说明其协作配套的生产能力达不到要求，或者是对生产过程的组织管理跟不上供应链运行的要求，反之亦然。

2. 成本利润率

$$\text{成本利润率}=\frac{\text{单位产品净利润}}{\text{单位产品总成本}}\times 100\%$$

产品成本利润率越高，说明供应商的赢利能力越强，企业的综合管理水平越高。也就意味着在这种情况下，供应商在市场价格下能获得较大利润，其与供应链其他企业合作的积极性增强，会对企业的设施、设备进行投资和改造，来提高生产效率。

3. 产品质量合格率

$$\text{产品质量合格率}=\frac{\text{质量合格的产品数量}}{\text{产品总产量}}\times 100\%$$

它反映了供应商提供产品的质量水平。质量不合格的产品数量多，产品质量合格率就低，说明供应商提供产品的质量不稳定或质量差，供应商必须承担对不合格的产品进行返修或报废的损失，这样就增加了供应商的总成本，降低了供应商的利润率。因此，产品质量合格率与产品成本利润率密切相关。同样，产品质量合格率指标也与准时交货率密切相关，因为产品质量合格率越低，产品的返修工作量越大，必然延长产品的交货期，使准时交货率降低。

在满意度指标中，权数的取值可随着上游供应商的不同而不同。但是对于同一个上游供应商，在计算与其相邻的所有下游供应商的满意度指标时，其权数均取相同值，这样，通过满意度指标就能评价不同供应商的运营绩效，以及这些不同的运营绩效对其上游供应商的影响。满意度指标值低，说明该供应商运营绩效差，影响了其上游供应商的正常运营，因此，对满意度指标值较低的供应商要进行重点管理，让其选择要么进行全面整改，要么被淘汰。

供应链最后一层为最终用户层，最终用户对供应链产品的满意度指标是供应链绩效评价的一个最终标准。可按如下公式进行计算，即：

$$最终用户满意度=\alpha\times零售商准时交货率+\beta\times产品质量合格率+\lambda\times（产品的实际价格/用户期望的产品价格）$$

第四节　平衡计分卡在供应链绩效评价中的应用

导入案例

中外运敦豪平衡计分卡的使用

中外运敦豪国际航空快递有限公司（DHL—SINOTRANS）是中国第一家国际航空快递公司。它是由全球快递、物流业的领导者DHL与中国对外贸易运输集团总公司各注资50%于1986年成立的，是中国成立最早、经验最丰富的国际航空快递公司。作为德国邮政全球网络旗下的知名品牌，DHL的服务网络覆盖全球220多个国家和地区，在全球拥有285000名员工，为客户提供快捷、可靠的专业化服务。

2002年被中外运敦豪设定为“服务年”，这本来是加强内部服务意识的一个项目，但是在全国39个地区共有2800个员工，让每一个员工对客户的服务意识和态度都得到提升是一个极其艰巨的任务。中外运敦豪认识到平衡计分卡能够配合内部的组织结构，帮助公司制定一个把管理目标和奖励系统相结合的模式，便决定开始实行平衡计分卡。在平衡计分卡的实施过程中，中外运敦豪首先建立了公司的远景战略，就是“Market leader”（市场领导者），在国际快递行业中提供最优的服务给客人，这就是中外运敦豪的战略目标。他们认为平衡主要体现在四部分的平衡：内部和外部、短期和长期、结果和动机、数量和质量。

中外运敦豪以前衡量分公司主要是看收入的增长是否达到标准，采用的是赢利和收款的情况等这些硬性的财务指标。但他们觉得仅这样看待公司的经营是不够的。在平衡计分卡里他们重新设计了财务指标，如使用超过90天的应收账款来描述收入与预算的完成情况，考核利润和预算的完成情况时增加了客户指标，如客户保有率、新增客户、客户满意度等外部的软性的指标。这些数据指标被称作KPI（Key Performance Index，关键绩效指标）。运用KPI能够起到通过指标控制流程的作用。

中外运敦豪明确：要给客人提供最好的服务，使用平衡计分卡方法时，更要注重过程，而不仅仅是一个结果。为此，中外运敦豪在总部成立了“平衡计分卡小组”，负责公司的策略制定、实施、考评和完善。他们还邀请了一家培训顾问设计整个课程，然后再培训39个分公司的内部培训师，内部的培训师再培训内部员工。这样的实施就非常有效。因为内部讲师来进行培训，他讲的故事或者模式，都很贴近员工。

实施平衡计分卡促进了中外运敦豪的业绩增长，公司业务年平均增长率为40%，营业额跃升60倍之多。目前，中外运敦豪已在中国建立了最大的合资快递服务网络，稳居中国航空快递业的领导地位，在中国的市场占有率达到37%。

资料来源：http：//finance. sina. com. cn/leadership/case.

思考：中外运敦豪在绩效评价中进行了哪些方面的平衡？

一、平衡计分卡

（一）平衡计分卡的产生

平衡计分卡最初源于1990年美国诺顿研究所主持并完成的“未来组织绩效衡量方法”的研究计划。该计划的目的在于找出超越传统以财务会计量度为主的绩效衡量模式，以使组织的“战略”能够转变为具体的“行动”。

美国著名管理会计学家、哈佛大学教授罗伯特·卡普兰（Robert Kaplan）和诺顿研究所的所长戴维·诺顿（David Norton）经过全面而深入地研究，于1992年、1993年和1996年分别发表了《平衡计分卡良好的绩效评估体系》《平衡计分卡的应用》和《将平衡计分卡用于战略管理系统》三篇文章。他们认为传统的财务指标，只提供了业务绩效的较为狭窄和不完备的信息，业务绩效的评价依赖于历史数据，而这些数据又阻碍了未来商业价值的实现。因此，财务指标不能单独用以评价绩效，需要补充反映客户满意、内部业务流程以及学习成长性的评价内容。

1996年，卡普兰和诺顿的第一本专著《平衡计分卡——化战略为行动》出版，标志着平衡计分卡理论的建立。随着企业对平衡计分卡运用的不断丰富和完善，这个框架又进一步发展。2001年，卡普兰、诺顿出版了第二本书《战略中心型组织》，2004年平衡计分卡法体系的第三本书《战略地图——化无形资产为有形成果》出版，最终形成了一个完整的战略执行理论体系。平衡计分卡的设计将过去绩效的财务评价和未来绩效的驱动力设计紧密地结合起来了。平衡计分卡发展至今，经历了平衡计分卡时期、平衡计分卡＋战略地图时期及平衡计分卡＋战略地图＋战略中心组织三个时期。

（二）平衡计分卡的概念

平衡计分卡是指通过建立一整套财务与非财务指标体系，包括财务绩效指标、客户指标、内部业务流程指标和学习与成长绩效指标，对企业的经营绩效和竞争状况进行系统、全面、综合地评价。

平衡计分卡的概念反映在一系列指标间形成平衡。即短期目标和长期目标，财务指标和非财务指标，滞后型指标和领先型指标，内部绩效和外部绩效角度之间的平衡。管理者的注意力从短期目标的实现转移到兼顾战略目标实现，从对结果的反馈思考转向到对问题原因的实时分析。平衡计分卡是一个对企业长期战略目标进行综合评价的方法，同时也是从价值和战略的角度，对企业各个部门和员工的绩效进行评价和引导，形成正确的决策，共同为实现企业的战略价值而努力的管理体系。

二、平衡计分卡法的内容

实施平衡计分卡有两个过程：第一，开发关键成功因素（KSF）与关键绩效指标（KPI）。①进行愿景规划（确定核心价值/核心目的/10～30 年目标/使命）；②进行战略分析（SWOT 分析等）；③进行战略选择，并确定公司在财务、客户、流程管理、学习与成长四方面的关键成功因素（KSF）；④根据 KSF 确定关键绩效指标（KPI）。实施平衡计分卡的核心就是开发 KSF 与 KPI。第二，描绘战略地图。战略是人们基于内外环境、核心能力和竞争定位等特定信息对企业经营中因果关系的一系列假设。而平衡计分卡正好是表述和检验这些战略假设的最好方法，它揭示了企业经营中的因果关系。根据因果关系可以描绘出企业的战略地图。

平衡计分卡法是以企业的战略为基础，将各种衡量方法整合为一个有机的整体，它既包含了财务指标，又引入了客户角度、内部业务流程、学习和创新指标，这四方面指标的结合，构成了内部与外部，结果与驱动因素，长期与短期，定性与定量等多种平衡。使企业既具有反映“硬件”的指标，同时又具备能在竞争中取胜的“软件”指标。

（一）客户角度

现代管理理念认为，客户满意度的高低是企业成败的关键。企业要想取得长期的经营绩效，就必须创造出受客户青睐的产品与服务，因此，企业的活动必须以客户价值为出发点。首要目标就是要解决“顾客如何要求我们”的问题。公司的经营活动如何以顾客为导向是管理者必须考虑的问题，平衡计分卡法要求管理者把为顾客服务的宗旨转化为具体的测评指标，这些指标能够反映真正与顾客相关的因素，主要包括时间、质量、性能、服务和成本。组织应该明确这些方面应该达到的目标，进而将目标转化为指标。常见的客户指标有送货准时率、客户满意度、产品退货率、投诉数量等。

（二）内部业务流程角度

内部业务是企业改善绩效的重要环节。内部业务流程目标要解决“我们必须擅长什么”的问题。以顾客为基础的指标固然重要，但是优异的顾客绩效来自组织运作中的流程、决策和行为。平衡计分卡法要求管理者关注那些能够满足顾客需要的、关键的内部经营活动。这些指标来自对顾客满意度有较大影响的业务流程，包括影响周期、质量、员工技能和生产率等各种因素。常见的内部业务指标有生产率、成本、合格品率、新产品开发率等。

（三）学习和创新角度

学习和创新目标要解决“我们能否持续提高并创造价值”的问题。以顾客和内部业务流程为基础的测评指标，确定了公司认为的在竞争中获胜的最重要参数，但是组织只有通过持续不断地开发新产品、为顾客提供更多价值，以及提高经营效率，才能获得持续性的发展壮大。而这一切取决于组织创新与学习的能力。这方面的测评指标引导组织将注意力投向企业未来成功的基础，涉及人员、信息系统和市场创新等问题。

（四）财务角度

财务目标是解决“我们怎样满足股东的要求”的问题。告诉企业管理者他们的努力是否对企业的经济效益产生了积极的影响。因此，财务指标是其他三个方面的出发点和归宿，表现了组织的战略及其执行是否有助于利润的增长。常见的财务指标包括销售额、利润率、资产利用率等。

平衡计分卡在这四个方面的主要目标以及其相互关系如图 9－5 所示。

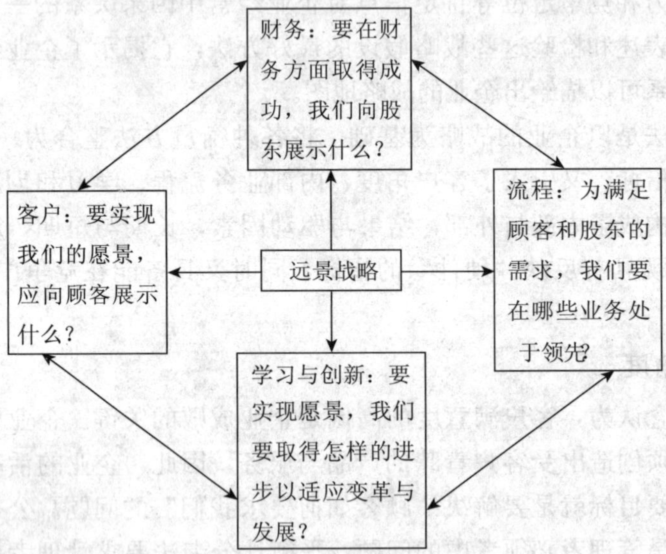

图 9－5　平衡计分卡四个层面关系

三、平衡计分卡的优缺点

（一）平衡计分卡的优点

1. 着眼长远发展

平衡计分卡从企业愿景与战略出发，在财务、客户、内部管理、学习与创新四个方面对企业进行全方位的定量化绩效考核，不仅将战略变成具体的行动，而且避免了企业为考核而考核，有利于企业长远发展需求。

2. 指标全面

平衡计分卡所设计的评价指标体系做到了财务指标与非财务指标结合，在经营中要平衡财务指标与非财务指标、内部因素（流程与员工创新）与外部因素（股东与客户）、驱动指标（流程管理与学习成长）与滞后指标（财务与客户指标），以达到既注重短期绩效又保证长期核心能力的培育，能够对企业的经营绩效和竞争能力进行全面的评价。

3. 注重过程

平衡计分卡重视对企业经营过程的评价，通过平衡计分卡可帮助企业在新产品开发、流程管理、客户关系管理、学习与创新等关键领域取得突破性的发展，而且每个指标都是百分比，有助于每位员工与自己相比不断改进绩效，不断与战略要求相接近。

4. 重视利益相关者

平衡计分卡重视企业与外部利益相关者，评价指标中包括评价企业的经营活动能否满足客户、供应商、战略合作伙伴以及政府等的需要。

5. 从根源改进绩效

平衡计分卡从分析创造企业经营绩效的驱动因素入手，找出真正的症结所在，以确定企业为实现战略目标所必须改进或发展的方面。

（二）平衡计分卡的缺点

1. 难衡量

运用平衡计分卡的难点在于很多指标难以衡量。非财务指标往往很难建立起来，例如，客户满意程度、员工满意程度等难以定量。

2. 难调整

当组织战略或结构变更的时候，平衡计分卡也应当随之调整。但更新平衡计分卡需要耗费大量的时间和资源。

3. 难执行

平衡计分卡的执行有一定困难。一份典型的平衡计分卡需要用 5～6 个月去执行，再用几个月去调整结构，使其规则化，从而总的开发时间经常需要一年或更长时间。衡量指标很难去量化，衡量方法又会产生很多绩效衡量指标。

四、平衡计分卡在供应链中的应用

结合平衡计分卡的四个方面的特征，以及供应链运作框架所涵盖的范围，列出以下指标用以反映平衡计分卡在各个角度的目标与任务。但是这些指标也不是绝对的，甚至对于特定供应链运作来讲还远远不够。

（一）客户方面

供应链的目标之一是为整个供应链中的客户提供持久稳定的收益。因此，供应链管理的核心之一就是客户管理，了解客户的需求以及评价满足客户需求程度的大小，调整供应链的经营方法和策略。客户需求可分为四类：时间、质量、性能与服务、成本。常用的客户指标如下。

1. 供应链订单完成的总循环期

供应链订单完成的总循环期是评价整个供应链对于客户订单的总体反应时间。其中包括了订单的接单时间、从投料到生产的时间、从生产到发运的时间、从发运到客户签单的时间、从客户签单到客户收到的时间。

总循环期的降低将降低供应链的响应时间，这是供应链竞争优势的主要源泉之一。快速的循环期不但能提高供应链对客户的响应，降低客户成本，提高客户的价值，同时也反映了供应链内部响应的便捷和流畅。

2. 客户保有率

客户保有率就是留住客户，与客户保持现有关系比例。供应链利润持久的来源是核心客户。若想通过特定的客户群保持或增加市场份额，最简单的方法是保有现有的客户。努力保持和客户的关系，按照客户的需要满足其要求。允许客户积极参与合作项目或产品的开发设计过程，使客户能够成为自己的持久利润来源。除了留住客户之外，供应链管理还要从与现有客户交易量的分析上衡量客户的忠诚度。当然，公司要扩大利润源，就还要在现有客户基础上，制定不断扩大客户范围的战略。

3. 客户对供应链柔性响应的认同

该指标用来评价客户对供应链所提供服务的客户化以及响应速度的认同。这个指标反映两个目标：第一个目标是调查数据将反映客户是否能自由地就订单的包装、产品性能等提出客户化的要求；第二个目标则是评价客户是否感到这种客户化的要求能够及时得以表现。也就是说它反映了客户对客户化要求的自由度以及服务及时性的要求。

4. 客户价值

客户价值反映供应链为客户节约或增值方面做出的贡献，以提高客户对供应链的依赖度。客户价值率等于客户对供应链所提供服务的满意度与服务过程中发生的成本进行比较所获得的价值比。不同于以前在时间、质量、柔性方面进行评价，客户价值的评价主要偏重于成本指标。

5. 客户销售增长以及利润

表现为供应链产品的年销售增长和利润率。这类指标反映了供应链下游在三个主要方面的绩效：一是销售量按年增长的情况；二是对于特定客户服务所获的收益是否随着合作关系的增进而进一步提高；三是接受服务的基数是否增加。扩大销售量，增加新的客户都将提高新的利润点。

（二）供应链内部运作方面

优秀的客户绩效来自组织的流程决策和运作。平衡计分卡的内部测量指标应当测出对客户利益、财务价值影响最大的业务流程，同时确定自己的核心能力，及保证供应链保持持久市场领先的关键技术。

把内部方面和财务价值以及客户目标结合起来，供应链应该把握两种全新的内部流程运作：第一，理顺现有流程中各个参与方的关系，缩短经营过程的周期，同时降低成本。供应链管理的本质是将企业内部和企业之间的功能进行集成、共享和协调，实现浪费的减少和供应链绩效的提高。第二，应该预测并影响客户的需求。供应链经营要从短期的运作中跳出去，积极寻找市场，进行产品的创新改造，从而抓住客户。

1. 产品改良、创新过程测评

在传统业务中，研究开发工作往往被认为是业务的辅助功能，而不是确定产品价值的基本因素。原因一是因为评价的标准难确定，投入产出的关系不明确；另一原因是企业产品的创新认识不足，资金的投入有限，人们忽视产品开发设计的业绩评价。但是，作为供应链价值实现的长期影响因素，必须对这一内容进行测评。常用指标有：

新产品在销售额中所占的比例；比原计划提前推出新产品的时间差；开发下一代新产品的时间；第一次设计出的全面满足客户要求的产品百分比等。这一衡量方法综合了产品开发过程的研发投入产出、利润、产品时效三个至关重要的因素。

2. 经营过程测评

经营过程是一个短周期过程，这个过程包括自企业收到客户订单开始、到向客户发售产品和提供服务为止的全部内容。供应链运作方面实现的目标主要有四个方向：缩短提前期；弹性响应；减少单位成本；敏捷结构。

（1）供应链有效提前期率。供应链有效提前期率反映了供应链在完成客户订单过程中有效的增值活动时间在运作总时间中的比率。其中包括两个指标：供应链响应时间和供应链增值活动总时间。

该指标体现了供应链内部运作的增值时间在整个流程时间中所占的比例。通常组织之间的传递空间和时间很大部分被非增值活动占用，很多资源被浪费掉了。供应链必须保证合作企业之间的物流过程达到流畅、无缝，减少时间损失。

（2）库存闲置率。即供应链中库存闲置的时间和库存移动时间的比率。闲置时间包含库存以物料、在制品等产品的不同形式在供应链运作中的总停滞、库存、缓冲时间；库存移动时间则是指库存在加工、运输、发运中的总时间。该指标表现了库存在整体运作中的时间占用，提供了库存经营效率的提高空间。

（3）供应链生产时间柔性。生产柔性是指系统对于外部或内部干扰导致的变化所能作的调整范围。根据SCOR提出的定义，这个指标反映出在意识到由市场需求变动导致非计划产量增加20%后，供应链内部重新组织、计划、生产所消耗的时间。随着柔性制造系统（FMS）、成组技术（GT）以及计算机集成制造（CIM）的先进生产技术的应用，提高供应链整体柔性创造了条件。据调查研究，一流的制造商柔性在内部的制造能力上几乎没有约束，唯一的限制就是物料，要达到高效的柔性和响应性，需要在系统流程中注重与供应商紧密合作，采用战略联盟的方法减少供应商的数量，提高流程的连续性，采用JIT/看板采购，注重部件的通用化以及高效计划信息系统的采用。

（4）供应链目标成本达到比率。该指标从单一产品和流程的角度分析其在质量、时间和柔性上的流程改进是否达到预定的目标成本。目标成本合理化而非最小化是供应链运作所要达到的主要成本目标。

（5）供应链运作质量。供应链运作的质量综合反映在其运作对象——原材料、在制品、完工产品以及服务的质量上面。企业越来越意识到质量不仅是市场竞争的主要武器，它已成为企业生存的基本条件和必要的基础。因此供应链质量更注重于在整个供应链基础上的全面质量管理，保证供应链运作的有效性和客户服务的真实能力。

（6）完美的订单完成水平。这是物流运作质量的最终测量标准，完美订单关注总体整合的供应链厂商绩效。它衡量一份订单是否顺利地通过了订单管理程序的全过程，而且每一个步骤都快速而正确。完美的订单完成代表理想的绩效，一般应当符合以下的标准：①完成所需的各项发送；②根据客户提出的日期交货，允许发送偏差在一天以内；③精确无误地完成订货所需的文件，包括包装标签、提单和发票；④货品状态良好。当前最好的物流组织可以达到55%~60%的完美订货绩效，大多数组织则低于20%。

（三）未来发展性方面

供应链未来发展性直接关系到供应链的价值。严峻的全球竞争要求供应链必须不断地改进和创新，发掘整合供应链内部和外部的资源，提高现有流程、产品服务和开发新产品的能力。供应链的改进是一个动态的过程，持续改进主要通过四个方面进行。第一，重新设计产品及流程；第二，通过企业集成在组织间进行有效的调节和整合；第三，持续改进供应链的信息流管理，使供应链伙伴能够共享决策支持所需要的准确信息；第四，每个供应链需要随时注意外部市场的潜在威胁和机遇，重新定义核心价值。指标包括新产品开发循环期、新产品销售比率、流程改进效率等。

（四）财务方面

虽然供应链绩效的评价侧重于流程导向以及非财务指标，但平衡计分卡法依旧将财务目标作为所有目标的中心。当供应链伙伴目标得以实现后，供应链应该取得财务上的成功。经营目标的实现使得成本大为降低，提高了边际收益率；现金流得以更好的优化，获取更高的收益和资本回收率，以上三个方面绩效的提高可以保证财务方面的长期收益，因此，整个供应链的财务优化，依旧是重中之重。

1. 供应链资本收益率

等于客户的利润除以在此期间使用的供应链的平均资产。它反映了使用资产的增值性。

2. 现金周转率

这是一个联系供应链的整个流程的关键指标，评价供应链运作过程中现金在原材料、劳动力、在制品、完工产品直至现金的全过程。

现金周转率＝购买原材料到收到产品货款的平均时间

＝供应的库存天数＋销售天数－原材料的付款天数

3. 供应链总库存成本

很大程度上，财务绩效是可以从整个物流成本上反映的。物流成本是整个供应链生产运作中最为显著的成本。供应链中库存包括了原材料、生产装配中在制品、成品以及在途的库存成本。传统上，这些都用于生产缓冲，处理可能出现的不确定性。供应链中的库存成本包括：物料仓储、资本化的机会成本；存储状态以及WIP的库存成本；管理库存的管理成本；完工产品的在途成本；老化、残缺、损坏所造成的风险成本；修理返工成本；订单或缺造成的损失成本。

将供应链总库存成本进行分类可以包括采购、库存、质量以及交货失误等方面。供应链采购成本的评价包括订货、发运、进货质量控制的总和。供应链库存成本包括供应链过程中发生成本：原材料、WIP、完工产品的库存成本以及滞销和在途的库存成本。供应链质量成本是指在运作过程中由于质量问题而导致的沉没成本，包括产品残缺成本、维修成本和质量保证成本。而交货失误性成本包括缺货成本、误投成本等。这些指标可以单一地评价计算，更好地分析物流各部分成本绩效。

4. 供应链的库存天数

反映了资本在供应链运营中以库存形式的占用天数。它等于某个时期的物料、在制品、产品以库存形式占用的时间。

平衡供应链计分卡在四个方面上提出绩效评价方法如表 9-2 所示。

表 9-2　　供应链绩效评价平衡计分法框架

财务价值角度		业务流程角度	
目标	测评指标	目标	测评指标
收益 成本 效率	供应链资本收益率 供应链总库存成本 现金周转率	减少提前期 弹性响应 成本运作 设计革新	有效提前期率 时间柔性 目标成本 新产品销售率
未来发展性角度		客户服务角度	
目标	测评指标	目标	测评指标
流程化 信息集成 组织协调	产品最后组装点 信息共享率 团队参与程度	订单时间 客户保有 服务及时 客户价值	订单总提前期/循环期 客户保有 客户响应时间认同 客户价值率

实训

供应链管理绩效评价指标体系建立

（一）实训目的

通过实训，模拟供应链管理绩效体系的构建和绩效评价，使学生掌握供应链管理绩效评价中的重要指标。

（二）情景描述

河南花花牛集团是集奶牛繁育、乳制品加工、兽药制剂、牧草种植与加工、有机肥生产为一体的大型企业集团。集团拥有河南花花牛乳业有限公司、河南亚卫动物药业有限公司、河南花花牛集团牧业有限公司、河南中荷奶业科技发展有限公司和物业公司五个子公司，现有员工 3000 多人。截至 2013 年年底，集团销售收入突破 8 亿元。

集团技术力量雄厚，拥有博士、硕士、本科生等各层次专业技术人员 800 余人，河南省乳品工程技术研究中心以及郑州市的乳品工程技术研究中心、生物兽药工程技术研究中心、奶牛繁育工程技术研究中心等代表本地区、本行业最高水平的科研机构均设在花花牛集团。

集团行业优势突出，乳品加工业位居全省第一、全国二十强；兽药制造业位居全省第二、全国五十强；奶牛饲料和奶牛养繁均为全省第一位。“花花牛”和“亚卫”两大品牌均被评为河南省著名商标。

集团社会效益显著，带动养牛、种草农户 2 万多户，合同内奶牛 4 万多头，每年为农民带来收入超亿元，并带动了包装、运输等相关产业的发展，安置相关产业劳动力 3 万多人。

作为花花牛集团核心成员的河南花花牛乳业有限公司以“做强低温，突破常温，实现均衡发展，市场快速提升”为指导方针，积极推进公司精细化，进一步统一思想、规范管理，

2013 年根据市场风向标，花花牛乳业公司及时调整内部政策，优化产品结构，狠抓安全管控，制定一系列有针对性的措施和制度，积极开发新网点，加强渠道管理，努力扩大市场份额和占有率。积极进行设备新增和改造，扩大生产线，增加产能，强化奶源管理，及时解决产能不足和奶源不足问题。立足区域市场特点，大力发展区域化、差异化潜力产品优势，加大对新品开发的推广力度，提升产品议价空间和赢利能力。加强对物流及终端冷链建设的投入力度，确保产品新鲜度。

公司立足新鲜，借助以郑州为中心的“一小时生活圈”区域优势，带动 8 个地级市整体运营成效，强化区域乳业的“新鲜优势”，引导消费者“新鲜意识”和营养概念，逐步打破大企业常温垄断和渠道垄断的局面，2013 年实现销售收入 7.2 亿元，经营利润 4000 万元的良好佳绩。

（三）实训内容

分小组完成：

1. 绘制花花牛乳业供应链绩效评价调查表。
2. 建立生产商供应链绩效评价指标体系。
3. 小组实训结果汇报。

习题

一、选择题

1. 供应链绩效管理的目标是通过对供应链（　　）的监督和管理，协调各个环节和成员企业的利益分配，不断提高供应链及其成员企业运作的效率与效益，不断改善供应链性能和绩效水平。

A. 流程　　B. 节点　　C. 企业　　D. 结果

2. 影响供应链绩效的企业内部因素有（　　）。

A. 行业　　B. 客户　　C. 运作流程　　D. 组织结构

3. 通过分别描述和界定供应链流程模块，（　　）就可以用最通用的标准把一个实际上非常简单或是极其复杂的供应链流程完整地描述出来。

A. 层次分析法　　B. 平衡计分卡

C. 供应链运作参考模型法　　D. 标杆法

4. 供应链订单完成的总循环期是用来评价整个供应链（　　）方面的指标。

A. 顾客　　B. 财务　　C. 内部流程　　D. 创新与成长

5. 平衡计分卡是指通过建立一整套财务与非财务指标体系，包括（　　）指标，对企业的经营绩效和竞争状况进行系统、全面、综合地评价。

A. 财务绩效　　B. 客户

C. 内部业务流流程　　D. 学习与成长绩效

二、判断题

1. 完整的供应链绩效管理依次包括以下四个步骤：供应链绩效计划的制订、供应链绩效实施、供应链绩效评价、供应链绩效反馈，它们紧密相连，相互影响。（　　）

2. 虽然供应链涉及的行业不同，但供应链绩效管理的重点却是相同的。（　　）

3. 供应链绩效评价内容包括以下三个部分：一是内部绩效衡量；二是外部绩效衡量；三是综合供应链绩效衡量。（　　）

4. 模糊综合评价法是一种基于模糊数学的综合评价方法。该综合评价法是根据模糊数学的隶属度理论，将定量评价转化为定性评价，即用模糊数学对受到多种因素制约的供应链绩效做出一个总体的评价。（　　）

5. 平衡计分卡法是通过建立一整套财务指标体系，对企业的经营绩效状况进行评价。（　　）

三、案例分析题

1. 供应商评价

某企业生产的机器上有一种零件需要从供应链上的其他企业购进，年需求量为10000件。有3个供应商可以提供该种零件，他们的价格不同，质量也有所不同。另外，这3个供应商的交货提前期、提前期的安全期及要求的采购批量均不同。详细的数据如表9－3所示。

表9－3　　供应商基本数据

供应商	价格（元/件）	合格品率（%）	提前期（周）	提前期的安全期（周）	采购批量（件）
A	9.5	88	6	2	2500
B	10.00	97	8	3	5000
C	10.05	99	1	0	200

如果零件出现缺陷，需要进一步处理才能使用。每个有缺陷的零件处理成本有6元，主要是用于返工的费用。

为了比较分析评价的结果，共分3个级别评价供应成本和排名。

第一级：仅按零件价格排序

第二级：按价格＋质量水平排序

第三极：按价格＋质量水平＋交货时间排序

2. 供应商供货绩效及排序分析

首先，按第一个级别即价格水平排序。排出的结果如表 9-4 所示。

表 9-4　　供应商单价排名

供应商	单位价格（元/件）	排名
A	9.5	1
B	10.00	2
C	10.05	3

其次，按价格和质量成本的绩效排名。有缺陷零件的处理成本可根据不同的供应商的零件质量水平来计算。排出的结果如表 9-5 所示。

表 9-5　　供应商零件质量成本排名

供应商	缺陷率（%）	缺陷零件数量（个/年）	质量成本（元/件）	总成本（元/件）	总成本（元/件）	排名
A	12	1200	7200	0.72	9.5+0.72=10.22	2
B	3	300	1800	0 18	10+0.18= 10.18	1
C	1	100	600	0.06	10.50+0.06=10.56	3

最后，综合考虑价格、质量和交货时间的因素，评价供应商的运作绩效。交货期长短的不同主要会导致库存成本的不同。主要考虑下列一些因素：交货提前期、提前期的安全期、允许的最小采购批量、考虑缺陷零件增加的安全量（补偿有缺陷零件的额外库存）。

该企业用下列方式计算考虑提前期和安全的库存数量：

$$安全库存\ S_s = Ks\sqrt{L_S + L_{TS}}$$

式中：K ——根据质量可靠性（95%）确定的系数，取 K=1.64；

s ——标准偏差，在这里取 s=80，即每周的零件数量偏差 80；

L_S ——交货提前期；

L_{TS} ——交货提前期的安全期。

下面以供应商 A 为例计算库存相关费用。给供应商 A 设定的安全库存为：

$S_s = 1.64 \times 80 \times \sqrt{6+2} = 371$（件）

则库存物资的价值为：

$371 \times 9.50 = 3525$（元）

供应商 A 要求的订货批量为 2500 件，由订货批量引起的成本按下面的方法计算：

$(2500/2) \times 9.5 = 11875$（元）

用于预防有缺陷零件的成本是根据缺陷率和零件的总的库存价值计算的，即

(3525 + 11875) × 12% = 1848（元）

综合以上，得到如表 9－6 所示结果。

表 9－6　供应商库存成本排名

供应商	提前期引起的库存价值（元）	批量引起的库存价值（元）	总库存价值（元）	年缺陷零件造成的费用（元）	实际总库存成本
A	3525	11 875	15400	1848	17248
B	4350	25000	29350	881	30231
C	1376	1050	2426	24	2450

与零件库存相关的维持费用，如库房租赁费、货物保险费等，按库存价值的 25% 计算（这个系数根据企业的不同而不同）。计算结果如表 9－7 所示。

表 9－7　供应商维持费用

供应商	实际总库存价值（元）	维持费用（元）	单位零件成本（元/件）
A	17248	4312	0.43
B	30231	7558	0.76
C	2450	613	0.06

那么根据价格、质量成本、交货期的综合评价结果如表 9－8 所示。

表 9－8　供应商综合评价

供应商	价格（元/件）	质量成本（元/件）	交货期成本（元/件）	总成本（元/件）	排名
A	9.50	0.72	0.43	10.65	2
B	10.00	0.18	0.76	10.94	3
C	10.50	0.06	0.06	10.62	1

3. 结论

通过对三家供应商的供货运作绩效的综合评价，在价格、质量、交货时间及订货批量方面，供应商 C 最有优势，最后选择供应商 C 为供应链上的合作伙伴。

资料来源：沈莹，陈小威．供应链管理实务［M］．北京：清华大学出版社，2015.

思考： 1. 此案例中企业运用了哪些评价指标选择供应商？

2. 单一指标与综合指标体系有何不同？

第十章 供应链管理方法

第一节 快速反应

导入案例

如何避免陷入“响应陷阱”？

在供应链的快速反应上，很多公司容易走两个极端，陷入“响应陷阱”。其一是快速响应，保住了营收却牺牲了赢利——生意做成了，代价是投入大笔固定资产（产能）、建立大量的库存，再加上加急赶工、特快专递，结果是虽然账面上赚了，赚的却进了库存，或者形成固定资产积压。这种情况在企业扩张期很普遍，可以说是现阶段本土企业的通病。其二是慢速响应，保住了利润率却牺牲了营收，在欧美、日本等成熟经济体比较常见。这些国家的企业经历了高增长/高成本向低增长/高成本过渡的痛苦，吃过重资产、快速扩张的亏，对扩张产能、增加固定投资、雇用人员心有余悸，所以就格外保守。他们的策略是不见兔子不撒鹰，但当能看见兔子的时候，却往往已经迟了——新兴经济体的那些信心饱满、“无知无畏”的竞争对手们早都把鹰升空了，这肉自然就轮不到他们了。所以，这些企业就失去了竞争力，市场份额也被一步步蚕食。

两种情况，看似结局不同，根源其实都差不多，即企业对需求变化缺乏行之有效的响应措施，陷入所谓的“响应陷阱”。两个“响应陷阱”，其实是销售和运营互扣人质，都是公司的大问题。

快速响应、高成本的“响应陷阱”下，销售把运营扣作人质。供应链运营成为牺牲品倒不可怕，可怕的是运营人员的受害者心态：“你有你的钢刀快，我有我的脖颈硬”——不就是要货吗，我就给你用钱堆。不计成本，连原子弹都能整得出呢，生产些产品有什么难！结果呢，需要的东西是生产出来了，成本也是惊人。要怪，那只能怪销售、怪客户、怪市场。客户、市场当然不会辩解，但公司的赢利不会撒谎。这在快速扩张、销售强势的公司挺常见，是现阶段本土企业的通病。高增长、高成本，一旦增长放缓，成本没法相应降低，公司就陷入困境，甚至突然死亡。

慢速响应、低成本的“响应陷阱”下，运营把销售扣作人质。这在成熟的、财务主导的公司较常见。公司大了，山头林立，部门利益高过公司利益，加之内部职能离客户越来越远，公司就失去了紧迫感。财务和运营主导公司，其实比设计与销售主导公司好不到哪里，如果不是更坏的话。这些人按部就班，制造出各种各样的流程，规范操作的同时也约束了自己，对市场的反应速度太慢。这在那些"曾经阔过"的公司，比如那些如雷贯耳的大牌公司中，随便拿出一个都是例子。他们虽说避免了高成本、快速响应模式下的突然死亡，却逃不脱温水煮青蛙、死于安乐的命运。

两种"响应陷阱"都是卓越运营的反面例子，即没法以合理的成本递交完美订单，兼顾服务和成本两大目标。企业需要发掘第三条路，即在适当的成本下，提高供应链的响应速度。这需要从供应链的视角推动各职能的协作，把交期做下来、质量提上去，同时把成本控制在合理范围内。

资料来源：http：//scm-blog. com/2014/11/response-trap. html.

思考：1. 供应链究竟应该如何响应？

2. 如何有效利用快速响应方法优化供应链管理？

一、快速反应产生的背景和应用

自 20 世纪 70 年代后期，美国纺织服装的进口业务急剧增加，严重威胁本地纺织服装企业。为此，美国一些主要的经销商共同成立了"用国货为荣委员会"，通过媒体宣传国产纺织品的优点，并采取共同促销活动，另外委托零售业咨询公司 Kurt Salmon 开展如何提高竞争力的调查。Kurt Salmon 公司充分调查后指出，纺织产业供应链各环节的企业都十分注重提高自己的经营效率，但整个供应链整体的效率却并不高。为此，为改进经营效果，提升供应链整体效率，Kurt Salmon 公司建议零售业者和纺织服装生产厂家高度合作，充分共享信息资源，构建一个快速响应系统（Quick Response，简称快速反应）增加本土纺织品的市场份额，以获得销售额增长，实现投资收益率提升和顾客服务的最优化，以及降低库存量、避免商品缺货、降低商品风险和减价最小化、稳定价格等目标的实现。

1985 年之后，快速反应概念开始在纺织服装等行业广泛普及并应用。其中，沃尔玛可以说是最早推行快速反应的先驱，在纤维纺织品领域沃尔玛与休闲服生产商塞米诺尔和面料生产商米尼肯公司结成了供应链管理体系。通过多年努力，沃尔玛利用先进信息系统把零售店商品的进货和库存管理职能转移给供应方（生产厂家），由制造商对沃尔玛的流通库存进行管理和控制，这即供应商管理的库存方式（Vendor Managed Inventory，VMI）的最初起源。供应商通过双方互联的信息管理系统能够对沃尔玛流通中心存放在本公司的商品进行及时、全面地分析，准确把握商品的销售和库存动向。在此基础上，决定发货的类型、发货时间发货方式以及收货地点。并采用连续补充库存的方式。大大减少了本企业和沃尔玛的库存，增强了沃尔玛各店铺商品投放的有效性，提升了经营效果、降低了经营风险并实现了整个供应链的库存水平最小化。

从沃尔玛的成功实践看，快速反应是零售商和制造商建立战略合作伙伴关系，利用 EDI 等信息技术，及时进行销售时点的信息交换以及订货补充等其他经营信息的交换，用高频率小批量的配送方式连续补充商品，缩短交货周期，减少库存，提高顾客服务水平和企业竞争力。

沃尔玛实施快速反应系统应用的成功再加上美国纺织服装业相关民间团体的努力，促进了快速反应在美国国内纺织服装行业和企业的应用与普及。从 20 世纪 80 年代中后期到 90 年代，针对快速反应的学术研究和应用成为热点，各民间团体每年组织快速反应应用成果研讨与发表会，吸引了众多企业参加，并在 QR 广泛应用方面取得了明显效果。

日本是全球第二个发展快速反应计划的国家。在美国实施快速反应计划之后，日本一部分产地和自治体也开始热心开展快速反应研究，与此同时，许多纤维类，衣料品工厂和机械厂也努力进行快速反应的应用。但在最初开始阶段主要还是停留在与生产、物流、信息流通相关的机械设备等系统的开发工作，后期才开始制定 QR 标准和并建立战略联盟。

1994 年 3 月日本政府以临时措置法改善为基础，从 1994 年度开始将快速反应作为基础整备事业，开始推进标准化并建立战略联盟。并在同年 9 月设立围绕快速反应普及和推进为目的的日本国内最重要的民间组织——快速反应推进协议会。

此后，以实现快速反应，建立战略联盟为目标的企业集团不断增加。从 1994 年度起，日本每年举办例行的“快速反应日本大会”，通过发表快速反应研究和应用成果，对加深国内企业对快速反应的理解与应用，对构建战略联盟起到了积极作用。

二、快速反应的概念与内涵

2006 年颁布的《物流术语》国家标准中将快速反应（Quick Response，QR）定义为供应链成员企业之间建立战略合作伙伴关系，利用电子数据交换（EDI）等信息技术进行信息交换与信息共享，用高频率小批量配送方式补货，以实现缩短交货周期、减少库存、提高顾客服务水平和企业竞争力为目的的一种供应链管理策略。

快速反应这种新型的合作方式意味着供应链合作各方改变之前的敌对的竞争关系、短期的合作关系，而是以战略伙伴关系来提高向供应链终端客户的供货能力，同时降低整个供应链的整体库存量和供应链总成本。

合作双方用先进的 IT 来有效地管理，共享彼此间的商品流和信息流，并在管理中接受新的“开放”关系的时候，快速反应才能真正发挥作用。

快速反应最重要的效果在于降低供应链总库存和总成本的同时提升销售额。所以成功的“快速反应”伙伴关系势必会提高供应链上所有伙伴的获利能力并降低供应链整体风险。

实施快速反应业务能够成功的前提是零售商和厂商之间保持良好关系，即战略伙伴关系。成功的战略伙伴应具备长期一致的目标、跨部门的沟通、持续关注顾客需要、不断监测业绩、巨大的增长潜力等条件。除此之外要形成良好的战略伙伴关系还应做到彼此理解对方的目标和局限，适时更新业务战略和业务实践，建立畅通有效的沟通渠道，在公司内部和战略伙伴之间持续推行培训计划，实施并推广跨行业通信标准，在谈判中追求双赢甚至多赢。

三、快速反应的实施条件

1. 改变传统的经营方式、企业经营意识和组织结构

企业须改变传统的经营方式，应充分利用外部合作来提高合作双方的经营效率；必须改变传统的事务作业的方式，利用先进的信息技术实现事务作业无纸化和自动化。

2. 开发和应用现代信息处理技术

开发和应用现代先进的信息处理技术是成功进行快速反应活动的前提条件。相关的信息技术有条码技术，电子订货系统（EOS），销售时点系统（POS 系统），EDI 技术，电子资金转账（EFT），供应商管理库存（VMI），连续补货（CRP）等。

3. 建立供应链战略伙伴关系

建立供应链战略伙伴关系包括积极寻找和发现战略合作伙伴和建立合作伙伴之间分工和协作关系。

4. 实现信息的充分共享

供应链合作伙伴之间在成本信息、库存信息、生产信息、销售信息等各方面信息透明化，并与合作伙伴充分交流分享，并在此基础上实现共担风险，共同发现问题、分析问题并共同解决问题。

5. 缩短生产周期，降低商品库存

在生产上实现多品种、少批量，在配送上实现高频率、小批量，降低各环节的库存水平，提高总体顾客服务水平。在商品实际需要明确后及时采用 JIT 生产方式组织生产，减少供应商自身的库存水平。

四、实施快速反应的步骤

快速反应的实施需经过六个步骤，每一步骤都是以前一步骤为基础，需要额外的投资，但同时也比前一个步骤更能带来更高的回报。快速反应实施步骤详如图 10－1 所示。

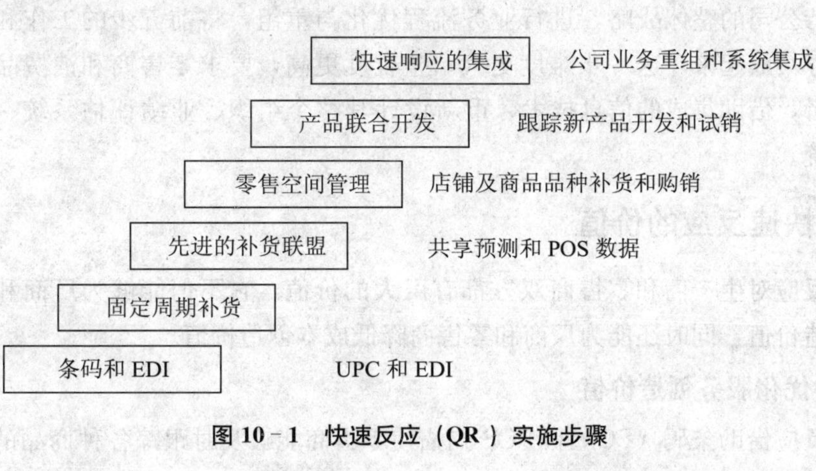

图 10－1　快速反应（QR）实施步骤

1. 条码和 EDI

借助于条码和 EDI 系统 POS 机收款速度更快，供应链各成员能更准确、及时地获取销售数据，并使信息沟通更加流畅。多数零售商和厂商都充分了解 EDI 的重要性，已经借助 EDI 实施了一些共同的基本的交易活动如制订采购订单、发票等，而且很多大型零售商也强制其厂商实施 EDI 来保证快速反应。不过 EDI 的全面实施还需要时间。

2. 固定周期补货

快速反应的自动补货要求各供应商能够做到快速、频繁地运输重新订购的商品，从而保证店铺不缺货，并进一步提高销售额。自动补货是指基于由零售商、批发商在仓库或店内进行的，销售预测的自动化。自动补货借助于过去和目前销售数据及其可能变化的软件进行定期预测，同时考虑企业目前的存货情况和其他一些因素，以确定订货量。

3. 先进的补货联盟

建立先进的补货联盟是为了保证补货业务的流畅。零售商和生产商联合起来检查销售数据，共同制订关于未来需求的计划和预测，在保证有货和减少缺货的前提下降低库存水平。甚至由消费品制造商管理零售商的存货数量和补货策略，以加快库存周转速度，提高投资毛利率。

4. 零售空间管理

零售空间管理即按照每个店铺的需求模式来确定其经营商品的花色品种及补货业务。通常来说，对于花色品种、数量、店内陈列及培训或激励售货员等决策，消费品制造商也可以参与甚至制定决策。

5. 联合产品开发

联合产品开发的重点不再是一般需求稳定的商品，而是服装等生命周期很短、客户需求波动性强的商品。厂商和零售商联合研发新产品，借助于密切合作，缩短更新周期，加快新产品投放时间，而且可以经常在店内对新产品进行试销。

6. 快速反应的集成

为支持公司的整体战略，进行业务流程优化与重组，将前五步的工作和实现公司的整体业务集成起来。这一步难度更大，整合度更高，要求零售商和消费品制造商围绕着消费者，借助集成的信息技术，重新设计其整个组织、业绩评估系统、业务流程和信息系统。

五、快速反应的价值

快速反应对生产商和零售商双方都有巨大的价值，它不但能够为厂商和零售商优化服务创造价值，同时还能为厂商和零售商降低成本创造价值。

（一）优化服务创造价值

快速反应借助条码（BC）和 POS 扫描使零售商能够及时跟踪各种商品的销售和库存情况，从而更好地为店铺提供服务，最终为顾客提供更好的产品与服务，提升顾客的满意度和忠诚度。同时，由于保证生产商与零售商的长期合作关系，生产商的送货与承诺相一致，生产商能够更好地协调与零售商间的关系，长期有效的顾客服务能够提高顾客的忠诚度，不但持续接受服务成为长期优质客户，更有可能为企业做宣传，为其带来新的客户，增加其市场份额。

（二）降低成本创造价值

1. 降低流通成本创造价值

基于共同预测、终端销售的快速反应可以提高生产商库存周转速度，基于条码和EDI的应用，可以减少需要处理和盘点的库存量；发货后零售商直接扫描标签，减少了手工检查，可以保证零售商到货所发生的成本最低，从而可以通过降低流通成本创造价值。

2. 降低管理费用创造价值

由于快速反应的实施可以实现订单直接传输，对生产商而言提高了采购订单的准确率，减少了额外发货，错发货的可能。且在发货之前，仓库可以扫描运输标签并向零售商提前发出运输通知；对零售商而言采用了电子发票及预先发货清单技术（Advanced Shipping Note，ASN）避免了发票输入及发票例外处理等作业，从而降低了管理费用创造价值。

3. 降低采购成本创造价值

实施了快速反应之后零售商采购流程简化了，订单准备、订单创建、订单发送及订单跟踪变得操作简单、周期变短，采购成本得到优化进而创造价值。

4. 降低投资创造价值

快速反应实施后，生产商能够提高生产计划的精度，降低生产批量，从而降低投资创造价值；零售商可以根据顾客需要高频率小批量地进货降低库存投资和运输成本从而减少投资创造价值。

5. 降低风险创造价值

快速反应可以有效地进行销售预测，并能够准确获取销售信息，生产商可以准确地安排计划生产，降低了生产滞销的可能；零售商可以更多地增加顾客需要的商品的储备，避免顾客不需要商品的过多存货，降低了降价销售的可能；降低了企业运营的风险，从而降低了供应链整体运营成本创造价值。

第二节 高效客户反应

导入案例

“华联超市登高 ECR” 计划

上海华联超市在ECR应用重点体现在品类管理科学优化方面。上海华联超市在品类管理方面的实践分为两部分：第一，品类优化，即通过数据评估卖场中某个品类下各规格单品的销售业绩，比照市场数据，作出品类规格决策；第二，货架管理，则是在各种销售份额的基础上，合理安排货架陈列与展示。自2000年开始，华联超市和宝洁公司就品类管理方面进行通力合作。根据门店规模及现有货架的差异，对众多门店进行分类，并针对不同类型的门店进行品类的优化和货架图纸的制作。在对洗发水品类的测试与推广过程中，这一合作取得了十分明显的效果。在对50家测试门店的统计的基础上发现，品类管理成功地将品类的总脱销率由原来的11%降低至5%，将洗发水品类销量提高了7%。其经验是：结合连锁超市企业各单体门店位置、经营面积的差异性，门店经营促销活动的频繁及门店执行质量的控制等因素，华联超市对门店品类优化、货架管理、商品组织表及配置表等方面进行了精细而深入的探索。第一，相关管理部门利用不同渠道收集市场销售数据，对各品类内各规格进行排名，评估各规格商品对整个品类的意义和潜力，对消费者购买行为和决策进行研究并对各规格商品作出不同决策和结论。第二，在品类优化的基础上，华联按照商品的销量排行、二八法则下的20%商品、对供应商的承诺这三个因素，选择商品配置，并对每张配置表进行了排放试验，规定了每个商品的排面、高度和深度与数量。另外，通过对大卖场系统的品类管理研究，做出了更为细致的商品组织表，然后作出不同类型商场、不同地域要求的商品配置表，从商品分类入手抓采购业务和门店管理业务，已初步取得了成效。

资料来源：http：//www.cmmo.cn/article—10360—1.html.

思考：上海华联超市ECR实践成功的原因？

一、高效客户反应产生背景

美国食品行业的危机引入了高效客户反应系统，并最早应用在食品行业中。因为食品种类繁多和品种复杂，食品生产和食品流通企业适应顾客需求越来越困难，传统的商品供应体制无法适应现代流通市场的需求，销售额逐渐减少。企业很难遇到反复购买同一种食品的消费者，企业原有的营销方法也不适用了。消费者对商品价格、商品品质日益敏感，但商品的供应方式却并未改变，这与消费者的需求相离越来越远。零售商在与进货商打交道时煞费心机，但仍改变不了销售利润率下降的趋势。在此背景下，食品业开始探索新的运作方法。1992年初，美国食品营销协作组织（FMI）成立了一个特别工作组，重点研究商品供应的新体制，并由KSA公司执行具体作业分析。该公司对美国食品行业展开调查，提出物流运作、商品品种、商品促销和新商品的引入等四大需要改革的领域。KSA公司针对以上四大领域的改革措施和信息技术提出了一种综合运作系统，这就是高效客户反应系统，并在1993年召开的FMI大会上公开发表了高效客户反应系统。

二、高效客户反应的概念与内涵

2006年颁布的《物流术语》国家标准中对高效客户反应（Efficient Consumer Response，ECR）的定义指以满足顾客要求和最大限度降低物流过程费用为原则，能及时做出准确反应，使提供的物品供应或服务流程最佳化的一种供应链管理策略。

高效客户反应是一种把之前处于分离状态的供应链有效联系在一起，从而满足消费者需要的重要工具。有效客户反应活动是贯穿供应链各方的总体过程，这个过程具体包括有效率的店铺空间安排，有效率的商品补充，有效率的促销活动和有效率的新商品开发与市场投入四个核心过程。有效客户反应系统示意如图 10－2 所示。

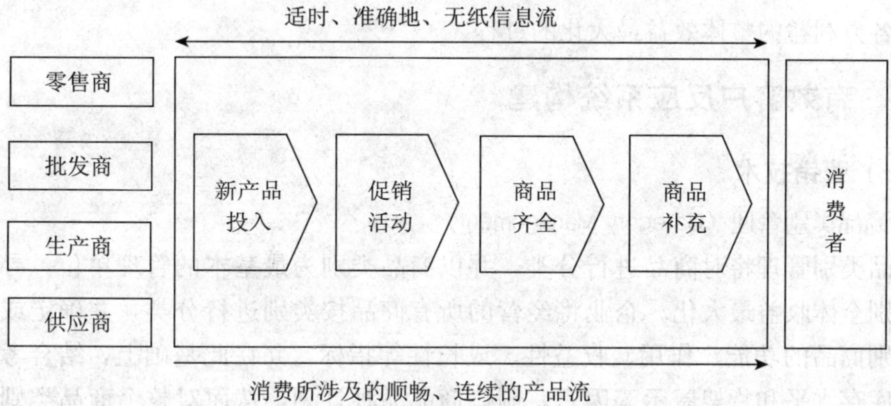

图 10－2　有效客户反应系统示意

有效客户反应的最终目标是构建一个具有高效反应能力和以满足客户需求为基础的系统，使零售商与供应商之间形成供应链合作伙伴关系，提高整个食品杂货供应链的效率，从而大大降低整个系统的供应链成本、库存和整体物资储备，同时更好地为客户提供服务。有效客户反应是由制造商、批发商和零售商等供应链节点组成各方相互协调和充分合作，从而以更好的产品与服务、更快的响应速度并以更低的成本满足消费者需要。

有效客户反应的优点在于供应链各方充分合作，充分共享信息和诀窍，能够共同满足消费者需求。

三、有效客户反应实施原则

（一）提升消费者价值

有效客户反应的目的是以低成本向消费者提供高价值服务。

（二）双方共赢

有效客户反应要求供需双方关系必须从传统的短期、零和竞争的交易关系向长期、双赢甚至多赢型联盟伙伴关系转化。

（三）信息及时准确

及时有效地获取信息是有效客户反应的重要保证。

（四）价值最大化

有效客户反应要求从生产线末端的包装作业到消费者获得商品的整个商品转移过程产生最大的附加价值，使消费者在需要的时间能够及时获得所需要的商品。

（五）利益均衡

有效客户反应为了实现供应链整体的效益的优化（如降低成本、减少库存、提高商品价值与供应链总体价值等），要求建立共同的、协调一致的成果评价体系，要求在供应链范围内进行公平的合理的利益分配。

由此可以看出，有效客户反应是供应链各方推进真诚合作来实现消费者满意和实现基于各方利益的整体效益最大化的过程。

四、有效客户反应系统构建

（一）营销技术

1. 商品类别管理（Category Management）

商品类别管理将对商品进行分类，并以商品类别为最基本的管理单位，寻求整个商品类别全体收益最大化。企业将经营的所有商品按类别进行分类，并确定或评价每一个类别商品的功能、作用、收益性、成长性等指标，并在此基础上，结合考虑各类商品的库存水平和货架展示等因素，制订商品品种计划，从而对整个商品类别进行整体管理，以便在提高消费者服务水平的同时增加企业的销售额和收益水平。

2. 店铺空间管理（Space Management）

店铺空间管理是对店铺的陈列空间安排，各类商品的展示数量与比例，商品在货架上的布置等进行最优化管理。在有效客户反应系统中，店铺空间管理和商品类别管理同时进行，相互影响。在综合店铺管理中，对于该店铺销售的所有类别的商品按其价值贡献大小及产品特点分配相对应的货架展示面积，对于每个类别下的不同品种的商品进行货架展示面积分配和展示布置，以达到提高单位营业面积的销售额和单位营业面积的收益率的目的。

（二）物流技术

1. 连续库存补充计划（Continuous Replenishment Program，CRP）

连续库存补充计划是由制造商控制和管理的商品连续补货，控制和监督商品从制造商至仓库或物流者的整个流程。具体是由零售商的采购人员，向制造商提供真实的现有库存以及库存变化的数据，通过连续补货程序，由制造商负责（而不是零售商的仓库）对仓库库存的补货。

2. 自动订货（Computer Assisted Ordering，CAO 计算机辅助订货）

自动订货是一种借助专家系统进行订货决策的计算机软件，该软件能自动分析来自 POS 系统和仓库的商品销售数据和交货数据，并做出合理的销售预测，在人为干扰最小的条件下，自动发出从仓库或物流中心至零售店的店铺补货订单。

（1）EFT 系统（Electronic Funds Transfer System）。EFT 系统（电子支付）又称电子资金转账系统，是以电子数据形式存储在计算机中，并通过银行计算机网络来流动的资金以及其以其赖以生存的银行计算机网络系统。借助 EFT 系统可以减少现金流量，加快资金的周转速度，加快资金的结算和划拨，提高银行的工作效率，增加银行的赢利；借助 EFT 系统可以减少干预的环节，增强客户和商业机构的资金安全性；借助 EFT 系统可以为社会提供包括代发工资、代收代扣、代理证券买卖、客户自我服务、电子付款、电话银行在内的综合金融服务。例如，借助 EFT 系统可以促进社会生产、交换和消费方式的转变，为人们日常生活、旅行、购物等带来了巨大的便利，提高人们生活水平和质量；借助 EFT 系统可使各行往来的资金自动处理，并融储蓄、信贷和非现金结算多功能为一体。

（2）预先发货通知（Advanced Shipping Note，ASN）。预先发货通知是由制造商或者批发商在发货时利用电子通信网络提前向零售商传送货物的明细清单，以便零售商有充裕的时间做好进货准备工作，同时可以帮助零售商省略到货物数据的输入作业，提高商品检验作业的效率。另外，购买商还可以凭借此清单核对订单交货数量、剩余数量等，及时更正数量上的错误。

（3）直接转拨（Cross-Docking）。直接转拨是在零售商的流通中心，不经过存储直接把来自各个供应商的货物按发送店铺迅速进行分拣装车，并向各个店铺发货，也即是中转配送。这样利于缩短交货期、降低库存、提高库存周转率进而节约成本。

（4）店铺直送（DSD，Direct Store Delivery）。店铺直送是厂家直接将货物供至零售终端，这样可以为厂商节省渠道费用，为商家节省采购成本，降低商品的价格，同时保持较高的商品新鲜度，降低商品运输破损可能性，缩短交货周期。

（三）信息技术

1. EDI 技术（Electronic Data Interchange，电子数据交换）

EDI 技术是按照商定的协议，将商业文件标准化和格式化，并借助计算机网络，在合作伙伴的计算机网络系统之间进行数据交换和自动处理。利用 EDI 技术可以在供应链企业间传送订货单、发货清单、价格变化信息和付款通知单等文书单据以及销售时点数据、库存信息、新产品开发信息和市场预测信息等直接与经营有关的信息，从而可以提高企业乃至整个供应链的运营效率。

2. POS 技术（Point of Sale，销售时点系统、销售终端）

POS 技术是一种多功能终端，能实现电子资金自动转账，它具有支持消费、预授权、余额查询和转账等功能。对零售商而言，通过收银台自动读取的 POS 数据进行整理分析，可以掌握消费者需求，明确商品销售情况与趋势，为商品分类管理、库存管理和订货管理工作打好基础。对厂家而言，通过 POS 数据，可以有效制订生产计划，开发适销的新产品。同时零售商可以借助 POS 与顾客卡、点数卡等结合，通过对顾客消费数据进行分析，把握顾客的购买行为，区分不同层次的顾客的需求，进而针对性地做好促销工作。

（四）组织革新技术

1. 企业内部革新技术

企业内部传统的组织结构往往是按职能进行划分，借助企业内部革新技术则形成新的按商品流程进行划分的扁平式、横断型的组织形式。具体而言即是把企业不再按采购、生产、物流、销售、财务等作为职能部门而是把企业经营的所有商品划分不同类别，并针对每一个商品类别设立对应的管理团队（事业部），以这些管理团队为核心构建新的组织形式。按该形式组织之后，给每个商品类别管理团队设定不同的经营目标，并在采购、品种选择、库存补充、价格设定和促销等方面给予相应的权限。每个管理团队由一个总负责人和几个分职能领域的团队成员组成，管理团队规模较小且团队成员职责明确，团队内部易交流，各职能之间容易协调。

2. 企业间的革新技术

供应链合作伙伴之间进行充分信息共享和信息交换。制造商和零售商都在自身企业内部建立以商品类别为管理单位的管理团队，这样双方在相同商品类别的管理团队可聚焦起来，讨论涉及产品研发设计、原材料采购、生产计划和销售状况，以及消费者动向的有关该商品类别的全部问题。这种企业间的革新技术往往产生于战略合作伙伴之间，依赖于企业最高决策层的支持。

3. 成本会计的革新技术

有效客户反应强调通过供应链各成员充分信任，深度合作来实现基于消费者满意和基于各方利益合理分配并实现整体效益最大化的过程。这就要求供应链产生的收益要在供应链各成员中进行合理分配，也就是要求明确供应链各成员具体的活动成本以及该活动所带来的明确的收益。这就需要企业把按部门和产品区分的成本计算方式改变为基于活动的成本计算方式。而基于作业成本的 ABC（Activity－Based Costing，ABC）计算方式把成本按各项作业进行分摊，并确定每个作业在各个产品上的分配，以此为基础计算出产品的成本。另外，进行基于作业的管理（Activity－Based Management，ABM），即改进活动内容，排除不必要的无效作业，从而减少作业成本。

五、快速反应与高效客户反应的比较

（一）快速反应与高效客户反应的差异

快速反应主要集中在一般商品和纺织行业，其主要目标是对客户的需求做出快速反应，并快速补货。高效客户反应主要以食品行业为对象，其主要目标是降低供应链各环节的成本，提高效率。因为食品杂货业与纺织服装行业经营的产品的特点不同：杂货业经营的产品多数是一些功能型产品，每一种产品的寿命相对较长（生鲜食品除外），因此，订购数量不准确所带来的损失相对较小。纺织服装业经营的产品多属创新型产品，每一种产品的寿命相对较短，因此，订购数量不准确造成的损失相对较大。

1. 侧重点不同

快速反应侧重于缩短交货提前期，快速响应客户需求；高效客户反应侧重于减少和消除供应链的浪费，提高供应链运行的有效性。

2. 管理方法的差别

快速反应主要借助于 IT 实现快速补发，通过联合产品研发缩短产品上市时间；高效客户反应除新产品快速有效引入外，还实行有效商品管理、有效促进滚动。

3. 适用的行业不同

快速反应适用于单位价值高，季节性强，可替代性差，购买频率低的行业；高效客户反应适用于产品单位价值低，库存周转率高，毛利少，可替代性强，购买频率高的行业。

4. 改革的重点不同

快速反应改革的重点是提升补货和订货的速度保证最大程度地消除缺货，并且只在商品有明确需求时才去采购。高效客户反应改革的重点是效率和成本。

（二）共同特征

快速反应和高效客户反应的共同特征表现为超越企业之间的界限，通过合作追求物流效率化。具体表现如下。

1. 贸易伙伴间商业信息的共享

即零售商将原来不公开、不共享的POS系统单品管理数据及时提供给制造商或分销商，制造商或分销商通过对这些数据的有效分析来实现高精度的商品进货、调整计划，降低供应链整体库存，防止出现次品，进一步使制造商能制订、实施所需对应型的生产计划。

2. 商品供应方进一步涉足零售业，提供高质量的物流服务

作为商品供应方的制造商或分销商比以前更接近位于流通最后环节的零售商，特别是零售业的店铺，从而有效保障物流的高效运作。当然，这一点与零售商销售、库存等信息的充分、及时公开是紧密相联的，即分销商或制造商所从事的零售补货机制是在对零售店铺销售、在库情况迅速了解的基础上开展的。

3. 借助EDI实现企业间订货数据或出货数据的传送无纸化

企业间通过积极、灵活运用EDI信息通信系统，来促进相互间订货业务、发货业务的高效化。计算机辅助订货（CAO）、卖方管理库存（VMI）、连续补货（CRP）以及建立产品与促销数据库等策略，打破了各自为政的存在信息壁垒的传统的信息管理、库存管理模式，体现了供应链的集成化管理思想，适应市场变化的要求。

第三节　协同计划预测及补货

导入案例

沃尔玛与莎拉·李的CPFR运作

沃尔玛是最早采用协同计划、预测和补货（CPFR）的零售企业，它通过全盘管理、网络化运营的方式来管理供应链中的相关贸易伙伴。沃尔玛利用CPFR建立起一套针对每件商品的短期预测方法，用以指导订货。这种由相互协商确立的短期预测成

为有效改进需求管理的动力，实现了对供应和库存水平的更好控制。CPFR 项目的实施帮助沃尔玛和供应商节约了大量的库存维护成本，并促使沃尔玛逐步成为一个准时制系统。沃尔玛实施了一个数据仓库项目，在一台中央服务器上汇总历史数据并进行分析，从数据中更好地了解商业环境，并做出最好的决策。最初系统只收集销售点和运输的数据，之后数据仓库包括了 65 周的库存数据、预测数据、人口统计数据、降价数量、退货和市场数据，这些数据按照每件商品、每个商店和每一天进行归类。数据仓库中除了沃尔玛的运营数据以外，还包括竞争对手的数据。这些数据向沃尔玛的买家、中间商、物流提供商和预测相关人员，以及 3500 家合作伙伴开放。莎拉·李公司的产品主要分为三类：食品、饮料及杂货；个人消费品；家庭和个人护理用品。

沃尔玛与莎拉·李合作的 CPFR 项目的目标包括：第一，验证 VICS 组织所提出的 CPFR 引导行业运作模式的可行性，从而确认其业务流程与技术创新的正确性，并找出错误的步骤与环节，作为后续修正的参考和依据。第二，通过执行示范性项目，确认执行阶段的实物性原则与流程的应用方式。

沃尔玛与莎拉·李合作的 CPFR 项目始于 1998 年 7 月，初步进行 24 周，其具体实施范围包括建立销售预测，确认销售预测的例外情况，协同和解决销售预测的例外情况。项目参与人员来自两家公司，涉及信息、销售以及物流等多个部门，同时还包括起始阶段来自信息系统项目（多个应用系统发展项目）、预测与补货、物流、营销、供应链和销售等部门的工作人员。在执行过程中，项目首先依据 VICS 的 CPFR 指引，构建出导入的执行架构，由协同工作阶段开始，进行完整的计划。之后，进行实务层面的分析与计划，明确划分职责归属，在协议达成后，再改进双方的政策来执行，例如，预测的方式与步骤。在项目进行中发现，由于事前的协议阶段的非正式性，在初始阶段必须制定一系列的方针策略和处理例外的原则。另外，跨组织整合系统，在项目中对协同起到了关键性作用。如促销、补货、生产、产能、预测等信息，在真正实现共享时出现了一定的难度。因此，跨组织整合系统是一个关键，需要付出的努力更多。

沃尔玛与莎拉·李合作的 CPFR 项目成果。就总体目标而言，项目已成功达到了预期目标，证明了 VICS 所提出的业务架构与信息系统的可行性。就具体的执行目标而言，经过 24 周，成功改进了各项指标。在伙伴关系方面，也获得了重大的改善和成果。由于 CPFR 项目的实施，合作伙伴间增加了沟通的频率，特别是在多个部门间构建了沟通的管道，开始分享策略上的创新。在内部跨部门协同上，因项目的开展也有了显著的改善。整体来说，所获得的成果具有真正的价值，而且双方都承诺以双赢为目标去继续开展未来业务。

资料来源：http：//www.docin.com/p-737497858.html.

思考：CPFR 有效实施的关键是什么？

一、CPFR 的概念

2006 年颁布的《物流术语》标准中对协同、计划、预测与补货（Collaborative Planning Forecasting and Replenishment，CPFR）的定义是应用一系列的信息处理技术和模型技术，提供覆盖整个供应链的合作过程，通过共同管理业务过程和共享信息来改善零售商和供应商之间的计划协调性，提高预测精度，以最终达到提高供应链效率、减少库存和提高客户满意程度为目的的供应链库存管理策略。

二、CPFR 出现的背景

随着经济环境的变化、IT 的进一步发展以及供应链管理逐渐为全球所认同和推广，供应链管理开始更进一步地向无缝对接转化，促使供应链的整合程度进一步提高。

高度供应链整合的典型项目就是沃尔玛所推动的 CFAR 和 CPFR，这种新型系统不仅能对企业本身或合作企业的经营管理情况给予正确指导和有效监控，更能通过信息共享实现联动的经营管理决策。

CFAR（Collaborative Forecast And Replenishment）是利用 Internet，通过零售企业与生产企业的合作，共同做出商品预测，并在此基础上实行连续补货的系统。

CPFR（Collaborative Planning Forecasting and Replenishment）是在 CFAR 共同预测和补货的基础上，扩大了共同计划的制订的范围，不仅合作企业之间实行共同预测和补货，而且将原来属于各企业内部事务的计划工作（如生产计划、库存计划、配送计划、销售规划等）也由供应链各企业共同参与。

CPFR 研究的重点如何使供应商、制造商、批发商、承运商及零售商之间建成协调一致的伙伴关系，从而保证供应链整体计划、目标和策略的先进性。

三、CPFR 的特点

（一）协同

CPFR 要求双方承诺长期公开沟通、充分信息分享，从而确立其协同性的经营战略。协同的第一步要求签署保密协议、建立纠纷解决机制、确立供应链计分卡并形成共同的激励目标。在确立协同性目标时，不但要建立起双方的效益目标，更要确立协同的赢利驱动性目标，从而确保协同性能体现在流程控制和价值创造的基础之上。

（二）规划

CPFR 要求有合作规划（商品品类、商品品牌、商品分类、关键品种等）以及合作财务（商品销量、订单满足率、商品定价、商品库存、商品安全库存、毛利等）。此外，为了实现共同的目标还需要双方协商共同制订促销计划、库存政策变化计划、产品导入与中止计划，以及仓储分类计划。

（三）预测

CPFR 强调买卖双方必须做出最终的协同预测。CPFR 所推动的协同预测不但关注供应链双方共同做出最终预测，而且更强调双方都应参与预测反馈信息的处理和预测模型的制定和修正，特别是如何处理预测数据的波动性等问题。最终实现协同促销计划是实现预测精度提高的关键。

（四）补货

销售预测必须利用时间序列预测和需求规划系统转化来进行订单预测，并且需要供应链双方协商确定包括订单处理周期、前置时间、订单最小量、商品单元，以及零售方长期形成的购买习惯等的供应方约束条件。协同运输计划也是补货的主要因素。例外状况出现的比率、需要转化为存货的百分比、预测精度、安全库存水准、订单实现的比例、前置时间以及订单批准的比例等都需要在双方公认的计分卡基础上定期协同审核。

四、CPFR 的实践与发展现状

在沃尔玛等领头企业的倡导下，越来越多的优秀企业（尤其是许多世界 500 强的企业）开始采用 CPFR 来提升企业业绩。

CPFR 日益被证明是当今企业供应链管理的主导趋势和骨干框架，越来越明显地影响着企业运营管理的基本模式。

五、CPFR 供应链的实施

（一）CPFR 的指导性原则

CPFR 的指导性原则包括，第一，合作伙伴框架结构和运作过程以消费者为中心，面向价值链。第二，合作伙伴共同负责开发单一、共享的消费者需求预测系统，这个系统驱动整个价值链计划。第三，合作伙伴均承诺共享预测并在消除供应过程约束上共担风险。

CPFR 针对不同合作伙伴的战略和投资能力、市场信息来源的的不同点，建成方案组。方案组通过确认合作伙伴从事关键业务的能力并决定能力最优的公司主持核心业务活动，而合作伙伴可选用多种方案实现其业务过程。零售商和制造商从不同的角度、不同层次收集相关数据，通过反复交换数据和业务情报改善共同制订需求计划的能力，最后得到基于 POS 的消费者需求的单一、共享预测。这个单一共享需求计划可以作为零售商和制造商与产品有关的所有内部计划活动的基础，也就是说，它能实现价值链集成。以单一共享需求计划为基础能够发现和利用许多商业机会，优化供应链库存并改善客户服务，最终为供应链伙伴带来丰厚的收益。

（二）CPFR 的过程模型

CPFR 的过程模型，分为三个阶段，九个步骤。第一个阶段即为计划阶段，包括步骤一和二；第二个阶段即为预测阶段，包括步骤三到步骤八；第三个阶段即为补给阶段，包括步骤九（见图 10－3）。

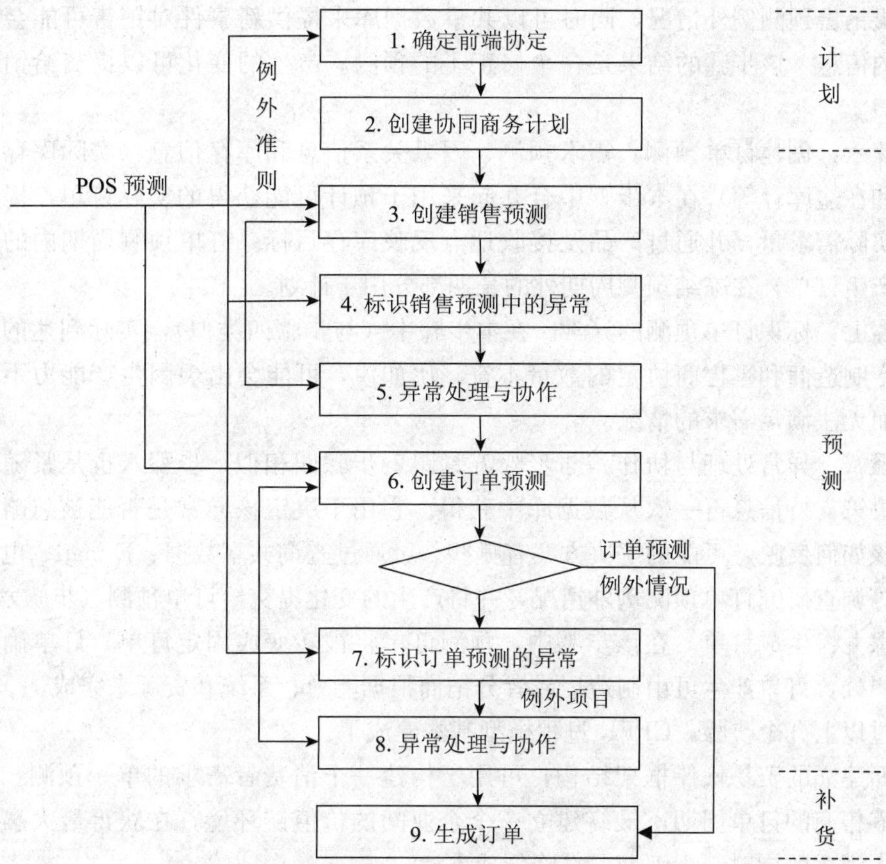

图 10-3 CPFR 过程模型

CPFR 过程模型的九个步骤如下。

步骤一：确定前端协定。制造商、零售商与分销商共同确定合作的原则和指南。各业务合作伙伴提出他们的期望目标并确定需要的介入资源。在这一步要形成一个通用业务协定，包括合作的全面认识、共同的合作目标、机密协议、资源授权、合作伙伴任务和成绩的检测。

步骤二：创建协同商务计划。在该步骤，制造商和零售商交换有关公司策略的信息并创建协同策略。该步骤的目标是减少异常情况出现的数量。这一阶段还包括一些营销和促销的协议。合作伙伴首先建立合作伙伴关系战略，然后定义分类任务、目标和策略，并确立合作项目的管理概况（如订单最小批量、交货期、订单间隔等）。

步骤三：创建销售预测。该预测基于 POS 数据和源自步骤二的特殊因素及计划促销的信息。

步骤四：标识销售预测中的异常情况。该步骤确定出那些与实际需求相比偏差超过了一定阈值的预测（在步骤一中定义）。产生这些偏差的原因不仅在于预测的不准确，更可能是因为一些外部干扰造成。

步骤五：异常处理与协作。该阶段可以采用现场、E-mail、电话、交谈及电子会议等解决销售预测例外情况，同时可以共享数据库来提供新事件对销售可能会带来何种影响的信息。该步骤的结果是一个修正了的预测。产生的变化可以提交给销售预测（步骤三）。

步骤六：创建订单预测。需求预测、因果关系信息和库存信息（实际库存、未执行订单和在途库存等）在本步骤中合并起来用于预计可能获得的实际订单，提出分时间段的实际需求量，并通过产品及接收地点反映库存目标。订单预测周期内的短期部分用于产生订单，在冻结预测周期外的长期部分用于计划。

步骤七：标识订单预测的异常。在本步骤中（与步骤四类似），实际到达的订单可能与生产制造商和零售商协定的数量不符。比如说，可能会出现因生产能力不足或物流不畅而无法满足需求的情况。

步骤八：异常处理与协作。与步骤五紧跟着步骤四相似，步骤八也是紧随步骤七而来。决策支持信息再一次从数据库中获得。它用于决定该异常是否能被忽略。如果不能，该如何反映，可能的解决方案有哪些。可通过查询共享数据、E-mail、电话、交谈会议等调查研究订单预测例外情况，并将产生的变化提交给订单预测（步骤六）。

步骤九：生成订单。在该步骤中，预测订单将被转变成固定订单，订单确认必须送达客户处。订单产生可由制造厂或者分销商根据能力、系统和资源来完成。

经过以上九个步骤，CPFR过程模型基本建成了。

上面建立的贸易伙伴框架结构，可用于构建一个消费者需求的单一预测，协同制造厂和零售商的订单周期，最终建立一个企业间的价值链环境，在获得最大赢利和消费者最大满意的同时减少浪费、并降低成本。

小链接

20世纪80年代，日用品制造商Proctor & Gamble（P&G，宝洁公司）与零售店Wal－Mart，没有太多信息交流，但是在两家企业建立关系、电脑系统互联之后，营运情况大为改观。Wal－Mart分销处（把商品分送给各零售店）一旦发现P&G的产品不足，就会自动通知P&G送货。有时系统进一步运作，直接进入Wal－Mart零售卖场，每当顾客买P&G产品去结账的时候，收款机就立即通过卫星将信息传到P&G工厂，P&G就根据不断传来的信息，来决定什么时候开工生产、什么时候运货到Wal－Mart，不必事先大批生产堆积，或等Wal－Mart要货，同时记账与付款也可实现自动处理，双方都省时、省力，降低了管理成本。而Wal－Mart把节省的费用回馈给顾客，维持商品的低价位，生意自然就越做越大。

资料来源：据网络资料改编．

实训

供应链管理方法实训

实训目的：通过实训掌握 QR、ECR、CPFR 方法适用的行业及各方法具体的实施过程。

实训内容：

请结合 ZARA 典型企业的具体作法，分析其采用了何种供应链管理方法，并分析其成功原因。

附：ZARA 企业介绍：

作为西班牙排名第一、世界排名第三的服装零售商，ZARA 被时装业的同行们视为一个“怪物”，老牌奢侈品集团 LVMH 的时尚总监帕特（Daniel Piette）称它为“全球最具创意也最具破坏力的零售店家”，哈佛商学院则将“欧洲最具有研究价值的品牌”的名号授予它。ZARA 在上海南京西路的专卖店开张时，一天的销售额高达 80 万元，这相当于 80 个中国服装品牌日销售额的总和。

ZARA 并不热衷创造潮流，更多在于发现潮流。ZARA 在世界很多大城市都安排有“Cool Hunter”（“酷猎手”），专门捕捉当下最流行的时尚元素，这些潜在的设计理念信息被送往公司总部，位于西班牙西北部的 La Coruna。在那里 400 多名设计师和生产经理每天在一起工作讨论决定哪种款式特别吸引顾客。

ZARA 认为最了解顾客的莫过于顾客自己了，再精确的预测也不可能完全准确地反映顾客的需求。因此 ZARA 所做的事情便是真正地从顾客出发，将顾客的想法和需求转化成他们所期望“流行”的服装，正如其进行的市场调研一样都是完全从顾客自身出发的。所以 ZARA 只是以最快的速度生产消费者最想要的款式，并且每种款式提供的数量都不多，款式不断推陈出新。

ZARA 的每一位门店经理都拥有一部联网的 PDA，销售点情报系统将销售信息实时传送给设计师。实时获得那些顾客信息，从而减少掌握潮流所需的时间。另外，该系统通过货品条码的扫描，可实时收集商店各类销售、进货、库存等数据。另外，ZARA 每一家店铺的经理都有一部电子手账，他们既可为客人实时检查货品，以提高服务质量，又可以实时将顾客的品位信息实时传回总部。ZARA 设计部工作的设计师可实时获得那些信息，从而减少掌握潮流所需的时间。设计师更能实时设计出更合顾客口味的时装，当顾客看到 ZARA 的橱窗上有着他们心仪的款式时，他们也会乐于购买。

ZARA 并不讲求每种款式生产更多的数量，而是注重款式的多样性。ZARA 一年大约推出 12000 多种时装，而每一款时装的量一般都不大。ZARA 商店每周供货两次，每款新品又是区区的数件。ZARA 的“款多、量少”的策略，可以保证新品的不断出现，加快了时尚消费与淘汰的速度，打破时尚流行定律，创造了没有淡旺季的流行。

从配送中心到世界各地的专卖店运输，ZARA 同样采用速度导向，“掌控最后一公里”。物流配送每周至少进行 2 次，包括产品分拣、打包装运、区域配送和打包装运以及专卖店销售。根据各地区的订单将产品分类，物流中心装备着最先进的系统，使任何一批货品在 8 小时之内一定能被分运上路。每小时的配送能力为 8 万件服装，1200 名工人，每周工作 4 天，每天工作的班次多少则依据货品的数量来安排。除了总部和马德里的两个物流中心，ZARA 还在巴西、阿根廷和墨西哥拥有三个相对较小的配送中心，来应对南半球与欧洲相反的季节和遥远的路途。距离西班牙本土较远的连锁店商品主要靠空运，货物从配送中心在 24 小时内运到欧洲各分店，在 48 小时之内运到美国，在 48～72 小时之内运到日本。运往日本的货物上午到配送中心，在几个小时之内将由卡车送到圣地亚哥机场，然后取道马德里，空运到大阪，在第三天由第三方货运承包商从机场运到专卖店上货架。

ZARA 也不会有庞大的宣传攻势，他们会通过不同的方法来增加顾客的反馈渠道，收集顾客的意见。值得一提的是，ZARA 吸引顾客的巧妙之处是依靠商铺优越的地理位置。另外，ZARA 对店内商品展示和橱窗设计十分讲究。优越的地理位置、有特色的橱窗设计以及独具一格的店内展示，都使得 ZARA 不用打广告也极具吸引力。

资料来源：http：//finance. ifeng. com/news/corporate/200708/0828 _ 195 _ 204693. shtml.

习题

一、选择题

1. ECR 构建的相关技术为（　　）。

A. 营销技术　B. 物流技术　C. 信息技术　D. 组织革新技术

2. 商品类别管理和店铺空间管理属于（　　）。

A. 物流技术　B. 营销技术　C. 信息技术　D. 组织革新技术

3. 厂家直接将货物供到零售终端是（　　）。

A. 店铺直送　B. 直接转拨　C. 中转　D. 配送

4. CPFR 的特点（　　）。

A. 预测　B. 补货　C. 协同　D. 规划

5.（　　）是一种多功能终端，能实现电子资金自动转账，它具有支持消费、预授权、余额查询和转账等功能。

A. POS　B. EDI　C. BOS　D. ODS

二、判断题

1. QR 和 ECR 都要求供应链合作伙伴间充分共享信息。（　）

2. QR 以食品行业为对象，其主要目标是降低供应链各环节的成本，提高效率。（　）

3. QR 追求信息交换与信息共享，采用高频率大批量方式配送。（　）

4. 零售空间管理是指根据每个店铺的需求模式来规定其经营商品的花色品种和补货业务。（　　）

5、QR 对于厂商和零售商都有较大价值。（　　）

三、案例分析

塔捷特商店（Target Stores）在美国有 500 多家大型商店，每年还保持 5%的数量增长。该商店经营服装、家庭用品、电器、卫生品、美容品以及日常消费品。塔捷特是个折扣商，与凯马特、沃尔玛和西尔斯等商店竞争。

塔捷特经营的全部商品都有条码，并且采集所有交易中的 POS 数据。每日数据于当晚经由卫星通信传输到总部，某种商品的每日销售与库存数据和重要供应商共享，塔捷特不允许完全自动补货，但向供应商保证每周订货。因为供应商了解整个企业的库存目标、现有存货和实际销售数据，所以很容易把握订货数量，并利用这些信息制订自己的生产与分销计划。每周一次的订货确定后，供应商在一周内将产品送到塔捷特的 6 个配送中心，由其向各个商店配送。所以商店每周接受每个品类的补充送货，相对于供应商而言是两周为一个周期。

在这个系统中，塔捷特首要的目标不是减少商店总的库存，相反，塔捷特的经营理念是消费者喜欢也希望的——商品是丰富的，即顾客想要的每个品类均能在商店找到且随手可得。因此，商店所有存货应该陈列出来，而不是放在顾客看不见的库房里，货架设计要使顾客能很容易看到商店提供的丰富的商品。现货可获得性的标准定得相当高，塔捷特希望达到 95%的现有率。在这里“现有”意味着“设计最大库存量的至少 40%是在货架上”。利用这个标准，传统的缺货百分比实际上为零。为支持此标准，塔捷特充分提高补充送货的“合适度”。补充供应体系的目标是补充每个品类可能 100%地接近货架设计容量，而不产生多余的存货，否则，需要额外的存储场地。这部分后备库存是不愿出现的，因为它们没有陈列，所以不直接创造效益，且由于频繁搬运货物进出储存场所，既增加费用，又极易丢失、损坏或被盗。

塔捷特的管理方法取得了显著成效，成为企业取得成功的一个重要因素。在体系中的重要供应商也从订货的稳定性以及销售与库存数据共享带来的那些订货的可预见性增加上获益。塔捷特的利益从供应商、配送中心、商店的较高商品可获得性中得到。由于频繁地补货，配送中心的周期订货量较低，因为预测期缩短，安全库存较低。当然这些会带来较高的运输成本，增加数据系统费用。但通过在配送中心的库存成本节约和系统带来的补充订货的“合适度”提高，大大节省了商店的货物处理费用，补偿了那些增加的成本。此外，系统运转所需的销售数据对有效的商品经营极为有用，与供应商的密切联系使得价格下降并节约其他采购费用。总之，塔捷特致力于该管理方法并积极扩展系统至更多更重要的供应商，以实现所有大销量品类上 100%的快速反应目标。

资料来源：高文华．供应链管理［M］．北京：清华大学出版社，2009.

思考：结合案例思考塔捷特采用的是何种管理方法？该方法成功实施的条件是什么？塔捷特的运作对其他企业有何启示？

参考文献

[1] 梁金萍．现代物流学［M］．4版．大连：东北财经大学出版社，2010.

[2] 黎继子．供应链管理［M］．北京：机械工业出版社，2011.

[3] 施先亮，王耀球．供应链管理［M］．北京：机械工业出版社．2013.

[4] 马士华，林勇．供应链管理［M］．北京：机械工业出版社．2013.

[5] 顾穗珊．物流与供应链管理［M］．北京：机械工业出版社．2013.

[6] 邓汝春．供应链管理［M］．2版．大连：大连理工大学出版社，2010.

[7] 高文华．供应链管理［M］．北京：清华大学出版社，2009.

[8] 刘宝红．供应链管理专栏．http：//scm－blog. com.

[9] 杨国荣．供应链管理［M］．北京：北京理工大学出版社，2007.

[10] 阮喜珍．供应链管理实务［M］．武汉：华中科技大学出版社，2013.

[11] 马士华．新编供应链管理［M］．2版．北京：中国人民大学出版社，2013.

[12] 李建丽．供应链管理实务［M］．3版．北京：人民交通出版社，2015.

[13] ADOLF BERLE & GARDINER MEANS. The Modern Corporation & Private property［M］. New York：Transaction Publishers，1932.

[14] ARNTZEN B C. Global Supply Chain Management at Digital Equipment Corporation［J］. Interfaces，1995，25（1）：69－93.

[15] AXASTER R，KLEIJIN M F. A Joint Replenishment Policy for Multi-echelon Inventory Control［J］. International Journal of Production Economics，1999，59（1－3）：243－250.

[16] DAVID BLANCHARD. Supply Chain Management——Best Practices［M］. Wiley，2010.

[17] HAU LEE. The Bullwhip Effect in Supply Chains［J］. Sloan Management Review，1997，Spring.

[18] HAU LEE，CORY BILLINGTON. Managing Supply Chain Inventories：Pitfalls and Opportunities［J］. Sloan Management Review，1992，Spring.

[19] L G ZOMERDIJK．'Inventory Management'，International Journal of Production Economics［J］. New Series，2003（81）：173－183.

[20] MICHAEL E. Porter. Competitive Advantage［M］. New York：A Division of Simon & Schuster Inc，1985.

[21] ROBERT S，KAPLAN，ROBIN COOPER. Cost and Effect——Using Integrated Cost Systems to Drive Profitability and Performance［M］. Boston：

Harvard Business School Press，1998.

［22］ROBERT S，KAPLAN，BRUNS W. Accounting and Management：A Field Study Perspective［M］. USA：Harvard Business School Press，1987.

［23］RONALD HARRY COASE. ‘The Nature of the Firm’［J］//Economica. New Series，1937，4（16）：386－405.

［24］西澤脩．ロジスティクス．コスト（Logistics Cost）［M］. 日本东京：白桃書房，1999.

［25］ZIJIN H. VAN HOURUM G. J. ‘On Multistage Production/Inventory Systems Under Stochastic Demand’［J］//International Journal of Production Economics，1994，35（1－3）：391－400.